21
世纪经济管理类创新教材

现代物流管理

（第3版）

主编◎范林榜　贾　平

清华大学出版社
北　京

内 容 简 介

本书较为全面地研究和介绍了现代物流管理的基本内容，共分为三篇十三章：第一篇为现代物流管理总论，包括现代物流管理概述、物流战略管理和物流系统；第二篇为现代物流管理功能与技术管理，包括运输管理、仓储管理、包装与装卸搬运、配送业务管理、流通加工和物流信息管理；第三篇为现代物流管理的发展，包括物流标准化、第三方物流、供应链管理和电子商务物流。

本书注重基础知识体系的完整、理论与实际业务的结合、操作技能和实践能力的培养，并通过案例的介绍与分析，提供丰富的可供参考的物流成功运作经验。

本书既可供普通高等院校物流管理及相关专业教学使用，又可作为经营管理人员学习物流管理的参考用书。

本书封面贴有清华大学出版社防伪标签，无标签者不得销售。

版权所有，侵权必究。侵权举报电话：010-62782989，beiqinquan@tup.tsinghua.edu.cn。

图书在版编目（CIP）数据

现代物流管理 / 范林榜，贾平主编. —3 版. —北京：清华大学出版社，2024.1
21 世纪经济管理类创新教材
ISBN 978-7-302-65216-8

Ⅰ．①现… Ⅱ．①范… ②贾… Ⅲ．①物流管理—教材 Ⅳ．①F252.1

中国国家版本馆 CIP 数据核字（2024）第 035943 号

责任编辑：杜春杰
封面设计：刘 超
版式设计：文森时代
责任校对：马军令
责任印制：宋 林

出版发行：清华大学出版社
   网   址：https://www.tup.com.cn，https://www.wqxuetang.com
   地   址：北京清华大学学研大厦 A 座   邮   编：100084
   社 总 机：010-83470000   邮   购：010-62786544
   投稿与读者服务：010-62776969，c-service@tup.tsinghua.edu.cn
   质量反馈：010-62772015，zhiliang@tup.tsinghua.edu.cn
印 装 者：三河市人民印务有限公司
经   销：全国新华书店
开   本：185mm×260mm   印   张：20.75   字   数：504 千字
版   次：2011 年 1 月第 1 版   2024 年 3 月第 3 版   印   次：2024 年 3 月第 1 次印刷
定   价：69.80 元

产品编号：101322-01

前　言

现代物流是经济的"经脉"，在构建现代流通体系、推动高质量发展、建设现代化经济体系中发挥着先导性、基础性、战略性作用。经过近些年物流业的发展，我国已成为名副其实的物流大国，货运量、货物周转量、快递业务量等位居世界前列，具有全球最大的物流市场。但是，我国现代物流"大而不强"的问题仍然较为突出。2022 年，国务院发布了我国物流领域第一个国家级五年规划——《"十四五"现代物流发展规划》，标志着我国物流业已进入系统整合、转型发展、功能提升的新阶段，这为物流业的发展以及物流人才的培养都提供了良好的契机。

为适应当前我国高校物流专业教育教学改革和教材建设的迫切需要，我们编写了这本教材。本教材突出实践性、实用性和创新性，反映就业形势变化、贴合高等院校教学实际，帮助各个院校提升教学方面的特有优势，提高教学质量。

本教材的第 1 版和第 2 版由贾平担任主编、范林榜担任副主编，由清华大学出版社分别于 2011 年 1 月和 2017 年 6 月出版，受到高校和业界的广泛好评并被很多高校选为必修课教材。第 3 版由范林榜、贾平共同担任主编，是在对第 2 版进行调整、修改、更新（数据、内容）、完善的基础上形成的。

本次改版，我们遵循以下原则。

（1）内容上增加了"思政目的"模块，以二维码形式增加了政策法规、案例及物流业相关数据等并吸收国内相同教材的最新研究成果。

（2）每个知识点，特别是物流术语及其现状、数据等全部更新。

（3）引导案例及案例分析的更新，进一步联系市场经济的实际，特别是联系国内现代物流企业的实际运作。

（4）教材结构未做大的调整，以进一步方便教学。

物流管理学是一门应用型学科，现代物流管理涉及生产领域、流通领域、消费领域，几乎涵盖了全部社会产品在社会与企业中的运作过程，是一个非常庞大且复杂的动态系统。物流管理过程涉及运输、仓储、包装与装卸搬运、配送、流通加工、物流信息管理等环节的功能活动，这些功能活动相互联系形成整体的物流管理系统，表明现代物流管理强调一体化运作。本教材从物流系统性的角度，保证教材章节的逻辑性和结构的合理性，通过阐述第一篇现代物流管理总论、第二篇现代物流管理功能与技术管理、第三篇现代物流管理的发展，提供丰富的可供参考的物流成功运作方法与经验。

本教材体现现代教育理念，突出理论与实践相结合，通过对物流管理学的教学内容和教学方法的精心策划，立足于基础，重视能力，以应用型教育为特色，具有创新性，反映现代物流管理学科最新发展成果和教学改革实践经验，并根据加强实践性教学环节的要求，考虑理论讲解部分和实践教学部分内容比例的合理安排。本教材在内容讲解中注重结合实例介绍理论，以案例或问题引出和阐述概念与知识，便于学生理解与记忆。

本教材由范林榜、贾平担任主编，负责教材结构和内容的确定。参加教材编写的有：贾平（第一章、第七章、第十二章），范林榜（第二章、第三章），李儒晶（第四章、第九章），王佳丽（第五章、第六章），张海燕（第十章、第十一章），张西林（第八章、第十三章）。

本教材在编写和修改过程中参考了大量国内外专家学者的最新著作、教材和相关案例，编者尽可能在参考文献中列出，在此对这些研究者表示真诚的感谢。

由于编者水平有限，对现代物流管理的先进理念的理解还不是很透彻，也缺乏实践运作经验，因此本书难免会出现疏漏之处，敬请社会各界专家学者和广大读者给予批评指正、不吝赐教。

编　者
2023 年 2 月

目　　录

第一篇　现代物流管理总论

第二篇　现代物流管理功能与技术管理

第三篇　现代物流管理的发展

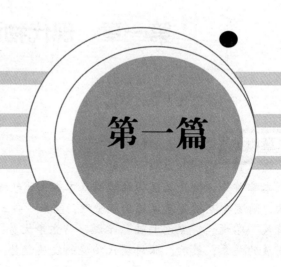

第一篇

现代物流管理总论

第一章　现代物流管理概述

本章概要

　　本章首先详细介绍现代物流的基本概念，包括物流的定义、基本功能以及物流的分类；其次，阐述物流相关学说与物流管理，包括"第三利润源"学说、"物流冰山"学说、"效益背反"学说、"黑色大陆"学说、"竞争优势"学说等内容；再次，阐述现代物流与经济发展的关系；最后，探讨现代物流的发展趋势。

思政目的

　　通过学习本章内容，树立现代物流管理意识，培养学生敬业、诚信的职业素养；通过分析京东成功的案例，培养学生的爱国情怀和民族自信，使学生树立起关于民族复兴的理想和责任感。

学习目的

　　通过本章学习，要求学生掌握现代物流的基本概念、基本功能与分类；理解现代物流创造的价值、商流与物流的关系、现代物流与传统物流的区别；了解现代物流的经济活动的性质；熟悉现代物流的基本理论观点。

基本概念

　　现代物流　物流管理　物流学说　物流的基本功能　现代物流创造的价值

引导案例

物联网打造物流新业态

第一节 现代物流的基本概念

"物流"一词的英文"logistics"来源于第二次世界大战期间美国的军事应用，原指美国在军火等物资的战时供应中对军火的运输、补给、屯驻等进行全面管理，当时被译为"后勤"。之后，物流逐渐成为单独的学科并不断发展出物流工程（logistics engineering）、物流管理（logistics management）和物流分配（logistics distribution）等。二战后，物流在企业界得到应用和发展，因此出现以物资管理（material management）、配送工程（distribution engineering）、市场供应（market supply）、物流管理（logistics management）等概念表述物流的情形，现在多以"logistics"表示"物流"。

物流概念在国外已有近百年的历史，其主要通过两条途径传入我国：一是在 20 世纪 80 年代初随我国对"市场营销"理论的引入而从欧美地区传入，因为当时欧美地区的市场营销类教材几乎无一例外地都要介绍"物流"。二是日本先从欧美地区引入"physical distribution"概念并将其译为"物的流通"①，我国现在广泛使用的"物流"实际上是从日文"物的流通"翻译而来的。

与"physical distribution"表示的物流概念相比，"logistics"表示的物流概念突破了商品流通范围，把物流活动扩大到生产领域。"logistics"不是从产品出厂开始，而是包括从原材料采购、加工生产到产品销售、售后服务，直到废旧物品回收等的整个物理性流通过程。这是因为随着生产的发展，社会分工越来越细，大型制造商往往把成品零部件的生产任务外包给位于劳动力较低廉地区的专业性制造商，自己只对这些零部件进行组装。在这种情况下，物流不但与流通系统维持着密切的关系，而且与生产系统产生了紧密的联系。

一、物流的定义与基本功能

（一）物流的定义

我国国家标准《物流术语》（GB/T 18354—2021）将"物流"定义为"根据实际需要，将运输、储存、装卸、搬运、包装、流通加工、配送、信息处理等基本功能实施有机结合，使物品从供应地向接收地的实体流动过程"。

在物流的定义方面，有以下几点需要注意。

（1）物品不只是指生产的商品，也包括伴随着生产和销售出现的包装容器、包装材料等废弃物。

（2）消费者不仅是指一般意义上的消费者，还包括制造业者、批发商、零售业者等需求者。

（3）虽然流通加工因使物品产生形质（形体和性质）功效而可以被归入生产活动领域，

---

① 1956 年 10 月至 11 月，日本生产效益本部派"流通技术专门考察团"赴美考察。该考察团回国后，发表了名为《流通技术》（日本生产效益本部 Productivity Report 第 33 号）的考察报告。该报告首次将"physical distribution"译为"物的流通"。

但它既可归于生产活动领域又可归于物流活动领域，介于两个活动领域之间，属于中间领域，尽管流通加工创造了一部分形质功效，但其目的是提高物流系统的效率，因而应把流通加工看作物流功能的扩大，因此把它归为物流活动是合适的。

（二）物流的基本功能

1. 运输功能

运输（transport）是指"利用载运工具、设施设备及人力等运力资源，使货物在较大空间上产生位置移动的活动"（GB/T 18354—2021）。它是物流活动的核心环节，是物流的核心业务之一，也是物流系统的一个重要功能，解决了物质实体从供应地点到需求地点的空间差异，创造了物品的空间效用，实现了物质资料的使用价值。

2. 仓储功能

仓储（warehousing）是指"利用仓库及相关设施设备进行物品的入库、储存、出库的活动"（GB/T 18354—2021），它与运输构成了物流的两大支柱，其他物流活动都是围绕着运输和仓储而展开的。仓储不但从时间和空间上缓解了物质实体在供求之间的矛盾，创造了商品的时间和空间效用，而且是保证社会生产连续不断运行的基本条件。在物流活动中，许多重要的决策都与仓储有关，如仓库数目、仓库选址、仓库大小、存货量等，物流决策者需要针对仓储和运输、仓储规划中的优化配置等进行权衡，以期达到最佳效果。

3. 装卸、搬运功能

装卸、搬运是在同一地域范围内进行的，以改变物料的存放状态和空间位置为主要内容和目的的活动。其中，装卸（loading and unloading）是指"在运输工具间或运输工具与存放场地（仓库）间，以人力或机械方式对物品进行载上载入或卸下卸出的作业过程"（GB/T 18354—2021）；搬运（handling）是指"在同一场所内，以人力或机械方式对物品进行空间移动的作业过程"（GB/T 18354—2021）。装卸、搬运是介于物流各环节之间、起衔接作用的活动，它把物品运动的各个阶段连接成为连续的"流"，使"物流"的概念名副其实。

4. 包装功能

包装（package、packaging）是指"为在流通过程中保护产品、方便储运、促进销售，按一定技术方法而采用的容器、材料及辅助物等的总体名称"（GB/T 18354—2021）。无论是产品还是材料，在搬运、输送以前都要进行某种程度的包装捆扎或装入适当的容器，以保证将产品或材料完好地送到消费者手中，所以包装既是"生产的终点"，也是"社会物流的起点"。

5. 流通加工功能

流通加工（distribution processing）是指"根据顾客的需要，在流通过程中对产品实施的简单加工作业活动的总称"（GB/T 18354—2021）。在物流过程中，流通加工同样不可小觑，它既能使流通向更深的层次发展，在提高运输效率、改进产品品质等方面也具有不容忽视的作用。

6. 配送功能

配送（distribution）是指在经济合理区域范围内，"根据用户要求，对物品进行分类、拣选、集货、包装、组配等作业，并按时送达指定地点的物流活动"（GB/T 18354—2021）。配送是"配"和"送"的有机结合，是一种门到门服务方式，由集货、配货、送货三部分组成。

7. 物流信息处理功能

物流信息（logistics information）是反映物流各种活动的知识、资料、图像、数据的总称。物流信息处理包括信息的收集、储存、加工和分析等，主要是为了提高物流系统的整体效益。物流信息具有如下特征：① 物流是大范围内的活动，信息来源多、分布广、数量大。② 动态性强。物流信息的价值衰减速度快，故及时性要求高，这意味着物流信息的收集、加工、处理要求速度快。③ 种类繁多。④ 要全面、完整地收集物流系统自身的信息，而对其他系统信息的收集则需要根据物流要求做出选择。

二、物流的分类

（一）按照物流所起的作用分类

1. 生产物流

生产物流（production logistics）是指"生产企业内部进行的涉及原材料、在制品、半成品、产成品等的物流活动"（GB/T 18354—2021）。其实质是原材料、燃料、外购件投入生产后，经过下料、发料、运送到各个加工点和存储点，以在制品的形态从一个生产单位流入另一个生产单位，按规定的生产工艺过程进行加工、储存的全部过程。生产物流的合理化对工厂的生产秩序和生产成本有很大的影响。

2. 供应物流

供应物流（supply logistics）是指"为生产企业提供原材料、零部件或其他物料时所发生的物流活动"（GB/T 18354—2021）。

3. 销售物流

销售物流（distribution logistics）是指"企业在销售商品过程中所发生的物流活动"（GB/T 18354—2021），包括生产企业或流通企业售出产品或商品的物流过程。

4. 逆向物流

逆向物流（reverse logistics）也称为反向物流，是指"为恢复物品价值、循环利用或合理处置，对原材料、零部件、在制品及产成品从供应链下游节点向上游节点反向流动，或按特定的渠道或方式归集到指定地点所进行的物流活动"（GB/T 18354—2021）。

5. 废弃物物流

废弃物物流（waste logistics）是指"将经济活动或人民生活中失去原有使用价值的物品，根据实际需要进行收集、分类、加工、包装、搬运、储存等，并分送到专门处理场所的物流活动"（GB/T 18354—2021）。

6. 应急物流

应急物流（emergency logistics）是指"为应对突发事件提供应急生产物资、生活物资供应保障的物流活动"（GB/T 18354—2021）。

7．军事物流

军事物流（military logistics）是指"用于满足平时、战时及应急状态下军事行动物资需求的物流活动"（GB/T 18354—2021）。

（二）按照物流活动的空间范围分类

1．国际物流

国际物流（international logistics）是指"跨越不同国家（地区）之间的物流活动"（GB/T 18354—2021）。实际上，国际物流就是在不同国家之间展开的商务活动中，与商品流动相关的运输、配送、储存、保管、装卸、流通加工及信息管理活动，可使商品在国际上合理流动。

2．国内物流

为国家的整体利益服务并在国家自己的领地范围内开展的物流活动称为国内物流（national logistics）。国内物流作为国民经济的一个重要方面，应该被纳入国家总体规划。

3．区域物流

区域物流研究的一个重点是城市物流。一个城市的发展规划不但要直接规划物流设施和物流项目，如建公路、建桥梁、建物流园区、建仓库等，而且需要以物流为约束条件规划整个市区，如工厂、住宅、车站、机场等的布局。

（三）按照物流系统的性质分类

1．社会物流

社会物流（external logistics）是指超越一家一户的、以一个社会为范畴、面向社会的物流。

2．行业物流

在一个行业内部发生的物流活动称为行业物流（industrial logistics）。

3．企业物流

企业物流（enterprise logistics）是指生产和流通企业围绕其经营活动所发生的物流活动。

4．自营物流

自营物流（self-support logistics）是指企业以自我提供的方式实现物流服务。

5．外包物流

外包物流（outsourcing logistics）是指企业将物流业务委托给他人承办，承包者可以是生产企业、流通企业、专业物流企业、第三方物流企业或个体经营者。

6．第三方物流

第三方物流（third-party logistics）是指由独立于物流服务供需双方之外的、以物流服务为主营业务的组织提供物流服务的模式。

三、物流的演变过程

（一）二战后物流的演变过程

二战后物流的演变可以分为以下四个阶段。

1．切实保障运输与保管的阶段（1945—1965 年）

在这一阶段，企业生产的东西均能卖出去，货物的陆路运输主要靠铁路，但铁路不能灵活适应经济迅速发展的需要，企业必须千方百计地解决运输、保管、包装等问题。

2．物流成本管理的阶段（1966—1974 年）

这一阶段，经济稳步发展、需求扩大，产业界由于生产的合理化而降低了成本，但市场竞争日益激烈。为提高收益，企业把目光投向了物流成本，期望用降低物流成本的办法弥补在市场竞争中失去的利益。

3．建立物流管理系统的阶段（1975—1984 年）

这一阶段，物流逐渐成为一个科学体系，人们不再只是把物流看成具有运输、保管等个别功能的工作，而是将它视作一个整体。较为先进的企业为提高物流效率，独立、积极地建立起了物流体系。这里不仅要考虑物流的成本，还要考虑物流本来具有的系统功能。

4．从战略的高度考虑物流的阶段（1985 年以后）

这一阶段，"物的流通"成为企业经营的战略性课题，亦被称为"物流战略化"阶段。作为企业的中心课题，生产、销售、物流一体化战略日趋重要。由于销售竞争激烈，企业不仅要在商品上创造独有的特色，在物流方面也应独树一帜。这一阶段，企业将物流作为参与销售竞争的手段之一，也就是将物流看作销售战略的一环，认为物流的功能不只是满足生产和销售的要求，更要把物流、生产和销售看作一个整体，物流成为企业经营战略的重要内容。

（二）我国现代物流的发展过程

到目前为止，我国物流按照其发展的现代化程度大致可以分为以下四个阶段。

第一阶段，实物配送（physical distribution）。在 20 世纪 50 年代的短缺经济时期，我国采用以产定销的模式进行批量式生产，因此需要有一种新的组织模式快速把产品配送出去，此时就出现了实物配送物流模式。实物配送依赖于销售，目标是尽快销售产品，使生产者有能力迅速扩大规模。

第二阶段，一体化物流（integrated logistics）。随着我国信息技术的发展，原料、在制品、制成品从供应地到消费地的相关活动信息的沟通更加便利，企业可以对运输、存储等活动实施高效、经济的计划、执行和控制，从而形成一体化物流模式。一体化物流的目标是降低成本而不是扩大销售。

第三阶段，供应链物流（supply chain management）。该阶段，企业在采购、制造、销售等各供应链环节均以客户需求为导向，实现信息流、物流与资金流的全面融合，目标是实现企业在供应链管理中的合作共赢。

第四阶段，"互联网+物流"（Internet + logistics , on / off - line logistics）。"互联网+物流"即通过互联网优化物流资源并重构物流价值链，形成线上线下物流一体发展趋势，目标是逐步向数字化物流和智慧物流发展。

四、现代物流与传统物流

传统物流一般是指产品出厂后的包装、运输、装卸、仓储。现代物流提出了物流的系统化、整体化和综合化，具体地说，就是使物流向两头延伸并加入了新的内涵，使社会物流与企业物流有机地结合在一起。现代物流从采购物流开始，经过生产物流，再进入销售物流，与此同时，要经过包装、运输、仓储、装卸、加工配送到达客户（消费者）手中的过程，最后还有回收物流。可以这样说，现代物流包括产品从"生"到"死"的整个物理性流通过程。

（一）现代物流与传统物流的区别

现代物流与传统物流的区别主要体现在以下 5 个方面。

1．服务功能

传统物流只提供简单的位移服务；现代物流除了提供位移服务，还提供增值性服务，如包装、分拣等，既为顾客创造了价值，也增加了物流行业的利润来源。

2．服务观念

传统物流是被动服务，现代物流是主动服务。现代物流导入了先进的营销理念，从顾客的需求出发，以提高顾客满意度为宗旨。因此，现代物流突破了传统物流消极、被动的服务状态，主动地发现、满足顾客需求。

3．服务手段

传统物流实行人工控制；现代物流通过建立现代化信息网络实行信息管理，简化了人工控制的工作，极大地提高了信息传输、过程控制的效率。

5G 对现代
物流的影响

4．服务标准

传统物流无统一服务标准；现代物流建立了一系列标准化服务规范，既可使顾客对物流服务水平产生合理的预期，也可减少交易成本，促进物流业的发展。

5．服务范围

传统物流侧重点到点或线到线服务，现代物流构建全球服务网络；传统物流是对单一环节的管理，现代物流是整体系统优化。随着信息技术的进步，现代物流突破了点和线的小范围服务，建立了全球化服务网络，在全球范围内为顾客的物品创造时间效用和空间效用，实现规模经济和范围经济的最大化。

总之，传统物流功能比较单一，系统比较简单；现代物流在传统物流的基础上拓展了功能和服务范围，使系统变得相对复杂。因此，现代物流管理不是单一功能和单一环节的效率问题，而是整个系统的效率优化问题。

（二）现代物流的特征

1. 专业化

社会分工导致了专业化。物流专业化本身至少包括两个方面的内容。一方面，在企业中，物流部门作为企业的一个专业部门独立存在并承担专门职能，随着企业的发展和企业内部物流需求的增加，企业内部物流部门可能从企业中脱离，成为社会化、专业化物流企业。另一方面，在社会经济领域中出现了专业化物流企业，它们提供各种不同的物流服务并进一步演变成服务专业化的物流企业。专业化物流实现了货物运输的社会化分工、缩短了供应链，可以使企业降低物流成本、减少资金占用和库存、提高物流效率，在宏观上有利于优化社会资源配置，可充分发挥社会资源的作用。

2. 系统化

（1）从商品流通过程来看，现代物流涉及生产领域、流通领域、消费领域以及后消费领域，涵盖几乎全部社会产品在社会与企业中的运动过程，是一个非常庞大且复杂的动态系统。

（2）就现代物流系统所借助的基础设施而言，商品流通涉及铁道、航空、仓储、外贸、内贸等众多领域，还涉及这些领域的众多行业。

（3）从商品的存在状态来看，商品流通过程就是商品在地理位置上的移动过程，商品借助运输工具发生位移的起点和终点就是现代物流体系中的节点。例如，我国目前已基本形成了以沿海大城市群为中心的四大区域性物流圈，即环渤海物流圈、长江三角洲物流圈、环台湾海峡物流圈和珠江三角洲物流圈。与此同时，在内陆腹地，许多城市正在规划和建设物流园区和区域性物流圈。因此，从全国范围看，我国形成了庞大、多层次的物流网络，各个地区的物流园区是这个网络中的节点，节点之间、节点与区域性物流圈之间、物流圈与物流圈之间都不是相互割裂的。

（4）现代物流是一个多层次、多环节的系统。从宏观的层次说，国家级物流规划、省（区、市）级物流规划、经济运行部门的物流规划和企业物流规划等不同层次的物流规划在现代物流中扮演不同的角色，实现不同的功能。从具体的物流作业流程来看，物流系统指的是装卸、加工、仓储、保管、备货、分拣、运输等具体物流作业环节的组织方式，没有完好的作业流程，就不可能实现物流的高效率和低成本。

3. 信息化

从现今物流业的实际情况来看，在物流过程中全面应用信息技术已经非常普遍。物流信息化主要包括两个方面的内容，即设施自动化和经营网络化。

设施自动化是指货物的接收、分拣、装卸、运送、监控等环节以自动化方式完成，涉及条码技术、电子数据交换、数据管理技术、数据挖掘技术、多媒体技术、射频识别技术、全球卫星定位系统技术、地理信息系统技术等众多技术，可以实现货物的自动识别、自动分拣、自动装卸、自动存取，从而提高物流作业的效率。

经营网络化是指将网络技术运用到物流企业运行的各个方面，包括企业内部管理的网络化和企业对外联系的网络化。许多国家的物流企业都有完善的内部网和外部网，货物流转过程中的各种信息都会被及时反馈到内部网的数据库中，可以对数据进行自动分析，由此排定货物的分拣、装卸以及运送车辆、线路的选择等；企业的外部网一般与互联网对接，用户可以在互联网上下单、支付，也可以随时查询自身货物的相关信息。没有物流系统的信息化，物流系统在实现一体化和协调运作上就会有很大的困难。

4．标准化

物流标准化是以物流作为一个大系统，制定系统内部设施、机械设备、专用工具等各个分系统的技术标准；制定系统内各个分领域，如包装、装卸、运输等的工作标准；以系统为出发点，研究各分系统与分领域中技术标准与工作标准的适应性，统一整个物流系统的标准；研究物流系统与其他相关系统的适应性，进一步统一物流大系统的标准。对物流企业来说，标准化是提高内部管理效率、降低成本、提高服务质量的有效措施；对消费者而言，享受标准化物流服务是保障其权益的一种表现。

5．国际化

自然资源的分布和国际分工导致了国际贸易、国际投资、国际经济合作，在上述国际化过程中，物流业向全球化方向发展，物流企业需要花费大量时间和精力从事国际物流业务，如配送中心对进口商品提供从代理报关业务、暂时储存、搬运和配送、必要的流通加工到送交消费者手中的一条龙服务，甚至开展订货、代收资金等业务。现代物流国际化要求物流的发展必须突破国家（地区）的地域限制，以符合国际统一标准的技术、设施和服务流程完成货物在不同国家的流转。

6．环保化

物流环保化建立在保护地球环境和可持续发展的基础上，改变了原来经济发展与物流、消费生活与物流的单向作用关系，在抑制传统直线型物流对环境造成的危害的同时，秉持与环境和谐相处的态度和全新理念设计和建立了一个环形物流系统，使传统物流末端的废旧物质回流到正常的物流过程中，并形成一种能促进经济和消费生活健康发展的现代物流系统。现代物流环保化强调全局和长远的利益，强调对环境的全方位关注。

第二节　物流相关学说与物流管理

一、物流相关学说

（一）"第三利润源"学说

随着"物流热"的持续升温，日本早稻田大学教授、物流成本研究权威学者西泽修于1970 年提出的"第三利润源"学说也被广泛应用。早在 1979 年，我国原国家物资总局组织的赴日考察团就在后来的考察报告中对该学说有过介绍。西泽修教授在他的著作《物流——降低成本的关键》中提到，企业的利润源泉随着时代的发展和企业经营重点的转移而变化。1950 年，日本因朝鲜战争受到美国的经济援助和技术支持，很快实现了企业机械化、自动化生产。当时的日本处于工业化大生产时期，企业的经营重点是降低制造成本。

然而，依靠自动化生产手段制造出的大量产品在市场上泛滥，产生了对大量销售的需求。于是，1955年，日本从美国引进市场营销技术，迎来市场营销时代。这一时期，日本企业顺应政府的经济高速增长政策，把增加销售额作为经营重点。从1965年起，日本政府开始重视物流；从1970年开始，产业界大举向物流进军，日本进入了物流发展时代。这一时期，制造成本的降低空间已经十分有限，企业在增加销售额方面也已无计可施，亟须寻求新的利润源，而此时西泽修提出的以降低物流成本寻求"第三利润源"的观点恰恰符合这一需要，因而"第三利润源"学说一经提出就备受关注、广受青睐。

"第三利润源"学说基于以下两个基本前提。

（1）物流可以完全地从流通中分离出来，自成体系、独立运行。

（2）物流和其他独立的经营活动一样，不是总体的成本构成要素，而是单独的盈利因素，物流可以成为"利润中心型"独立系统。

"第三利润源"学说不仅推动了当时日本物流的发展，也对亚太地区国家的物流发展产生了重要影响。

（二）"物流冰山"学说

关于物流成本，西泽修教授提出了"物流冰山"学说（见图1-1），其含义是人们并未掌握物流成本的总体内容，仿佛只看到露出水面的冰山一角而没有看到潜藏在水下的冰山主体（物流成本的主要部分）。一般情况下，企业会计科目只把支付给外部运输企业、仓库的运费、保管费等列为物流成本，但是实际上这些费用在整体物流成本中只占一小部分，而企业内消耗的物流成本，如制造费用、销售费用、管理费用等都没有被计入物流成本。

图1-1 "物流冰山"学说示意图

（三）"效益背反"学说

物流中的"效益背反"指的是物流的若干功能要素之间存在着利益矛盾，即一个或一些功能要素得以优化或产生利益的同时，必然存在另一个或另一些功能要素的利益损失；反之亦然。这是一种此消彼长、此盈彼亏的现象。例如，减少库存据点并尽量减少库存势必使库存补充变得频繁，增加运输次数。再如，简化包装，则包装强度降低，不能堆放得过高，由此降低了仓库利用率，同时会提高货物在装卸和运输过程中的破损率。又如，将铁路运输改为航空运输，虽然运费增加了，但运输速度获得了大幅度提高，进而减少了各地物流据点的库存，降低了仓储费用。

物流的各项活动，如运输、仓储、包装、流通加工等都具有提高自身效率的机制，即运输系统、仓储系统、包装系统、流通加工系统等分系统之间存在着"效益背反"，物流管理要调节各个分系统之间的利益，把它们有机地联系成一个整体，以成本最低为原则追求和实现整体收益最大。

（四）"黑色大陆"学说

鉴于物流成本管理存在的问题及其有效管理对企业盈利和发展的重要作用，1962年，美国著名管理学家彼得·德鲁克在《财富》杂志上发表了《经济的黑色大陆》一文，将物流比作"一块未开垦的处女地"，强调应高度重视流通和流通过程中的物流管理。虽然德鲁克泛指的是流通，但由于流通领域中物流活动的模糊性特别突出，是流通领域中人们认识不清的领域，所以"黑色大陆"学说主要是针对物流而言的。

"黑色大陆"主要是指人们尚未认识或尚不了解的领域。如果理论研究和实践探索照亮了这片"黑色大陆"，则摆在人们面前的可能是一片不毛之地，也可能是遍地的宝藏。"黑色大陆"学说是对20世纪经济学界存在的愚昧认识的一种批驳和反对，指出在市场经济繁荣和发达的情况下，科学技术和经济发展都是没有止境的。它也是对物流本身的正确评价，即这个领域中未知的东西还有很多，理论与实践皆不成熟。

（五）"竞争优势"学说

美国哈佛大学商学院教授迈克尔·波特提出的"竞争优势"学说对物流创造企业竞争优势做出了最权威的解释。美国学者马丁·克里斯托弗在《物流竞争》一书中进一步深化了波特的"竞争优势"学说，提出"有效的物流管理是在竞争中取得优势的主要原因"，企业可通过降低成本和增强服务获得竞争优势。

物流中的竞争战略优势是指物流系统能够在战略上形成的优于竞争者的形势、地位和条件。随着顾客对物流系统的要求越来越高，企业争相运用先进技术提高自身服务水平，期望通过更好地满足顾客需求成为具有优势的企业。对于物流企业来说，研究物流竞争战略优势的关键是在物流系统成功的关键因素上形成差异优势或相对优势，这是取得物流战略优势最经济有效的方式，可以取得事半功倍的效果，当然也要注意挖掘潜在优势、关注未来优势的建立。

二、物流管理

我国国家标准《物流术语》（GB/T 18354—2021）将"物流管理"（logistics management）定义为"为达到既定的目标，从物流全过程出发，对相关物流活动进行的计划、组织、协调与控制"。在社会再生产过程中，需要根据物质资料、实体流动的规律，运用管理的基本原理和科学方法对物流活动进行控制和监督，使各项物流活动的协调与配合达到最佳状态，以降低物流成本，提高物流效率和经济效益。现代物流管理是建立在系统论、信息论和控制论的基础上的。物流管理具有以实现客户满意为第一目标、以企业整体最优为目的、以信息为中心、重效率更重效果等特点。

（一）物流管理的基本内容

1. 物流作业管理

物流作业管理是指对物流活动或功能要素的管理，主要包括运输与配送管理、仓储与物料管理、包装管理、装卸搬运管理、流通加工管理、物流信息管理等。

2．物流战略管理

物流战略管理（logistics strategy management）是指"通过物流战略设计、战略实施、战略评价与控制等环节，调节物流资源、组织结构等最终实现物流系统宗旨和战略目标的一系列动态过程的总和"（GB/T 18354—2021），其核心问题是使企业的物流活动与环境相适应，以实现物流的长期、可持续发展。

3．物流成本管理

物流成本（logistics cost）是指物流活动中所消耗的物化劳动和活劳动的货币表现。物流成本管理（logistics cost control）是指"对物流活动发生的相关成本进行计划、组织、协调与控制"（GB/T 18354—2021）。物流成本管理的主要内容包括物流成本核算、物流成本预测、物流成本计划、物流成本决策、物流成本分析、物流成本控制等。

4．物流服务管理

物流服务是为满足客户物流需求所实施的一系列物流活动过程及其产生的结果。物流服务管理的实质是物流企业或企业的物流部门从处理客户订货开始直至将商品送交客户的过程中，为满足客户的要求，有效地完成商品供应、减轻客户的物流作业负荷所开展的全部管理活动。

5．物流组织管理

物流组织是指专门从事物流经营和管理活动的组织机构，既包括企业内部的物流管理和运作部门、企业间的物流联盟组织，也包括从事物流及其中介服务的部门、企业以及政府物流管理机构。

6．供应链管理

供应链管理（supply chain management）是指从供应链整体目标出发，对供应链中采购、生产、销售各环节的商流、物流、信息流及资金流进行统一计划、组织、协调、控制的活动和过程。其实质是用系统的观点通过对供应链中的物流、信息流和资金流进行设计、规划、控制与优化寻求建立供、产、销企业以及客户间的战略合作伙伴关系，最大程度地减少损耗与浪费、实现供应链整体效率的最优化并保证供应链成员获得相应的绩效和利益、满足客户需求的整个管理过程。

（二）实施物流管理的目标

实施物流管理的目标是在尽可能低的总成本条件下实现既定的客户服务水平，即寻求服务优势和成本优势的一种动态平衡并由此创造企业在竞争中的战略优势。根据这个目标，物流管理要解决的基本问题，简单地说，就是把合适的产品以合适的数量、合适的价格在合适的时间、合适的地点提供给客户。

现代物流通常被认为由运输、仓储、包装、装卸、流通加工、配送和信息处理诸环节所构成，各环节都有各自的功能、利益和观念。物流管理强调运用系统方法解决问题，即利用现代管理方法和现代技术使各个环节共享总体信息，把所有环节视为一个一体化系统进行组织和管理，使系统能够在尽可能低的总成本条件下提供有竞争优势的客户服务。系统方法认为，系统的效益并不是各个局部环节效益的简单相加；对于某一个方面出现的问题，要对全部的影响因素进行分析和评价。从这一思想出发，物流系统并不是简单地追求各个环节的成本最低，而是强调总成本分析，以达到保证总成本最低的同时实现既定客户服务水平的目的。

（三）物流管理的发展过程

物流管理的发展经历了配送管理、现代意义上的物流管理和供应链管理三个阶段。

1. 配送管理

物流管理起源于第二次世界大战中军队输送物资装备所发展出来的储运模式和技术，这些技术在二战后被广泛应用于工业界，极大地提高了企业的运作效率，为企业赢得了更多客户。当时的物流管理主要针对企业的配送业务，即研究在成品生产出来后如何快速而高效地通过配送中心把产品送给客户并尽可能维持最低的库存量。由此，现在的美国物流管理协会在那时称为美国实物配送管理协会，而加拿大供应链与物流管理协会在那时则称为加拿大实物配送管理协会。在这个初级阶段，物流管理只是在既定数量的成品生产出来后，被动地迎合客户需求，将产品运到客户指定的地点并在运输的过程中实现资源配置的最优化，合理设置各配送中心的库存量。准确地说，在这个阶段，物流管理并未真正地出现，只有运输管理、仓储管理和库存管理。物流经理的职位在当时也不存在，只有运输经理或仓库经理。

2. 现代意义上的物流管理

现代意义上的物流管理出现在 20 世纪 80 年代。人们发现利用跨职能的流程管理方式观察、分析和解决企业经营中的问题非常有效。通过分析物料从原材料运到工厂，流经生产线上的各个工作站，产出成品，再运送到配送中心，最后交付给客户的整个流通过程，企业可以消除很多看似高效率实际上降低整体效率的局部优化行为。因此，横向的物流管理可以综合管理每一个流程上的不同职能，以取得整体协同的最优化。

在这个阶段，物流管理的范围扩展到除运输外的需求预测、采购、生产计划、存货管理、配送与客户服务等，从而系统化管理企业运作，达到整体效益的最大化。相应地，美国实物配送管理协会在 20 世纪 80 年代中期改名为美国物流管理协会，而加拿大实物配送管理协会则在 1992 年改名为加拿大物流管理协会。

3. 供应链管理

20 世纪 90 年代以来，随着全球经济一体化的浪潮不断推进，资本流动国际化、跨国界生产和流通、在消费地生产和组装产品形成一种新动向，全球采购、全球生产、全球销售趋势逐渐形成。越来越多的跨国公司将生产、流通和销售等多种业务外包给合作伙伴，自己只承担自己最擅长、最为专业的业务。跨国公司在全球范围内寻求合作伙伴，在众多的选择对象中择优，结成广泛的生产、流通、销售网链，形成了供应链管理运作。因此，供应链管理从整体的观点出发，寻求建立供、产、销企业间的战略伙伴关系，最大程度地减少消耗与浪费，实现供应链整体效率的最优化。

（四）物流管理的原则

1．总体原则

在总体上，应坚持物流合理化原则，就是在兼顾成本与服务的前提下对物流系统的构成要素进行调整、改进，实现物流系统的整体优化。

2．宏观原则

在宏观上，除了要完善支撑要素建设，还需要政府和有关专业组织的规划和指导。

3．微观原则

在微观上，除了要实现供应链整体管理最优，还要实现服务的专业化和增值化。现代物流管理的永恒主题是在努力削减物流成本的基础上提升物流增值性服务。

4．服务原则

服务原则具体表现为 7R 原则，即合适的质量（right quality）、合适的数量（right quantity）、合适的时间（right time）、合适的地点（right place）、优良的印象（right impression）、适当的价格（right price）和合适的商品（right commodity）。

第三节　现代物流与经济发展

一、现代物流活动的属性

物流活动具有双重属性，即它既是增值性经济活动，又是增加成本和环境负担的经济活动。对物流活动双重属性的认识是认识现代物流管理的一个基本要点。现代物流管理的任务是在尽量降低物流成本、减轻物流活动造成的环境负担的基础上，使物流活动增值。

（一）物流活动是增值性经济活动

物流活动的增值性体现在物流活动创造的时间价值、空间价值和附加价值上。

1．时间价值

物质资料从供给者到需求者之间有一段时间差，由于改变这一时间差而创造的价值就是物流活动创造的时间价值。通过物流活动创造时间价值的形式有三种：① 缩短物流时间。缩短物流时间有助于减少物流损失、降低物流消耗、提高资金周转率、节约资金等。② 弥补时间差。在经济社会中，需求与供给普遍存在时间差，如粮食生产有明显的季节性和周期性，往往集中供给，而人们对粮食的消费（需求）是常年不间断的，因而供给与需求之间存在时间差。物流管理通过仓储，可有效弥补这种时间差，进而创造物品的时间价值。③ 延长时间。在某些具体物流活动中，存在人为延长物流时间以创造时间价值的情况，如定制化生产中最典型的管理思想——延迟制造，即只在客户需要的时候生产，有意识地延长物流时间并降低储运成本，从而达到创造时间价值的目的。

2．空间价值

物质资料从供给者到需求者之间存在空间差异，由于改变这一空间的差异而创造的价值就是物流活动创造的空间价值。通过物流活动创造空间价值的形式有三种：① 从集中生产场所到分散需求场所创造的价值。现代化大生产往往通过集中化大生产提高生产效率、降低成本，在一个小范围集中生产的产品可以满足大面积地区的需求，通过物流将产品从集中生产的低价位区转移到分散于各地的高价位区，物流的空间价值得到实现。② 从分散生产场所到集中需求场所创造的价值。例如，粮食是在广大地区上分散生产出来的，而一个大城市对粮食的需求则非常集中，物流由此创造了空间价值。③ 从甲地生产流入乙地满足需求创造的空间价值。现代人每天消费的物品几乎都是在相距一定距离甚至很远的地方生产的，这样复杂的供给和需求的空间差异是通过物流得以弥补的，物流因此创造空间价值。

3．附加价值

现代物流企业的一个重要特点就是根据自身优势从事一定的补充性加工活动，这种活动必然形成劳动对象的附加价值。例如，在商品流通中为方便运输而进行包装，在商品进入商店之前按客户要求进行分割、换装、拆零等操作，均形成了商品的附加价值。

（二）物流活动是增加成本和环境负担的经济活动

无论是在国民经济领域还是在企业经济领域，物流都是构成成本的主要因素。即使是在发达国家，物流成本在总成本中仍然占有相当大的比重。

物流活动对环境具有比较大的负面影响，这种影响会随着物流活动数量的增加而增大、随着物流合理化水平的提高而减小。

二、商流与物流

商流是社会物资实体由供给者向需求者转移时发生的流动，主要表现为物资与其等价物的交换运动和物资所有权的转移运动。具体的商流活动包括买卖交易活动和商情信息活动。商流活动可以创造物资的所有权效用。

（一）商流的特点与商流活动的内容

商流的特点包括：突出流通，即把商流看成流通的一部分；突出与物流活动的伴随关系；突出商流的功能——创造物资的所有权效用。

商流活动的内容包括：交易前收集商品信息，展开市场调查；按照市场调查的结果，对商品的生产计划、数量、质量、销售渠道等因素进行调整；买卖双方通过谈判达成交易；履行交易。

（二）商流与物流的联系和区别

商流和物流是商品流通过程的两个方面，两者既相互联系又有所区别，既相互结合又相互分离。

1．商流与物流的联系

（1）商流与物流的统一。商流与物流都属于流通领域，是商品流通的两种不同形式，在功能上互为补充。通常是先发生商流，后发生物流，在商流完成以后才进入物流环节。

商流是物流的前提。没有商品所有权的转移，即买卖活动的发生，实物的空间位移则无从谈起，实物运动方向与商品交易方向具有一致性是普遍规律。

物流是商流的保障。如果不具备物流条件或实物运动过程受阻，商品不能到达购买者手中，商流则失去了保障。

（2）商流与物流的分离。商流与物流分离最根本的原因是商流运动的基础（资金）与物流运动的实体（物资）具有相对独立性。物资的运动是通过资金的运动来实现的，也就是说，资金的分配是物资运动的前提。但是，正是由于物资受到实物形态的限制，其运动渠道、运动形式与资金运动大不相同。例如，资金的运动是通过财政、信贷、价格、工资等形式实现的，而物资运动则是通过空间位移实现的。资金的转移可以通过邮局汇款、银行转账瞬间完成，而物资要完成空间位移则必须经过运输、储存等一系列漫长的过程。

在实际的流通活动中，既存在只有物流、没有商流的情形，如搬家、自有物品的保管等，又存在只有商流、没有物流的特殊现象，如房屋、建筑物等的交易（其中，商品虽然发生了所有权转移，但并不发生位置上的转移）。因此，商流和物流不一定同时发生。

商流、物流都是从供给者到需求者的流动，具有相同的出发点和终点。商流要靠物流来实现，商流和物流又要靠信息流的支撑和同步运转（资金流随商流和物流的运转而运转）。商流是标的物，物流是手段，信息流是知识和行情的传递载体，资金流是一个过程的终结点。

2. 商流与物流的区别

（1）流动的实体不同。物流是物资的物质实体的流动，商流是物资的社会实体的流动。

（2）功能不同。物流创造物资的空间价值（效用）、时间价值（效用）、附加价值（效用），而商流创造物资的所有权效用。

（3）发生的先后顺序和路径不同。一般来说，先有商流，后有物流。商流是物流的上游，没有上游就没有下游，要靠商流带动物流。如果没有物流，商流就无从实现，商流越兴旺，则物流越发达。在特殊情况下，没有物流的商流和没有商流的物流都是有可能存在的。

三、现代物流对经济发展的作用

物流是整个社会经济的重要组成部分，物流业作为经济发展的重要产业和新的经济增长点，与经济社会的发展关系密切。随着我国市场经济的发展，物流对国民经济运行和企业运营的促进作用越来越大。

（一）物流对国民经济运行的作用

1. 联结社会生产各部分

物流是国民经济的"动脉"，它联结着社会生产各个部分，使之成为一个有机整体。国民经济是由众多的产业、部门、企业组成的，这些产业、部门、企业分布在不同的地区、城市或乡村，属于不同的所有者，它们彼此供应其产品用于满足各方的生产性消费和人们的生活性消费，既互相依赖又互相竞争，形成了错综复杂的关系。物流是维系这一复杂关系的纽带，可满足众多产业、部门、企业的需求，使国民经济得以良性运行。

2．保证社会再生产不间断

物流是社会再生产不间断、不断创造社会物质财富的前提条件。社会生产的重要特点是连续性，这是人类社会得以发展的重要保障。一个社会不能停止消费，同样不能停止生产，而连续不断的再生产是以获得必要的物质资料并使之与劳动力结合为前提的。一个企业要不间断地进行生产，一方面必须按照生产需要的数量、质量、品种、规格和时间不间断地供给原料、材料、燃料和工具、设备等物质资料；另一方面，必须及时将产品销售出去。也就是说，必须保证物质资料不间断地流入生产企业且经过一定的加工后不间断地流出生产企业。同时，在生产企业内部，各种物质资料需要在各个生产场所和工序间相继传送，经过一步步深加工后成为价值更高、使用价值更大的新产品。厂内物流和厂外物流如果出现故障，生产过程必然受到影响，甚至导致生产停滞。

3．改善国民经济的运行效率，提高社会经济效益

物流产业的发展可以从整体上改善国民经济的运行效率，直接提高全社会的经济效益。合理的物流能够节约大量的物质资料；消除迂回、相向、过远等不合理运输，节约运力；减少库存、加速周转，更充分地发挥现有物资的效用。此外，物流在装卸、加工、包装等方面也具有提高社会经济效益的作用。

4．制约商品生产的发展

物流对经济发展的规模、产业结构的变化以及经济发展的速度具有一定的制约作用。商品生产的发展要求生产社会化、专业化和规范化，但是，没有一定的物流发展，这些要求是难以实现的。一方面，流通规模必须与市场发展的规模相适应，而流通规模的大小在很大程度上取决于物流的能力；另一方面，物流技术的发展从根本上改变了产品的生产和消费条件，为经济的发展创造了重要的前提。而且，随着现代科学技术的发展，物流对生产发展的这种制约作用越发明显。

5．实现商品的价值和使用价值

物流是保证商流顺畅，实现商品的价值和使用价值的物质基础。在商品流通中，物流是伴随着商流产生的，但它又是商流的物质内容和物质基础。商流的目的在于转变商品的所有权（包括支配权和使用权），而物流才是商品交换过程所要解决的社会物质变换过程的具体体现。没有物流过程，就无法完成商品的流通过程，包含在商品中的价值和使用价值就不能得到充分实现。

（二）物流在企业运营中的作用

1．和制造系统协调运作，优化供应链

物流改变了市场经济中传统的企业管理模式，发挥了重要作用。从传统的观点看，物流对制造企业的生产具有一种支持作用，被视为辅助性功能部门。而现代企业的生产方式发生了重大转变，即从大批量生产转向精细的准时化生产，这时的物流，包括采购与供应，也需要跟着转变运作方式，实行准时供应和准时采购等。另外，用户需求的瞬时化要求企业以最快的速度把产品送到用户的手中，以提高企业快速响应市场的能力。这一切要求企业的物流系统具有协调系统运作的能力，提高供应链的敏捷性和适应性。因此，现代物流

管理的作用不再是传统的保证生产过程的连续性，而是在供应链管理中做到：创造用户价值，降低用户成本；协调制造活动，提高企业的敏捷性；提高用户服务，塑造企业形象；提供信息反馈，协调供需矛盾。

2．促进企业持续健康发展

首先，物流产业发展在促进制造业降低产品成本、提高经济效益的同时，调整传统的"大而全、小而全"的经营组织形式，有助于制造企业提高核心竞争能力。其次，物流产业的发展能够促进新型商业企业和业态形式的发展。传统的批发企业和储运企业近年来都在尝试向物流服务领域延伸。在零售企业中，大型连锁商业企业内部的物流配送工作和为中小连锁企业提供服务的物流配送中心同样发展得十分迅速。再次，物流产业能够促进运输服务方式的创新和传统运输企业管理手段和技术水平的提高。最后，物流产业发展能带动和促进许多相关领域（如物流设备制造、电子商务等）的发展。

3．国际物流是企业开展国际化经营的保证和支持

跨国公司正在由各国子公司独立经营的阶段向围绕公司总部战略、协同经营一体化的方向发展，这就对国际物流提出了更高的要求。高效的国际物流可以为企业开展国际化经营提供保证和支持。

第四节　现代物流的发展趋势

世界各地区、各个国家的物流发展水平参差不齐、千差万别。例如，美国、日本、德国这三个国家的物流行业较为先进，具有一定的代表性，但各有特点且侧重点不同：美国比较重视物流理论，侧重于消费者；日本比较注重实际，重点放在物流成本和企业物流管理上；德国更重视物流的综合性和系统性，强调整体优化和企业物流整合。从整体上来看，现代物流呈现出以下八大发展趋势。

一、物流进入全球化发展时代

从 20 世纪 80 年代掀起跨国经营和产品本地化生产浪潮，至 20 世纪 90 年代形成经济全球化大潮，伴随而来的是物流全球化。物流全球化包含两个方面的含义：一方面，经济全球化使世界越来越成为一个整体，大型公司特别是跨国公司日益从全球的角度构建生产和营销网络，原材料、零部件采购和产品销售的全球化相应地带来了物流活动的全球化。另一方面，现代物流业正在全球范围内加速集中并通过整合国际资源形成巨大的物流竞争力。

没有顺畅的国际物流，国际贸易难以扩大，跨国生产和全球采购难以实现；反过来，国际化大生产、国际资本大流动、国际贸易大发展、全球经济一体化日益发展的新经济格局迫切需要国际物流走向全球化经营。近年来，跨国物流企业，如美国的联邦快递、丹麦的马士基、日本的通运和佐川急便、德国的西门子等都在角逐世界物流市场，它们与各自供应链中的生产企业结伴进入各国物流领域。这些大型跨国物流企业由原来的雄踞国际

海、陆、空运输市场转为深入参与各国物流基础设施和物流枢纽的建设，一步步地完善了跨国物流网络框架和主干线与支线的衔接，使国际物流网实现了彻底的贯通。借助经济全球化的大好良机，它们通过融资、贷款、援助、合资、合作等形式把游资投入世界各地最关键的物流环节，如港口、码头、公路、物流园区、集装箱终端，巩固了自身的投资主体地位，确保了国际物流的畅通无阻，从而进一步拓宽国际物流通道、促进全球物流的大循环，把现代物流推向全球化发展的新时代。

二、第三方物流日益成为物流服务的主导方式

从欧美地区的情况来看，生产加工企业不再自主建设仓库，而是寻找其他配送中心为自己服务，第三方物流已经成为一种趋势。第三方物流的作用从单纯的降低客户物流成本转变为多方面提升客户价值，即从提供运输、仓储等功能性服务向提供咨询、信息和管理服务延伸，致力于为客户提供一体化解决方案，与客户结成双赢的战略合作伙伴关系。客户可以选择功能性物流服务商，也可以通过第三方物流服务商整合功能性服务商。

三、物流向更高阶段发展

随着经济的发展和企业在激烈的市场竞争中的群体优势化，物流的作用日益显得单一和不足。物流必须与生产、采购、销售以及信息相结合，形成整体优势，才能适应新的竞争环境。企业只有在发挥核心竞争力的同时与自己的上游企业和下游企业结成联盟，参加由优秀的生产者、原材料供应者、产品批发商、零售商、物流企业乃至相关的金融、保险、信息、咨询等企业组成的同盟体，才能维持生存和发展。由于逐渐由单个企业与单个企业之间的竞争转向了企业群体与企业群体之间的竞争，物流越发显得乏力，只有供应链才能满足这种竞争的需要，所以作为一种重要的发展趋势，物流渐渐地被涵盖在供应链管理之中，或者说物流向更高的阶段发展了。当然，这并不等于供应链取代了物流的地位和作用，更不能理解为物流不再重要。供应链的有效实施需要具备一定的条件，如供应链成员企业的诚信度和合作精神，这是最基本的。

四、物流的内涵向外延伸

物流是一门新兴的学科，只有不到一百年的历史，所以物流的内涵一直随着经济的发展、科技的进步、消费者的需要等外在因素的变化而不断地调整和完善。起初，物流主要指的是产品离开生产线以后的包装、运输、装卸、搬运、保管、流通加工以及信息传递，主要服务于企业的产品销售活动。后来，物流的范围扩大到原材料采购和生产领域，侧重于加强企业服务和企业竞争力。之后，物流概念由 physical distribution 转为 logistics、订货处理、退货物流等内容的同时，其重点转为对物流配送和物流活动的策划与管理，物流的地位也提升至企业经营管理和企业经营战略的高度。近年来，物流的内涵进一步向外延伸，与通关、商检相联系，与商流、资金流、信息流捆绑在一起，被纳入生产、流通与整个经济领域。企业不仅把物流看作降低成本、提高服务水平、加强企业竞争力的有效工具，还把物流业提升到新的经济增长点、经济发展的支柱和关键产业的高度。

五、物流转向消费者

在新经济时代，因社会商品极大丰富，买方市场矛盾突出，生产者、供应者、服务者都从传统的以"自我"为中心转为以"消费者"为中心。过去主要取决于市场情况的商品价格转而由消费者支配，因此生产者首先要调查消费者能承受或期望的价格水平，然后考虑分给分销商、物流企业的利润，最后决定如何制定商品的出厂价格，由此激化卖方企业之间的竞争。同时，物流服务随着生产企业的转变而转变，由过去的服务于生产转向现在的服务于消费者。为居民提供搬家服务的搬家公司，为居民邮寄小件包裹、代送礼品的快递公司，为长期出差者保管家具和贵重物品的仓库等是物流企业转向最终消费者的例证。再如，为了满足消费者对牛奶、肉蛋、海产品、蔬菜、水果等冷藏、冷冻产品的需要，运输企业增加了冷藏运输车辆、仓库企业大量增建冷冻仓库，形成一贯制冷链物流运营机制。

六、物流注重社会效益

在环境污染问题越来越严峻、环境保护越来越受重视的现代社会，物流企业必须重视社会效益，遵守环保相关法规，减少卡车噪声、废气公害等污染，倡导"绿色物流"。具体措施有：限制卡车运输，鼓励铁路运输；要求卡车在繁华市区装卸货物时关闭发动机，减少废气排放量；电视机、电冰箱等大件废旧家用电器由生产企业负责回收和再利用。

七、物流趋于现代化

电子数据交换系统（electronic data interchange，EDI）、事务处理系统（transaction processing system，TPS）、管理信息系统（management information system，MIS）、决策支持系统（decision support system，DSS）、销售时点系统（point of sale，POS）、地理信息系统（geographic information system，GIS）、全球定位系统（global positioning system，GPS）、智能交通系统（intelligent transportation system，ITS）等信息处理技术和条形码技术、射频标识技术在物流中的广泛运用大大增强了运输、仓储、装卸、搬运、包装、流通加工、配送等物流环节的功能，使物流与商流、资金流、信息流融为一体，提升了生产、流通和消费的综合效益，实现了物流的跨越式发展。除了智能化交通运输，无人搬运小车、机器人堆码、无人操作叉车、自动分类分拣系统、无纸化办公系统等现代物流技术大大提高了物流的机械化、自动化和智能化水平。同时，信息化、电子化、模块化、仿真等技术在物流中的应用使利用虚拟仓库、虚拟银行的供应链管理如虎添翼，使流通的方式和条件发生了改变，从而带来了流通生产力的重大革命，使物流与物流管理趋于现代化。

八、物流趋于合理化

近年来，西方工业发达国家利用先进技术改造流通领域并根据现代社会化大生产发展的要求在个别企业、行业内推动物流合理化，致力于整个社会的物流合理化，主要表现在如下几个方面。

1．物流设施合理化

物流设施应设置在工业生产较发达的城市或铁路、水路、公路等交通枢纽和货物中转集散地，有利于物流渠道畅通、加速货物流转。

2．商品流向合理化

物流企业应秉持及时、准确、高效率、低费用的原则把商品运达消费地或用户，同时重视时间管理，合理使用车辆，防止迂回、相向运输，降低流通费用。

3．包装规格化、系列化

物流企业以运输工具为基础，利用分割系列的办法，建立了运输—包装系统的标准规格，扭转了过去只根据生产系统确定包装尺寸的状况，确定了国际通用的物流基础模数尺寸以及与集装模数尺寸的配合关系，从而运用同一基础模数将陆、水、空物流统一。

4．运输网络化

为了使物流渠道畅通、适应市场竞争的需要，各物流企业和专业运输公司应合理设置网点，使运输网络化。例如，在商业批发环节，有的大型批发商店设有物流中心，与之配套地设有配送中心。这些运输公司由于运输网点遍布全国各地，与铁路、港口、航空衔接，因而形成了一线相连、长短途结合、点面结合的全国商品综合运输体系，使商品运输合理化、网络化。

5．物流机构和环节合理化

物流机构的设置可根据生产力布局、流通分工的要求采取多种形式。例如，在产地和销地建立以储存产品为主的物流中心。

物流"十四五"规划及 2035 年远景目标建议

不同商品的物流环节有所不同。例如，服装从工厂到物流中心，再到配送中心，是将大包装改为小包装后运送到零售商店，最后到消费者手中；新鲜商品是从产地或批发商场到零售商店，再到消费者手中。

本 章 小 结

思 考 题

1．什么是物流？什么是物流管理？
2．简述物流的基本功能。
3．简述现代物流和传统物流的区别。
4．简述现代物流经济活动的属性。
5．简要分析国内物流产业的发展情况。

案 例 分 析

京东物流：基于区块链的可信单据签收平台（链上签）

问题讨论：

1. 京东物流是如何实现"体验为本、效率制胜"的核心发展战略的？
2. 京东物流链上签产品是如何运作的？
3. 京东物流对我国物流企业有何启示？

实 训 项 目

调查与访问一家物流公司。

1. 实训目标

（1）使学生结合实际加深对物流管理的感性认识和理解。

（2）初步培养学生认知和自觉养成现代物流管理者素质的能力。

2. 实训内容和要求

（1）由学生自愿组成小组，每组 6~8 人。利用课余时间，选择一家中小型物流企业进行调查与访问。

（2）在调查与访问之前，每个小组需要根据课程所学知识经过讨论制定调查访问提纲，包括调研的主要问题和具体安排，具体问题可以参考下列几点。

① 该物流企业管理的构成情况。

② 重点访问物流经理，了解其职位、工作职能、胜任该职位所需要的物流管理知识及技能以及所用的物流管理方法等情况。

③ 物流管理对象及范围。

④ 该物流企业所处的市场环境。

⑤ 该企业中有哪些你感兴趣的物流管理问题？请做简要分析。

3. 实训成果检查

（1）每人写一份简要的调查访问报告。

（2）调查访问结束后，组织一次课堂交流与讨论。

（3）以小组为单位，分别对组长和每个成员在调研与讨论中的表现进行评估和打分。

（4）由任课教师根据成员的调研报告与在讨论中的表现分别评估和打分。

（5）将上述诸项评估得分总和作为本次实训成绩。

第二章　物流战略管理

本章概要

　　本章首先介绍物流战略的含义、特征和分类以及物流战略管理的概念和目标，接着重点讲述物流战略环境综合分析，最后对现代企业物流战略的创新与发展进行分析。

思政目的

　　通过学习本章物流战略内容，树立现代物流战略管理思想，培养学生分析问题和解决问题的全局观、大局观、长远性和合作共赢素养。

学习目的

　　通过本章的学习，正确理解物流战略的含义、特征；了解物流战略环境的分析及物流环境的新变化；掌握现代企业物流战略的创新与发展趋势。

基本概念

　　物流战略　　物流战略管理　　SWOT 分析

引导案例

中国物流集团提出"123456"发展战略

第一节　物流战略概述

一、物流战略的含义、特征与分类

（一）物流战略的含义

我国古代常称"战略"为"谋""猷""韬略""方略""兵略"等，西晋司马彪曾以"战略"命名其著作（又称《司马彪战略》）。近代，战略在世界各国先后发展成为军事科学的重要研究内容。现代，战略涉及的范围日趋扩大，西方国家陆续提出了"大战略""国家战略""全球战略"等概念。

战略是同一定历史时期的社会生产方式相联系的。它依赖于社会物质生产、科学技术的发展水平和人的觉悟程度，为国家或政治集团所规定的基本政策服务。国家的社会制度，政治、经济和军事实力以及主观指导对战略的制定和实施起决定性作用。战略同国家的自然条件、地理位置、面积、人口、资源、交通运输以及作战地区的地形、水文、天候等也有密切关系。战略和战役、战术是整体和局部的关系，战略对战役、战术起指导、制约作用，同时战略企图的实现有赖于战役、战术的胜利。

战略的构成要素主要有以下几项。

（1）战略目的。战略目的是指战略行动所要达到的预期结果，是制定和实施战略的出发点和归宿。战略目的是根据战略形势和国家利益的需要确定的。不同性质的国家和军队，其战略目的不同。对于实施防御战略的国家来说，维护国家和民族的根本利益、长远利益和整体利益，特别是维护国家的主权和领土完整是基本的战略目的。确定战略目的，强调需要与可能相结合，具有科学性和可行性，符合国家的路线、方针和政策，与国家的总体目标和国力相适应，满足国家在一定时期内对维护自身利益的基本要求。

（2）战略方针。战略方针是指导战争全局的方针，是指导军事行动的纲领和制定战略计划的基本依据。它是在分析国际战略形势和敌对双方战争诸因素的基础上制定的，具有很强的针对性。对不同的作战对象、不同条件下的战争，应采取内容不同的战略方针。每个时期或每场战争除了要制定总的战略方针，还需要制定具体的战略方针，以确定战略任务、战略重点、主要的战略方向、力量的部署与使用等问题。

（3）战略力量。战略力量是战略的物质基础和支柱。它以国家综合国力为后盾、以军事力量为核心，在发展经济和科学技术的基础上，根据战略目的和战略方针的要求确定其建设的规模、发展方向和重点并与国家的总体力量协调发展。

（4）战略措施。战略措施是战略决策机构根据战争的需要在政治、军事、外交、经济、科学技术和战略领导与指挥等方面所采取的各种切实可行的全局性方法和步骤。

"战略"一词被各个领域广泛应用，衍生出政治战略、经济战略、科技战略、外交战略、人口战略、资源战略、体育战略等概念。物流战略的概念来源于企业物流活动的实践。所谓物流战略，是企业面对竞争激烈的经营环境，为求长期生存和不断发展而采取的竞争行动与业务操作方法，是企业为了达成目标并支持自身战略对所需原材料、半成品、成品、废弃物、一般供应用品以及专业服务的计划、组织、执行和控制等。

不同领域对物流战略的需求和研究各有侧重，对物流战略基本概念的认识也略有不同，企业物流战略选择的具体载体是企业物流系统，主要涉及如下领域。

（1）流通领域的物流战略。流通领域中经济活动的重要特点是购销活动、商业交易、管理与控制等活动与物流战略活动密不可分，因而除去本体，该领域必然包含与物流战略相关的经济活动或这些经济活动中的一部分。

（2）生产领域的物流战略。生产领域的物流战略有广义和狭义之分。广义的理解是以生产企业为核心的全部活动，即从供应开始，到生产加工制造，再到销售的物流战略。狭义的理解有两种：一种是专指生产企业涉及购销活动的物流战略；另一种是生产加工范畴中物料的物流战略。

（3）军事领域的物流战略。近年来，随着军事科学的发展，军事物流已被纳入军事经济系统，尤其是在和平时期，军事领域中的物流战略研究出现了新特点，其外延不但涉及政治、军事，也涉及分配、调度及各种购销活动。

（4）生活领域的物流战略。目前，与生活领域的物流战略相关的研究较少，现代物流学所总结的一些物流规律、物流系统、物流方法、物流工具或装备大多来源于经济领域。随着科技、文化的发展以及人们对生活质量要求的提高，生活领域的物流战略研究将有所发展。

（二）物流战略的特征

根据物流战略的内涵，它具有以下特征。

1. 全局性

物流战略对整个物流过程中的所有功能进行优化并对各个物流功能进行分配，因而具有全局性。

2. 长远性

企业物流战略是对企业未来一定时期生存和发展的统筹谋划，规定了企业的奋斗目标，实现这些目标需要较长时间，少则3～5年，多则5年以上，因而物流战略具有一定的长远性。

3. 竞合性

竞合性是指企业之间既竞争又合作的关系，在处理与其他企业之间的关系时，企业并不是一定要拼个你死我活，可以在竞争的基础上合作，做到优势互补，以实现双赢。

4. 纲领性

企业物流战略规定的是企业总体的长远目标、发展方向、经营重点、前进道路以及基本的行动方针、重大措施和基本步骤，这些原则性规定具有行动纲领的意义，物流战略中的战略目标更是全体职工的奋斗纲领。

5. 相对稳定性

理论上，由于企业物流战略规定了企业物流的发展目标，具有长远性，因此只要战略实施的环境未发生重大变化，企业物流战略所确定的战略目标、战略方针、战略重点、战略步骤等就应该保持相对稳定,不应该朝令夕改。实际上,在处理具体问题和不影响全局的情况下,物流战略也应保持一定的灵活性。

(三)物流战略的分类

目前,针对物流战略的分类并无统一的标准,综合不同学者的观点,可将物流战略划分为以下类别。

1. 宏观物流战略和微观物流战略

宏观物流战略研究的是社会再生产总体的物流活动,是从社会再生产总体的角度认识和研究物流活动。这种物流战略活动的参与者是构成社会总体的大产业、大集团。

微观物流战略研究的内容是消费者、生产企业所从事的实际的、具体的物流活动,是整体物流战略中局部的、具体的物流战略,如生产物流战略、供应物流战略、销售物流战略、回收物流战略、废弃物物流战略等。

2. 社会物流战略和企业物流战略

社会物流战略研究的内容主要是超越一家一户的、以一个社会为范畴的物流活动,具有综观性和广泛性。

企业物流战略研究的内容主要是与企业有关的物流活动,是具体的、微观的物流活动。

3. 国际物流战略和区域物流战略

国际物流战略研究的内容主要是伴随和支撑国际经济交往、贸易活动和其他国际交流的物流活动,如经济全球化等。

区域物流战略研究的内容主要是相对于国际物流而言的一个国家范围内的物流、一个城市的物流或一个经济区域的物流,同一区域的物流活动处于同一法律、规章、制度环境之下,受相同文化、社会因素的影响,处于基本相同的科技水平和装备水平之下,因而有其独特性和区域特点。区域物流战略研究的一个重点是城市物流。

4. 一般物流战略和特殊物流战略

一般物流战略研究的内容是物流活动的共同点和一般性,物流活动的一个重要特点是涉及全社会、各企业,具有普遍适用性。其研究重点是物流的一般规律,以建立普遍适用的物流标准。

特殊物流战略研究的内容是专门范围、专门领域、特殊行业,在遵循一般物流规律的基础上,带有特殊制约因素、特殊应用领域、特殊管理方式、特殊劳动对象、特殊机械装备特点的物流皆属于特殊物流。

二、物流战略管理的概念、目标及过程

(一)物流战略管理的概念

根据我国国家标准《物流术语》(GB/T 18354—2021)的定义,物流战略管理(logistics strategy management)是指"通过物流战略设计、战略实施、战略评价与控制等环节,调节物流资源、组织结构等最终实现物流系统宗旨和战略目标的一系列动态过程的总和"。

（二）物流战略管理的目标

1．降低物流成本

降低物流成本的途径有以下三个。

（1）物流合理化。物流合理化就是使一切物流活动和物流设施趋于合理，以尽可能低的成本提供尽可能好的物流服务。对于一个企业而言，物流合理化是降低物流成本的关键，既直接关系企业的效益，也是企业物流战略管理追求的总目标。物流合理化应根据实际物流流程进行设计、规划，不能单纯地强调某一环节的合理、有效、成本节约，而是要通盘考虑。

（2）加强物流质量管理。加强物流质量管理是降低物流成本的有效途径，只有不断地提高物流质量，才能不断减少和消灭各种差错、事故，节省各种不必要的费用支出，降低物流过程的消耗，使企业保持良好的信誉、吸引更多的客户、形成规模化集约经营，提高其物流效率，从根本上降低物流成本。

（3）提高物流速度。提高物流速度有助于减少资金占用、缩短物流周期、降低仓储费用，从而降低物流成本。海尔公司就是靠加快采购物流、生产物流、销售物流的速度来缩短整个物流周期、提高资金的利用率，实现零运营资本的。

2．改进服务

良好的物流服务水平是企业长期发展的基础，只有在一定物流成本水平下，改进服务水平，更好地满足客户对物流服务的需求，提供高于竞争对手的服务，才能赢得客户。物流战略管理的目标是在物流成本不变的情况下利用新的管理模式、先进信息技术等方法尽力改进物流服务，促进企业发展。

3．减少投资

在保持服务水平不变的前提下，企业可以采用多种措施减少投资，如不设库存而将产品直接送交客户、使用公共仓库而非自建仓库、运用准时生产策略缩减库存、利用第三方物流服务等，虽然这些措施会导致可变成本的增加，但只要其增加值小于投资的减少值，则不妨一试。

（三）实现物流战略目标的要点

要实现物流战略目标，企业应注意以下要点。

（1）物流战略中心网络的优化，即工厂，仓库，商品集中配送、加工中心等的建设（规模、地理位置等）既要符合分散化原则，又要符合集约化原则，从而使物流活动有利于客户服务的全面展开。

（2）物流战略主体的合理化。从生产阶段到消费阶段的物流活动主体常常有单个主体和多个主体之分，也存在着自主承担物流业务和委托他人承担物流业务等形式的区别，物流主体的选择会直接影响物流战略活动的效果或实现客户服务的程度。

（3）物流信息战略的高度化，即能及时、有效地反映物流信息和客户对物流的期望。

（4）物流作业战略（职能化战略）的效率化，即在配送、装卸、加工等过程中应当运用最佳方法、手段使企业最有效地实现商品价值。

（四）物流战略管理的过程

物流战略管理的过程由三个阶段构成，即物流战略制定、物流战略实施、物流战略控制与调整。

1. 物流战略制定

物流战略制定是企业在分析内外环境的基础上，按照一定的程序和步骤规定战略目标、划分战略阶段、明确战略重点、制定战略对策，从而提出指导企业物流长远发展的全局性总体规划。一般来说，制定物流战略应遵循以下步骤。

（1）树立正确的战略思想。战略思想是指导战略制定和实施的基本思想，是整个战略的灵魂，贯穿于物流战略管理的全过程，对战略目标、战略重点、战略对策具有统率作用。一个企业的战略思想主要包括竞争观念、市场营销观念、服务观念、创新观念和效益观念等。

（2）分析战略环境。这是制定战略的基础和前提。如果不能全面、准确地认识组织内外环境，就无法制定出切合实际的物流战略。

（3）确定物流战略的目标。物流战略的目标是指企业完成基本物流服务所追求的最终结果，由战略决策者根据企业的物流目标确定，为企业物流活动的运行指明了方向，为企业物流评估提供了标准，为企业资源配置提供了依据。

（4）划分战略阶段、明确战略重点。物流战略的实施周期通常很长，少则3～5年，多则5～10年。为逐步实现战略目标、逐步推进战略规划，应划分战略阶段，即对战略目标和战略周期进行分割。这种划分和分割要求明确各战略阶段的起止时间以及在这段时间内所要达到的具体目标，这些具体目标和阶段的总和即总的战略目标和战略周期。战略重点是指对战略目标的实现有决定意义和重大影响的关键部位、环节和部门。抓住关键部位、突破薄弱环节便于带动全局、实现战略目标。

（5）制定战略对策。战略对策是指为实现战略指导思想和战略目标而采取的重要措施和手段。企业应根据组织内外环境情况及其变动趋势拟订多种战略对策和应变措施，以保证战略目标的有效实现。

（6）战略评价和选择。战略评价和选择是战略制定阶段的最后一个步骤。若战略方案被否定，则按照上述步骤重新拟订；若战略方案获得肯定，则结束战略制定，进入具体实施阶段。

2. 物流战略实施

物流战略实施就是将战略转化为行动，主要涉及以下问题：为落实物流战略，企业应如何确立年度物流目标、如何制定物流政策、如何配置物流资源；为了实现既定的战略目标，企业需要获得哪些外部资源以及如何使用这些资源；企业需要对组织结构做出哪些调整；如何处理可能出现的利益再分配与企业文化的适应问题，如何开展企业文化管理，以保证企业物流战略的成功实施等。物流战略实施是战略管理过程中难度最大的阶段，能否成功实施物流战略是物流战略管理能否实现既定目标的关键。

3. 物流战略控制与调整

物流战略控制可分为制定控制标准、根据标准衡量执行情况、纠正偏差三个步骤，主要的控制方法有事前控制、事中控制和事后控制。

物流战略调整就是根据企业情况的发展变化，即结合经营事实、经营环境的变化、新的思维和机会及时调整物流战略，确保战略对企业物流管理的有效指导，调整内容包括企业的长期物流发展方向、企业的物流目标体系、企业物流战略的执行等。

三、物流战略的地位

企业物流战略是企业战略之一，企业战略是企业为了实现长期经营目标、适应经营环境变化而制定的一种具有指导性的经营规划。根据战略决策内容的特点，企业战略可划分为三个层次，即公司级战略、部门级战略和职能级战略。企业物流战略在企业战略中处于职能级战略的层次，企业物流战略和企业的营销战略、财务战略和人力资源战略等同属于一个层次，共同支持企业整体战略的实现，企业物流管理决策层的一项重要工作就是制定物流战略。

四、目前我国企业物流战略发展中存在的主要问题

（一）粗放式经营的格局没有获得根本性改变

近年来，我国现代物流虽然取得了很大的进展，但从总体上来说，仍然处于初级阶段，依然停留在粗放式经营的层面，质量和效益还不是很理想。国际上通常把物流成本占 GDP 的比重作为衡量物流效率和效益的重要指标，发达国家推行现代物流后，这一指标已经控制在 10%左右。虽然我国全社会物流成本占 GDP 的比重自 2003 年（21.4%）至今（2022年前三季度的 14.7%）持续下降，但仍与美国等发达国家存在一定差距。

（二）供需不平衡的矛盾依然存在

一方面，企业物流运作模式受"大而全、小而全"思想的影响，习惯于自成体系、自我服务，大量潜在的物流需求不能转化为有效的市场需求；另一方面，物流企业规模小、实力弱、功能单一且服务质量和效率难以满足社会化物流的需要。虽然近年来我国第三方物流发展得很快，但真正能够提供一体化服务的企业还不多，在促进生产流通企业外包、释放物流需求、增强物流企业供给能力和服务水平等方面，仍缺乏有效政策措施的支持。

（三）物流发展的环境需要进一步改善

1. 体制方面的障碍

物流的产业形态和行业地位不明确、物流组织布局分散、物流资源和市场条块分割、地方封锁和行业垄断给资源整合与一体化运作造成体制性障碍。例如，物流企业普遍反映地方对外地企业和本地企业不能做到一视同仁，存在地方保护问题；物流企业在异地设立分支机构、承揽业务和车辆通行等活动遇到许多困难，纠纷时有发生；有的地方出台政策，要求货运企业统一进入指定的货场经营。

2. 政策环境的影响

由于物流产业的复合性，与物流有关的政策分属不同部门制定，缺乏统一、透明的产业政策体系，虽然国家发展和改革委员会等九部委已经出台了《关于促进我国现代物流业发展的意见》，但不少企业反映：工商行政管理部门对物流企业的界定缺乏明确标准；在企业登记、发票使用、税收抵扣、企业资质评定等管理中都有对自有车辆数量的硬性规定，这是整合社会资源的一大障碍；大型物流企业异地分支机构不能统一缴纳所得税；养路费、运管费、货运附加费、过路过桥费等收费过高，加重企业负担；由于各地限制货车进城，不少物流企业采用小型客车送货，既不安全又增加成本，还影响配送的及时性。

3. 市场竞争的影响

物流业是竞争型产业，进入物流业的门槛较低，物流企业之间竞争激烈，物流企业之间的恶性竞争时有发生，需要营造公平的物流市场竞争环境，以促进物流业健康发展。

第二节　物流战略环境分析

制定企业物流战略必须对企业所处的环境进行细致的调查研究，这是企业物流战略管理中十分重要的一项基础性工作。企业的物流战略环境是企业生存和发展的重要条件，包括企业的外部环境和内部环境。本节主要介绍企业物流战略环境综合分析、物流市场环境因素分析、现代物流战略发展态势分析。

一、物流战略环境综合分析的内容和方法

（一）物流战略环境综合分析的内容

所谓物流战略环境综合分析，就是综合分析企业外部环境和内部环境的各种因素。分析企业外部环境的情况能得出企业可利用的发展机会和企业面临的威胁，而企业能否抓住机会、消除威胁则要对内部环境进行详细分析后才能做出判断。

1. 企业外部环境中存在的机会和威胁

（1）企业外部环境中的有利因素——机会。例如，国家有关物流产业的鼓励和支持政策；银行信贷的支持；国家税赋的降低；国内外市场容量的扩大；企业产品的优势；企业所需资源的来源信息；等等。

（2）企业外部环境中的不利因素——威胁。例如，企业生产的产品被有关物流产业政策所限制；国家紧缩银根，限制某些行业产品的投资规模；国家提高银行贷款利息率或提高税赋；企业产品的市场容量呈现缩小趋势；企业生产所需资源趋于枯竭；等等。

2. 企业内部的优势和劣势

（1）企业的优势。例如，企业在技术、产品上有何优势；在管理上有哪些特色；在营销工作上有哪些差异化优势；发挥这些优势的程度如何；等等。

（2）企业的劣势。例如，管理工作落后、产品质量不佳、产品品种单一、客户对销售服务不满意等。

（二）物流战略环境综合分析的方法

1. SWOT分析法

SWOT分析法也称态势分析法，于20世纪80年代初由美国旧金山大学的管理学教授韦里克提出，被广泛应用于企业战略制定、竞争对手分析等。SWOT分析即利用企业内外环境相互联系、相互制约、相互影响的原理，对企业的优势（strengths）、劣势（weakness）、机会（opportunity）、威胁（threat）四个方面的情况进行综合分析，制定适合本企业实际情况的物流战略。

下面以A省一家电子商务物流公司B公司对SWOT分析法的应用为例。该公司是当地规模最大的物流配送运营企业，主营业务有电子商务呼叫中心、数据业务、互联网业务、物流配送业务。B公司通过对所处竞争环境的分析，对自身的优势（S）、劣势（W）、机会（O）、威胁（T）进行了概括，如表2-1所示。

表2-1 B公司SWOT分析

	机会（O）	威胁（T）
外部环境	1. A省物流业发展迅速，在全国位居前列 2. 公司所在地区GDP近年来以两位数增长，人们的可支配收入增长较快 3. 公司所在地区物流业增长快于当地的GDP增长 4. 当地政府出台了加快物流业发展的政策 5. 随着人均可支配收入的增长，物流配送需求日益增加 6. 随着物流新技术的发展，电子商务物流信息、宽带数据等业务在大中型企业有可观的潜在需求	1. 当地竞争对手依托品牌、技术资源、资金优势和邮政网，采用价格竞争方式，大量抢占B公司固定物流业务，尤其是大客户 2. 竞争对手依托信息技术，大力建设物流信息网，发展物流信息，吸引高端用户 3. 竞争对手依靠更先进的物流配送网络体系发展即时（just in time，JIT）配送，吸引了高端用户
	优势（S）	劣势（W）
内部环境	1. B公司是当地最先进入、最大的物流公司，客户量大、品牌知名度高 2. 拥有比较完善、可控性强的纵向组织物流营销系统 3. 技术基础好 4. 员工敬业精神强	1. 退休人员多，在职冗员多 2. 不断改组积累的不良资产多 3. 员工紧迫感、危机感不足，市场观念淡薄 4. 营销方式不灵活，物流营销网络体系不太健全 5. 在主要经营的物流业务上缺乏定价自主权

SWOT分析法的主要优点是简便、实用和有效，主要特点是通过对照，把企业外部环境中的机会和威胁与企业内部环境中的优势和劣势联系起来进行综合分析，有利于经营者开拓思路，科学、客观地制定物流战略。

2. 波士顿矩阵分析法

波士顿矩阵分析法又称市场增长率—相对市场份额矩阵分析法、波士顿咨询集团法、四象限分析法、产品系列结构管理法等。它是最主流的制定公司层战略的方法之一，由波士顿咨询集团（Boston Consulting Group，BCG）于20世纪70年代初提出，故又称为BCG矩阵。BCG矩阵将组织的每一个战略事业单位（strategic business unit，SBU）标在二维的矩阵图上，从而显示出哪个 SBU 能够提供高额的潜在收益、哪个 SBU 是组织资源的漏斗。BCG 矩阵的发明者、波士顿咨询集团的创立者布鲁斯认为："公司若要取得成功，就必须拥有增长率和市场份额各不相同的产品组合。组合的构成取决于现金流量的平衡。"因此，BCG 矩阵的实质是通过业务的优化组合实现企业的现金流量平衡。

波士顿矩阵分析法是将市场增长率和相对市场份额作为衡量标准并形成矩阵图形，然后对企业的经营领域进行分析和评价的一种综合方法。市场增长率反映了市场需求对企业的吸引力，某种经营领域的市场增长率高，对企业从事该领域生产经营活动的吸引力就大。相对市场份额反映了企业某种经营领域在市场中的竞争地位，相对市场份额越大，企业在该经营领域的竞争力越强（见图 2-1）。

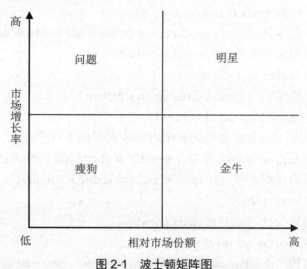

图 2-1　波士顿矩阵图

处于双高位置的区是明星区，处于双低位置的区是瘦狗区；市场增长率高、相对市场份额低的区称为问题区；市场增长率低、相对市场份额高的区是金牛区，也称厚利区。这四个区的划分为企业对现有的各种经营领域进行综合分析并为今后进行经营领域的选择指明了方向：对处于明星区的经营活动，应抓住机遇，加强力量，重点投资，促进其发展；对处于金牛区的经营活动，应严格控制投资、维持现有规模，设法赚取尽可能多的利润，以支持处于明星区和问题区的经营活动的发展；对处于问题区的经营活动，因市场增长率高，有发展前途，应加以完善和提高，促使其成为新的明星区经营活动；对处于瘦狗区的经营活动，因已面临失败或衰退，应果断放弃和淘汰。这一方法有助于企业进行经营活动的选择和资源的有效分配，但它有一定的适用条件，即企业环境动荡水平比较低，市场需求的增长比较容易预测，不会出现难以预料的变化。

3. 麦肯锡矩阵分析法

麦肯锡矩阵（McKinsey matrix）是对公司的战略事业单元进行业务组合分析的一个管理模型。与 BCG 矩阵相比，麦肯锡矩阵在以下两个方面表现得更为成熟。

（1）以"市场 / 行业吸引力"代替"市场增长率"，相比"市场增长率"，"市场 / 行业吸引力"包含更多的考量因素；以"竞争实力"代替"相对市场份额"，对每一个事业单元的竞争实力进行评估、分析。

（2）麦肯锡矩阵有九个象限，而 BCG 矩阵只有四个象限，因此麦肯锡矩阵的结构更复杂、分析结果更准确。

影响"市场／行业吸引力"的典型外部因素有以下几个。

- 市场规模（market size）。
- 市场增长率（market growth rate）。
- 市场收益率（market profitability）。
- 定价趋势（pricing trends）。
- 竞争强度（competitive intensity/rivalry）。
- 行业投资风险（overall risk of returns in the industry）。
- 进入障碍（entry barriers）。
- 产品／服务差异化机会（opportunity to differentiate products and services）。
- 产品／服务需求变动性（demand variability）。
- 市场分割（market segmentation）。
- 市场分销渠道结构（market distribution structure）。
- 技术发展（technology development）。

影响战略事业单元"竞争实力"的典型内部因素有以下几个。

- 战略事业单元自身资产与实力（strength of assets and competencies）。
- 品牌／市场的相对力量（relative brand/marketing strength）。
- 市场份额（market share）。
- 市场份额的成长性（market share growth）。
- 顾客忠诚度（customer loyalty）。
- 相对成本结构（relative cost position/cost structure compared with competitors）。
- 相对利润率（relative profit margins/profit margins compared with competitors）。
- 分销渠道结构及产品生产能力（distribution strength and production capacity）。
- 技术研发与其他创新活动记录（record of technological or other innovation）。
- 产品／服务质量（products/services quality）。
- 融资能力（access to financial and other investment resources）。
- 管理能力（management strength）。

通常，战略事业单元在麦肯锡矩阵图中用一个圆形表示，如图 2-2 所示。

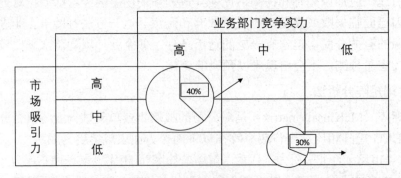

注：① 圆的大小代表市场规模；② 标有百分比的饼图代表战略事业单元的市场份额；③ 箭头代表战略事业单元的运作方向

图 2-2 麦肯锡矩阵图

麦肯锡矩阵的运用步骤如下。

（1）分别找出市场/行业吸引力和战略事业单元竞争实力的影响因素（参考上述典型因素）。

（2）依据各影响因素的重要性决定其加权比重值。

（3）对每个因素进行评分。

（4）加权计算各个战略事业单元在市场/行业吸引力和竞争实力两个指标上的分数。

（5）得出结果，绘制图表并对结果进行阐释。

（6）回顾/敏感度分析。有必要的话，可采用其他权重和分值重新进行计算（因为很有可能存在不同意见）。

麦肯锡矩阵的局限如下。

（1）对各种不同因素进行评估的现实难度较大。

（2）指标最后的聚合比较困难。

（3）未考虑核心竞争力。

（4）未考虑到战略事业单元之间的相互作用关系。

4. PEST 分析法

PEST 分析法是战略咨询顾问用来帮助企业检阅其外部宏观环境的一种方法。宏观环境又称一般环境，是指影响一切行业和企业的各种宏观力量。不同行业和企业根据自身特点和经营需要，在宏观环境因素分析的具体内容上会有差异，但一般应对政治（political）、经济（economic）、社会（social）和技术（technological）这四大类影响企业的主要外部环境因素进行分析，具体内容如表 2-2 所示。

表 2-2　PEST 分析内容

政治（包括法律）	经　　济	社　　会	技　　术
环保制度	经济增长	收入分布	政府研究开支
税收政策	利率与货币政策	人口统计、人口增长率与年龄分布	产业技术关注
国际贸易章程与限制	政府开支	劳动力与社会流动性	新型发明与技术发展
合同执行法 消费者保护法	失业政策	生活方式变革	技术转让率
劳动法律	征税	职业与休闲态度、企业家精神	技术更新速度与生命周期
政府组织/态度	汇率	教育	能源利用与成本
竞争规则	通货膨胀率	潮流与风尚	信息技术变革
政治稳定性	商业周期所处的阶段	健康意识、社会福利及安全感	互联网的变革
安全规定	消费者信心	生活条件	移动技术变革

二、物流市场环境因素分析

（一）机会与威胁

分析物流市场环境主要是为了识别市场环境给企业带来的机会和威胁，即市场环境中的有利影响可为企业带来机会，而不利影响则会限制企业的发展甚至会对企业造成威胁。作为物流企业或企业物流总部，在物流综合管理的过程中，必须关注市场环境的变化，在适应环境的基础上制定合理的物流发展战略。

（二）顾客偏好及其发展趋势

随着消费水平的提高、个性化需求的大量出现和同质化竞争的日趋激烈，能够满足顾客需求（无论是生理层面的需求还是心理层面的需求）的产品日益增多，因此企业需要关注顾客偏好，根据阶层、社会地位、心理特征等对顾客群体进行细分，据此采取有针对性的管理。

（三）挖掘潜在市场

随着社会资源的日益丰富，同类产品间的差异越来越小，企业要想在激烈的市场竞争中棋高一着、超前一步，就要善于把握市场上出现的新机遇、新趋势，做到出奇制胜。任何产品在市场上的容量都是有限的，一味效仿他人的做法、照搬照抄他人的成功经验，绝无胜人一筹的可能，最多在已有的市场中分一杯羹，最终难免陷入价格战的泥潭，成为少数成功者的垫脚石。正所谓"善出奇者，无穷如天地，不竭如江海"（《孙子兵法·兵势》）。有远见的企业多从"出奇"的角度考虑，不会将太多的精力浪费在与竞争者争夺既有的有限市场上，而是去开拓新的市场，即挖掘潜在市场，赚取第一桶金。这就要求企业"思在消费者前面，想到消费者的心中"，在第一时间将消费者的潜在需求变成现实需求、把潜在市场开发为现实市场。

（四）竞争程度

市场的竞争程度对企业具有重大影响，具体可用波特五力分析模型（Porter's Five Forces Model）进行有效分析。波特五力分析模型由迈克尔·波特（Michael Porter）于 20 世纪 80 年代初提出，对全球企业的战略制定产生了深远的影响。"五力"分别是供应商的讨价还价能力、购买者的讨价还价能力、新进入者的威胁、替代品的竞争强度、现有企业间的竞争，这五种力量的不同组合最终影响市场的竞争程度。

1．供应商的讨价还价能力

供应商主要通过提高投入要素的价格与降低单位价格质量影响行业中现有企业的盈利能力与产品竞争力。当供应商所提供投入要素的价格占购买者产品总成本的比重较大或供应商产品对购买者生产过程来说非常重要，抑或是严重影响购买者产品的质量时，供应商的讨价还价能力较强。一般来说，具有如下条件的供应商具有较强的讨价还价能力。

- 供应商行业为一些具有比较稳固的市场地位且不受市场激烈竞争困扰的企业所控制，其产品的购买者很多，以至于任何一个单独的购买者都不可能成为供应商的唯一重要客户。
- 各供应商企业的产品具有一定的自身特色，以至于购买者难以转换采购对象或转换成本太高。
- 供应商能够方便地实行前向一体化，而购买者难以实行后向一体化。

2. 购买者的讨价还价能力

购买者主要通过压价与要求提供较高的产品或服务质量影响行业中现有企业的讨价还价能力。一般来说，具有如下条件的购买者具有较强的讨价还价能力。

- 购买者较少，每个购买者的购买量占供应商销售量的比重很大。
- 供应商行业由大量规模相对较小的企业组成。
- 购买者所购买的基本上是一种标准化产品，可同时向多个供应商购买产品。
- 购买者有能力实行后向一体化，而供应商不可能实行前向一体化。

3. 新进入者的威胁

新进入者在给行业带来新的生产能力、资源的同时，希望在现有市场中占有一席之地、分一杯羹，因此有可能与现有企业发生原材料与市场份额的竞争，最终导致现有企业盈利水平降低，甚至给现有企业的生存造成威胁。新进入者造成的威胁的严重程度取决于两个因素，即进入障碍的大小、对现有企业面对新进入者反应的预期。

进入障碍主要包括规模经济、产品差异、资本需要、转换成本、销售渠道开拓、政府行为与政策（如国家综合平衡统一建设的石化企业）、不受规模支配的成本劣势（如商业秘密、产供销关系、学习与经验曲线效应等）、自然资源（如冶金业对矿产的拥有）、地理环境（如造船厂只能建在海滨城市）等，其中有些障碍是很难借助复制或仿造的方式予以突破的。

对现有企业面对新进入者反应的预期主要是指现有企业采取报复行动的可能性，这取决于企业的财力情况、固定资产规模、行业增长速度等。

4. 替代品的竞争强度

两个处于不同行业中的企业可能因为所生产的产品互为替代品而产生竞争行为，这种源于替代品的竞争会以各种形式影响行业中现有企业的竞争战略。存在更受用户青睐的替代品将影响企业产品售价和获利能力的提高，要抵御替代品生产者的进攻，企业必须提高自身产品质量或通过降低成本来降低售价，抑或是增强自身产品的特色。源自替代品生产者的竞争的强度受用户转换成本高低的影响，替代品的价格越低、质量越好，用户转换成本越低，竞争就越激烈，考察替代品销售增长率、替代品生产者的生产能力与盈利增长情况等可以有效分析这种竞争的强度。

5. 现有企业间的竞争

在大部分行业中，企业间的利益是紧密联系在一起的，但作为企业整体战略一部分的企业竞争战略的目标则是获得相对于竞争对手的优势，所以实施该战略必然引发冲突与对抗现象，这些冲突与对抗就构成了现有企业之间的竞争。

现有企业之间的竞争常常表现在价格、广告、产品介绍、售后服务等方面。一般来说，竞争强度提高的典型表现包括：行业进入门槛较低，势均力敌的竞争者较多；市场趋于成熟，产品需求增长缓慢；竞争者提供的产品或服务几乎相同，用户的转换成本很低；行业中实力薄弱企业被外部实力强大的企业接收，成为市场中的主要竞争者；行业退出门槛（主要受经济、战略、情感以及社会政治关系等因素的影响，如资产的专用性、退出费用、政府和社会的各种限制等）较高，即退出竞争的代价比继续参与竞争更大。

三、现代物流战略发展态势分析

分析物流战略发展态势有利于掌握市场需求的动态，不仅对物流战略管理、物流市场研究具有深刻的理论意义，对物流产业的发展和物流企业的市场决策也具有重要的现实指导作用。

（一）综合性物流需求增加，物流的高度化快速发展

所谓"物流的高度化"，是指物流的完善协调水平，即物流系统的现代化和效率化水平。综合性物流需求产生之前，物流市场需求表现为对运输、仓储等单一功能的需求，仓储和运输方式选择标准的变化可以反映出物流高度化的变化。传统仓库只具有简单的保管功能，是储存型仓库，最多提供相关的装卸搬运服务，很少提供流通加工、配送、分装等增值性服务；逐步实现物流高度化的仓库服务功能趋于齐全，由储存型转向流通型，库存周转率加快。简单的运输方式选择标准是先看运费情况，再看运输服务质量，运费较低的运输方式，服务质量通常不高；在物流逐步实现高度化发展以后，运输方式的选择更强调服务质量，企业对运费的考虑是以满足需求为前提的。

由于单一的运输功能已不能满足用户的综合性物流需求，运输业从业者不得不推出新的货运延伸服务项目，物流服务由此得以发展。物流服务包括运输、仓储、包装、信息咨询等多方面的功能，在发达的物流管理体系中，现代通信、计算机和网络是必备的协调和控制工具，应用于物流所有环节的信息收集、加工传递、处理和决策。物流需求从单一向综合性发展，这与工业化带来的经济服务化和信息化的发展方向是一致的。

（二）产业布局和城市化是影响物流流向的重要因素

原材料、燃料、加工工业的分布决定了产业物流和消费物流的大小和进出的方向，经济发达地区和落后地区的物流需求差异较大，城乡物流也有很大的不同。随着经济的发展和城市化水平的提高，城市的消费量因城市人口的增长和居民消费水平的提高而增长，吸引了国内、国际大量的货物流入。同时，以大、中城市为中心的物流圈（该区域内50%以上的批发零售源自该城市）逐渐形成，物流圈的界定体现出了城市对区域内各地的商品控制能力和它们之间的物质联系。在物流数量上，城市的主导地位决定了物流流向和物流企业布局向城市集中的现象。

（三）降低物流总成本成为主导

在企业中，物流渗透于各项经营活动之中。现代物流成本是指从原材料供应开始，到将商品送达消费者手中所发生的全部物流费用。由于物流成本没有被列入企业的财务会计制度，制造企业习惯将物流费用计入产品成本，商业企业则把物流费用与商品流通费用混为一谈。因此，无论是制造企业还是商业企业，都难以按照物流成本的内涵完整地计算出物流成本，就连已经被生产领域或流通领域分割开的物流成本，也不能单独、真实地计算并反映出来。对自身物流资源进行优化配置、科学实施管理和决策、以最小的成本赚取最大的收益是所有企业面临的最重要的问题。

1. 明确企业物流总成本的构成

企业物流成本是采购、生产、销售等与物流相关的活动的成本总和，是评判企业物流管理水平的重要指标。分析物流总成本的构成是实施一体化物流管理的关键，有助于企业从全局的角度了解自身的物流运作状况，明确当前的瓶颈问题并找到突破口，提高企业整体的物流运作效率。

2. 运用战略成本管理方法控制物流成本

战略成本管理是一种全面性与可行性相结合的管理技术，可使企业在产品企划与设计阶段就关注到产品的制造成本。

作业基准成本法就是一种典型的战略成本管理方法，它是按照各项作业所消耗资源的多少把成本费用分摊给各项作业，再按照所经历作业的多少把成本体现到产品价格上。利用作业基准成本法可以改进优化作业链、减少作业消耗、提高作业质量并在整个作业生命周期内实施战略成本管理，为物流实施流程再造、业绩评价等提供成本信息，为企业进一步改进成本控制和战略性规划与决策提供更为有力的依据和标准。

3. 有效降低物流总成本的方法

企业在具体操作中可采用以下有效降低物流成本的方法。

（1）实施效率化配送。效率化配送通过减少运输次数、提高装载率、合理制订配车计划、选择最佳运输工具等有效降低物流成本。

（2）采取物流外包。把物流外包给专业化第三方物流公司可以缩短商品在途时间、减少商品周转过程中的费用和损失，有条件的企业可以采用第三方物流公司直供上线，实现零库存，降低成本。

（3）采用现代化信息管理系统。在传统的手工管理模式下，企业的成本控制受诸多因素的影响，往往不易也不可能实现对各个环节的最优控制。采用现代化信息管理系统，一方面可准确、迅速地处理各种物流作业或业务，另一方面便于数据的汇总和预测分析，可有效控制物流成本。

（4）强化企业员工的成本管理意识。企业应把降低成本的工作和意识从物流管理部门扩展到企业的各个部门，在产品开发、生产、销售的全生命周期中加强物流成本管理，强化企业员工的成本管理意识。

（5）对商品流通的全过程实施供应链管理。对生产企业、第三方物流企业、销售企业、消费者组成的供应链实施一体化管理，使整个供应链的利益最大化，有效降低企业物流成本。

第三节 现代企业物流战略的创新与发展

近十几年来，不断变化的环境和新型营销机制的确立已成为物流企业在战略上不断求新、求变，打造竞争优势的压力和动力。首先，货主物流需求不断向高度化方向发展，具体表现为追求在必要的时间配送必要的数量，必要商品的多频次、少量运输或 JIT 运输，高水准的物流服务逐渐普及并成为物流经营的一种标准。其次，经营环境和新型营销机制对战略的影响除了体现在需求方面，对供给方面也有相当大的影响，主要表现在从事物流业务的企业之间的竞争日益激烈。在这一背景下，如何根据自身的经营特点适时、有效地实施物流战略成为企业谋求长远发展的关键。从总体上看，企业物流战略的创新与发展都是紧紧围绕产、销、物紧密结合而开展的，具体体现在以下几个方面。

一、即时物流战略

20 世纪 80 年代中期以后，企业的经营管理逐步向精细化、柔性化方向发展，其中即时制（just-in-time，JIT）管理得到了广泛的重视和运用。它的基本思想是"在必要的时间，对必要的产品从事必要量的生产或经营"，因而不存在生产、经营过程中产生浪费和造成成本上升的库存，即实现了所谓的"零库存"。即时制管理是即时生产、即时物流的整合。即时物流战略表现在以下两个方面。

（一）即时采购

即时采购是一种先进的采购模式，其基本思想是"在恰当的时间、恰当的地点，以恰当的数量、恰当的质量从上游生产商处采购企业所需的恰当的产品"。它是从平准化生产发展而来的，是为了消除库存和不必要的浪费而进行持续性改进的结果。平准化生产是为了及时应对市场变化而组织的一种以小批量、多品种为生产特点的敏捷的作业管理体制，其特点表现为：在生产方式上，生产线上同时加工由多个品种组成的生产批量；在生产计划上，以天为单位制订每个品种的生产计划，而且允许生产计划的随时变更；在生产工程上，各种零部件被放置在生产线旁的规定位置，不同的零部件以小批量的方式混合装载搬运。显然，平准化生产的一个重要特点在于物料或上端产品的采购必须是即时的，即采购部门根据生产经营的情况形成订单时，供应商立刻着手准备，与此同时，在编制详细采购计划的过程中，生产部门开始调整生产线，做到敏捷生产，在订单交给供应商的时候，上游生产商以最短的时间将最优质的产品交付用户。由此可见，即时采购是整个即时制生产管理体系中的重要一环。

企业要做到即时采购，一个很重要的问题就是供应商的选择。在传统的采购活动中，企业与供应商只有简单的买卖关系，所以供应商的数量比较多。在即时采购条件下，供应商的经营行为要能充分对应下游企业的平准化生产，做到同步，因此企业只有与供应商建立稳固的长期交易关系，才能保证质量上的一致性，只有强化、指导对供应商作业系统的管理，才能逐步降低采购成本。因此，在即时采购条件下，企业会与少数供应商结成稳固关系，甚至是单源供应。但是，在实际运作中，企业为了防止因为单源供应而削弱竞争力或因发生意外导致生产停滞，一般选取多个供应商作为采购源，以促进供应商之间的竞争及其能力的不断提高。

除了供应商的选择，即时采购中还有一个很重要的问题，那就是如何对供应商实施有效的评价。在即时采购中，企业对供应商绩效的监控通常是通过对供应商行为能力的划分实施的，这种能力不仅是指履约能力（表现为质量、交货期等外在要素），还包括保证即时生产所需的工程设计能力（即及时按照企业的设计图纸灵活组织作业生产的能力）、价值工程能力（即在企业设计的基础上改善设计、降低成本的能力）和部件设计的创新能力。

（二）即时销售

对于生产企业而言，销售物流是物流管理的重要内容。在构建企业自身的物流系统、实施即时销售方面，生产企业与零售企业具有不同的发展趋势。对于生产企业而言，推行即时销售最有效的措施是实行生产商物流中心的集约化，即将原来分散在各分公司或中小型物流中心的库存集中到大型物流中心，通过数字化备货等现代技术实现进货、保管、在库管理、发货管理等物流活动的效率化、合理化和智能化，原来的中小批发商或销售部门以生产商销售公司的形式专职从事销售促进、零售支持或订货等商流业务，从而提高销售对市场的反应能力以及对生产的促进作用；在零售企业中，物流中心有分散化、个性化的发展趋势，即物流系统的设立应充分满足一定商圈内店铺运营的需要，只有这样才能大大提高商品配送、流通加工的效率，减少销售中的损失，同时迅速提高物流服务的速度。当然，还应当看到的是，除了通常所说的物流系统的构建，信息系统的构建也是建立即时销售机制所必不可少的。如今，很多企业一方面通过应用现代信息系统（如 POS 系统、数字库存管理系统等）提高企业内部的销售物流效率，另一方面通过积极利用电子订货系统、电子数据交换系统等在生产企业与批发企业或零售企业之间实现订、发货自动化，真正做到销售的在线化、正确化和即时化。

二、协同化物流战略

协同化物流是指打破单个企业的绩效界限，通过企业的相互协调和统一，创造出最适宜的物流运行结构。在如今流通形式多样化的情况下，各经济主体都在为自身构建富有效率的物流体系，反映到流通渠道中必然会积极推动有利于自身的物流活动和流通形式，这无疑会引发经济主体间的利益冲突。除此之外，不同规模的企业也会因为单个企业物流管理的封闭性产生非经济性。消费需求的个性化、多样化发展在客观上要求企业在商品生产、经营和配送上充分对应不断变化的消费者需求，这无疑大大推动了多品种、小批量、多频度的配送且这种趋势越来越明显。在这种背景下，面对经营成本的上升和竞争压力的增大，一些中小型企业由于自身规模较小，不具备商品即时配送的能力，也没有相应的物流系统，或由于经验少、发展时间短等，难以适应多频度、少量的配送要求。即使具备相应的能力，限于经济上的考虑，有些企业也要等到商品配送总和达到企业配送规模经济要求时才展开配送，这有悖于即时物流的原则。为解决上述问题，旨在弥合流通渠道中企业间对立关系或协调企业规模与实际需求对应矛盾的协同化或一体化物流应运而生。目前，协同化物流战略主要有以下三种形式。

（一）横向协同化物流战略

所谓横向协同化物流，是指相同产业或不同产业的企业之间就物流管理形成协调、统一运营的机制。相同产业协同化物流是指相同产业内的不同企业为了有效地开展物流活动，共同通过物流中心的集中处理实现低成本物流的系统。从实践来看，它往往有两种形式：一是在承认并保留各企业原有配送中心的前提下，实行商品的集中配送和处理；二是各企业放弃自建配送中心，通过建立共同的配送中心实现物流管理的效率化和集中化。不同产业协同化物流是将不同产业企业生产经营的商品集中起来，通过物流或配送中心达成企业间物流管理的协调与规模效益。

一般来说，不同产业协同化物流处理的商品范围比较广，从企业内部管理的角度也更容易被接受。相同产业协同化物流中，由于相同类型企业的商品活动是集中开展的，因而各企业经营的情况和商品流转的信息等易为竞争者所获得，即产生所谓的"企业机密的泄露"，从而不利于企业经营战略的实施。相反，在不同产业协同化物流中，由于分属于不同的产业，企业之间不存在直接的竞争、替代关系，因而既能保证物流集中处理的规模效益，又能有效地维护各企业的利益，保证经营战略的有效实施。正因为如此，如今国际上不同产业协同化物流相对发展得较快。

（二）纵向协同化物流战略

纵向协同化物流战略是指处于流通渠道不同阶段的企业相互协调，形成共同的合作性物流管理系统，它追求的目标不仅是物流活动的效率性（即通过集中作业实现物流费用的递减），还包括物流活动的效果性（即商品能迅速、有效地从上游企业向下游企业转移，提高物流服务的水平）。纵向协同化物流的形式主要有批发商与生产商之间的物流协作、零售商与批发商之间的物流协作等。

批发商与生产商之间的物流协作有两种形式：一是在生产商力量较强的产业，为了强化批发物流职能或实现批发中心的效率化，生产商代行批发功能或利用自己的信息网络对批发企业的多频次、小批量配送服务给予支持；二是在生产商以中小企业为主、批发商力量较强的产业，由批发商集中处理多个生产商的物流活动。

零售商与批发商之间的物流协作表现为：一是大型零售商建立自己的物流中心，批发商经销的商品都必须先流入该中心，再向零售商的各店铺进行配送。此外，尽可能减少与零售商交易的批发商数量，因此要求批发商从原来从事专业商品的经营转向多种类经营，零售商物流中心的订货、收货等手续得到简化。二是非大型零售商不自建物流中心，而是由批发商建立零售商专用物流中心并借此代行零售物流，这样既可以有效利用批发商所掌握的物流技术，又能享受因省去本企业物流中心集配商品环节所带来的利益。

（三）通过第三方物流实现协同化

第三方物流是通过协调企业之间的物流运输和提供物流服务，把企业的物流业务外包给专门的物流管理部门承担。它提供了一种集成物流作业模式，不仅能使供应链的小批量库存补给变得更经济，还能创造出比供方和需方采用自我物流服务系统运作更快捷、更安全、服务水准更高、成本相当或更低廉的物流服务。从第三方物流协作的对象看，它既可以依托下游的零售商业企业，作为众多零售店铺的配送、加工中心，也可以依托上游的生产企业，作为生产企业特别是中小型生产企业的物流代理。目前，第三方物流在国内和国际上都有着广阔的市场。

三、高度化物流战略

（一）全球化物流战略

随着企业经营规模的不断扩大，国际化经营不断延伸，出现了一大批立足于全球生产、全球经营和全球销售的大型全球性企业，不仅全世界都在经营、消费相同品牌的产品，产品的核心部件和主体部分也趋于标准化。在这种状况下，企业要想取得竞争优势、获得超额利润，就必须通过采购、生产、营销等的全球化实现资源的最佳配置、利用，发挥规模经济。在此过程中，以下两点是企业必须关注的：一是全球市场的异质性或多样性决定了企业"从外到内"的思维方式，即企业不仅要通过规模经济的实现降低成本，还要积极发挥范围经济，既要满足多样化要求，又要有效降低费用；二是服务全球市场时，企业的物流系统更复杂，导致前置时间的延长和库存水平的上升。综合上述两点，企业在实施全球化物流战略时必须处理好集中化物流与分散化物流的关系，否则无法取得全球化竞争优势。

当今，全球化物流实践表现出以下三种发展趋势：① 全球化生产企业在世界范围内寻找原材料、零部件的来源并选择适应全球分销的物流中心和供应物资的关键集散仓库，在获得原材料、分配新产品时使用当地现有的物流网络并推广其先进的物流技术与方法。② 生产企业与专业第三方物流企业同步全球化，即随着生产企业全球化的进程，将以前所形成的完善的第三方物流网络带入全球市场。③ 国际运输企业为了充分应对全球化经营形成了一种覆盖多种航线，以资源、经营的互补为纽带，面向长远利益的战略联盟，这不仅使全球物流更便捷，而且使全球范围内的物流设施得到了充分的利用，有效地降低了运输成本。始于 1997 年且仍在如火如荼展开的国际航空业的大联盟，正是国际运输企业适应全球化经营的一种形式。

（二）互联网物流战略

采取互联网物流战略，企业一方面可通过互联网这种现代化信息工具进行网上采购和配销，简化传统物流烦琐的环节和手续，使企业更加准确、全面地掌握消费者需求，从而推动产品的生产计划安排，最终实现基于客户的订货生产方式（build to order，BTO），以减少流通渠道各个环节的库存，避免出现产品过时或无效的现象；另一方面，企业可以利用互联网大幅度降低交流沟通成本和客户支持成本，增强进一步开发现有市场的新销售渠道的能力。如今，互联网物流作为物流管理的一种新趋势，正在企业实践中广为应用，如通用、丰田等都在积极推动互联网物流的发展。这里应当指出的是，互联网物流的兴起并非彻底否定之前的物流体系和物流网络，相反，它们是相互依存的，因为虚拟化企业之间的合作必然在实践中产生大量的实体商品的配送和处理，而这些管理活动必须以发达的物流网络为基础才能够实现，或者说互联网物流是建立在发达的实体物流网络基础之上的。现在一些优秀的企业都在探索将这两者的优势有机地结合在一起。

（三）绿色物流战略

从经济可持续发展的角度看，伴随着大量生产和消费而产生的大量废弃物对经济社会产生了严重的消极影响。如何保证经济的可持续发展是所有企业在经营管理中必须考虑的重大问题，对于企业物流管理而言也是如此。具体来讲，要实现上述目标，从物流管理的角度看，不仅要在系统设计或物流网络的组织上充分考虑企业的经济利益（即实现最低的配送成本）和经营战略的需要，同时要考虑商品消费后的循环物流，这包括及时、便捷地将废弃物从消费地转移到处理中心以及在产品从供应商转移到最终消费者的过程中减少容易产生垃圾的商品的出现。除此之外，还应当考虑如何使企业现有的物流系统减少对环境所产生的负面影响。显然，要解决上述问题，企业需要制定完善、全面的物流规划，如配送计划、物流标准化、运输方式等，特别是在制定物流管理体系时不能仅考虑自身的物流效率，还必须与其他企业协同起来，从综合管理的角度，集中合理地管理调达、生产和配送活动。

本 章 小 结

思 考 题

1. 什么是物流战略？物流战略有哪些特征？
2. 什么是物流战略管理？物流战略管理的目标主要有哪些？
3. 如何对物流战略进行分类？
4. 物流战略环境分析的方法有哪些？
5. 论述现代企业物流战略的创新与发展趋势。

案 例 分 析

A 公司物流战略分析

问题讨论：
1. A 公司制定一体化物流管理的战略目标应考虑哪些因素？
2. 物流企业实施一体化物流战略需解决哪些问题？

实 训 项 目

SWOT 分析在物流战略管理中的应用实训。

1. 实训目标

建立企业物流战略方案。

2. 实训内容和要求

（1）内容：学习 SWOT 系统分析方法，建立企业物流战略方案体系。

（2）要求：

① 学会 SWOT 分析法。

② 掌握企业物流战略方案体系建立步骤。

③ 应用 SWOT 分析法建立企业物流战略方案。

3. 实训成果检查

实训成果主要是实训报告，实训报告包括实训的各环节内容，并撰写出企业物流战略方案。

第三章 物流系统

本章概要

　　本章首先介绍系统的含义，物流系统的定义、内容和特点等，接着分析物流系统要素以及物流系统的分类与功能，最后分析物流系统设计的准备工作、基本要求和内容。

思政目的

　　通过学习本章物流系统的构成要素和基本特点等内容，树立现代物流系统整体化管理意识，培养学生的系统思维和团结协作意识。

学习目的

　　通过本章的学习，了解系统的含义，掌握物流系统的定义、内容和特点，掌握物流系统的构成要素，了解物流系统设计的基本要求、准备工作并掌握物流系统设计的基本内容。

基本概念

　　系统　物流系统　系统分析　系统设计

引导案例

永辉超市的物流系统

第一节　物流系统概述

一、系统的含义

系统是由两个以上相互区别或者相互作用的单元有机结合起来完成某一个功能的综合体。因此，系统由两个或两个以上的要素组成；各要素间相互联系，使系统保持稳定；系统具有一定的结构，保持系统的有序性，从而使系统具有特定的功能。

系统一般具备四个基本特点，即整体性、相关性、目的性和环境适应性。系统的整体性是指各个部分结合在一起表现出来的整体功能要大于各个组成部分功能的简单叠加。相关性是指系统的各个组织部分存在一定的内在联系。目的性是指系统具有将各个要素集合在一起的共同目的。环境适应性是指系统与环境是相互依存的，系统必须适应外部环境的变化。

系统是相对于外部环境而言的，外部环境向系统提供劳动力、手段、资源、能量、信息等，称为"输入"。然后，系统应用自身所具有的功能对输入的元素进行"转换"处理，形成有用产品，再"输出"到外部环境供其使用。输入、转换、输出是系统的三要素。另外，由于外部环境的影响，系统的输出结果可能偏离预期目标，所以系统还具有将输出结果的信息反馈给输入的功能。系统的一般模式如图 3-1 所示。

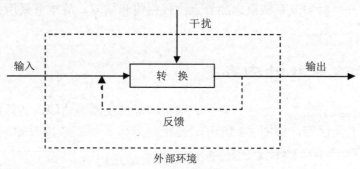

图 3-1　系统的一般模式

系统有效运行是以诸环节各自的顺畅、高效运作，以及相互之间的高度协同运作为前提的。在系统运行过程中或当系统循环周期结束时，会有外界信息反馈回来，为原系统的完善提供改进信息，使下一次系统运行得到改进。如此循环往复，便可实现系统的有序良性循环。

二、物流系统的定义

目前，学者对物流系统的定义并没有达成统一的意见，具有代表性的说法有以下几个。

崔介何认为，物流系统是指在一定的时间和空间里，由所需位移的物资与包装设备、搬运装卸机械、运输工具、仓储设施、人员和通信联系等若干相互制约的动态要素所构成的具有特定功能的有机整体。

王之泰认为，物流系统是由物流各要素所组成的，要素之间存在有机联系并具有使物流总体合理化功能的综合体。

董千里认为，物流系统是为实现既定物流活动目标，由物流固定设施、移动设施、通信方式、组织结构及运行机制等要素形成的多层次人工经济系统。物流系统属于人参与决策的大系统。人作为系统结构中能动的主体，无论其自觉与否，都在影响着系统或子系统的形成、运行、控制与发展。

王莉认为，由于物流是在特定的社会经济大环境里，由若干个相互依赖、相互制约的有区别的子系统集合而成的具有特定功能的有机整体，所以物流是一个系统，而且是一个相当复杂的动态的社会经济大系统。

黄祖庆等人认为，物流系统是指由物流设施、物料、物流设备、物料装载器具及物流信息等所组成的具有特定功能的有机整体。物流系统由产品的包装、仓储、运输、检验、装卸、流通加工和其前后的整理、再包装、配送所组成的运作系统与物流信息等子系统组成。

董维忠认为，物流系统是指在一定的空间和时间里，物流活动所需的机械、设备、工具、节点、线路等物质资料要素相互联系、相互制约的有机整体。物流系统是社会经济大系统的一个子系统或组成部分。

赵林度等人认为，物流系统就是由相互区别与关联的物流要素构成，与环境发生联系、具有特定目的的有机整体。物流系统的要素包括运输、仓储、装卸搬运、包装、流通加工、配送、信息等，还包括一般要素、物流设施设备要素、物流作业要素等。

笔者认为崔介何对物流系统概念的界定比较完整和规范，故本书采用崔介何对物流系统的定义。

三、物流系统的内容

一般物流系统具有输入、处理、输出、限制和信息反馈等功能，其具体内容因物流系统的性质不同而有所区别，如图3-2所示。

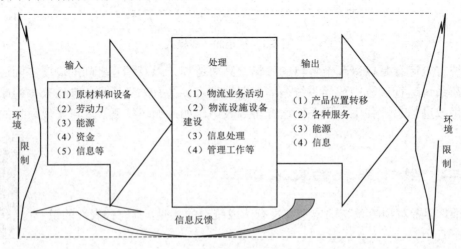

图 3-2　物流系统的一般模式

1．输入

输入包括原材料和设备、劳动力、能源、资金、信息等。通过提供资源、能源、设备、劳动力等对某一系统发生作用，统称为外部环境对物流系统的输入。

2．处理

处理是指物流本身的转化过程。输入与输出之间的生产、供应、销售、服务等活动中的物流业务活动统称为物流系统的处理。具体内容有物流业务活动，如运输、仓储、包装、装卸搬运等；物流设施设备的建设；信息处理；管理工作等。

3．输出

物流系统的输出是指物流系统与其本身所具有的各种手段和功能对环境的输入进行各种处理后所提供的物流服务，具体内容有产品位置转移、各种服务（如合同的履行及其他服务等）、能源、信息。

4．限制

外部环境对物流系统施加的一定约束称为外部环境对物流系统的限制，具体有：资源条件、能源限制，资金与生产能力的限制；价格影响，需求变化；仓库容量；装卸与运输的能力；政策的变化；等等。

5．信息反馈

物流系统在把输入转化为输出的过程中，由于受系统各种因素的限制，不能按原计划实现，则需要把输出结果返回给输入，进行调整；即使按原计划实现，也要把信息返回，以帮助对工作做出评价。这个过程称为信息反馈。信息反馈的内容包括各种物流活动分析报告、各种统计报告数据、典型调查、国内外市场信息与有关动态等。

四、物流系统的特点

物流系统是一个包括众多子系统的、复杂的大系统，物流系统与其子系统之间、各子系统之间、物流系统与所处环境的其他系统之间具有广泛的横向联系和纵向联系。因此，物流系统除具有系统的一般特点，即整体性、相关性、目的性和环境适应性，还具有规模庞大、结构复杂、目标众多等大系统所具有的特点，具体体现在以下几个方面。

1．物流系统是一个"人—机系统"

物流系统由人和形成劳动手段的设备、工具所组成，表现为物流劳动者运用运输设备，装卸搬运机械，仓库、港口、车站等设施，作用于物资的一系列生产活动。在这一系列物流活动中，人是系统的主体。因此，在研究物流系统各个方面的问题时，应该把人和物有机地结合起来，作为不可分割的整体加以考察和分析，还要始终把发挥人的主观能动性放在首位。

2．物流系统是一个大跨度系统

物流系统是一个大跨度系统，这反映在两个方面：一是地域跨度大；二是时间跨度大。

3．物流系统是一个可分系统

无论一个物流系统的规模多么庞大，都可以分解成若干相互联系的子系统，子系统数量及其层次的数量随着人们对物流的认识和研究的深入而不断扩充。系统与子系统之间、子系统与子系统之间既存在时间、空间和资源利用方面的联系，也存在总目标、总费用和总运行结果等方面的联系。

4．物流系统是一个动态系统

物流活动受到很多因素的广泛制约，如社会经济的发展、产品的生产、产品的需求变化、能源消耗与供应的波动、企业间合作关系等。为了适应经常变化的社会环境，使物流系统顺畅高效地运行，必须不断地修改、完善物流系统的各组成部分，当物流系统所面临的环境出现重大变化时，甚至需要重新设计物流系统。因此，物流系统是一个具有环境适应能力的动态系统。

5．物流系统是一个复杂的系统

物流系统包含的要素十分广泛且多种多样，因此是一个复杂的系统。从物资来看，物流系统中流动着品种成千上万、数量庞大的物资；从人的要素来看，物流系统中从事物流活动的人员众多；从资金要素来看，建设铁路、公路、港口等物流基础设施需要投入大量的资金；从物流网络要素来看，广泛的物流网络遍及各地、各国，甚至遍及全球；从物流信息角度来看，信息贯穿于物流活动全过程，物流系统通过信息将各子系统和要素有机地联系起来。

6．物流系统是一个多目标系统

物流系统的总目标是实现宏观和微观的经济效益，而系统要素间往往有着非常明显的"效益背反"现象，处理时稍有不慎就会阻碍系统总体目标的达成。所谓"效益背反"，是指对于同一资源（如成本）的两个方面处于相互矛盾的关系之中，想要较多地达到其中一个方面的目的，必然使另一方面的目的受到部分损害。例如，减少库存据点并尽量减少库存势必使库存补充变得频繁，从而增加运输次数。又如，简化包装，则包装强度降低，仓库中的货物不能堆放过高，因此降低了仓储效率，而且在装卸和运输过程中容易出现货物破损，导致搬运效率下降、破损率升高。

第二节　物流系统要素

组成物流系统的要素非常多，大致分为管理要素、支撑要素和物质基础要素等。

一、物流系统的管理要素

物流系统管理要素主要包括劳动者要素、资金要素、物质要素、信息要素和知识要素。

1．劳动者要素

劳动者要素是所有人—机系统的核心要素、第一要素。提高劳动者的素质是建立合理化物流系统并使之有效运转的根本。

2．资金要素

交换以货币为媒介，实现交换的物流过程实际上是资金运动的过程。同时，建设物流系统需要巨大的资金投入，离开资金这一要素，物流不可能实现。

3．物质要素

物质要素既包括物流系统的劳动对象，即各种实物（缺少了它们，物流系统便成了无本之木），还包括劳动工具、劳动手段，如各种物流设施、工具和消耗材料（燃料、保护材料）等。

4．信息要素

物流系统的高效运转离不开信息管理。物流信息是指与物流管理活动、物流业务活动等有关的计划、预测、动态（运量，收、发、存数量）、费用信息、生产信息、市场需求信息等。对物流信息活动的管理，要求建立信息管理系统，正确实施信息的收集、汇总、统计、传递、使用并保证其真实性、可靠性和及时性。

5．知识要素

知识即管理知识，是公认的管理经验和隐性管理技能的总称。物流系统管理离不开知识，相关人员需要不断积累管理经验并探索一些独到的管理方法、技能和诀窍，由此提高管理能力。因此，知识也是重要的物流系统管理要素。

二、物流系统的支撑要素

物流系统的支撑要素主要包括体制、制度，法律、规章，行政、命令，标准化系统等。

1．体制、制度

一个国家或地区的经济体制和管理制度决定着本国或本地区物流系统的结构、组织、管理方式等，因此管理物流系统必须考虑各国、各地区的特点，尤其是经济体制和管理制度等的不同。

2．法律、规章

物流系统的运转不可避免地涉及企业或人的权益问题。法律、规章一方面限制和规范物流系统的活动，使之与更大的系统保持协调，另一方面为物流系统正常运转提供保障。例如，物流服务合同的执行、相关各方权益的划分、责任的确定等都要靠法律、规章来规范。

3．行政、命令

物流系统关系国家的经济命脉和安全，因此行政、命令等也是规范物流活动、维护物流系统正常运转的重要支撑要素。

4．标准化系统

标准化是保证物流各环节协调运行、物流系统与其他系统在技术上实现联结的重要支撑条件。例如，如果铁路运输与水路运输的集装箱标准不统一，则很难展开水铁联运；如果包装箱尺寸与集装箱尺寸不匹配，则会造成集装箱的空间浪费。

三、物流系统的物质基础要素

物流系统的物质基础要素主要包括基础设施、物流装备、物流工具、信息技术与网络。

1. 基础设施

基础设施是组织物流系统运转的基础物质条件，包括物流场站、物流中心、仓库、物流线路、公路、铁路、港口等。

2. 物流装备

物流装备包括仓库货架、进/出库设备、加工设备、运输设备、装卸机械等。

3. 物流工具

物流工具是物流系统运行的物质条件，包括包装工具、维修保养工具、办公设备等。

4. 信息技术与网络

信息技术与网络是掌握和传递物流信息的手段，根据所需信息水平的不同，包括通信设备与线路、传真设备、计算机与网络设备等。

第三节　物流系统的分类与功能

一、物流系统的分类

从不同角度对物流系统进行分类有助于加深人们对物流性质、过程的认识和理解，有利于人们更好地开展物流系统的规划、设计、运营组织与管理。根据不同的标准，可以将物流系统分为不同的类型。

（一）根据物流发生的位置分类

根据物流发生的位置，物流系统可划分为企业内部物流系统和企业外部物流系统。例如，制造企业所需的原材料和能源以及配套协作件从购进、储存、加工直至形成半成品、成品，最终进入成品库的物料、产品流动的全过程即企业内部物流系统。而物料、协作件从供应商所在地到本制造企业仓库为止的物流过程，产成品从成品库到各级经销商，最后送达最终用户的物流过程，都属于企业的外部物流系统。

（二）根据物流运行的性质分类

根据物流运行的性质，物流系统可以划分为供应物流系统、生产物流系统、销售物流系统、回收物流系统和废弃物物流系统。

1. 供应物流系统

供应物流包括原材料等一切生产资料的采购、进货运输、仓储、库存管理、用料管理和供料运输。改善供应物流的关键是准确预测物料需求的时间和数量，采取适当的库存策略合理控制库存，在掌握相关信息的基础上科学地制定采购决策，以较低的物流成本为生产提供供应保障。

2. 生产物流系统

生产物流是指企业在生产工艺中的物流活动，也就是物料不断地从一个工作地流向另一个工作地，最终完成产成品的加工活动。生产物流系统可分为以下两种：一是推动式生产物流，即物流与信息流方向相同，计划生产数量与实际生产数量不同；二是拉动式生产物流，即物流与信息流方向相反，计划生产数量与实际生产数量相同。

3. 销售物流系统

销售物流是指生产企业、流通企业出售商品时，物品从供方到需方的实体流动。销售物流是企业物流与社会物流的衔接点，与企业销售系统相配合，完成产成品的流通。

4. 回收物流系统

回收物流是指不合格产品的返修、退货以及周转使用的包装容器从需方返回到供方所形成的物品实体流动，是因考虑到被废弃的对象有再利用的价值，对其进行加工、拣选、分解、净化，使其成为有用的物资或转化为能量而重新投入生产和生活的循环系统。

5. 废弃物物流系统

废弃物物流是指根据实际需要，对在经济活动中失去原有使用价值的物品进行收集、分类、加工、包装、搬运、储存等并分送到专门处理场所时所形成的物品实体流动。废弃物物流的作用是无视对象物的价值或对象物已没有再利用价值，仅从环境保护出发，将其焚化、化学处理或运到特定地点堆放、掩埋。

（三）根据物流活动的范围分类

根据物流活动的范围，物流系统可以划分为企业物流系统、区域物流系统和国际物流系统。

1. 企业物流系统

企业物流系统是指围绕某一企业或企业集团产生的物流活动，既涉及企业或企业集团内部的物流活动，也涉及相关的外部物流活动，如原材料供应物流和产品销售物流。企业物流活动往往需要考虑供应物流、生产物流和销售物流之间的协调以及相应的一体化规划、运作和经营。

2. 区域物流系统

区域物流系统是指以某一经济区域或特定地域为主要活动范围的社会物流活动。区域物流一般表现为一定地域范围内的多个企业共同组织大范围专项或综合物流活动，以实现区域物流的合理化。区域物流通常需要地方政府的规划、协调、服务和监督，在促进物流基础设施的科学规划、合理布局与建设发展等方面给予支持。在规划某区域物流系统时，如省域、城市物流系统，公路运输站场规划与布局等，一般需要考虑区域物流设施与企业物流设施的兼容和运行方式。全国物流系统可以看作扩大化的区域物流系统。在全国范围展开物流系统化运作时，需要考虑综合运输和运网体系、物流主干网、区域物流和运作等。

3．国际物流系统

国际物流系统是指国际贸易活动中发生的商品从一个国家或地区流转到另一个国家或地区的物流活动。国际物流涉及国际贸易、多式联运和通关方式等问题，需要国际合作和国内各方的重视与积极配合，比区域物流复杂得多。在作用范围较大（如区域、全国、国际）的物流系统中，第三方物流经营者的功能和服务质量十分重要。

（四）根据构成内容分类

根据构成内容，物流系统可以划分为专项物流系统和综合物流系统。

1．专项物流系统

专项物流系统是以某产品或物料为核心内容的物流活动系统，常见的有粮食、煤炭、木材、水泥、石油和天然气等的物流过程。专项物流往往需要专用设施、专用设备与相应物流过程的配套运作才能完成。

2．综合物流系统

综合物流系统是包括社会多方经营主体，由多种产品、物料构成的复合物流系统。

二、物流系统的功能

一般认为，物流系统具有以下七个功能。

（一）信息服务功能

现代物流需要依靠信息技术来保证物流系统的正常运作。物流系统的信息服务功能必须建立在计算机网络技术和国际通用的 EDI 技术的基础之上，才能高效地实现物流活动一系列环节的准确对接，真正创造空间价值和时间价值。可以说，信息服务是物流活动的"中枢神经"，是物流系统不可或缺的重要功能。信息服务功能的主要作用表现为：缩短从接受订货到发货的时间；实现库存适量化；提高搬运作业效率、运输效率；使接受订货和发出订货更省力；提高订单处理的精度；防止发货、配送出现差错；调整需求和供给；提供信息咨询；等等。

（二）配送功能

配送能够促进物流资源的合理配置，在保障物品移动低成本运作和客户服务高效率的过程中发挥着重要作用，它对现代物流的意义不仅在于保障货物的及时送达，还在于调动了其他物流环节的合理布局和优化配置。随着现代物流的不断发展，体现在物流资源配置方面的科学化和合理化发展对整个经济形势和流通格局的影响越来越大。

（三）流通加工功能

流通加工功能是在产品从生产领域向消费领域流动的过程中，为了促进产品销售、维护产品质量和实现物流效率化，对产品进行加工处理，使产品发生物理或化学变化的功能。这种在流通过程中针对产品的辅助性加工可以弥补企业、物资部门、商业部门在生产过程中的加工不足，更有效地满足用户的需求，更好地衔接生产和需求环节，使流通过程更加合理，是物流活动中一项重要的增值性服务，也是现代物流发展的一个重要趋势。流通加工的内容有装袋、定量化小包装、拴牌子、贴标签、配货、挑选、混装、刷标记等。流通加工功能的主要作用表现在：进行初级加工，方便用户；提高原材料利用率；提高加工效率和设备利用率；充分发挥各种运输手段的最高效率；提升产品品质，提高收益。

（四）装卸搬运功能

装卸搬运是随运输和保管产生的必要的物流活动，是衔接运输、保管、包装、流通加工等物流活动或在保管等活动中为进行检验、维护、保养所实施的装卸活动，如货物的装上卸下、移送、拣选、分类等。在物流活动的全过程中，装卸搬运活动是频繁发生的，因而是造成物品损坏的主要原因之一。对装卸搬运的管理主要是合理选择装卸搬运的方式和机械设备并进行合理配置与使用，使装卸搬运合理化，尽可能减少装卸搬运次数，以节约物流费用、取得较好的经济效益。

（五）包装功能

为使物流过程中的货物完好地运送到用户手中并满足用户和服务对象的要求，需要对大多数商品进行不同方式、不同程度的包装。包装分工业包装和商品包装两种。工业包装的作用是按单位分开产品，便于运输并保护在途货物。商品包装的目的是便于销售。因此，包装的功能体现在保护商品、单位化、便利化和商品广告等方面，前三项属于物流功能，最后一项属于营销功能。

（六）仓储功能

在物流系统中，仓储和运输是同等重要的功能。仓储功能包括对进入物流系统的货物进行堆存、管理、保管、保养、维护等的一系列活动，其作用主要表现在两个方面：一是保证货物的使用价值和价值的完好；二是为将货物配送给用户，在物流中心实施必要的加工活动而进行的保存。随着经济的发展，物流由少品种、大批量物流转向多品种、小批量或多批次、小批量物流，仓储功能从重视保管效率逐渐变为重视如何才能顺利地开展发货和配送作业。

流通仓库作为物流系统仓储功能的服务据点，在流通作业中发挥着重要的作用，包括拣选、配货、检验、分类等作业，并具有多品种、小批量和多批次、小批量等收货配送功能和附加标签、重新包装等流通加工功能。根据使用目的，仓库的形式可分为：① 配送中心（流通中心）型仓库，具有发货、配送和流通加工的功能；② 存储中心型仓库，以存储为主的仓库；③ 物流中心型仓库，具有存储、发货、配送、流通加工功能的仓库。物流系统现代化仓储功能的设置以生产支持仓储的形式为有关企业提供稳定的零部件和材料供给，将企业独自承担的安全储备逐步转为社会承担的公共储备，降低企业经营的风险和物流成本，促使企业逐步形成零库存的生产物资管理模式。

（七）运输功能

运输是物流的核心业务之一，也是物流系统的一个重要功能。运输方式的选择对于物流效率具有十分重要的影响，在选择运输方式时，必须权衡运输系统要求的运输服务和运输成本，可以运输机具的服务特性作为判断的基准，即运费、运输时间、运输频次、运输能力、货物的安全性、时间的准确性、适用性、伸缩性、网络性和信息等。

第四节　物流系统分析

一、物流系统分析的概念

物流系统分析指的是在物流网络或者供应链中有序地、有计划地对一个或多个部门进行观察，思考如何保证每个部门和整体系统的有效运转。物流系统分析可能是相对简单的一个过程，如在码头进货处对单独的搬运系统或运输系统进行分析研究，也可能是一个复杂的观察、分析过程，如在全国或全球范围内，以完全重组一个物流系统的角度分析企业与长期供应商、客户的关系，通过观察获取有关的统计数据并输入物流网络的模型进行计算和仿真分析，其最终目的是重组全部的物流系统，以最低的成本获得最高的价值。

二、物流系统分析的内容

物流系统分析的主要内容包括对系统目的的必要性分析、可行性分析、完备性分析及层次性分析，下面分别进行介绍。

（一）系统目的的必要性分析

系统目的的必要性分析即分析新建一个系统或进行物流系统的重组是否有必要，一般应考虑以下几个方面的问题。

（1）现有的物流系统是否出现了与客观环境不适应或与国民经济发展情况不适应的情况？政策环境和经济环境的变化是否会使原有的物流系统在某些方面不再满足要求？例如，随着人们环保意识的增强，政府针对固体废物、汽车尾气的排放等制定了更加严格的标准，这就要求物流系统的流通加工、包装、运输等环节能适应新的环保要求，控制废物、废气的排放量或者重新设计符合环保要求的物流系统。再如，水上运输系统的发展趋势是船舶大型化及码头建设专业化、深水化，相应地要大幅度提高港口的装卸能力，因而必须对港口物流系统的装卸子系统进行重新设计或改造，否则就不能适应客观环境的要求。另外，某一地区经济的快速增长、物流量的快速增加也会引发现有物流系统不适应的情况。

（2）系统内部的软、硬件环境是否能满足新技术发展的要求？例如，条码技术、网络技术、信息技术的发展和在物流领域的广泛应用可能会使企业原有的物流信息系统趋于落后或出现与供应链上其他企业的系统不兼容的情况；仓储设备、装卸设备的落后影响物流作业效率的提高，不能满足客户服务要求等。

（3）是否出现了新的市场需求或消费者是否提出了全新的服务要求？例如，区域经济的发展、产业结构的调整、消费者需要更高标准的物流增值服务等都将催生新的物流市场需求，因而有必要建立新的物流系统。再如，农业结构调整后，大量农副产品的集散需要建立现代化农副产品物流中心，因而需要重新建立区域性农副产品物流系统。

（二）系统目的的可行性分析

系统目的的可行性包括理论上是否有充足的依据、现时客观条件能否保证目的的实现。

（1）理论依据的充分性。主要是审查所提出的系统目的是否有科学的依据，是否经过充分的论证，是否与有关基础理论相违背。总之，系统目的不能建立在空想的基础上。

（2）现时客观条件的保证。分析、评价现有的技术水平、资金能力、资源条件、人才条件、外部环境等是否能够保证系统目的的实现。

（三）系统目的的完备性分析与层次性分析

系统目的的完备性是指提出的目的是否充分反映了系统的多样性和系统本身所具有的层次性特点。建立一个物流系统一般会提出多个目的。例如，前面曾经提到的城市物流系统既要求能改善公共交通环境、缩短车辆行驶时间，还要求方便商品流动和居民购物，同时要有利于城市环保。对于多目的的物流系统，最突出的问题是在资源一定的情况下，有些目的之间是彼此矛盾的。"效益背反"规律是物流系统的特点，如果追求包装子系统的最优，就不能保证装卸或仓储子系统的最优。因此，必须分析具体情况，对物流系统各目的的重要性进行排序，采取适当的处理方法，将多目的问题转换成一个总目的问题来处理。

另外，物流系统的层次性说明物流系统的目的也是分层次的。高层次的目的适应范围广、适应时期长；低层次的目的比较明确具体，低层次的目的应服从高层次的目的。在考察系统目的时，不仅要考察系统的总目的，还要考察子系统的目的，包括子系统目的的科学性、可行性以及完备性等。另外，还要考察系统的总目的与各层次子系统的局部目的之间是否协调、子系统的各个局部目的之间是否矛盾等。设计或重新设计物流系统之前，描述分析中的系统目的和系统目标非常重要。一般来说，系统目的是定性的，如扩大市场份额、成本最小化、利润最大化；而系统目标是一系列具体的、定量的指标，如对客户的订货信息处理时间低于 24 小时、收到发票后的 16 个工作小时内进行订货处理等。目的是通过一系列目标来实现的，目标是对目的的具体化和定量化。一个系统有多个目的，每个目的又可通过多个指标来体现，所有这些指标相互联系、相互影响，就构成了系统的指标体系或多层次的目标结构。

第五节　物流系统设计

物流系统设计是科学、合理地开展物流作业的重要前提和基础。物流系统设计工作包括组织设计和技术设计两部分。其中，组织设计相当于物流系统中的软件设计部分，是规划物流系统的总体目标、组织结构、经营机制等的重要过程；技术设计相当于物流系统中的硬件设计部分，如物流基础设施（仓库、货运站、分拣装置等）、车辆设备（运输车辆、配送车辆、装卸设备等）、承载器具（托盘系列、集装箱系列等）的设计，以及专用工具与设备的设计。物流系统设计的每一个目标、功能与作业环节都需要技术设计的保障才能圆满实现。

海尔现代物流系统的建设

一、物流系统设计的准备工作

开展物流系统设计工作以前，应做好可行性研究和其他准备工作。物流系统设计的准备工作主要包括以下几个方面的内容。

（1）分析物流的种类、性质及流向分布，分析不同季节、月份乃至周、日、时的物流业务量与波动规律，并掌握有关数据资料。

（2）分析物流的流向构成、业务规模、功能要求、服务价格等因素，并掌握相关数据。

（3）分析物流系统的服务项目、服务方式、服务水平，以及实现物流系统化目标的程度，掌握物流的连贯性、准时性及成本费用关系等方面的资料。

（4）分析物流系统中物流工艺、作业方式的运作效率，物流系统各环节、工艺间的衔接方法，并掌握有关方面的数据资料。

（5）核查物流系统中已有的资源要素与缺乏的资源要素，掌握可能的资源要素及其来源的数据资料。

（6）收集、整理与物流系统设计有关的其他数据资料。

二、物流系统设计的基本要求

因对象、范围、性质、功能不同，对物流系统设计的要求也会有一定的差异，但从物流系统的本质特征分析，以下要求具有一般性。

（一）服务达到优质水准

物流系统的运行遵循用户至上的原则。物流系统的优质服务不仅体现在人员素质上，如专业知识、工作态度、工作作风、业务水平等方面，更重要的是要有相应的物流组织、物流技术做强有力的后盾。

（二）战略实现协同效益

物流系统化过程也是经营主体的战略实现过程。因而，既要体现专业物流作业的优势，又要反映物流业务协同作业的效率和效益，在物流系统化组织设计中尤其要注重物流经营战略组织的运行机制设计。

（三）外协形成网络体系

物流系统化必须注重发展外协关系，形成物流网络体系。只有形成协作网络体系并提高网络化经营效率，才能实现物流系统化的效率和效益。物流系统化应形成物流自供应者到最终用户间移动的控制功能，实现动态的供应链管理。因而，控制机构与控制能力的组织设计水平直接关系物流系统的决策职能、运作效率和效能。

（四）物流实现连贯运行

物流连贯运行的实质在于物流标准化及其实现水平，只有做好物流标准化工作，才能使物流在高效率、低成本的运行中实现不同运输方式、不同物流功能、不同经营主体间的顺利衔接。

三、物流系统设计的内容

物流系统涉及的因素众多、关系复杂、范围广泛，要提高其设计质量，必须清晰地掌握物流系统的设计内容。

（一）明确物流系统目标

明确物流系统目标，就是要确立物流系统化的纲领，这也是明确物流系统化指导思想的过程。因为物流系统化指导思想的体现是组织设计的"灵魂"，也是经营主体在面对两难选择时做出决策的依据。物流系统目标应该是多元的，但不同物流系统的目标及其排序有较大的差别。

例如，蔬菜配送直销服务是通过减少流通环节降低蔬菜储运销售成本，稳定市场价格，完善政府服务的"菜篮子"工程。由于蔬菜属于鲜活易腐商品，因而其系统目标排序一般是成本—服务—效益。明确物流系统的目标及其排序，既是系统化组织设计的出发点，也是系统化成果评价的主要依据。

（二）控制集中化

所谓物流控制集中化，不是简单地集中控制，而是经营主体对其所受理的物流业务实现全过程物流链管理。无论经营主体直接负责或委托他人（经营者）完成部分物流业务还是完成全过程业务，都必须了解、掌握并控制物流的即时状态和未来运作情况，这就要求物流经营主体有自己的控制基地——物流中心。

物流控制集中化既能体现集中控制的优点，又吸收了分散控制的优点。因为在同一物流系统中，接洽用户业务的绝不仅是同一个经营主体，这样经营主体就可以在控制集中化的基础上，运用技术、组织、经济等综合性手段达到物流系统化的目标，并在宏观上形成一个动态的物流网络化经营调控体系的协调运行。

（三）物流托盘化

物流托盘化是物流集装化的一种重要形式，它是实现物品装卸、储存等作业机械化、连贯化的基本和必要的前提。我国的物流托盘化仍然是一个较薄弱的环节。在物流系统化组织设计中要解决的主要是托盘标准化、系列化以及托盘经营的流通问题，其中托盘标准化是首要问题。我国物流托盘化起点低，直接以国际标准作为规范的依据比较合适。

根据物流服务项目、服务水准和物流效率的需要，应在平托盘尺寸标准化的基础上发展箱式托盘、笼式托盘系列，从而依靠托盘系列将散、灌装货物及外形不规则货物（如仪器、食糖、食盐、粮食、饮料、杂货等）的各项作业连贯起来。与此对应，还需研制相关的装卸设备、装置和包装材料。

托盘经营方式合理与否是提高托盘流通性的关键因素。托盘标准化、系列化是提高托盘流通性的基础，而良好的托盘流通性是发展物流托盘化的基本前提。只有切实做好托盘租赁、交换、交流等的组织设计，才能实现托盘装卸、搬运、储存、运输、配送、销售等，使托盘物流活动顺畅运行。

（四）物流技术现代化

物流技术现代化进程不仅体现在运输工具、装卸搬运设备、承载器具、分拣传输装置等方面，更重要的是提高现代电子信息技术在物流系统化（对物流实现从供应者到最终使用者／消费者的物流链管理）中的技术含量，重点应体现在物流中心和运输工具的组织控制系统之中。

物流中心在社会物流系统化中应当有效地履行货物集散中心、物流信息中心和物流控制中心的职能。物流控制中心是基于货物集散中心、物流信息中心基础上的高层次决策高度职能层，是能够使社会物流过程的各个环节衔接起来，形成链式动态管理的社会物流网络体系。将全球移动通信系统、全球卫星定位系统（GPS）、电子数据交换（EDI）系统，以及多媒体传输技术、智能运输系统和已经广泛应用于物流领域中的固定通信技术、计算机技术等有效地结合起来，可以大大改善社会物流控制能力，达到预期的物流质量和物流总成本控制的多元目标要求。

（五）物流机制协同化

依我国物流体制与物流过程现状分析，加速物流技术现代化的进程不必完全建立在巨大的资金投入的基础上。以租用技术设备、运用公用设施、校企研联合开发，以及采用联合经营、股份合作、兼并合并等方式进行相关资源的社会配置也是有效的途径。

物流系统化在组织机制上实现专业化和协同化经营，是由社会物流服务质量以及过程控制的基本特征决定的。企业战略管理理论与经营实践成果应当在社会物流系统化中得到充分体现。在物流经营主体间应当重视协同化经营效果，做好物流业务代理，从而能以网络体系为基础，进一步降低物流总费用，完善物流系统化功能。在维护物流系统化整体利益的前提下，应当鼓励物流作业机制协同化。

（六）物流资源市场化

物流系统化多是二次系统化过程，在工业、商业、物资、建筑、农业等系统形成过程中，已经形成一定的物流能力要素，而在社会物流系统设计中，需要从新的角度对物流要素进行再次系统化。在两次系统化中必然存在着共同的联系和某些矛盾，因此要运用市场机制进行物流资源的优化配置，实现外界环境与内在动力的有效协调。例如，对运输、储存、通信、配送、设施、货物等进行社会化整合，使其达到协同效率最佳。

本 章 小 结

思 考 题

1. 如何理解物流系统？
2. 物流系统的要素有哪些？这些要素是怎样有机地组合在一起的？
3. 物流系统具有哪些特征？如何对物流系统进行分类？
4. 物流系统的功能有哪些？
5. 物流系统设计的基本要求是什么？

案 例 分 析

门到门无车承运智慧物流系统

问题讨论：
1. 现代物流系统由哪些因素构成？
2. 门到门智慧物流系统包括的子系统有哪些？

实 训 项 目

用友 ERP 供应链系统建立实训。

1. 实训目标

初步建立企业供应链系统运行环境。

2. 实训内容和要求

（1）内容：ERP 系统维护，即增加角色、用户和用户授权实训，创建账套实训，备份账套实训。

（2）要求：

① 学会增加角色、用户并授权管理的技能。

② 学会创建企业系统账套。

③ 掌握账套的备份、输出、引入、删除的操作。

④ 掌握用户权限分配的技能。

3. 实训成果检查

实训成果主要是实训报告，实训报告包括实训内容的各环节内容。

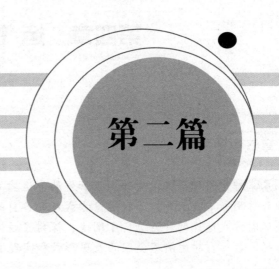

第二篇

现代物流管理功能与技术管理

第四章 运 输 管 理

本章概要

本章首先详细介绍运输的产生和发展，运输的概念、功能、特点及其在物流系统中的地位和作用等。其次介绍五种运输方式及其各自的优、缺点和适用范围。在此基础上，对有关运输方式选择的理论进行了阐述，探讨了运输合理化的影响因素及实现合理化的方法和途径。最后，对运输不合理的表现形式和实现运输合理化的具体措施进行了介绍。

思政目的

通过学习本章内容，使学生在了解我国交通运输网络的基础上，看到我国高速铁路物流、高速公路物流、航空物流等的快速发展，感受时代前进的步伐，增强学生的民族自信心；指导学生在学习运输专业理论知识的同时密切联系实际，培养其作为物流运输行业人员所应具有的诚信服务、德行兼修的职业素养，使其具备分析问题和解决实际问题的基本能力，养成独立思考、理论与实际相结合的能力。

学习目的

通过本章的学习，了解运输的产生和发展，理解运输的概念、功能及其在物流中的地位与作用，掌握各种运输方式及其特点与适用范围，深入理解影响运输方式选择的因素、合理运输的基本条件，熟悉不合理运输的表现形式及实现运输合理化的主要方法和途径。

基本概念

运输　运输方式　复合运输　运输合理化

引导案例

强化各种运输方式标准间协调衔接

第一节 运 输 概 述

一、运输的产生和发展

人类社会发展的历史是社会分工不断细化的历史，也是商品交换不断发展的历史，而运输伴随着商品交换的产生而产生、随着商品交换的发展而不断发展。人类社会经历了三次社会大分工：第一次社会大分工是畜牧业同农业的分离，使经常的交换即商品交换成为可能；第二次社会大分工是手工业同农业的分离，出现了直接以交换为目的的生产——商品生产；第三次社会大分工出现了专门从事商品交换的商人，使商品经济进一步发展，商品交换的规模进一步扩大。

第一次社会大分工之后，由于农业生产部落与畜牧业生产部落在空间上相互分离，为了完成商品的交换，必须将农产品运到牧区、将牲畜运往农业区，由此产生了运输。运输一直是由交易双方（农业、畜牧业的生产者）或者交易中的一方直接完成的，即使到了第三次社会大分工后出现了专门从事商品交易的商人，运输仍然是由商人自行完成的。例如，我国兴盛一时的山西商帮主要将江南的茶叶、丝绸等贩运到位于俄蒙边界的恰克图，他们既要完成商品交换，又要完成运输。直到18世纪初，随着运输能力的逐渐增强，运输才逐渐从商业活动中分离出来，产生了独立的运输业。

运输业和工农业一样，经历了手工业生产、工场手工业生产和机器生产等发展阶段。18世纪开始的欧洲产业革命标志着以手工劳动为基础的工场手工业生产转变为机器生产。资本主义大工业的兴起、生产规模的扩大要求扩大商品销售和原材料的供应范围，地方性市场发展为全国性市场，进而发展为世界性市场。旧有的运输工具不能适应经济的迅猛发展和市场急剧扩大的要求，工业和农业生产方式的革命使社会生产的一般条件——运输业的革命成为必要。作为新型动力的蒸汽机在生产中得到广泛应用，为机械运输业的出现提供了物质条件，促成了旧式水陆交通工具的根本性变革。1807年，世界上第一艘轮船在北美哈德逊河下水，开启了机械运输的新纪元。其后，各种新型机械运输工具相继出现：1825年，世界上第一条铁路——英国斯托克顿到达灵顿的铁路正式通车；1861年，世界上第一条输油管道在美国铺设；1886年，世界上第一辆汽车在德国问世；1903年，世界上第一架飞机在美国上天。至此，五种新型机械运输工具相继问世并以此为基础奠定了铁路、水路、公路、航空及管道五种运输方式所构成的运输业的基本格局。如今，随着高速公路、高速铁路、集装箱运输、国际联运等多种现代化运输方式的发展，现代运输系统日益完善，运输的速度、范围、数量都已今非昔比，为国民经济的健康发展、人民生活水平的提高提供了强有力的支撑。

二、运输的概念

简单地说，运输就是物品借助于运力在空间上所发生的位置移动。具体地说，运输就是通过各种运输手段（如火车、汽车、轮船、飞机等交通工具）使货物在物流节点（如仓库、商场、配送中心、物流中心等）之间流动，以改变货物的空间位置为目的的活动。我国国家标准《物流术语》（GB/T 18354—2021）对"运输"的定义为"利用载运工具、设施设备及人力等运力资源，使货物在较大空间上产生位置移动的活动"。

运输作为物流系统的一个组成部分，包括生产领域的运输和流通领域的运输。生产领域的运输一般在生产企业内部进行，因此也被称为厂内运输。厂内运输包括原材料、在制品、半成品和成品的运输，是直接为物质产品生产服务的，有时也被称为物料搬运。流通领域的运输则是流通领域的一个重要环节，既包括在大范围内将物质产品从生产所在地移动到消费所在地，也包括物质产品从生产所在地向物流网点、从物流网点向消费所在地的移动。为了区别生产领域的运输和流通领域的运输以及长途与短途运输，在物流运输中，把生产领域内对物品进行的较小范围的空间移动称为搬运，把从物流网点到用户的短途、小宗货物的末端运输称为配送。

运输（不包括搬运和配送）是物流系统中最重要的子系统之一，它所实现的是物质实体由供应地点向需求地点的移动，是在不同的地域范围间（如在两个城市、两个工厂之间或者在一个大企业内相距较远的两个车间之间）以改变物品的空间位置为目的的活动，即对物品进行空间位移。因此，任何跨越空间的物质实体的流动都可称为运输。

在物流系统中，运输占有核心地位。它虽然不产生新的物质产品，却能实现物品在空间和时间上的转移，创造物品的空间效用和时间效用，是物流过程中最主要的增值性活动。

在商业社会中，因为市场的广阔性，商品的生产和消费往往不在同一个地方发生，因此，一般来说，商品都是集中生产、分散消费的。为了实现商品的价值和使用价值，使商品的交易过程能够顺利完成，必须通过运输把商品从生产地运到消费地，以满足社会消费的需要。如果将原材料供应商、工厂、仓库以及客户看作物流系统中的固定节点，那么运输过程正是连接这些节点的纽带，是货物在系统中流动的载体。因此，从某种意义上讲，运输就是现代物流的"动脉"。

运输既是物质实体的有用性得以实现的媒介，也是一种新的价值——异地差值的创造过程。从社会经济活动的角度来说，运输缩小了物质交流的空间、扩大了社会经济活动的范围并实现了在此范围内价值的平均化和合理化；运输解决了物质生产与消费在地域上不同步的矛盾，具有扩大市场和流通范围、稳定价格、促进社会生产分工等经济功能，对拉动现代生产与消费、发展经济、提高国民生活水平具有积极影响。因此，运输是国民经济的命脉，是整个社会经济的基础，生产的社会化程度越高，商品经济越发达，生产对流通的依赖性越强，运输的作用就越大。在物流体系的所有动态功能中，运输功能处于核心地位，是物流管理的重要内容。

三、运输的功能

运输的功能主要体现在实现物质实体的转移和储存两个方面。

（一）物质实体转移

运输实现了物品在空间上的移动，它的主要目的是以最短的时间、最低的成本将物品转移到规定地点，所以物品移动是运输的一大功能。无论物品处于哪种形式（如材料、零部件、装配件、在制品、半成品、制成品），无论物品将被转移到加工点还是更接近最终的用户，运输都是必不可少的。因而，运输的主要功能就是使物质实体实现在价值链上的转移。

首先，物质实体转移需要利用时间资源，这主要是因为物质实体在运输过程中是难以存取的。这里所说的物质实体也包括转移过程中的存货。因而，在实施各种供应链战略时，如准时化和快速响应等业务，必须考虑物质实体转移过程中对时间资源的消耗问题。只有充分利用时间资源，才能最大程度地减少制造和配送中心的存货数量。

其次，物质实体转移需要利用财务资源，这主要是因为物质实体的转移过程会产生一定的运行费用，如驾驶员的劳动报酬和运输工具的租赁费用以及其他一般杂费和行政管理费用的分摊等。此外，当物质实体在转移过程中发生灭失、损坏时，还会相应地产生补偿费用。

最后，物质实体转移需要直接或间接地利用环境资源。运输活动是对能源的主要消耗活动之一，因而是对环境资源的一种直接利用。同时，运输过程不可避免地会造成交通拥挤、空气污染和噪声污染，因此产生对环境资源的间接利用。

综上所述，可以将运输的主要目的总结为以最少的时间资源、财务资源和环境资源成本，将物质实体转移到规定地点（当然，产品灭失、损坏的费用也必须是最低的）。同时，进行物质实体转移所采用的方式必须能够满足用户对于交付履行和装运信息可得性等方面的需求。

（二）物质实体储存

运输的另一大功能就是在运输期间对物品进行短时储存，即将运输工具作为临时的储存场所和设施，可以采取的一种具体方法是：先将货物装到运输工具上，然后采用迂回线路或间接线路将货物运往目的地。显然，迂回线路或间接线路所需要的转移时间要比直接线路所需要的时间长。但是，当目的地仓库的储存能力有限时，采取这种做法是合理的。需要强调的是，运输工具被用作临时储存设施时仍然是移动的，并非处于闲置状态。

利用运输工具临时储存货物可能较为昂贵，但从物流总成本或完成任务的角度来看，包括运输途中的装卸成本、储存能力的限制、装卸的损耗或延长的时间等，选择以运输工具进行短时储存往往是合理的，有时甚至是必要的。

四、运输的特点

运输是现代物流的一项重要职能，与其他职能相比，运输具有以下一些特点。

（一）运输在流通过程中完成

运输是为了完成商品交换的任务而发生的，只有完成商品的生产之后，才会发生运输。运输活动的组织者通常是生产企业的销售部门、商业流通企业或者下游生产企业的采购部门。运输的发生往往是为了完成一次商品交易或者为未来的商品交易做准备，在这个过程中考虑更多的是商品交换的目的，而不是生产的目的。因此，运输活动是在流通过程中完成的。

（二）运输不产生新的实物形态产品

商品从生产地运往消费地之后，其物理、化学性质等同运输前相比并未发生变化，只是所在的空间位置发生了变化，因而运输不产生新的实物形态产品。同时，运输的目的不是创造新的实物形态产品，而是创造商品的空间效用。

（三）运输采用特殊的计量方式

商品的计量通常采用数量（个、箱、筒）、重量（吨、千克）或者体积（立方米）等，但由于运输生产过程中不产生新的商品，所以运输活动量不能采用以上计量方式，而是采用运输量与运输距离进行复合计量，如吨·千米或吨·海里。

（四）运输的劳动对象比较复杂

随着现代物流业的发展，越来越多的运输活动由第三方物流企业完成。这样，运输活动中的劳动对象（商品）在运输活动中的管理就由物流企业实施，但其所有权并非物流企业所有。同时，由于一家物流企业同时为多家生产企业提供物流服务，运输的商品种类繁多，各种商品的物理、化学性质千差万别，因此运输管理十分复杂，难度很大。

五、运输与其他物流功能的关系

（一）运输与包装的关系

包装的合理化、标准化程度对运输成本具有很大的影响。物流包装的规格应当与运输工具的内部轮廓相吻合，这对于提高运输工具的装载率、促进物流运输的合理化具有重要意义。

（二）运输与装卸搬运的关系

装卸搬运活动贯穿运输的始终，是顺利完成运输活动的基本条件。它既是一般运输环节的开始和结束，也是不同运输方式之间的衔接手段。

（三）运输与仓储的关系

运输和仓储是物流系统的两大支柱环节，运输费用和仓储费用是构成物流成本的主要内容。由于物流系统各环节之间存在着"效益背反"现象，因此如果运输活动组织不善，就会延长货物在库的储存时间，由此增加仓储费用，导致物流成本上升。

（四）运输与配送的关系

在物流功能中，运输一般是指在生产企业与批发商和物流中心之间进行的大批量、长距离的货物输送，配送则是指在配送中心与客户之间进行小批量、短距离的运送活动，是一种末端运输。另外，配送是一种综合性物流活动，不仅有送货功能，还要应客户需求从事配货、拣选、加工等活动。

（五）运输与信息处理的关系

借助现代信息系统，企业可制订更合理的运输作业计划，更加准确地处理业务，更加及时、迅速地控制运输过程，有利于提高运输服务质量、降低运营费用。

六、运输的地位

（一）运输是物流网络的构成基础

物流系统是一个网络结构系统，由物流节点（物流中心、配送中心或车站、码头）与运输配送线路构成。物品在空间上发生的位移称为线路活动，其他物流活动是在节点上进行的，称为节点活动。无论是直供物流网络还是中转物流网络，如果没有线路活动，网络节点将成为孤立的点，网络就不复存在，零售店或用户也就无法得到自己需要的物品。由此可见，运输是物流网络的构成基础。

（二）运输是物流系统运作的主要环节之一

物流是物品在空间、时间上的位移，而运输承担了改变物品空间位置的主要任务，实现了物品的空间位移。没有运输，物流就无法正常运作，因此运输是物流系统运作的主要环节之一。

（三）运输是物流系统的核心功能

物流系统可以创造物品的时间效用、形质效用和空间效用，时间效用主要通过仓储活动实现，形质效用通过流通加工实现，而空间效用主要通过运输实现。因此，仓储、流通加工和运输是物流系统的主要功能，其中运输功能占据主导地位，成为所有功能的核心。

（四）运输是实现物流系统合理化的关键

物流系统合理化是指在物流各子系统合理化的基础上形成的物流系统总体功能最优，即以尽可能低的成本创造尽可能大的空间效用、时间效用和形质效用或者从物流承担的主体来说，以最低的成本为用户提供更优质的物流服务。运输是物流系统各功能的基础与核心，直接影响着物流各子系统。只有实现运输合理化，才能实现物流结构合理化、总体功能最优。因此，运输合理化是实现物流系统合理化的关键。

（五）运输提高了物品的使用价值

运输可以创造物品的空间效用，即通过改变场所而使物品发挥最大的使用价值，最大程度地提高产品的价值，实现资源配置的优化。从这个意义上讲，运输提高了物品的使用价值。

（六）运输是"第三利润源"的主要影响因素

物流费用包括运输费用、储存保管费用、包装费用、装卸搬运费用、配送费用、流通加工费用和物流过程中的损耗等，其中运费所占的比例最大，是影响物流成本的重要因素。同时，因为运输要靠大量的动力消耗完成物品的大跨度空间转移任务，故耗费的时间长、距离长，消耗大。从辩证的观点分析，消耗的绝对数量越大，节约的潜力越大。此外，由于运输总里程长、运输总量巨大，实施体制改革和运输合理化可有效减少不必要的运力消耗。因此，在物流各环节中，合理地组织运输、不断降低物流运输费用对于提高物流的经济效益和社会效益具有重要作用。

七、运输的作用

运输是完成整个商品交易过程所必不可少的。在现代信息技术和网络通信技术的支持下，商品的整个交易过程都是数字化的。随着网络技术的不断发展，商品的咨询、订购以及合同的签订可能只需要很短的时间就能完成。但是，在基本的交易过程完成之后，如果不能把商品及时地送到客户手中，那么这种交易的效率仍然很低。只有将商品真正送达客户手中并得到客户的认可，一次交易才算基本完成。而为了使商品能够尽快送达客户，必须提高商品运输的效率。

运输在商品贸易中具有举足轻重的地位，可谓现代企业生存和发展的基础，其作用具体体现在以下几个方面。

（一）运输可以创造商品的空间效用和时间效用

运输通过改变商品的地点或者位置所创造出的价值称为商品的空间效用；运输使商品能够在适当的时间到达消费者的手中，这就产生了商品的时间效用。这两种效用的产生能够真正满足消费者的消费需求。如果运输系统瘫痪，导致商品不能在指定的时间送到指定的地点，则消费者的消费需求得不到满足，整个交易过程就不能实现，商品无法销售出去，其价值也就无法实现，企业就无法回笼资金，商品再生产就无法顺利实现。例如，2020年2月，基于开展新冠肺炎疫情防控工作的需要，全国多地实施封道封路，致使饲料运输车、收奶车等在跨省跨地区通行时受到了很大的制约，从而导致畜牧养殖所需饲料难以及时补充，原奶产品难以运输出去，给奶业经营造成困难。

（二）运输可以扩大企业的市场范围、提高人们的生活水平

在古老的市场交易过程中，商品只在生产地销售，每个企业所面对的市场都是有限的。随着高速铁路、高速公路、飞机等运输工具的发展，商品的运输能力得到了极大的提高，运送范围日益扩大，企业的商品可以被运输到很远的地方销售，大幅度扩展了企业的市场范围，企业的发展机会也大大增加。基于现代信息技术的先进交易形式不断发展，企业的市场范围随着网络的出现而产生了无限扩大的可能，任何连接互联网的地方，都有可能成为企业的市场。为了将这种可能变成现实，企业必须保证自身商品能够顺利地送达各个市场，这就有赖于商品运输过程。例如，利用快速、高效的航空运输，荷兰的郁金香可以销往世界各地；利用成本低廉的轮船运输，我国山东农民种植的蔬菜可以远销韩国和日本。

同时，商品的全球销售使人们可以购买到异地或异国才能生产的产品，极大地丰富了人们的物质生活且由于选择范围扩大，人们可以买到更加物美价廉的商品，生活水平显著提高。

（三）运输有助于维护商品价格稳定

运输体系不通畅，则商品只能在生产地销售，一旦遇到因气候产生的生产或消费的波动，很容易造成供需不平衡，引发商品价格的大幅度波动。运输体系快捷、方便，商品就可以在全国甚至全球范围内流动，若某地有某种商品短缺，则该地可以迅速从其他地方调入该商品，避免商品价格迅速上涨；反之，若某地某种商品供大于求，可将商品运往其他地方销售，避免商品价格严重下跌，削弱生产者的积极性。

（四）运输能够促进社会分工的发展

随着社会的发展，为了实现真正意义上的高效率，必须推动社会分工的发展。商品运输是商品生产和商品销售之间不可缺少的联系纽带，一个高效的商品运输体系的存在能够促进生产和销售实现真正的分离，从而促进社会分工的发展，使商品经营（生产和销售）达到效率最高。

第二节 运输方式的分类

一、按照运输设备与运输工具分类

按照运输设备与运输工具，运输方式可分为公路运输、铁路运输、水路运输、航空运输和管道运输，这是最常见的划分运输方式的方法。这五种运输方式具有不同的特点，在一定的地理环境和经济条件下各有其合理的使用范围。

（一）公路运输

公路运输是以汽车作为主要运输工具（有时也使用其他车辆，如人力车、畜力车），在公路上开展客货运输的一种运输方式，也称汽车运输。它主要承担近距离、小批量的运输任务，水路、铁路运输难以完成的长距离、大批量的运输任务以及铁路、水路运输难以发挥优势的短途运输任务。

高速公路和封闭式公路的建设为长途公路运输创造了有利条件。运货汽车的种类很多，如卡车、厢式货车、拖车、冷藏车等专用货车。虽然大型化是运货汽车的发展趋势，但是小型货车的适用范围很广，目前仍然保持大型货车和小型货车相结合的汽车运输体系。

在现代运输业的发展过程中，世界上许多国家有一个共同的发展规律，即海运、铁路运输发展在先，公路运输后来居上。20 世纪 60 年代后，公路运输的发展速度远远超过铁路运输和其他运输方式并逐渐成为货物运输中的骨干运输方式。目前，全世界交通运输网总长度约 3000 万千米，其中公路运输网占 67%。改革开放以来，我国公路运输业快速发展，运量和周转量都有很大的增长。

1. 公路运输的分类

按照不同的分类标准，公路运输可以分为不同的种类。

（1）按照服务方式的不同，公路运输可以分为零担运输和整车运输。零担运输是指所运送的货物从承运至送达收货人的整个过程需要经过分拣、拼装的环节才能完成的运输组织方式。我国国家标准《物流术语》（GB/T 18354—2021）对"零担运输"的定义为"一批货物的重量、体积、形状和性质不需要单独使用一辆货车运输装运并据此办理承托手续、组织运送和计费的运输活动"。零担运输适用于两种情况：其一，被运送的货物批量太小，直达运输不经济；其二，限于道路通行条件（包括交通管制）等，为了达到快捷、经济运送的目的而选用零担快运的组织方式。目前，随着高速公路的兴建，以高速公路为依托的零担运输已建立起发达的网络，其运输的经济运距和运送能力也大大提高，特别是货运交易市场的发展使许多零担货物可以由社会车辆通过回程配载的形式承运至各地，既经济又及时，这为公路零担货运吸引了大量货源。我国国家标准《物流术语》（GB/T 18354—2021）对"整车运输"的定义为"一批属于同一发（收）货人的货物且其重量、体积、形状或性质需要以一辆（或多辆）货车单独装运并据此办理承托手续、组织运送和计费的运输活动"。

（2）按照技术配置的不同，公路运输可以分为一般运输和快速运输。在一般公路上从事的运输活动称为一般运输，而高速公路或等级高的汽车专用路是开展快速运输的必要条件。目前，快速运输发展迅速，因此这里主要论述这种运输方式。

公路快速货运系统是以高时效的货物为服务对象，以高等级的公路为基础，依托多层次、网络化货运站场体系集散货源，使用技术先进、结构合理的车辆载运货物，利用高效的通信技术作为管理手段，通过科学有效的运输组织，实现货物安全、准确、快速流动的公路货运系统。从公路快速货运的服务形式看，又可以分为零担货物快速运输和整车货物快速运输。

2．公路运输的优点

（1）机动灵活性强。在综合运输体系中，公路运输最显著的特点是机动灵活性强，主要表现在以下五个方面：一是空间上的灵活性，即公路运输可以实现门到门运输，大大缩短了转换运输工具所需要的等待时间与装卸时间；二是时间上的灵活性，公路运输通常可实现即时运输，即根据货运需求随时起运；三是批量上的灵活性，公路运输的起运批量最小，对货运量的大小也有很强的适应性；四是运行条件的灵活性，由于普通货物的装卸对场地、设备没有专门的要求，因此公路客货运站点设置灵活，有的只设置一个停靠点即可，此外公路运输的服务范围不仅在等级公路上，还可延伸到等级外的公路，甚至是乡村便道；五是服务上的灵活性，公路运输能够根据货主或旅客的具体要求提供有针对性的服务，最大程度地满足不同性质的货物运送要求与不同层次旅客的需求。正是由于公路运输机动灵活性强，近年来，在铁路和水路运输比较发达的地区，较长途的大批量运输逐渐开始采用公路运输方式。

（2）速度快。公路运输可以根据货主的需求安排运输时间，运输中不需要中转，运送速度比较快。据统计，在短途运输中，公路运输的速度比铁路运输快4～6倍，比水路运输快10倍左右。

（3）安全性高。随着公路运输网络的发展，公路等级不断升高，汽车的技术性能不断提高，公路运输过程中的货损货差率也逐渐降低。

（4）投资少、成本低。修建公路的材料和技术比较容易获得，可在全社会广泛推广且投资较少。对于公路运输企业来说，它们无须自行建设道路，购置车辆即可运营，固定成本相对较低、原始投资小、经济效益高。据统计，一般公路运输的投资每年可以周转 1～2 次，而铁路运输 3～4 年才周转一次。我国有些经营得好的运输企业的经验表明，若经营得好，一年左右即可收回购车费。

（5）对包装的要求低、货损少。由于公路运输可实现门到门运输，不存在中途换装，加之汽车加速、减速平稳，降低了碰撞造成货损的可能，所以对货物包装的要求较低、货损少。

（6）覆盖面广。公路网的密度位于各种运输方式网络的首位，同时公路运输的适应能力相当强，几乎可以在各种路面运营，因此利用公路运输几乎可以将货物运输到任何地点，覆盖面非常广。

（7）运费低廉。对于近距离的中、小批量的货物运输，公路运费较为低廉。

3. 公路运输的缺点

（1）运输能力低。与铁路运输和水运相比，公路的运输能力偏低。现在常见的货运汽车的载货量为 5～10 吨，集装箱运输车的单车载货量可达 30 吨，但与载货量动辄上千吨的火车、上万吨的轮船相比要小得多。因此，受载货量限制，公路运输不能像铁路运输、水路运输一样运输大量不同品种的大件货物。但是，目前出现了载货汽车向轻、重型车两极发展的趋势，轻型车用于短途小件物品的运输，重型货车则广泛使用半挂车和汽车列车，这样就提高了运输效率、降低了成本。

（2）运输种类少。公路运输所能承载的货物种类不如铁路运输那么多，这主要是由于公路的相关安全规定限定了车辆所运货物的规格和重量。

（3）劳动生产率低。公路运输的劳动生产率只有铁路运输的 10.6%，是内河运输的 7.5%，因此不适于大宗、长距离货物的运输。

（4）变动成本相对较高。公路的建设和维修费用是以税和收费的形式向承运人征收的，加之公路运输的劳动效率低，导致公路运输的成本仅次于航空运输，分别是铁路运输成本的 11.1～17.5 倍、沿海水运成本的 27.7～43.6 倍、管道运输成本的 13.7～21.5 倍。

（5）单位运价高。由于单位运载能力低，所以每次载运的总成本分摊到每单位货物上的成本相对较高。

（6）能耗高。公路货运大量消耗能源是不容忽视的问题，汽车运输能耗分别是铁路运输能耗的 10.6～15.1 倍、沿海水运能耗的 11.2～15.9 倍、内河运输能耗的 13.5～19.1 倍、管道运输能耗的 4.8～6.9 倍（但比航空运输能耗低，只有航空运输能耗的 6%～8.7%）。

（7）环境污染严重。汽车运输排出的氮氧化合物会污染大气，排出的二氧化碳会使全球气候变暖，还会造成交通拥挤等问题。

（8）安全性易受司机主观影响，容易发生交通事故，对人身、货物、汽车本身造成损害。

4. 公路运输业务模式

（1）合同运输。合同运输一般是指汽车运输企业根据运输合同组织的货物运输，它是实行责任运输和计划运输的一种行之有效的运输组织形式。实行合同运输可以明确签订合同的承运人和托运人（包括收货人）的权利、义务和责任，保障当事人的合法权益，简化托运手续，维护运输秩序，组织合理运输，提高经济效益。对托运人来说，实行合同运输有利于掌握运输数量和时间，便于有计划地安排生产活动。对承运人而言，实行合同运输有利于编制科学的运输生产计划、合理调度车辆、组织均衡生产、提高运输生产效率。

合同运输根据合同的时效可分为长期合同运输、短期合同运输和临时合同运输。长期合同是指双方按年度签订的合同；短期合同是指双方按季度、月度签订的合同；临时合同则是指一次或者几个运次就可以完成的合同。

（2）汽车零担货运。汽车运输企业承办的一次托运不足规定整车重量限额货物的运输称为汽车零担货运。零担货运的特点是货物批量小、品种繁多、站点分散、运输组织严密。

开展汽车零担货运，物流企业需要选择合理的零担货运路线、建立相应的零担货运站、确定运行周期、开行零担货运班车。零担货运路线一般以城市为中心或以铁路、水路的重点站港为枢纽，通往周围集散货物的乡镇。汽车零担货运站是零担货物的集散点，设有与货流量相适应的储货仓库、装卸设备和商务、理货、装卸人员。零担货运班车一般采用专用载货汽车，定线、定站、定期运行。班期时间依据货物的流量和车辆的载重量确定，一般分为每日制、隔日制、三日制等。

为了更好地为客户服务，物流企业可为托运人提供电话托运、上门收货、进货到家、代办包装等增值性服务。

（3）包车运输。包车运输是指物流企业根据用户确定的路线、里程和时间提供汽车载运货物服务。

包车运输是最能发挥汽车运输机动灵活性的一种运输组织形式，主要分为计时包车和计程包车。按使用时间包用汽车称为计时包车，按行驶里程包用汽车称为计程包车。计时包车适用于货物重量、运距不易准确预计，货物性质或道路条件限制车辆按正常速度行驶或者装卸次数多、时间过长等情况；计程包车则多发生在货物的性质对运输有特殊要求的时候。计时包车和计程包车都以包用整车为原则，不论汽车是否满载，均按汽车的核定能力计费。

包车运输的计费里程包括自装货点至卸货点（多点装卸为第一个装货点至最后一个卸货点）的实际有载运输里程和由车站至装货点及由卸货点至车站的空驶装卸里程。空驶装卸里程的计费标准一般比有载运输里程低。

计时包车用车时间由包车单位确定。用车时间是指由车辆到达包车单位指定地点起至完成任务时止，其中车辆故障修理等停歇时间及其他因承包方责任导致的延迟时间应予扣除。整日包车一般按8小时计算，实际使用时间超过8小时的，按实际使用时间计算。计时包车一日实际行驶里程超过一定限额时，需另加收费用。

（4）循环运输。循环运输是指载货汽车沿环行路线运行的运输，是提高汽车行程利用率的一种行车组织方法。

载货汽车承担较多的货运业务时，行驶路线可分为往复式和循环式两种。汽车重复行驶于两点之间的路线称为往复式路线；汽车行驶于两个以上的装货点和卸货点构成的环行路线称为循环式路线。在往复式路线上，当汽车一程不载货时，则行驶的一半是空驶，即行程利用率仅为50%。在市内短途货物运输的装卸点很多的情况下，调度部门在编制汽车运行作业计划时可组织车辆沿循环式路线行驶，即实行循环运输，以提高运输工具的利用率。

5. 公路运输的适用范围

（1）内陆地区的近距离独立运输。公路运输主要适用于50～200千米的中、短途运输。

不过，由于高速公路的广泛修建，汽车运输逐渐形成从短途运输到短、中、长途运输并举的发展趋势。

（2）补充和衔接其他运输方式。当以铁路、水路、航空运输方式担负主要运输时，由汽车担负起点和终点处的短途集散运输，完成铁路、水路、航空运输方式无法完成的运输任务。

（二）铁路运输

铁路运输是以内燃机车和电气机车牵引车辆以实现物品位置移动的运输方式，其运输的经济里程一般在 200 千米以上，主要承担长距离、大批量的货运，在干线运输中起主力作用。铁路运输使用的设施包括铁路、火车机车、车站及其他辅助设施。在没有水运条件的地区，几乎所有大批量货物都要依靠铁路运输。铁路运输的主要货物有煤炭、矿建材料、矿石、钢铁、石油、谷物、水泥等，这些货物具有共同的特点，那就是低价值、高密度、运输成本在商品售价中所占的比例比较大。铁路部门以两种法定形式提供运输服务，即公共运输和自营运输。由于自营运输的范围比较有限，几乎所有铁路运输都属于公共运输。在我国这样一个幅员辽阔、人口众多、资源丰富的大国，铁路运输无论是在目前还是在可以预见的未来，都是综合运输网中的骨干和中坚力量。

根据《2021 年交通运输行业发展统计公报》，2021 年，国内物流供应链保障能力进一步提升：全年完成营业性货运量 521.6 亿吨，比 2020 年增长 12.3%，两年平均增长 5.7%。其中，铁路货运量为 477 372 万吨，同比增长 4.9%；铁路货运周转量为 33 238 亿吨·千米，同比增长 8.9%。

1. 铁路运输的分类

铁路运输分为三种，即整车运输、零担运输和集装箱运输，还包括快运、整列行包快运，但它们目前的开展范围不大，因此不做详细介绍。

（1）整车运输。托运人向铁路托运一批货物的重量、体积或形状需要以一辆及一辆以上货车运输的，应按整车运输的方式向铁路（承运人）办理托运手续。下列货物一般应选择整车运输方式：需要冷藏、保温或加温运输的货物；规定按整车办理的危险货物；易于污染其他货物的污秽品，如未经消毒处理或未使用密封不漏包装的湿毛皮、粪便、炭黑等；不易计算件数的货物，如蜜蜂；未装容器的活动物（铁路局规定按零担运输办法处理者除外）；一批重量超过 2 吨、体积超过 3 立方米或长度超过 9 米的货物（经发站确认不致影响中转站和到站卸车作业的货物除外）。

（2）零担运输。托运人向铁路托运一批货物的重量、体积或形状不需要以一辆及一辆以上货车运输的货物，可按零担运输的方式向铁路（承运人）办理托运手续。通俗地说，即托运货物可与其他托运货物共放一个车厢。

（3）集装箱运输。集装箱运输是指利用集装箱运输货物的方式，是从在发货人的门口把货物装入集装箱直到在收货人的门口将货物从集装箱中取出的过程中不再进行货物倒装的一种运输形式，这是一种既方便又灵活的运输方式。

2. 铁路运输的优点

（1）运量较大。铁路运输是长距离、大宗货物的主要运输方式，是以车皮为单位进行批量货物运输的。一列货车的装载量为 2000～3500 吨，重载货车的装载量为 20 000 吨，对于复线铁路，每年单方向的货运能力可达 1 亿吨以上。进入 21 世纪以来，新技术、新装备的开发在更大范围内提高了铁路运输的运载能力。

（2）适应能力强。铁路运输在固定轨道上行驶，自成系统，不受其他运输方式的干扰。另外，随着科学技术的不断发展，包括高山、高原地区在内的绝大多数地方都可铺设铁路，受气候条件的限制较少，可以为用户提供准时、可靠的连续性服务。

（3）运行速度较快。随着铁路和火车机车的内燃机化和电气化的发展、改造，高速铁路日益兴起，列车的运行速度不断提高，铁路运输时速一般为 80～120 千米，而高速铁路运行时速可达 210～260 千米。

（4）自动化程度高、安全可靠。铁路运输具有高度计划性，列车按照事先制定的行车计划行驶，因此可以采用自动控制方式控制列车行驶，实现车辆自动驾驶。目前，部分列车已经实现全面自动化，从而大大减轻了驾驶员的劳动强度，可有效保障运输安全。另外，铁路运输有专用线路，不存在交通拥挤问题，同时相对于公路运输和航空运输，铁路运输受天气条件的影响较小，因此更加安全可靠。

（5）能耗小、污染少。铁路运输每千吨·千米所消耗标准燃料为汽车运输的 1/15～1/11，为航空运输的 1/174。铁路机车功率大，对能源的消耗量少且燃烧充分，因此排出的废气和造成的烟尘污染也少，电力机车甚至不排放废气和烟尘。在噪声方面，铁路运输的噪声比公路运输低得多且是间断性的。

（6）运输成本低。铁路运输的行驶阻力小、运输单位大且无须频繁地启动、制动，可重载、高速运行，由此大幅度降低了运费和劳务费用。一般来说，铁路运输是仅次于内河运输的经济型运输方式，运输成本远远低于公路运输方式。例如，从广州到上海运输 20 吨货物，铁路运输费用约 5000 元，公路运输费用约 12 000 元。

（7）通用性能良好。铁路运输能运输各种不同的货物，可方便地实现背驮运输、集装箱运输和多式联运，通用性能良好。

3．铁路运输的缺点

（1）固定成本高、原始投资较大、建设周期长。铁路运输线路是专用的，铁路及其辅助设施的建设费用较高，单线铁路造价一般为 100 万～300 万元/千米，复线铁路造价一般为 400 万～500 万元/千米，固定成本很高、原始投资较大、建设周期较长。

（2）货物滞留时间长，不适于紧急运输。铁路按列车组织运行，在运输过程中要经历列车的编组、解体和中转改编等作业环节，占用时间较长，因而会延迟货物的运输时间。

（3）货损货差率高。在铁路运输中，由于装卸次数多，货物毁损或丢失事故的发生频率比其他运输方式高。

（4）灵活性差。铁路运输必须使用专用线路、沿着固定线路运行，不能实现门到门运输，需要其他运输手段的配合和衔接才能完成运输任务（除非托运人和收货人均有铁路专用线），因此灵活性较差。

（5）短距离运费昂贵。

4．铁路运输的适用范围

（1）内陆地区大宗低值货物的中、长距离运输。

（2）大批量、时间性强、可靠性要求高的一般货物和特种货物的运输。

（3）散装货物（如煤炭、金属、矿石、谷物等）和罐装货物（如化工产品、石油产品等）的运输。

（三）水路运输

水路运输是指使用船舶等航运工具，在江、河、湖泊、人工水道以及海洋上运送旅客和货物的一种运输方式。水运主要承担大批量、长距离的运输业务，是在干线运输中起主力作用的运输形式。在内河、沿海，水运也常被用作小批量运输方式，担任补充与衔接大批量干线运输的任务。它既是一种古老的运输方式，又是一种现代化运输方式。在铁路出现以前，与以人力、畜力为动力的陆上运输工具相比，无论是在运输能力方面，还是在运输成本等方面，水路运输都具有明显的优势。

水路运输的设施主要包括天然水道（或经过改良的水道）、港口和船舶。其中，水道的改良、维护通常由政府负责；对于港口的建设，各国有所不同，但大多数仍由政府投资。运输公司通过支付使用费获得港口或码头和堆场的一定使用权。

1．水路运输的分类

水路运输通常分为四种形式，即沿海运输、近海运输、远洋运输和内河运输。

（1）沿海运输。沿海运输是指使用船舶通过大陆附近沿海航道运送客货的运输方式，一般使用中、小型船舶。

（2）近海运输。近海运输是指使用船舶通过大陆邻近国家海上航道运送客货的运输形式，可使用中型船舶，也可使用小型船舶，视航程而定。

（3）远洋运输。远洋运输是指使用船舶开展跨越大洋的长途运输，主要使用大型船舶。

（4）内河运输。内河运输是指使用船舶在陆地内的江、河、湖、川等水道开展运输的方式，主要使用中、小型船舶。

2．水路运输的优点

（1）运输能力强。在公路运输、铁路运输、水路运输、航空运输、管道运输这五种主要运输方式中，水运的载运量是最大的。在内河运输中，长江干线的顶推驳船队的载运量可达 3 万吨，世界最大的顶推驳船队的载运量为 5 万～6 万吨；在远洋运输中，超巨型油轮的载运量可达到 55 万吨。

（2）通用性较强。水运的适货能力强，适于固体货物、液体货物、气体货物和超大件货物等各种货物的运输。对于越洋大宗货物，远洋运输是最理想的选择。特别是集装箱运输和多式联运的发展以及专用运输船舶的出现，使水路运输成为发展国际贸易的强大支柱。另外，对于海上运输来说，通航能力几乎不受限制。

（3）建设投资少。水路运输充分利用江、河、湖、海等自然水利资源，除了用于购置船舶、建造港口的投资，航道开发几乎没有费用，即使需要疏浚某些航道，这项投资也仅相当于铁路建设投资的 1/5～1/3。

（4）运输成本低。首先，在水路运输中，船舶航行速度慢，因而受到的阻力较小，对于内燃机转速没有过高的要求，可以提高燃油燃烧率。其次，轮船的自重与货物重量之比最小，动能利用效率较高。再次，轮船可以使用柴油，所以单位运输成本最低，适于大宗货物的远距离运输。尤其是在运输大宗货物或散装货物时，采用专用的船舶可以取得更好的技术经济效果。据统计，我国沿海运输成本只有铁路运输成本的 2/5，长江干线的运输成本只有铁路运输成本的 1/4～1/3。

（5）劳动生产率高。水路运输因具有载运量大、运输距离长、投资少等特点，劳动生产率较高。例如，一艘 20 万吨的油轮人均运送货物可达 5000 吨，其劳动生产率是铁路运输的 1.26～6.4 倍。

（6）运输路线长。水路运输平均运输路线长度分别是铁路运输的 2.3 倍、公路运输的 59 倍、管道运输的 27 倍，但只有航空运输的 68%。

（7）占地少。铁路和公路平均每千米要占地 20 000～27 000 平方米，水路运输一般利用海洋和天然河流，不占用或很少占用耕地，节约了国家的土地资源。

（8）节省能源。据有关资料，长江航运每千吨·千米运输油耗为 2.81～4.28 千克，而铁路运输为 5.61 千克，内河大型顶推船队的单位能耗仅为铁路运输的 40%、公路运输的 12%。

3．水路运输的缺点

（1）受自然因素的影响较大。水运受季节、气候、水位等的影响较大，因而一年中中断运输的时间较长。另外，由于受制于天气条件，航行风险较大、安全性较低。

（2）运输风险大。在远洋运输中，船舶行驶在大海上，若遇到台风、暴雨等恶劣天气又暂时无处躲避，货物就可能被水泡坏或被雨淋湿，有时为了保证行驶安全，甚至要将货物抛入水中；在内河运输中，若遇到因水位下降引起的航道堵塞，则会造成货物长时间无法交付而影响企业的生产经营。

（3）货物易破损。在远洋运输中，风浪大、运输时间长，货物经长时间颠簸、摇晃容易受损。

（4）运送速度慢、准时性差。船舶的行驶速度一般为 15 节，最快不超过 42 节，约为汽车与火车时速的 1/3，是五种主要运输方式中最慢的一种，因此水路运输适于运距长、运量大、时间要求不太高的大宗货物。同时，在途货物多、运输时间长会增加货主的流动资金占有量，增大其经营风险。

（5）增加其他物流环节的费用。水路运输运量巨大，由此导致装卸作业量巨大，进而增加搬运与装卸等环节的费用。

（6）可达性差。水路运输只能在固定的水路航线上开展，不能直接实现门到门运输，需要其他运输手段的配合和衔接才能实现门到门运输。

（7）投资额巨大、资金回收期长。航运企业订造或购买船舶需要投入巨额资金，10 000 TEU 的超大型集装箱船的造价约为 1 亿美元。船舶作为固定资产，折旧期较长，一般为 20 年，导致航运企业的固定资产比例远高于其他企业且由于船舶没有移作其他用途的可能，由此增大了投资风险。

4．水路运输业务模式

（1）定期船业务。定期船业务（或称件货运输业务）是指经营有固定船舶、固定航线、固定船期、固定运价与固定港口，向社会提供客货运输服务的水运业务，但仍以货运为主。目前在全世界的海运业务中，定期船的运量约占总吨量的 1/3，但价值占 70%，因此定期船是国际海运的重要业务。定期航运业务的船舶多为杂货船、集装箱船。

（2）不定期船业务。不定期船业务是指经营无固定船舶、航线、船期、运价、港口的海运业务。这种业务大多使用专用散装船为主要运输工具并以大宗散装原料或半成品为主，所承运的货物有一定的季节流向与季节性特征且运价较定期船低。托运人通常为特定货主，如电站、钢铁公司。不定期船业务根据成交方式的不同又可分为以下三种。

① 论程租船或航次租船。这是不定期船业务最常用的经营方式。船货双方签订书面协议，规定船东以船舶的一部分或全部供给租船人装载指定货物，由一港或数港装运约定数量的货物到约定港口交货，其运费按照实载或实卸货物的重量或者体积吨数计算。

② 论时租船或定期租船。论时租船是指在约定时间内，如三个月、半年、一年内，将船舶货舱全部租给租船人营运使用，由其在约定范围内自行选择航线与货运业务，其船长和船员由船东指派。这种业务的租船人多为大型企业，用以从事自运货物或航运企业用以应对临时运输能力不足的情况。

③ 光船租赁或空船出租。光船租赁是指未配备船员和供应品的光船在约定时间内由租船人自行营运使用，由船东指定船长、雇用船员并支付薪水。由租船人供应配备该船且负担全部运转费用，支付全部支出款并有效地修护船体和机器。

（3）专用船业务。专用船业务是指公、私营企业机构自置或租赁船舶从事本企业自有物资运输的水路运输业务。

5. 水路运输的适用范围

水路运输适于运距长、运量大、对时间要求不太高的各种大宗货物的运输，特别适合集装箱运输和国际远洋贸易中大批量物资的运输。

（四）航空运输

航空运输又称飞机运输，它是在具有航空线路和航空港（飞机场）的条件下，利用飞机或其他航空器作为运载工具开展货物运输的一种运输方式。航空运输最早出现于 20 世纪初，在第二次世界大战后逐渐发展、繁荣，在长距离运输中显示出巨大的优势。

航空运输的设施主要包括航空港、飞行器和航空设施。飞机在空中飞行时没有有形的线路，需要根据空中管制系统的指令在一定的空中走廊内飞行。空中管制系统一般由国家拥有，航空港通常由政府投资，航空公司使用这些设施须缴纳使用费。

航空运输的单位成本很高，因此适合运载的货物主要有两类：一类是价值高、运费承担能力很强的货物，如贵重设备的零部件、高档产品等；另一类是急需物资，如抢险救灾物资等。

1. 航空运输的分类

航空运输主要分为定期和不定期的货运航班运输，有时也利用客运航班开展货物运输。

2. 航空运输的优点

（1）运输速度快。由于受自然地理条件的限制较少且航线一般取两点间的最短距离，因此高速度无疑是航空运输最显著的优点，飞行时速为 800~900 千米，比公路运输、铁路运输快 5~10 倍，比水运快 20~30 倍。距离越长，航空运输所能节约的时间越多，其快速的特点越显著。

（2）机动性能好。飞机在空中飞行，受航线条件限制的程度比汽车、火车、轮船低得多，可到达其他运输方式难以到达的地域；可以将地面上任意两个地方连接起来；可以定期或不定期飞行。在对灾区的救援和供应、边远地区的急救等紧急任务中，航空运输已成为必不可少的有效手段。

（3）安全性能高。现代民用飞机的飞行高度一般在1万米以上，不受低空气流的影响，飞行平稳，货物在运送途中受到的振动和撞击较少，安全性较高。随着科技进步与技术革新，飞机的安全性能得到进一步增强，飞行事故的发生率进一步降低。航空公司的运输管理制度比较完善，货物的破损率较低，如果采用空运集装箱的方式运送货物则更安全。

（4）节约包装、保险、利息等费用。采用航空运输方式，货物在途时间短、周转速度快，可以相应地减少企业存货，这一方面有利于资金的回收和利息支出的减少，另一方面可以降低企业的仓储费用。此外，空中航行的平稳性和自动着陆系统的可靠性降低了货损的比例，因此相关保险费用较低。与其他运输方式相比，航空运输包装简单，相应的成本较低。

（5）基本建设周期短、投资小。要发展航空运输，从设备条件上讲，需要购置飞机和修建机场，与修建铁路和公路相比，建设周期短、占地面积小、投资金额小、收效快。据计算，在相距1000千米的两个城市间建立交通线，若载客能力相同，修筑铁路的投资是开辟航线的1.6倍且开辟航线只需两年。

（6）不受地面条件影响，能够深入内陆地区。航空运输利用天空这一自然通道，几乎不受地理条件的影响。两点之间的空中飞行无须在地面修建路线、设施，只需修建两端点的飞机起降设施，因此在火车、汽车都达不到的地区可利用航空运输。对于地面条件恶劣、交通不便的内陆地区，航空运输也非常适合，有利于当地资源的出口，可促进当地经济的发展。

3．航空运输的缺点

（1）严重受制于气候条件。气候条件在很大程度上影响着航空运输的准确性和规律性，在大雾、雷雨等恶劣天气条件下，飞机延误在所难免，严重时甚至会取消航班。

（2）运输投资大、成本高。航空运输需要购买飞机和建设航空港设施，投资较大，而且设施维护费用高昂。

（3）载运量小、能耗大。航空运输不能承运大型、大批量的货物，只能承运小批量、体积小的货物。大型宽体飞机的最大业务载运量不足100吨，但其能耗量是铁路运输的170倍以上。

（4）运输成本高。由于飞机造价高、燃油消耗量大，因此航空运输费用很高，是五种主要运输方式中最昂贵的一种。

（5）可达性差。航空运输难以实现客货的门到门运输，必须借助其他运输工具（主要为汽车）进行转运才能实现门到门运输。

（6）技术要求高。在航空运输中，除了运载工具飞机的建造、驾驶和维护具有较高的技术性，运输过程中的通信导航、气象、机场建设等也涉及高科技，因此对于物流人员（包括飞行员和空勤人员）的要求较高。

4．航空运输的适用范围

（1）国际货物运输。除了远洋运输，目前国际上的货物运输主要依靠航空运输。

（2）特殊货物的运输。特殊货物的运输包括高附加值、低质量（指物质的量）、小体积物品的运输，如高级电子工业、精密机械工业、高级化学工业等产品的运输；鲜活易腐货物、时令性产品、邮件等时间限制较强的特殊货物的运输。

（五）管道运输

管道运输是利用管道输送气体、液体和粉状固体货物的一种运输方式，其运输形式是靠物体在管道内顺着压力方向循序移动实现的。管道运输是近几十年来随着石油的生产和运输而发展起来的一种特殊的新型货运方式，目前已成为一种独立的、重要的运输方式。它和其他运输方式的主要区别在于管道设备是静止不动的。管道主要分为液体管道（主要运送石油及其制品）、气体管道（主要运送天然气）和浆质管道（运送煤浆）三种。管道的铺设有地面、地下和架空安装等方式，必要时中途要采用保温、加热、加压等措施，以保证管道的畅通。目前，管道运输在全球能源物质（如原油、成品油、天然气、油田伴生气、煤浆等）输送中占有很大的比例。

1. 运输管道的分类

（1）原油管道。原油一般具有比重大、黏稠和易凝固等特性，用管道输送时，要针对所输送原油的物理性质采用不同的输送工艺。原油运输将原油输送给炼油厂或转运原油的港口、铁路车站，也可能两者兼有，其运输特点是输送量大、运距长、收油点和交油点少。随着国家对原油进口的依赖性日益增强（目前我国原油对外依存度达 50%），同时为了减弱对中东石油的过分依赖，我国增大了从俄罗斯、哈萨克斯坦等国进口原油的比例。为了解决运输问题，我国修建了中哈原油管道和中俄原油管道。

（2）成品油管道。成品油管道输送汽油、柴油、煤油、航空煤油、燃料油以及从油气中分离出来的液化石油气等成品油。成品油型号繁多，常采用在同一条管道中按一定顺序输送多种油品的工艺，这种工艺能保证油品的质量且能准确地将其分批运到交油点。成品油管道的任务是将炼油厂生产的大宗成品油输送到各大城镇附近的成品油库，有的燃料油则直接用管道输送给大型电厂。成品油管道运输的特点是批量大、交油点多，因此管道的起点段管径大、输油量大，经多处交油分输以后，输油量减少，管径亦随之变小，从而形成成品油管道多级变径的特点。我国现有的成品油管道有兰州—成都—重庆成品油管道、西南成品油管道、镇海—南昌—长沙成品油管道等。

（3）天然气管道。输送天然气和油田伴生气的管道包括集气管道、输气干线和供配气管道。就长距离输气而言，输气管道是指高压、大口径的输气干线。为了改变能源结构、减少煤炭的使用量，我国大力推广天然气的使用，而天然气资源主要集中于新疆、重庆等西部地区，能源消耗大省则主要集中于华东地区，如江苏、上海、浙江等。为了解决这一矛盾，我国建设了西气东输的"大动脉"。

（4）固体料浆管道。固体料浆管道是 20 世纪 50 年代中期发展起来的，到了 20 世纪 70 年代初已建成了能输送大量煤炭料浆的管道。其输送方法是将固体粉碎后，掺水制成浆液，再用泵按液体管道输送工艺进行输送。

2. 管道运输的优点

（1）运输效率高。管道运输实行自动化管理，不受气候条件的影响，可以实现全天候连续输送，运输效率较高。

（2）运量大、能耗少、成本低、效益好。以输煤管道为例，一条直径 720 毫米的管道，一年的输煤量为 2000 万吨，相当于一条单线铁路的运营能力。其运行动力是电力，节能高效、运输成本低且有利于实现绿色物流。

（3）建设周期短、占地少。管道一般埋于地下，不占用农田土地，节省土地资源。由于建设工程仅需要铺设管线、修建泵站，工程量小、建设周期短、收效快。

（4）安全性能高。管道运输不受恶劣气候条件的影响，运行稳定，可以全天候、全年连续作业，导致运输时间发生变化的因素少。由于采用密封设备，在运输过程中可避免散失、丢失等货物损失，也不存在其他运输设备本身在运输过程中消耗动力所形成的无效运输问题，货损货差小、安全可靠。

（5）节省包装费用。管道运输是运输通道与运输工具合而为一的一种运输方式，货物在运输过程中直接导入管道进行运输，因而不需要包装，节省了包装费用。

（6）经营管理比较简单。

3．管道运输的缺点

（1）适用范围有限。管道运输的对象（承运的货物）比较单一，即仅适用于油、气及固体料浆的输送且只能提供由供向需的单向服务。

（2）机动性差。管道运输服务的地理区域和输送量是事先固定的，专用性较强，不能根据市场需求的变化进行调整。单向运输的特性使管道运输不存在回空问题，但是只能单向运输使得管道运输的机动性较差，不能通过一条运输管道满足货主的多种需求。

（3）运送速度较慢。管道运输在输送地点和输送对象方面具有局限性，一般适用于气体、液体、粉状固体货物的近距离输送等。随着技术的进步，管道输送对象的范围将不断扩大。

（4）固定投资大。管道的铺设需要耗费巨额的固定投资。

4．管道运输的适用范围

管道运输适于单向、定点、量大的流体状且连续不断的货物（如石油、油气、煤浆、某些化学制品原料）的运输。另外，利用容器包装运送固态货物（如粮食、砂石、邮件等）在管道运输中也具有良好的发展前景。

二、按照运输线路分类

按照运输线路，可以将运输方式分为干线运输、支线运输、城市内运输和厂内运输。

（一）干线运输

干线运输是利用铁路、公路的干线，大型船舶的固定航线开展的长距离、大数量运输，是物品远距离空间位置转移的重要运输形式。一般来说，与同种工具的其他运输相比，干线运输速度快、路程长，成本也较低。

（二）支线运输

支线运输是与干线相接的分支线路上的运输。支线运输是干线运输与收、发货地点之间的补充性运输形式，路程较短、运输量相对较小。支线的建设水平往往低于干线，运输工具水平也低于干线，因而速度较慢且成本较高。

（三）城市内运输

城市内运输是一种补充性运输形式，路程较短，主要是干线、支线运输到站后，站点与用户仓库或指定接货地点之间的运输，由于是为了满足单个单位的需要，所以其运量也较小。

（四）厂内运输

厂内运输是在工业企业范围内直接为生产过程服务的运输，路程极短、频次高、运量小，一般发生于车间与车间之间、车间与仓库之间。小企业或大企业车间内部、仓库内部的这种运输则不称为"运输"而称为"搬运"。

三、按照运输的作用分类

按照运输的作用，可以将运输方式分为集货运输和配送运输。

（一）集货运输

集货运输是将分散的货物汇集的运输形式，一般是短距离、小批量的运输，货物集中后才能利用干线运输形式开展远距离、大批量运输。因此，集货运输是干线运输的一种补充形式。

（二）配送运输

配送运输是将据点中已按用户要求配好的货分送各个用户的运输，一般是短距离、小批量的运输，从运输的角度来说是对干线运输的一种补充和完善。

四、按照运输的协作程度分类

按运输的协作程度，可以将运输方式分为一般运输、联合运输和多式联运。

（一）一般运输

孤立地采用不同运输工具或同类运输工具而没有形成有机协作关系的运输形式为一般运输，如汽车运输、火车运输等。

（二）联合运输

联合运输简称联运，是使用同一运输凭证、由不同运输方式或不同运输企业有机衔接接运货物，充分发挥不同运输工具的优势的一种运输形式。

采用联合运输，既可以简化托运手续、方便用户，也可以加快运输速度、节省运费。经常采用的联合运输形式有铁海联运、公铁联运、公海联运等。

（三）多式联运

我国国家标准《物流术语》（GB/T 18354—2021）对"多式联运"的定义为"货物由一种运载单元装载，通过两种或两种以上运输方式连续运输并进行相关运输物流辅助作业的运输活动"。它是联合运输的一种现代形式。一般的联合运输规模较小，在国内大范围物流和国际物流领域往往需要反复地使用多种运输手段开展运输。在这种情况下，衔接复杂的运输方式且符合联合运输形式的常被称作多式联运，如大陆桥运输等。

第三节　运输方式的选择

一、运输方式选择的决定性因素

运输方式的选择是物流运输系统决策中的一个重要环节，是物流合理化的重要内容。运输方式选择的决定性因素包括以下五个。

（一）运输货物的性质

货物的价值、形状、单件重量、容积、危险性等都是影响运输方式选择的重要因素。例如，不可能空运量大、低价的沙子或庞大、笨重的塔吊车，也不可能海运价值昂贵的钻石和芯片，更不可能用管道运输冰箱、洗衣机等，这些极端的例子显而易见地说明了货物的自然属性直接影响着人们对运输方式的选择。一般来说，原材料等大批量货物、价格低廉或体积庞大的货物适于采用铁路运输或水路运输；重量轻、容积小、价值高的货物适于采用航空运输；普通消费品则需要综合其他因素具体比较、分析各种运输方式。

（二）运输方式的经济性

运输的经济性主要体现在运输的费用上。运输费用包括投资建设费用、营运费用、作业费用等。另外，在衡量运费时，还应考虑运输里程和运输批量的经济性。

考虑运输方式经济性的目的是追求最低的成本，不仅仅是追求最低的运输成本，更重要的是在实现目标要求的前提下把总成本降到最低。运输成本是指为完成两个地理位置间的运输所支付的款项以及管理和维持转移中的存货的有关费用。应该选择能把系统总成本降到最低程度的运输方式，因为运费最低的运输方式并不一定导致最低的运输总成本。

（三）运输速度的适用性

运输速度的外在表现是为完成特定的运输作业所需花费的时间，即从发货到送达收货人的全部时间，包括车辆运行时间、途中停留时间和始发、终到两端的作业时间。

运输速度与运输成本的关系主要表现在两个方面：首先，运营商提供的服务速度越快，其实际需要收取的费用越高；其次，运输服务的速度越快，转移中的存货越少，可利用的运输间隔时间越短。因此，在选择最合理的运输方式时，至关重要的问题是如何平衡服务的速度和成本。

（四）运输的安全准确性

安全准确性是评价运输服务水平最基本的标准。用户在选择运输方式时，首先应该考虑该运输方式是否能将货物在指定的时间安全地送达指定的地点。

衡量某种运输方式安全准确性的重要指标是运输的一致性。运输的一致性是指在若干次装运中，履行某一特定的运输所需的时间与原定时间或与前几次运输所需时间的一致性。运输的一致性会影响买卖双方承担的存货义务和相关的风险，是运输安全准确性的重要反映。多年来，运输从业者把一致性看作高质量运输最重要的特征。如果给定的一项运输作业第一次花费了 2 天，而第二次却花费了 6 天，这种意想不到的变化就会使物流作业产生严重的问题。如果运输作业缺乏一致性，就需要增加安全储备存货，以防发生运输服务事故。

（五）运输的机动便利性

对货主来说，运输的安全准确性、费用的低廉性以及送达的速度是最重要的因素。对于不同的产业，其侧重点有所不同，如制造业重视运输费用的低廉性，批发业和零售业将安全、准确、迅速作为运输方式选择的首要考虑因素。

二、选择运输方式的方法

（一）各种运输方式的比较

现代运输主要有公路运输、铁路运输、水路运输、航空运输和管道运输五种运输方式，各种运输方式成本结构的比较如表 4-1 所示。

表 4-1　各种运输方式成本结构的比较

运 输 方 式	固 定 成 本	变 动 成 本
公路运输	高（车辆及修路）	适中（燃料、维修）
铁路运输	高（车辆、轨道及站点）	低
水路运输	适中（船舶、设备）	低
航空运输	低（飞机、机场）	高（燃料、维修）
管道运输	最高（铺设管道）	最低

各种运输方式的营运特征比较如表 4-2 所示。该表按各种运输方式营运特征的优劣进行评价，采用打分法（假设单项总分为 5 分），表中各种运输方式营运特征的分值越高，效果越好。

表 4-2　各种运输方式营运特征的得分比较

营 运 特 征	公 路 运 输	铁 路 运 输	水 路 运 输	航 空 运 输	管 道 运 输
运价	2	3	5	1	4
速度	2	3	4	5	5
可得性	1	2	4	3	5
可靠性	2	3	4	5	1
能力	3	2	1	4	5
频率	2	4	5	3	1
合计得分	12	17	23	21	21

（二）单一运输方式的选择

单一运输方式的选择，就是指选择一种运输方式完成运输任务。公路运输、铁路运输、水路运输、航空运输和管道运输各有优点与不足。一般来说，公路运输机动灵活，具有可实现货物"门到门运输"的优势；铁路运输最大的优点是不受气候的影响，可深入甚至横贯内陆，实现货物的长距离准时运输；水路运输则具有运量大、成本低的特殊优势；航空运输的主要优点是可实现货物的快速运输。所以，在决定运输方式时，可以根据以上五种基本运输方式的优势、特点，结合运输需求做出恰当的选择。一般要考虑以下因素。

（1）运费——高低。

（2）运输时间——到货时间长短。

（3）频度——可以运、配送的次数。

（4）运输能力——运能大小。

（5）货物的安全性——运输途中的破损及污染情况等。

（6）时间的准确性——到货时间的准确性。

（7）适用性——是否适合大型货物运输。

（8）伸缩性——是否适合多种运输需要。

（9）网络性——和其他运输工具的衔接情况如何。

（10）信息——货物所在位置的信息。

在选择单一运输方式时，必须根据不同的运输需要确定应重点考虑的因素。一般认为，运费和运输时间是最重要的因素，具体选择时应基于运输需要从不同角度加以权衡。从物流运输的功能来看，速度快是货物运输的基本要求，但是速度快的运输方式，运输费用往往较高。同时，在考虑运输的经济性时，不能只从运输费用本身来判断，还要考虑因运输速度加快缩短了货物的备运时间，使货物的必要库存减少，从而减少了货物保管费这一因素，若要保证运输的安全、可靠、迅速，成本就会增大等。所以，在选择运输方式时，应当以总成本最低作为依据，而不能仅考虑运输成本。因此，运输方式的选择应在综合考虑上述各种因素后，寻求运输与保管总费用最低的运输方式，这种关系如图 4-1 所示（暂不考虑管道运输）。

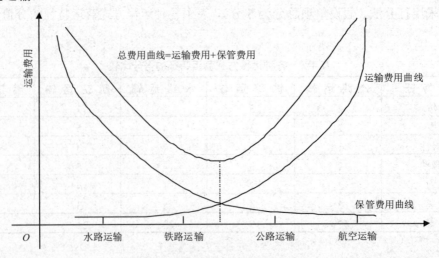

图 4-1　运输方式与运输费用的关系

（三）复合运输方式的选择

由两种及两种以上运输方式相互衔接、共同完成的运输过程统称为复合运输。复合运输包括驮背运输和联合运输。其中，一种载货工具在某一段运程中又承载在另一种交通工具上共同完成的运输过程称为驮背运输。例如，载货汽车开上轮船渡过江河后，载货汽车又独立地继续运输；小汽车装运在火车上，通过干线运输后又独自运输。由两种以上运输工具相互衔接、转运而共同完成的运输过程称为联合运输。

复合运输是通过各种运输方式之间的协作，合理安排运输计划，综合利用各种运输工具，充分发挥运输效率的比较好的货物运输方式，如铁水联运、公铁联运、公水联运、铁公水联运、江河联运、江海联运，以及地区与地区之间的联运等。我国习惯上也称其为多式联运。

联运工作在不同运输方式间自由变换运输工具是运输性质不断改变的一种反映，物流管理者将两种或两种以上运输方式的优势结合起来，为货主提供比单一运输方式更快、风险更小的服务。它加快了运输速度，方便了货主，不仅在一国之内被众多货主青睐，也在国际联运中得到了迅速发展，特别是集装箱的出现，为国内、国际联运业务开拓了广阔的前景。

1. 复合运输的形式

复合运输可以分为两大类：一是运输部门之间的联运，是指由两种以上运输方式或同一种运输方式不同区段的联运；二是供产销之间的复合运输，目前已发展成为所谓的"一条龙运输"。

（1）水陆联运。这是水路运输与陆路运输相衔接的一种运输方式，按距离远近可以分为陆水、水陆两段联运，水陆水、陆水水三段联运，水陆水陆四段联运等形式。例如，陆路运输（铁路、公路）与海上运输组成的一种新的联合运输方式是我国近年来采用的运输新方式：先由内陆起运地把货物用火车装运至海港，然后由海港代理机构联系第二程船舶，将货物转运到外国目的地。发运后，内陆有关公司可凭联运单据就地办理结汇。

（2）水上联运。这是指同一水系不同路线或同一水运路线不同类型船舶之间的联合运输方式。具体形式有江海联运、河海联运。

（3）陆陆联运。这是指铁路与公路互相衔接的运输方式，它在复合运输方式中是最常见的形式。陆陆联运既有效地利用了铁路运输快捷、廉价的特点，又结合了陆运的便利性。使用得最广泛的形式是将卡车拖车或集装箱装在铁路平板车上，由铁路完成城市间的长途运输，余下的城市内运输由卡车来完成，这种运输方式非常适合城市间物品的配送。配送中心或供应商在另一个比较远的城市时可以采用这种运输方式，以无中间环节的一次运输作业完成运输任务。

（4）空陆联运。这是指航空运输与公路运输相互衔接的运输形式，是对高速及"门到门服务"的良好结合。我国在1974年开始应用这种方式，而且发展速度很快，运输的商品也从单一的生丝发展到服装、药品、裘皮等多种商品。通常的做法是先由内陆起运地把货物用汽车装运至空港，然后从空港空运至国外的中转地，再装汽车陆运至目的地。空陆联运方式具有手续简便、速度快、费用少、收汇迅速等优点。

（5）大陆桥运输。大陆桥运输是指以铁路或公路系统作为桥梁，把大陆两端的海洋运输连接起来的多式联运方式。目前世界上主要的大陆桥有西伯利亚大陆桥、远东至北美东岸和墨西哥湾大陆桥、北美西海岸至欧洲大陆桥等。西伯利亚大陆桥运输是以国际标准集装箱为容器，以多种运输工具进行运输，由远东经俄罗斯至欧洲、伊朗、中近东各地的多式联运，具有提前结汇、手续简便、节约费用、安全可靠等优点。满足我国对外贸易需要的新亚欧大陆桥以我国东部的连云港为起点，经陇海—兰新铁路运输大动脉或连云港—霍尔果斯公路主干线出我国新疆伊宁的霍尔果斯，进入哈萨克斯坦与新西伯利亚、阿拉木图铁路接轨抵达西欧，以荷兰的鹿特丹港为终点。亚欧大陆桥通过的国家、地区较多，路径较短，对发展我国对外贸易、促进内陆经济发展、缩小我国东西部差距具有积极的促进作用，并具有较高的社会效益和经济效益，同时对改变国际物流格局、发展国际经济合作也有重大的战略意义。

（6）"一条龙运输"。"一条龙运输"打破了一切路界、港界、厂界，把供产销之间的多种运输方式及运输企业各环节全面贯穿起来，是供应链管理的体现形式之一。这种运输方式有很多优点：一是可以节约运力，减轻交通压力；二是采用定船、定运量、定周期、定泊位，有利于增大运输能力；三是充分利用水运，可以节约运费；四是运用汽车运输，可以实现"门到门服务"，有利于及时满足市场需要。

2. 复合运输的条件

（1）由复合运输经营人或其代理人就所承担的运输服务与托运人签订复合运输合同，而且该合同至少规定有两种以上的运输方式可以完成全程运输。

（2）复合运输经营人对运输全程负责。复合运输经营人从托运人处接管货物时，签订一份多式联运单证，一旦发生运输纠纷，都由复合运输经营人承担责任。因此，复合联运经营人必须是有能力对货物全程的运输承担完全法律责任的独立的经济实体。

（3）复合运输经营人应具备与联运相适应的专业能力，确保自己签发的单证的流通性，并确保该单证作为有价证券在经济上有令人信服的担保价值。

（4）采用一次托运、一次付费、一单到底、统一理赔的运作方式。复合运输必须实现运输的一体化，为货主简化货运的程序。在实践中，无论选择哪种运输方式，也无论货物在运输途中经过多少次转换，一切运输事项均由复合运输经营人统一办理。同时，在运送过程中发生货物损毁灭失的责任也由复合运输经营人对托运人负责。每一区段的承运人仅为运输区段的货物损害承担责任。

3. 复合运输的作用

（1）有利于实现运输的合理化。复合运输把各个阶段的不同运输过程连接成一个单一的整体运输过程，因此减少了物流过程的停滞，保证了货物流通过程的畅通，减少了货损，是物流合理化的有效实现方式。

（2）有利于实现货运的统一化、简单化。复合运输程序简单，极大地方便了托运人或货运人，对广大客户极为有利。

（3）有利于提高运输效率、降低运输成本。复合运输充分发挥各种运输方式的优势，手续简便，在提高运输效率的同时，大大降低了运输成本。发展复合运输可充分发挥不同运输方式的优势，使之相互协调、配合，建立合理的运输体系。

目前，大多数运输涉及一种以上的运输方式，运输经营人面临的挑战就在于均衡多种运输方式，实现缩短运输时间、降低运输成本的目标。但是，缩短运输时间与降低运输成本之间存在效益背反，所以选择运输方式时，一定要有效地协调两者的关系，优化匹配运输方式，合理组织物品的运输。

第四节　运输合理化

一、运输合理化的含义

运输合理化就是按照货物流通的规律，以用最少的劳动消耗实现最大的经济效益为原则组织货物调运，即在有利于生产、市场供应以及流通费用、运力和劳动力的节约的前提下，使货物经过最短的里程、最少的环节，用最快的速度，以最小的损耗，花最少的费用，从生产地运往消费地。

二、运输合理化的目的

运输是物流最重要的功能要素之一，物流合理化在很大程度上依赖于运输合理化。运输合理化的目的是从物流系统的总体目标出发，运用系统理论和系统工程的原理和方法，充分利用各种运输方式的优势，选择合理的运输路线和运输工具，以最短的路径、最少的环节、最快的速度和最少的劳动消耗组织物质实体的运输活动，从而取得最大的经济效益。这对于节约运输费用、降低物流成本、缩短运输时间、加快物流速度、缓解运力紧张等具有重大的现实意义。

三、运输合理化的意义

运输合理化对于国民经济的发展和物流工作的改善具有重大意义，具体体现在如下几个方面。

（一）加速社会再生产，促进国民经济持续稳定、协调发展

按照社会主义市场经济的基本要求组织物质产品的合理运输，可以使物质产品迅速地从生产地向消费地转移，加速资金的周转，保证社会再生产的顺利推进，促进国民经济持续稳定、协调发展。

（二）节约运输费用、降低物流成本

运输费用是物流费用（成本）的主要组成部分。在物流过程中，运输作业所消耗的活劳动和物化劳动的占比最大，约占 30%。因此，降低运输费用是提高物流系统效益、实现物流系统目标的主要途径之一，反映到物流过程中就是通过运输方式、运输工具和运输路线的选择优化运输方案，缩短运输里程，提高运输工具的运用效率，从而达到节约运输费用、降低物流成本的目的。

（三）缩短运输时间、加快物流速度

合理组织物品的运输可以尽可能地缩短被运输物品的在途时间，加快物流速度。从宏观的角度来说，物流速度的加快有利于降低物品的库存量、减少资金的占用，相应地提高社会物质产品的使用效率，促进社会再生产的顺利推进。

（四）节约运力、能源

运输合理化可以避免许多不合理的运输现象，从而节约运力，提高货物的通过能力，起到合理利用运输能力的作用。同时，物品运输的合理性可降低运输部门的能源消耗，提高能源利用率，这对于缓解我国目前交通运输和能源紧张具有重大意义。

（五）扩大商品流通，繁荣城乡市场，发展商品经济，及时供应生产和人民生活的需要

我国社会主义制度的优越性为组织合理运输提供了有利条件。随着社会生产的发展和商品流通量的不断增加，有计划地组织合理运输成为可能，这也是生产部门、交通运输和流通部门的一项经常性任务，是社会节约的一个重要源泉。

四、运输合理化的影响因素

对运输合理化具有决定性影响的因素有五个，即运输距离、运输环节、运输方式、运输速度和运输费用，物流业称之为合理运输的"五要素"。

（一）运输距离

在运输过程中，运输时间、运输费用、运输货损、车辆或船舶周转等都与运距有一定的关系，因此运距的长短是衡量运输是否合理的一个最基本的因素。无论是在宏观方面还是微观方面，缩短运输距离都会带来好处。因此，物流部门在组织货物运输时，首先要考虑运输距离，尽可能实现近产近销、就近运输，避免舍近求远、过远运输与迂回运输。

（二）运输环节

增加运输环节，则起运的运费和总运费相应增加，运输的附属活动，如装卸、包装等也相应增加；减少运输环节，尤其是同类运输工具之间的环节，对合理运输有一定的促进作用。因此，物流部门在调运物资时，要针对所运物资的去向、到站、类别和数量做详细的分类，尽可能组织直达、直拨运输，使物资不必进入中转仓库，省略一切不必要的中间环节，由产地直运销地或用户，减少二次运输。

（三）运输方式

在交通运输日益发达、运输工具层出不穷的趋势下，物流企业必须合理使用运力，根据不同货物的特点，综合考虑库存、包装等因素，合理选择最佳运输方式。同时，要积极改进车船的装载技术和装载方法，提高技术装载量，使用最少的运力运输更多的货物，提高运输效率。

（四）运输速度

运输是物流过程中花费较多时间的环节，尤其是远程运输，所以运输速度的提高对整体物流时间的缩短有决定性作用。此外，加快运输速度有利于加快运输工具的周转速度和运力的充分发挥，同时有利于货主的资金周转和运输线路通过能力的提高，对运输合理化具有重要影响。

（五）运输费用

运输费用占物流费用的比重很大，是衡量运输经济效益的一项主要指标。降低运输费用是组织合理运输的主要目的之一。运费高低在很大程度上决定着整个物流系统的竞争能力，不仅关系着物流企业或运输部门的经济核算，也影响着商品的销售成本。如果运输组织不当，则可能使商品的运输费用超过商品本身价值，导致采购者不愿订货，生产者错失销售机会。

上述因素既互相联系又彼此影响，有时甚至是矛盾的，如运输费用的节省可能导致运输时间的延长，这就要求物流企业综合比较、分析，制定最佳运输方案。在一般情况下，运输时间短、运输费用少是运输合理化追求的两个主要目标，集中体现了物流过程中的经济效益。

五、不合理运输的表现形式

所谓不合理运输，是指在组织货物运输的过程中，违反货物流通规律，不按经济区域和货物的自然流向组织货物调运，忽视运输工具的充分利用和合理分工，装载量低、流转环节多，从而浪费运力和增加运输费用的现象。不合理运输势必导致货物迂回、倒流、过远、重复等不合理运输方式的出现，造成货物在途时间长、环节多、流转慢、损耗大、费用高，浪费运力和劳动力，影响物品供应。其具体表现形式如下。

（一）返程或启程空驶

因调运不当、货源计划不周、不利用社会化运输系统而形成的空驶是不合理运输的典型表现形式。当然，在实际运输组织中，有时候必须调运空车，这种情况从管理上不能被视作不合理运输。造成空驶的原因主要有以下几个。

（1）能利用社会化运输体系却不利用，依靠自备车送货、提货致使出现单程重车、单程空驶。

（2）由于工作失误或计划不周造成货源不实，车辆空去空回，形成双程空驶。

（3）由于车辆过分专用，无法搭运回程货，只能单程实车、单程回空周转。

（二）对流运输

对流运输又称相向运输、交错运输，是指同一货物或彼此间可以互相代用而又不影响管理、技术及效益的货物，在同一线路或平行线路上做相对方向的运送而与对方运程的全部或部分发生重叠交错的运输。对流运输是不合理运输中最典型、最普遍的一种，实质在于多占用了运输工具，出现了额外的车辆行走千米和货物行走的吨·千米，增加了不必要

的运费。对流运输所产生的多余吨·千米的计算公式为

$$对流运输浪费的吨·千米=最小对流吨数×对流区段里程×2$$

对流运输又可分为明显的对流运输和隐蔽的对流运输。已经制定了合理流向的物质实体一般必须按照制定的合理流向运输，如果与合理流向的方向相反，也属于对流运输。

判断对流运输时需要注意两个问题：第一，要注意对隐蔽的对流运输的判断。例如，从发生运输的时间来看，不同时间的相向运输并未出现对流，因此容易做出错误的判断。其次，要注意对流运输发生的前提条件。如果同一种商品的商标、价格不同，所发生的对流不能绝对地看成不合理，因为其中存在着市场机制引导的竞争、优胜劣汰，如果强调表面的对流而不允许运输，就会产生保护落后、阻碍竞争甚至助长地区封锁的不良影响。

（三）迂回运输

迂回运输是指物资运输不选取最短路线而选择较长路线的一种不合理运输形式。它具有一定的复杂性，不能简单处理，只有因计划不周、路程不熟、组织不当而产生的迂回运输才属于不合理运输。因最短路线有交通阻塞、道路情况不好或对噪声、排气等有特殊限制而不得不迂回的，不能视作不合理运输。

迂回运输浪费费用的计算公式为

$$迂回运输浪费的费用=迂回运输浪费的吨·千米×该种物资每吨·千米的运费$$

（四）过远运输

过远运输是指近处有资源、物资却不调运而从远处调运造成的拉长货物运距的浪费现象，其弊端在于：运力和资金的占用时间长；运输工具、物资的周转速度慢且占用时间长；受自然条件的影响大，易出现货损；增加费用。过远运输有两种表现形式：一是销地完全有可能由距离较近的供应地购进所需要的相同质量的物美价廉的货物却选择从超出货物合理流向范围的远距离地区购进；二是两个生产地生产同一种货物，它们不是就近供应临近的消费地，而是将货物调运至较远的其他消费地（见图4-2）。

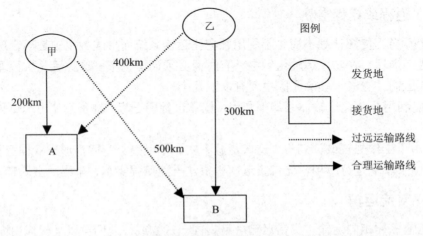

图 4-2　过远运输示意图

过远运输在不合理运输中占有相当大的比重，主要表现在木材和建筑材料上。在木材的不合理运输总量中，过远运输的占比达到70%以上。

过远运输浪费的运输吨·千米=过远运输的货物吨数×（过远运输的全部里程−
该物资的合理运输里程）

过远运输浪费的运输费用=过远运输浪费的运输吨·千米×货物的平均运费

（五）运力选择不当

运力选择不当是指不正确地利用运输方式工具的优势造成的不合理运输现象，有以下几种常见形式。

1. 弃水走陆

这是指在同时可以选择水运和陆运时，不选择成本较低的水运或水陆联运而选择成本较高的铁路运输或汽车运输，使水运的优势得不到发挥。

2. 铁路、大型船舶的过近运输

这是指不在铁路和大型船舶的经济运行里程内却利用铁路和大型船舶运输的不合理做法。其不合理之处主要在于火车和大型船舶在起运地和目的地的准备、装卸时间较长且机动灵活性不足，不仅在过近距离中发挥不出二者运输速度快的优势，还会由于装卸时间长而延长运输时间。另外，和小型运输设备相比，火车、大型船舶的装卸难度大且费用较高。

3. 运输工具选择不当

这是指不考虑承运货物的数量与重量，盲目选择运输工具，造成超载、车辆损坏或货物不满载、浪费运力等现象，其中尤以"大马拉小车"现象居多，即装货量小，由此导致单位货物运输成本增加。

此外，还存在过分超载、应当整车运输却采用零担运输等运力选择不当形式。

（六）重复运输

重复运输又称二次运输，是指由于某种人为的因素，货物从起运地到目的地未经任何加工和必要的作业的再次运输。重复运输有两种形式：一是本来可以直接将货物运到目的地，但是在未达目的地之处或目的地之外的其他场所将货物卸下，再重复装运送达目的地；二是同一品种的货物在同一地点一边运进、一边运出。重复运输的不合理之处在于增加了非必要的中间环节、降低了运输速度、增加了费用、提高了货损率。

（七）倒流运输

倒流运输是指货物从销售地或中转地向生产地或起运地回流的一种运输现象，这主要是由采购或调拨不当造成的。其不合理程度甚于对流运输，因为其往返两程的运输都是不必要的，造成了双程的浪费。倒流运输可看成隐蔽对流运输的一种特殊形式。

（八）托运方式选择不当

货主应采用整车运输却采用零担运输、应当选择直达运输却选择中转运输等都属于托运方式选择不当造成的不合理运输。

（九）无效运输

无效运输即不必要的运输，是指运输的商品质量次、杂质多或者包装过于复杂，从而造成大量无效物资从起运地运往目的地，浪费了大量运力的现象。它不仅浪费了大量的运输能力，往往还人为地夸大了生产单位的成果，使消费者不能按质按量地得到价格适当的产品。

（十）交叉运输

凡同种物资有两对以上供销关系，在路网密集地区运送而又产生多余行走千米时，称为交叉运输。

（十一）亏吨运输

亏吨运输是指货物的装载位没有达到运输工具的装载标准重量或没有装满车船容积而造成亏吨的不合理运输现象。为了避免亏吨运输，应组织轻重配装、改进堆码方法等，尽量提高运输效率。

上述各种不合理运输形式都是在特定条件下表现出来的，在判断时必须注意其不合理的前提条件，否则容易判断失误。此外，以上对不合理运输的描述就形式本身而言，主要是从微观角度得出的结论。在实践中，只有从物流系统角度进行综合判断，才能有效避免"效益背反"现象，促进整个物流系统的优化。

六、 实现运输合理化的措施

（一）选择合理的运输方式

铁路运输、公路运输、水路运输、航空运输、管道运输各有特点，适用对象也有所不同，托运人应充分考虑运输成本、运输安全性、运输可靠性等因素，选择合理的运输方式。

（二）选择合格的运输服务商

托运人在确定运输方式后，需要对运输服务商做出选择。虽然不同的托运人会根据自身决策标准和偏好选择运输服务商，但普遍根据运输质量和运输成本两个因素综合考虑。

（三）选择适当的运输路线

一般情况下应该选择最短路线，但在综合考虑供需地之间的交通条件、路面状况、运送时间和输送及时性等因素的情况下，运输路线最短并不总是最佳选择。

（四）合理配置运输系统网络

物流运输系统网络是指由若干个收发货的节点和它们之间的连线所构成的运输网络以及与之相伴随的信息流网络的有机整体。通过运输系统网络的合理化配置，合理配置各物流中心的区域位置，使其能够实现货物的直接配送；有效地区分储存性仓库和流通性仓库，对其进行合理利用。

（五）尽量采用直达运输方式

在选择运输方式时，应尽量采用直达运输。直达运输可通过减少中转换载，提高运输速度，节省中间环节及其装卸费用并降低货物的损耗率。另外，在生产资料和生活资料运输中，通过直达运输，企业可建立稳定的产销关系和运输系统。

具体来说，体积较大或笨重的生产资料，如煤炭、钢材、建材等一般由生产厂商直接供应给消费单位（生产消费），实行直达运输。商业部门则根据商品的不同采取不同的运输方式。规格简单的商品（如纸张、肥皂等）可以由生产工厂直接供应给三级批发站、大型商店或用户，越过二级批发站环节；规格、花色比较复杂的商品可由生产工厂先供应到批发站，再由批发站配送到零售商店或用户。外贸部门多采取直达运输方式，出口商品由产地直达口岸。

近年来，随着经济体制的改革，自流通领域提出"多渠道、少环节"以来，各基层、商店直接进货、自由采购的范围越来越大，直达运输的比重逐步升高。值得一提的是，如同其他合理化措施一样，直达运输的合理性基于一定的条件，不能绝对地认为直达运输优于中转运输，要根据托运人的要求，基于物流总体情况综合判断。直达运输的优势在一次运输批量和用户一次需求量达到一整车时表现得最为突出，而当批量较小时，中转运输是合理的。

（六）"四就"直拨运输

"四就"直拨是减少中转运输环节，力求以最少的中转次数完成运输任务的一种形式。一般来说，批量到站或到港的货物首先要进入分配部门或批发部门的仓库，然后按程序分拨或销售给收货人或用户，这样就可能出现不合理运输。而"四就"直拨是由企业预先筹划，然后就厂或就站（码头）、就库、就车（船）将货物分送给相关部门，无须再入库。

"四就"直拨和直达运输是两种不同的合理运输形式，二者既有区别又有联系。直达运输一般适用于运输里程较长、批量较大、往省（区、市）外发运的货物；"四就"直拨运输一般适用于运输里程较短、批量较小，在大、中型城市批发站所在地办理的直拨运输业务，二者相辅相成，往往互相交错，如在实行直达运输的同时组织就厂或就站直拨，可以获取更大的经济效益。

（七）"以公代铁"

这一措施的要点是在公路运输的经济里程范围内，以公路运输代替铁路运输或者经过论证后，在超出通常平均经济里程的范围内也尽量采用公路运输，其对运输合理化的主要作用体现在以下两点：一是公路分流后，资源、运力紧张的铁路运输可以得到一定程度的缓解，增强区段的运输通过能力；二是充分利用公路运输在门到门运输、中途运输中速度快、灵活机动性强的优势，实现铁路运输难以达到的服务水平。

目前，"以公代铁"在我国杂货、日用百货运输和煤炭运输中运用得较为普遍，运输里程一般在200千米以内，有时可达700～1000千米。

（八）发展社会化运输体系

社会化运输的含义是打破一家一户自成运输体系的状况，发展运的规模化优势，实现专业分工。在一家一户的运输体系中，车辆自有、自我服务、不能形成规模且一家一户的运量需求有限，难以自我调剂，因而经常出现空驶、运力选择不当（因为运输工具有限，选择范围太窄）、不能满载等不合理运输现象。同时，配套的收、发货设施和装卸搬运设施也很难有效运行，造成巨大浪费。建立、发展社会化运输体系有利于统一安排运输工具，避免对流、倒流、空驶、运力选择不当等多种不合理运输形式，实现规模效益。目前，铁路运输中的社会化运输体系已经比较完善，但公路运输中小生产运输方式仍非常普遍，因此是建立社会化运输体系的重点领域。

在社会化运输体系中，各种联运体系的发展水平较高。采用联运方式可充分利用面向社会的各种运输系统，通过协议开展一票到底的运输，有效地打破一家一户的小生产模式，使运输效率大幅度提升。我国在利用联运这种社会化运输体系时创造了一条龙货运方式，对产、销地明确和产、销量都较稳定的产品，事先通过与铁路局、公路局等交通运输部门签订协议，规定专门的收、发站，专门的航线和运输路线，专门的船舶和泊位等，有效地保证了许多工业产品的稳定运输，取得了良好的经济效益。

运输的社会化可以通过组建运输物流集团的形式形成辐射全国铁路、水路、公路的联运网络，在速度、成本、管理上打造竞争优势。

（九）分区产销平衡运输

分区产销平衡运输就是根据产销的分布情况和交通运输条件，在产销平衡的基础上，按照近产近销的原则，使货物走最少的里程，组织货物运输，既适用于品种单一，规格简单，生产集中、消费分散或生产分散、消费集中，调运量大的货物，如煤炭、木材、水泥、粮食、生猪、矿建材料，也适用于生产技术很复杂、原材料并不短缺的低值产品。实行分区产销平衡运输对于加强产、供、运、销的计划性，消除过远、迂回和对流等不合理运输现象，充分利用地方资源，促进生产合理布局，降低物流费用，节约国家运输力具有十分重要的意义。

实行分区产销平衡运输的步骤如下。

1. 明确物资产销情况

明确物资产销情况即摸清物资产销情况、供应区域、运输路线和运输方式作为制定合理调运方案的依据。

2. 划定物资调运区域

划定物资调运区域即将某种物资的生产区基本固定于一定的消费区。工业产品以生产地为中心，同靠近这一生产地的消费区的产销关系基本固定；农副产品以消费城市为中心，同附近的生产地的产销关系基本固定，形成一个合理的物资调运区域。

3. 绘制合理运输流向图

根据已制定的调运区域范围，按照运程最短和产销平衡的原则，绘制合理运输流向图，把产、供、运、销的关系固定下来，作为铁路、交通、商业、物资和生产部门执行物资调拨和运输计划的依据。

4. 制定合理的调运方案

各有关部门参照上述各种情况，制定合理的调运方案并共同遵照执行。

当然，在实行分区产销平衡运输时，应根据市场变化的情况灵活把握。特别是在当前我国进行经济体制改革时期，为了实行开放、搞活经济，地区之间、部门之间加强了横向经济联系，互相协作的物资和自由采购的商品不断增加，有些可能是不合理运输。在物资不足、商品短缺的情况下互通有无、调剂余缺，为了发展生产、繁荣市场，这是不可避免的。

（十）实现"精益运输"

"精益运输"是指充分有效地运用营运车辆，尽可能提高车辆运用效率，以较少的人力、物力消耗完成尽可能多的运输任务。要实现"精益运输"，在运输生产管理中应注意以下问题：提高车辆的完好率，做好营运车辆的维护和修理工作；增加车辆的日行程，实行多班运输，做到人休车不休；提高车辆的吨位利用率和拖运率，节约运行耗费；提高载运能力，大幅度提高车辆生产率，从而降低成本。

（十一）提高装载率

提高装载率是指在现有的运输条件下，尽可能达到合理运输的运输规模。装载率有两层含义：一是单车实际载重与运距的乘积和标定载重与行驶里程的乘积的比值，它是在安排单车、单船运输时判断装载合理与否的重要指标；二是车船的统计指标，即一定时期内车船实际完成的货物周转量（以吨·千米计）占车船载重吨位与行驶千米的乘积的百分比。在计算时，车船行驶的千米数不但包括载货行驶千米数，也包括空驶千米数。

提高装载率的意义在于充分利用运输工具的额定能力，减少车船空驶和不满载行驶的时间，尽量避免浪费，从而实现运输合理化。

我国曾在铁路运输上提倡"满载超轴"，其中"满载"的含义就是充分利用货车的容积和载重量，多载货、不空驶，从而达到运输合理化的目的，这一做法对推动当时运输事业的发展起到了积极作用。当前，国内外开展的"配装"形式的优势之一就是对多家需要的一种货和一家需要的多种货实行配装，以达到对容积和载重的充分合理运用，相比以往自家提货或一家送货车辆大部分空驶的状况，这可以算作运输合理化的进展之一。在铁路运输中，整车运输、合装整车、整车分卸和整车零卸等都是提高装载率的有效措施。

（十二）提高技术装载量

提高技术装载量是组织合理运输、提高运输效率的有效措施之一。它一方面是指最大程度地利用车船载重吨位，另一方面是指充分使用车船装载容积，主要做法有以下几种。

1. 组织轻重配套装

组织轻重配套装即把实重货物和轻泡货物组装在一起，既可充分利用车船装载容积，又能达到装载重量要求，可有效提高运输工具的使用效率。

2. 实行解体运输

对于一些体积大、笨重，不易装卸又容易碰撞致损的货物，如自行车、缝纫机以及科学仪器、机械等，可将其拆卸装车、分别包装，不仅可以缩小所占空间，还易于装卸和搬运，可有效提高运输装载效率。

3. 改进堆码方法

根据车船的货位情况和不同货物的包装形状可采取各种堆码方法，如多层装载、骑缝装载和紧密装载等，如此可有效提高运输效率。此外，改进物品包装，逐步实行单元化、托盘化也是提高车船技术装载量的重要方法。

（十三）配载运输

配载运输即充分利用运输工具的载重量和容积、合理安排装载的货物与载运方法，以实现运输合理化。它是提高运输工具实载率的一种有效形式，往往发生在轻重货物的混合配载中，在以实重货物运输为主的情况下，同时搭载一些轻泡货物，如海运矿石、黄沙等实重货物时在舱面捎运木材、毛竹等；以铁路运输矿石、钢材等重物时搭运轻泡农副产品等。配载运输在基本不增加运力投入和基本不减少实重货物运输数量的同时满足了轻泡货物的运输需求，综合效果显著。

（十四）合装整车运输

这主要是指在商业、供销等部门的杂货运输中，由同一个发货人将不同品种、发往同一到站或同一个收货人的少量物品组配在一起，以整车方式运输至目的地或将同一方向不同到站的少量物品集配在一起，以整车方式运输到适当的中转站，然后分运至目的地。采取合装整车运输可以减少运输成本、节约劳动力，可取得良好经济效果的同时能提高运输工具的利用率。在实际工作中，通常采用零担拼整直达、零担拼整接力直达或中转分运、整车分卸、整装零担等运输方式。

（十五）发展特殊运输技术和运输工具

科技进步是实现运输合理化的重要基础。例如，专用散装车、罐车解决了粉状、液态货物运输损耗大、安全性差等问题；袋鼠式车皮、大型半挂车解决了大型设备整体运输不便等问题；"滚装船"解决了车载货的运输问题；集装箱船比普通船舶能容纳更多的箱体，集装箱高速直达车船加快了运输速度等都是通过采用先进的科学技术实现合理化的。

（十六）适当采取流通加工

有些产品由于自身的形态和特性问题，很难实现运输的合理化，适当采取流通加工后可有效解决合理运输问题。例如，在产地预先将造纸材料加工成干纸浆，然后压缩体积运输就能解决造纸材料运输不满载的问题；预先将轻泡货物捆紧、包装成规定尺寸再装车，就能提高装载量；预先冷冻水产品、肉类可提高车辆装载率并降低运输损耗。

（十七）减少动力投入、提高运输能力

运输合理化的要点是"少投入、多产出，走高效益之路"。运输的投入主要在于能耗和基础设施的建设，在设施建设已定型的情况下尽量减少能源投入是"少投入"的核心。做到这一点就能大大节约运费、降低单位货物的运输成本，达到运输合理化的目的。

此方面可以广泛借鉴国内外的相关经验，可供借鉴的具体措施有如下几个。

1. 在机车能力允许的情况下，加挂车皮

在机车能力允许的情况下，加挂车皮可有效提高运输能力。

2. 水运拖排和拖带法

竹、木等物资的水运，不用运输工具载运，利用竹、木本身的浮力，采取拖带法运输，可省去运输工具本身的动力消耗，实现运输合理化；将无动力驳船编成一定队形（一般是纵列）并用拖轮拖带行驶，可获得比船舶载运更大的运输量，实现物流合理化。

3. 顶推法

顶推法广泛应用于我国内河货运，是将内河驳船编成一定队形，由机动船顶推前进的航行方法，其优点是航行阻力小、顶推量大、速度较快、运输成本很低。

4. 汽车列车

汽车列车的原理和船舶拖带、火车加挂基本相同，都是在充分利用动力能力的基础上提高运输能力。汽车列车和单车相比，可以用甩挂的办法提高效率、降低油耗。实践表明在汽车列车中，半挂汽车列车比全挂汽车列车更为优越。

5. 选择大吨位汽车

在运量比较大的路线上，采用大吨位汽车开展运输比采用小吨位汽车运输更节约。例如，美国货运汽车平均吨位为 12.5 吨，每百吨·千米油耗为 3.01 立方米；我国平均载重吨位为 4.6 吨，每百吨·千米油耗为 8 立方米。

拓展案例

本 章 小 结

思 考 题

1. 试结合实例说明运输的功能。
2. 如何理解运输在物流工作中占有重要地位？
3. 简述常用的运输方式及其各自的优、缺点。
4. 水运有哪些形式？
5. 简述选择运输方式时应考虑的因素。
6. 影响合理运输的主要因素有哪些？
7. 不合理运输的表现形式有哪些？
8. 运输合理化的有效措施有哪些？

案 例 分 析

鲜花的运输

问题讨论：

1. 对于拍卖价只有 0.34 元/枝的玫瑰花，为什么花商愿意支付 0.28 元/枝的航空费用呢？

2. 在鲜花的运输活动中，如何体现运输的"空间效用"和"时间效用"？

3. 为什么在昆明国际花卉拍卖中心价值 0.34 元/枝的玫瑰，在上海市场上会以 5 元/枝的价格销售呢（鲜花本身没有变化，还有可能发生损耗）？

4. 如果航空运费提升一倍，会给鲜花市场带来怎样的影响？

实 训 项 目

运输调度管理能力训练。

1. 实训目标

（1）熟悉计算机在第三方物流管理系统中的操作。

（2）熟练掌握软件上订单运输调度的具体操作。

2. 实训内容和要求

（1）情景设置：实验室模拟物流公司（也可联系第三方物流公司实体）对物流市场上接来的订单进行运输调度。

（2）技能训练准备：

① 第三方物流管理教学软件一套或第三方物流管理通用软件一套。

② 机房一间，每台计算机都已经安装了第三方物流管理软件，一人一机。

③ 教师一名，示范操作第三方物流管理软件，并对学生进行辅导。

④ 训练时间安排：3 课时。

（3）技能训练步骤：

① 开机，进入第三方物流管理教学软件系统。

② 练习车辆管理操作。

③ 练习订单运输调度操作。

（4）技能训练注意事项：

① 每位同学已具备计算机应用操作能力。

② 训练前应熟悉物流公司运输管理，熟知第三方物流管理软件菜单命令。

3. 实训成果检查

（1）现场观察和指导学生实际操作，确保目标实现。

（2）检查和批阅学生提交的项目实训报告。

第五章 仓储管理

本章概要

本章从介绍仓储的概念入手，对库存、储备和储存的概念加以区分，叙述了仓储的作用、分类及其合理化的内容和具体措施，然后简单介绍了仓储管理方面的内容，并简要介绍了仓储过程中涉及的设施设备。

思政目的

通过学习本章内容，树立现代仓储管理意识，培养学生精益求精、办事公道的意识与品质；促使学生树立工匠精神意识，并能将工匠精神中"敬业、精益、专注"的品质运用于未来的工作岗位中，为打造"中国创造""中国服务"的品牌做出贡献。

学习目的

通过本章的学习，学生应重点掌握仓储的概念；了解仓储在物流系统中的作用；了解仓储管理的主要内容和不同行业对仓储管理的要求；掌握仓储合理化的含义、不合理仓储的主要形式、如何实现仓储合理化；重点掌握 ABC 分类库存管理技术；了解基本的仓储设备和设施。

基本概念

仓储　库存　ABC 分类库存管理　托盘　货架

引导案例

福保赛格的仓储管理

第一节　仓　储　概　述

一、仓储的概念

在物流系统中，仓储是一个不可或缺的构成要素，是商品流通的重要环节之一，也是物流活动的重要支柱。在社会分工和专业化生产的条件下，为保持社会再生产过程的顺利进行，必须储存一定量的物资，以满足一定时期内社会生产和消费的需要。

根据我国国家标准《物流术语》（GB/T 18354—2021），仓储是指利用仓库及相关设施设备进行物品的入库、储存、出库的活动。"仓"即仓库，是保管、存储物品的建筑物和场所的总称，是开展仓储活动的主体设施，可以是房屋建筑、洞穴、大型容器或特定的场地等，具有存放和保护物品的功能。"储"即储存、储备，表示收存以备使用，具有收存、保管、交付使用的意思。

仓储分为静态和动态两种：当产品不能被及时消耗，需要存放到专门场所时，就产生了静态的仓储；将物品存入仓库以及对存放在仓库中的物品进行保管、控制、提供使用等的管理形成了动态的仓储。可以说，仓储是为有形物品提供存放场所并在存放期间对物品进行保管、控制的过程。

二、仓储相关概念的含义与区别

在物流学中，库存、储备、储存这三个概念经常被混淆，三者虽有共同之处，但也有区别，认识三者的概念并了解其区别对学习仓储方面的知识有很大的帮助。

根据国家标准《物流术语》（GB/T 18354—2021），库存是指储存作为今后按预定的目的使用而处于备用或非生产状态的物品。广义的库存还包括处于制造加工状态和运输状态的物品。根据国家标准《物流术语》（GB/T 18354—2021），物资储备是为应对突发公共事件和国家宏观调控的需要，对备用物资进行较长时间的储存和保管的活动。根据该定义，物资储备是一种有目的的储存物资的行动，目的是保证社会再生产连续不断地、有效地进行。因此，物资储备是一种能动的储存形式或者说是有目的的、能动的生产领域和流通领域中物资的暂时停滞。

库存和储备的本质区别在于：第一，库存明确了停滞的位置，而储备中停滞所处的地理位置远比库存广泛得多，可能在生产和流通中的任何节点上，可能是仓库中的储备，也可能是其他形式的储备；第二，储备是有目的的、能动的、主动的行动，而库存有可能不是有目的的，有可能是完全盲目的。

根据国家标准《物流术语》（GB/T 18354—2021），储存是指贮藏、保护、管理物品。它是包含库存和储备在内的一种广泛的经济现象，是一切社会形态都存在的经济现象。在任何社会形态中，不论基于什么原因形成停滞的物资，也不论什么种类的物资，在没有进入生产加工、消费、运输等活动之前或在这些活动结束之后，总要被存放起来，这就是储存。这种储存不一定在仓库中，也不一定有储备的要素，可以在任何位置，也有可能永远无法进入再生产和消费领域。但在一般情况下，对储存、储备这两个概念是不做区分的。

物流学要研究的是包括储备、库存在内的广义的储存概念。和运输的概念相对应，储存是以改变物的时间状态为目的的活动，旨在从克服产需之间的时间差异中获得更大的效用。

三、仓储的作用

仓储系统是企业物流系统中不可缺少的子系统。物流系统的整体目标是以最低成本提供令客户满意的服务，而仓储系统在其中发挥着重要作用。仓储在时间上协调原材料、产成品的供需，起着缓冲和平衡调节的作用，可以在客户需要的时间和需要的地点为其提供适当的产品，从而提高产品的时间效用。因此，仓储活动有助于企业提高客户服务的水平、增强竞争力。仓储在企业物流系统中的重要作用主要表现在以下几个方面。

（一）调节供应和需求

生产和消费之间或多或少地存在时间或空间上的差异，仓储可以提高产品的时间效用，协调均衡生产、集中消费或均衡消费、集中生产在时间上的矛盾。

（二）仓储保管质量决定库存物资的质量

仓储不是单纯地堆放，为了保持物资的质量，需要采取各种形式的保管措施，做到合理存放、妥善保管、精心养护，使其使用价值保存良好。

（三）连接各个物流环节

仓储是上一个物流环节运动的终点，经过一定时间的停滞后，又成为下一个物流环节运动的起点。同时，很多物流环节的作用是在仓储所提供的场所和时间里完成的。离开了仓储，其他物流环节就无法相互联系，很多作业就无法开展。因此，仓储是连接各个物流环节的纽带。

（四）调节流通活动

在社会分工日益细化的社会化大生产条件下，交换关系越来越复杂，影响流通的不确定因素也越来越多，如计划不周、意外事故、自然条件变化等，当出现这些不确定因素，就可以利用仓储的合理存量调节流通活动。

（五）降低运输成本、提高运输效率

大规模、整车运输可提高运输的经济性，因为整车运输费率低于零担运输费率，这时就会出现将货物整车运输至目的地，不能即时消耗的货物要用仓库储存起来的情况，这样就可以大大降低运输成本、提高运输效率。

（六）便于产品整合

仓储可满足客户订货时的产品整合需求，即要求在仓库中对产品进行配套、组合、打包，然后运往各地，避免从不同的工厂订货导致交货期不同的弊端。对于使用原材料或零配件的企业来说，在供应仓库将不同来源的原材料或零配件配套组合在一起，整车运到工

厂以满足需求也是很经济的。

（七）支持企业的销售服务

仓储场所即仓库合理地靠近客户，方便将货物及时送达客户，将提高客户的满意度并扩大企业的销售。

四、仓储的分类

按照物品保管方式、经营主体、保管对象等的不同，仓储可分为不同的类型。

（一）按保管方式划分

1. 保管式仓储

保管式仓储又可以称为纯仓储，是指由存货人将特定的物品交由仓储人员保管，到期由仓储人员将货物交还存货人，可分为独立保管仓储和混藏式仓储。保管式仓储中，货物除了发生自然损耗，数量、质量和件数一般不发生变化。

2. 加工式仓储

加工式仓储是指仓储作业管理人员在仓储期间根据存货人的要求对保管物品进行一定加工的仓储方式，即仓储作业管理人员根据委托人的要求对保管物品进行外观形状、成分构成、大小尺度等方面的加工，使仓储物品达到存货人的要求。

3. 消费式仓储

消费式仓储是指仓库经营者利用仓储物品开展经营的增值活动，适合市场供求价格变化较大的商品的长期存放，它是现代物流企业仓储经营的重要发展方向。

（二）按经营主体划分

1. 企业自营仓储

企业自营仓储包括流通企业自营仓储和生产企业自营仓储。流通企业自营仓储是流通企业通过其所拥有的仓储设施对其经营的商品进行保管的行为，这种仓储的对象种类较多，其目的为支持销售。生产企业自营仓储则是生产企业使用自有的仓储设施对生产使用的原材料、中间产品和最终产品进行保管的行为。这种仓储的对象较为单一，以满足生产需要为原则。相对而言，企业自营仓储业务数量较多但规模较小，专用性强但专业化程度较低。

2. 商业营业仓储

商业营业仓储是指仓储业务经营者通过其拥有的仓储设施，面向社会提供商业性仓储服务。存货人与仓储经营者通过订立仓储合同建立仓储关系，并且依据合同约定提供服务和收取仓储费。商业营业仓储的目的是在仓储活动中获得经济回报，实现经营利润最大化。商业营业仓储的经营内容包括货物仓储服务和提供仓储场地服务等。

3. 战略储备仓储

战略储备仓储是为了国防安全、社会稳定的需要而实行的战略物资的仓储，由国家政府通过立法、行政命令的方式实施控制，由执行物资储备的政府部门或机构运作。战略储备仓储重视储备物的安全性，仓储时间较长，主要是粮食、油料和有色金属等。

4. 公共仓储

公共仓储是公用事业的配套服务设施为车站、码头提供的仓储配套服务，其主要目的是保证车站、码头的货物作业和运输流畅，具有内部服务的性质，处于从属地位。对存货人而言，公共仓储也适用于营业仓储，但不独立订立仓储合同，而是将仓储关系列在作业合同、运输合同之中。

（三）按保管对象划分

1. 普通物品仓储

普通物品仓储是指不需要特殊保管条件的物品的仓储。一般的生产物资、普通生活用品、普通工具等杂项类物品不需要针对货物设置特殊的保管条件，可采取无特殊装备的通用仓库或货场存放货物。

2. 特殊物品仓储

特殊物品仓储是指在保管中有特殊要求，必须满足某种特殊条件的物品的仓储，如危险物品仓储、冷库仓储和粮食仓储等。特殊物品仓储一般采用专用仓库，按照物品的物理、化学和生物特性以及法规规定实施专门的仓库建设和管理。

第二节　仓储合理化

一、仓储合理化的含义

仓储合理化是用最经济的办法实现仓储的功能，这是合理化的前提和本质。实现仓储合理化要实现仓储的功能，但不能过分强调对仓储功能的实现，否则会导致仓储数量过大。总之，仓储合理化的实质是尽量保证在低成本的投入下实现仓储功能。

二、不合理仓储的表现形式

造成不合理仓储的主要原因有两个：一是仓储技术的使用不合理，造成物品的损失；二是仓储管理、组织不合理，不能充分发挥仓储的作用。不合理仓储主要有以下几种表现形式。

（一）仓储时间长

仓储时间从两个方面影响仓储这一功能要素的效果：一方面，经过一定的时间，被仓储商品可以获得时间效用；另一方面，随着仓储时间的增加，商品的有形或无形损耗会增大。也就是说，储存一定时间后，商品的效用可能增大，若储存时间继续延长，其效用的增长可能减缓甚至降低。因此，仓储的总效果是确定仓储最佳时间的依据。

（二）仓储数量过大

仓储数量对仓储效果的影响体现在两个方面：一方面，一定数量的仓储具有保障供应、生产、消费的能力。但并非仓储数量越大越好，随着数量的增加，仓储保障供应、生产和消费的能力逐渐降低，以至于再怎么增加仓储数量对保障能力都不产生影响。另一方面，仓储的各种有形和无形损耗基本上随着仓储数量的增加成比例地增加，仓储数量越大，损失越大；如果仓储管理力量不能按比例增长的话，甚至可能出现仓储数量增加到一定程度，损失陡增的现象。仓储数量的增加会引起仓储损失无限度增大，而其保障能力却是有限度的，因而可以肯定地说，数量超出一定限度的仓储是有害无益的。

（三）仓储数量过小

仓储数量过小会严重削弱对供应、生产、消费的保障能力，仓储数量越小，仓储的各种损失越小，两者彼此消长的结果是仓储数量降低到一定程度，由于保障能力的大幅度削弱会引起巨大损失，其损失远远超过由于减少仓储数量防止库损、减少利息支出损失等带来的收益。所以，仓储数量过小也是一种会大大损害仓储总效果的不合理现象。

（四）仓储条件不足或过剩

仓储条件不足或过剩都会使仓储的总效益下降，因而是不合理的。仓储条件不足指的是仓储条件不足以为被仓储物提供良好的仓储环境和必要的仓储管理措施，因此往往造成被仓储物的损失或整理仓储工作的混乱，主要反映在仓储场所简陋、仓储设施不足以及维护保养手段和措施不力，不足以保护被仓储物。仓储条件过剩指的是仓储条件大大超过实际需要，从而使被仓储物过高负担仓储成本，使被仓储物的实际劳动投入远远高于社会平均必要劳动量，从而造成亏损。

（五）仓储结构失衡

仓储结构是指被仓储物的比例关系，在宏观和微观上，被仓储物的比例都会出现失衡，这种失衡表现在仓储物的品种、规格、花色等方面。例如，总量正常，但存在不同品种、规格、花色的失衡；被仓储物不同品种、规格、花色的储存期失衡、储存量失衡。仓储结构失衡也会导致短缺的物资出现供应的不连续或者缺货，而多余的物资又浪费了资源。

三、仓储合理化的标志

保持可实现成本最低和充分满足客户需求的仓储数量是仓储合理化的一个重要原则。具体的仓储合理化标志有质量标志、数量标志、时间标志、结构标志、费用标志和分布标志，如表 5-1 所示。

表 5-1　仓储合理化标志

标 志 类 型	仓储合理化内容
质量标志	仓储管理中对物品实施科学的保管保养，保证物品具有使用价值，这是实现仓储合理化的基本要求，为此，应通过仓储质量控制和管理保证仓储质量
数量标志	仓储管理中的物品数量控制体现整个仓储管理的科学化和合理化程度。合理的仓储数量应既能满足需求又能做到成本最低

续表

标志类型	仓储合理化内容
时间标志	在保证仓储功能实现的前提下，寻求合理的仓储时间。在仓储管理中，物品的管理应该处于动态的、不断周转的状态下。资金的周转率高，运作的成本就低。因此，仓储的时间标志反映出仓储的动态管理制度
结构标志	从不同品种、不同规格、不同花色物品的仓储数量的比例关系可以对仓储的合理化程度做出判断
费用标志	以仓储费、维护费、保管费、损失费、保险费和资金占用利息支出费用等实际费用判断仓储合理与否
分布标志	评判不同地区仓储的数量比例关系满足需求的程度和对整体物流的影响

四、仓储合理化的具体措施

（一）将静态仓储变为动态仓储

1. 加快库存的周转速度

周转速度快会带来资金周转快、资本效益高、货损率降低、仓库吞吐能力提高、成本下降等一系列好处。采用单元集装存储、建立快速分拣系统都有利于实现快进快出、大进大出。在网络经济时代，信息技术和现代管理技术、现代科技手段可以有效地支持库存周转速度的加快。

2. 将视野从仓储放大到整个物流系统

在整个物流系统的运行中，许多物资动态地存在于运输车辆、装卸搬运的过程之中，也可以把这看成一种动态的仓储。只要有有效的信息管理技术的支持，这些动态的仓储完全可以起到一般仓储的作用，取代静态仓储。

3. 对静态的仓库实行动态的技术改造

自动化立体仓库实现了仓储系统由静态仓储向动态仓储的转变。自动化立体仓库也称为立体仓库，是一种通过高层立体货架存储货物，用堆垛机、四向穿梭车等设备开展存取作业的现代化智能仓储系统。它与普通仓库最大的差异在于，自动化立体仓库的出入库实现了自动化和智能化。除了具有传统仓库的仓储功能，自动化立体仓库还具有分拣、理货的功能，可在不直接进行人工处理的情况下，自动存储和取出物料。

（二）对被仓储物实施 ABC 分类管理

ABC 分类管理可以进一步解决各类被仓储物的结构关系、储存数量、重点管理和技术措施等问题。同时，通过在 ABC 分析的基础上实施重点管理，可以确定各种物品的合理仓储数量，研究制定经济地保有合理仓储的方案，乃至实施零库存。

（三）适度集中储存

适度集中储存是仓储合理化的重要内容。所谓适度集中储存，是指利用储存规模优势，以适度集中储存代替分散的小规模储存以实现合理化。集中储存是面对两个制约因素，在一定的范围内取得优势的办法，这两个制约因素为储存费、运输费。储存过分分散，每一处储存的保障对象有限，难以互相调度和调剂，需要分别按其保障对象要求确定库存储备数量。集中储存易于调度和调剂，集中储存总量可大大低于分散储存的总量。过分集中储存，储存点与用户之间的距离拉长，储存总量虽然降低了，但运输距离拉长了、运费增加了、在途时间延长了，将迫使周转量增加。因此，适度集中储存的内涵是取得最优储存集中程度。

（四）合理选择自建仓库和租用公共仓库

对于企业来说，自建仓库有利于控制库存且具有更大的灵活性，企业可以根据自己的需要对仓储做出合理的调整。一般来说，以自建仓库长期储存的费用比较低。

租用公共仓库，则企业无须为建造仓库投入大量资金，有利于减少企业的风险，若货物在储存期间出现问题，则仓库会予以解决。所以，从短期来看，公共仓库的规模性租金比较低廉且企业在租用公共仓库时可以根据待仓储货物的数量决定仓储规模，防止造成资金的浪费。

企业应根据自身的特点，在自建仓库和租用公共仓库之间做出合理的选择。一般来说，当企业的存货量较大、对商品的需求比较稳定且市场密度比较大时，可以考虑自建仓库；反之，则应选择租用公共仓库。

（五）注重应用合同仓储

合同仓储是指企业将仓储活动转包给外部公司，由外部公司为企业提供一体化、全方位的仓储服务。合同仓储具有专业性强、质量高、成本低等优点，既可以使企业享受到优质的服务，也有利于企业有效利用仓储资源、扩大市场范围、降低运输成本。

（六）采用先进先出方式

先进先出是一种有效的仓储合理化方式，也是仓储管理的准则之一。有效的先进先出方式主要体现在以下几个方面。

1. 贯通式货架系统

贯通式货架系统是指利用货架的每层形成贯通的通道，从一端存入货物，从另一端取出货物，物品在通道中自行按先后顺序排队，不会出现越位等现象，这样能非常有效地保证货物先进先出。

2. "双仓法"储存

"双仓法"储存即给每种被储存物准备两个仓位或货位，轮换存取，再配以"必须在一个货位中取尽才可补充"的规定，则可以保证先进先出的实现。

3. 计算机存取系统

这是指采用计算机管理，在存货时向计算机输入时间记录，编入一个简单的按时间顺序输出的程序，取货时，计算机就能按时间给予指示，以保证先进先出。这种计算机存取系统还能将先进先出、保证不做超长时间的储存和快进快出结合起来，即在保证一定先进先出的前提下，将周转快的物资随机存放在便于存取之处，以加快周转、减少劳动消耗。

（七）加大储存密度和仓容利用率

加大储存密度和仓容利用率的主要目的是减少储存设施的投资、提高单位存储面积的利用率，以降低成本、减少土地占用，主要有以下三种方法。

1. 采取高垛的方法以增加储存的高度

例如，采用高层货架仓库、集装箱等大幅度增加储存的高度。

2. 缩小库内通道宽度以增加有效储存面积

例如，采用窄巷道式货架，配以轨道装卸机械，缩小机械运行宽度；采用侧叉车、推拉式叉车，缩小叉车转弯所需的宽度。

3. 减少库内通道数量以增加有效储存面积

具体方法有采用密集型货架、采用可进车的可卸式货架、采用各种贯通式货架、采用不依靠通道的桥式吊车装卸技术等。

（八）采用有效的计算机储存定位系统

有效的计算机储存定位系统可快速确定被储存物的位置，不仅能大大缩短寻找、存放、取出货物的时间，节约物化劳动和活劳动，还能防止差错、减少空位的准备量、提高储存系统的利用率。

计算机储存定位系统对于存储品种多、数量大的大型仓库而言，已经成了必不可少的工具。

（九）采用有效的监测清点方式

对被储存物数量和质量的监测清点不但是掌握仓库基本情况所必需的，也是科学库存控制所必需的，实际工作中稍有差错，就会导致账实不符。无论是对实施人工管理的仓库而言，还是对实施计算机管理的仓库来说，及时、准确地掌握被储存物的实际质量状况、储存情况，经常与账卡核对都是必不可少的。

（十）采用现代储存保养技术

现代储存保养技术是防止被储存物发生损失、实现仓储合理化的重要手段之一，如气幕隔潮、气调贮藏、塑胶薄膜封闭等。

（十一）采用集装箱、集装袋、托盘等储运装备一体化方式

这种方式通过物流活动的系统管理实现了仓储、运输、包装、装卸一体化，不但能够实现仓储合理化，更重要的是能够促成整个物流系统的合理化。

第三节　仓　储　管　理

概括地说，仓储管理就是对仓库和库存物资进行管理，是仓储机构为了充分利用所拥

有的仓储资源、提供更高效的仓储服务进行计划、组织、控制和协调的过程。具体地说，仓储管理包括仓储资源的获得、仓库管理、经营决策、商务管理、仓储保管、安全管理、作业管理、劳动人事管理、财务管理等一系列管理工作。

一、仓储管理的原则

仓储管理的主要原则有注重效益、完善服务、保证质量、确保安全。

（一）注重效益

厂商生产经营的目的是利润最大化，这是经济学的基本假设条件，也是社会现实的反映。利润是经营效益的表现。

（二）完善服务

仓储业务活动本身就是向社会提供服务产品。服务是贯穿在仓储活动中的一条主线，仓储定位、仓储具体操作、对被仓储货物的控制都是围绕着服务进行的。仓储管理就是围绕着服务定位和如何提供服务、改善服务、提高服务质量开展的管理，包括直接的服务管理和以服务为原则的生产管理。

仓储的服务水平与仓储经营成本有着密切的联系，两者互相对立。服务好，成本就高，收费就高，仓储服务管理就是在降低成本和保持（提高）服务水平之间保持平衡。企业要在现有的仓储设施、技术水平和人员素质的条件下，不断提高业务能力和服务水平，增强企业的竞争能力。

（三）保证质量

仓储管理中的一切活动都必须以保证在库物品的质量为原则。没有质量只有数量是无效的，甚至是有害的，因为这些物品依然占有资金、产生管理费用、占用仓库空间。因此，为了完成仓储管理的基本任务，仓储活动中的各项作业都必须有对应的质量标准，并且要严格按照标准操作。

（四）确保安全

仓储活动中的不安全因素有很多，有的来自被仓储物，如有些物品具有毒性、腐蚀性、辐射性、易燃易爆性等，也有的来自装卸搬运作业过程，如每一种机械的使用都有其操作规程，违反规程就可能造成事故，还有的来自人为破坏。因此，要特别加强对仓库作业人员的安全教育，提高其安全意识，同时要制定安全管理制度，贯彻执行"安全第一"的生产方针。

二、仓储管理的内容

仓储管理的对象是仓库和库存物资，具体包括如下几个方面的内容。

（1）仓库的选址与设计。具体包括：仓库的选址原则、仓库建筑面积的确定、库内运输道路与作业区域的布置等仓库机械作业的选择与配置问题；如何根据仓库作业特点和所储存物资的种类以及其理化特性，选择机械装备以及应配备的数量；如何对这些机械进行管理；等等。

（2）仓库的业务管理。例如，如何组织物资出、入库，如何对在库物资进行储存保管与养护。

（3）仓库的库存管理。库存管理包括仓库管理和库存控制两个部分。仓库管理是指对库存物料的科学保管，以减少损耗，方便存取；库存控制则是要求控制合理的库存水平，即用最少的投资和最少的库存管理费用，维持合理的库存，以满足使用部门的需求和减少缺货损失。

此外，仓库业务的考核，新技术、新方法在仓库管理中的应用，仓库安全与消防等也是仓储管理应涵盖的内容。

三、不同企业对仓储管理的要求

（一）物流企业对仓储管理的要求

随着经济的不断发展，客户对物流服务的需求正迅速增加且个性化需求越来越多。为了尽可能满足客户的不同需求，物流仓库应配备全自动立体仓库、自动分拣系统、条形码管理系统及智能化仓储管理信息系统等。具体来说，物流企业对仓储管理主要有以下要求。

（1）合理调度仓储运作，对客户要求做出快速反应。

（2）仓库配备先进的物流软件和硬件设施，包括立体货架、自动分拣系统、条形码管理系统、流通加工设备等。

（3）仓储管理方式应能够满足不同客户的需求。

（4）在做好仓储基本业务管理的基础上，还要进行分拣、配货、包装等，为客户提供个性化服务。

（5）为客户提供增值服务，包括做好库存控制和提高流通加工能力等。

（二）流通企业对仓库管理的要求

仓储作为商品营销的保障，为企业销售提供物流服务。流通企业对仓储管理的要求主要体现在以下方面。

（1）做好物品的接运。

（2）做好物品数量和外观质量的验收。

（3）分区分类和专仓专储。

（4）做好储存期标识和质量维护。

（5）高效完成包装加工作业。

（6）准确发货、及时发运。

（三）生产企业对仓储管理的要求

生产企业的核心竞争力表现在产品开发、生产和制造上，仓储作为企业生产和经营的保障，主要体现在对物料、备品备件和成品的仓库管理。物料是指企业生产所需的原材料、零部件、在制品等。做好物料仓储管理可确保企业生产的正常运行。生产企业对仓储管理的要求主要体现在以下方面。

（1）对货物的供货严格把关。

（2）物品储存标识符合批次管理和可追溯性要求。

（3）建立库位编码系统，实现物品储存可视化。

（4）合理储存保管，符合先进先出的要求。

（5）限额供料和配送到现场。

此外，对工具、备品备件仓库，还要求能够根据需求规律做好库存管理，建立安全库存并控制库存量。

四、常用的仓储管理方法

（一）ABC 分类库存管理技术

一般来说，企业的库存物资品种繁多且价格不尽相同，有的库存物资品种不多但价值很高，而有的库存物资品种很多但价值不高。企业库存物流系统资源的有限性决定了对所有库存物资均给予相同程度的重视和管理是不可能的，也是不切实际的。对库存物资进行分类管理并将管理重点集中在重要的库存物资上，可使库存管理系统的资源得到更有效的利用。

ABC 分类库存管理技术（又称库存重点管理法）就是根据库存物资在技术经济方面的主要特征对其进行分类排队，分清重点和一般，从而有区别地实施库存管理的技术，它是一种简捷便利、科学有效的技术方法。

ABC 分类库存管理技术将物资分为 A、B、C 三类。一般来说，A 类库存物资占全部库存物资总数的 10% 左右，而其平均资金占用额累计百分数却为 70% 左右；B 类库存物资占全部库存物资的 20% 左右，其平均资金占用额累计百分数为 20% 左右；C 类库存物资数占 70% 左右，而平均资金占用额累计百分数为 10% 左右。

ABC 分类库存管理技术的应用在仓储管理中可取得以下成效：第一，压缩总库存量；第二，解放被占用的资金；第三，使库存结构合理化；第四，节约管理力量。

1. A 类库存物资

A 类库存物资尽管在品种数量上仅占 10% 左右，但如果能管理好这类物资，就等于管理好了 70% 左右的消耗资金的库存，这是十分有意义的。从整个企业来说，自然应该千方百计地降低 A 类库存物资的资金消耗量。对于库存管理人员来说，除了应该协助企业降低 A 类库存物资的资金消耗量，还要在保证供给的条件下尽量降低这类物资的库存额，减少资金占用，提高资金周转率。为此，应从以下方面加强对 A 类库存物资的管理。

（1）每件商品都要编号。

（2）尽可能慎重、正确地预测需求量大小。

（3）勤进货而少量采购，尽可能在不影响需求的情况下减少库存量并提高周转速度。

（4）请求客户配合，力求出货量平稳化，以减少需求变动、降低安全库存量。

（5）与供应商协调，尽可能缩短订货的前置时间。

（6）采用定期订货方式，必须对存货进行定期检查。

（7）严格执行盘点制度，每天或每周盘点一次，提高库存精确度。

（8）对交货期限必须加强控制。

（9）商品应放在容易出库的位置。

（10）确定恰当的安全存货量，使安全存货量尽可能减少并设立恰当的缺货报警点。当存货量降低到报警点时，要立即采取行动。

（11）采购需要高层主管的审核。

2．B 类库存物资

B 类库存物资的状况处于 A 类、C 类之间，因此其管理方法也介乎 A 类、C 类库存物资的管理方法之间，采用通常（常规）方法管理，主要包括以下几个方面的要求。

（1）采用定量订货方法，但对前置时间较长或需求量出现季节性变动趋势的商品要采用定期订货方式。

（2）每两三周进行一次盘点。

（3）中量采购。

（4）采购必须经中级主管核准。

3．C 类库存物资

C 类库存物资与 A 类库存物资相反，品种众多，资金消耗却很少。因此，C 类库存物资的管理原则恰好和 A 类库存物资相反，即不应投入过多的管理力量，宁肯多储备一些，减少精力耗费，以便集中力量管理 A 类库存物资。

C 类库存物资的管理要求主要体现在以下几个方面。

（1）采用非强制性补充供货方式或定量订货方式，以求节省费用。

（2）大量采购，便于在价格上获得优惠。

（3）简化库存管理手段。

（4）可以保持较高的安全存货量，以免发生缺货现象。

（5）每月盘点一次。

（6）采购仅需基层主管核准。

（二）定量订货库存管理技术

定量订货库存管理技术是指当库存量下降到预定的最低库存量（再订货点）时，按规定数量（一般以"经济批量"为标准）订货的库存管理技术。

由于该库存管理技术要求对每个品种单独开展订货作业，会增加订货成本和运输成本，因此适用于品种数目少但资金占用多的 A 类库存物资的管理。

（三）定期订货库存管理技术

定期订货库存管理技术是指按预先确定的订货间隔期间订货以补充库存的库存管理技术，往往适用于品种数量大、占用资金较少的 C 类库存物资和 B 类库存物资。

第四节　仓储设施与设备

一、仓库

仓库是仓储运营中的基础设施，它根据用途、保管货物的特性、构造、位置以及管理体制和功能可分为不同的种类。

（一）按用途分类

按用途划分，仓库可分为以下几种。

1. 采购供应仓库

采购供应仓库主要用于集中储存从生产部门收购的和供国际进出口的商品，仓库一般设在商品生产比较集中的大、中城市或商品运输枢纽所在地，规模较大。

2. 批发仓库

批发仓库主要用于收储从采购供应仓库调进或在当地收购的商品。这类仓库贴近商品销售市场，是销地的批发性仓库，既从事批发供货业务，也从事拆零供货业务。

3. 零售仓库

零售仓库主要用于为商品零售业做短期储货，以供商店销售，通常规模较小。在零售仓库中存储的商品周转速度较快，这类仓库一般附属于零售企业。

4. 储备仓库

这类仓库一般由国家设置，以保管国家的应急储备物资和战备物资。货物在这类仓库中储存的时间往往较长，并且为保证储存物资的质量需要定期更新。

5. 中转仓库

中转仓库处于货物运输系统的中间环节，用于存放待转运的货物。这类仓库一般设在铁路、公路的场站和水路运输的港口、码头附近。

6. 加工仓库

除了商品储存，这种仓库兼营某些商品的挑选、整理、分级、包装等简单的加工业务，以便于商品适应消费市场的需要。目前，兼有加工功能是仓储业发展的趋势。

7. 保税仓库

保税仓库是指为满足国际贸易的需要，设置在一国国土之上但在海关关境以外的仓库。国外货物可以免税进出保税仓库而无须办理海关申报手续，并且经批准后，可在保税仓库内对货物进行加工、存储、包装和整理等业务。对于在划定的更大区域内的货物保税，则可称之为保税区。

（二）按保管货物的特性分类

1．原料仓库

原料仓库即用于保管生产中使用的原材料的仓库。这类仓库一般规模较大，设有大型货场。

2．产品仓库

产品仓库用于保管完成生产但尚未进入流通的产品。这类仓库一般附属于产品制造企业。

3．冷藏仓库

冷藏仓库用于保管需要冷藏储存的货物，一般为农副产品、药品等。

4．恒温仓库

恒温仓库是指为保持货物存储质量，将库内温度控制在某一范围的仓库。这种仓库的规模通常不大，可以存放精密仪器、药品等对存储温度有一定要求的货物。

5．危险品仓库

危险品仓库专门用于保管易燃、易爆和有毒的货物。对于这类货物的保管有特殊的要求。

6．水面仓库

水面仓库是利用货物的特性以及宽阔的水面来保存货物的仓库。例如，利用水面保管原木、竹排等。

（三）按仓库的构造分类

1．单层仓库

这是最常见、使用最广泛的一种仓库，在建造和维修上的投资较少。这种仓库没有上层，全部仓储作业都在一个层面上进行，货物在库内的装卸搬运很方便。

2．多层仓库

多层仓库一般建在人口较稠密、土地使用价格较高的市区，它采用垂直输送设备（如电梯或倾斜皮带输送机等）实现货物上楼作业。

（四）按所处位置分类

根据所处地理位置，可以将仓库分为码头仓库、内陆仓库、车站仓库、终点仓库、城市仓库以及工厂仓库等。

（五）按管理体制分类

按管理体制，可将仓库分为以下两类。

1．自用仓库

这类仓库只为企业本身使用，不对社会开放，由企业自己管理。随着市场经济的影响，已有许多自用仓库在满足自身需要之余逐步向社会开放。

2．公用仓库

这是一种专门从事仓储经营管理的、面向社会的、独立于其他企业的仓库，在物流中被称为"第三方物流仓库"，如国外的大型仓储中心、货物配送中心。近年来，我国专事于仓储业务的企业发展迅速，已在物流系统中扮演着越来越重要的角色。

（六）按功能分类

按照功能，仓库可分为两种类型。

1．储存仓库

这类仓库以储存、保管为重点，货物在库时间相对较长，仓库工作的中心环节是提供适宜的保管场所和保管设施设备，维护商品在库期间的使用价值。

2．流通仓库

流通仓库也称流通中心，货物在库时间较短、库存量较少且出入库频率较高。流通仓库虽然也从事保管业务，但更多地从事货物的检查验收、流通加工、分拣、配送、包装等业务，从而在较短的时间内向更多的用户出货。制造厂家的消费地仓库、批发业和大型零售企业的仓库多属于这种类型。

二、仓储设备

（一）托盘

托盘是用于集装、堆放、搬运和运输的放置作为单元负荷的货物和制品的水平平台装置，如图 5-1 所示。在平台上集装一定数量的单件货物并按要求捆扎加固，组成一个运输单位，可便于运输过程中使用机械装卸搬运和堆存。

图 5-1　木托盘

1．托盘的特点

（1）托盘的搬运采用机械操作，减少货物堆码作业次数，从而有利于提高运输效率、缩短货运时间、降低劳动强度。

（2）以托盘为运输单位，货运件数变少、体积重量变大，如果每个托盘所装货物数量相等，则既便于点数、理货交接，又可以减少货损货差事故。

（3）投资比较小，收益比较明显。

2. 托盘的主要优、缺点

（1）自重轻。托盘用于装卸、运输所消耗的劳动较少，无效运输和装卸负荷相对也较少。

（2）返空容易。托盘返空时占用的运力很小。由于托盘的造价不高，又很容易互相代用或以对方托盘抵补，因此即使返运，也比较容易操作。

（3）装盘容易。采取在托盘表面直接码放的方式，装盘后可采用捆扎、紧包等技术处理，使用简便。

（4）装载量适宜，组合量较大。

（5）节省包装材料，降低包装成本。

托盘的缺点主要包括：露天存放困难，需要配以仓库等设施；托盘本身的回运需要支出一定的成本且托盘本身占用一定的仓容空间。

3. 托盘的种类

托盘种类繁多、结构各异，目前国内外常见的托盘主要有以下几种。

（1）平板托盘。平板托盘又称平托盘，是托盘中使用量最大的一种，是通用托盘。

（2）立柱式托盘。立柱式托盘在托盘上部的四个角有固定式或可卸式立柱，有的柱与柱之间有连接的横梁，使柱子呈门框形。

（3）箱式托盘。这是指上面带有箱式容器的托盘。

（4）轮式托盘。轮式托盘是在立柱式、箱式托盘的下部装有小型轮子。

（5）特种专用托盘。这类托盘是根据产品特殊要求专门设计制造的，如平板玻璃托盘、油桶专用托盘、轮胎托盘等。

（二）货架

货架是指用支架、隔板或托架组成的立体货物储存设施，如图5-2所示。

图5-2　金属货架

货架的主要优点有以下几个。

（1）货架是一种架式结构物，可充分利用仓库空间、提高库容利用率和仓库储存能力。

（2）存入货架的货物互不挤压、物资损耗小，可有效保证物资本身的性能，减少货物的损失。

（3）货物存取方便，便于清点和计量，可做到先进先出。

（4）有利于维护存储货物的质量。例如，可以采取防潮、通风、防尘、防盗、防破坏等措施加强对存储货物的保护。

（5）很多新型货架的结构、功能有利于实现仓库的机械化与自动化管理。

三、自动化立体仓库

自动化立体仓库又称自动存取系统（automated storage/retrieval system，AS/RS）、自动仓库、自动化高架仓库、高架立体仓库、无人仓库、无纸作业仓库等，是第二次世界大战后随着物流与信息技术的发展而出现的一种新型现代化仓库系统，如图 5-3 所示。

图 5-3　自动化立体仓库

一般来说，自动化立体仓库的货架高度在 15 米左右，最高可达 44 米，拥有货位数可达 30 万个。自动化立体仓库的出入库及库内搬运作业全部由计算机控制，实现了机电一体化即自动化，只需要几个工作人员。

自动化立体仓库主要由以下几个部分构成。

1. 货架

货架一般为钢铁结构构成的储存商品的单元格，单元格内存放托盘装货物。一个货位的唯一地址由其所在货架的排数、列数及层数确定，自动出入库系统据此对所有货位实施管理。

2. 巷道机

两排高层货架之间一般留有 1～1.5 米宽的巷道，巷道机在巷道内往复运动，巷道机上的升降平台可做上下运动，升降平台上的存取货装置可对巷道机和升降机确定的某一个货位进行货物存取作业。

3. 周边搬运系统

周边搬运系统所用的机械通常有输送机、自动导引车等，其作用是配合巷道机完成货物的输送、转移、分拣等作业。同时，当高架仓库内的主要搬运系统因故障停止工作时，周边设备可以发挥作用，使自动化立体仓库继续工作。

4. 控制系统

绿色仓库
要求与评价

自动化立体仓库的计算机中心或中央控制室接收到出库或入库信息后，由管理人员通过计算机发出出库或入库指令，巷道机、自动分拣机及其他周边搬运设备按指令启动，共同完成出库或入库作业，管理人员对此实施全程监控和管理，保证存取作业按最优方案运行。

本 章 小 结

思 考 题

1. 如何理解仓储的概念？
2. 简述仓储在物流中的作用。
3. 仓储有哪些种类？
4. 仓储合理化的具体措施有哪些？
5. 仓储管理的原则有哪些？
6. 仓库有几种分类？
7. 常见的仓储设备有哪些？

案 例 分 析

中国外运股份有限公司："数字化仓储管理（云仓）"实施

问题讨论：

1. 中外运云仓管理系统有哪些优点？
2. 请结合本章所学内容，就中外运云仓管理发展形势对其提出建议。

实 训 项 目

某工厂原材料库产品 ABC 分类库存管理。

1．实训目标

通过对某工厂原材料库 ABC 分类库存管理的实训，深入学习仓储管理的具体方法，掌握仓储管理的基本内容。

2．实训内容和要求

（1）在教师指导下，根据学生性格和专长进行编组，3～7 人一组，并确定组长和副组长各一人。

（2）在企业员工的帮助下，对该生产企业的原材料库进行具体调研，了解该企业单位时间内耗费各种物资的种类、数量及各物资的单价。

（3）通过本章学习的 ABC 分类库存管理技术对该厂的原材料库内物资进行分类，并针对各种物资给出详细的管理方案。

（4）将管理方案提交生产企业领导。

（5）明确小组内成员的分工。

（6）生产企业应选择其原材料库物资种类适量的企业，不宜过多或过少。

3．实训成果检查

（1）指导教师要随时解决在实训过程中遇到的各种问题，并组织学生进行经验交流。

（2）教师全程监控，严格控制实训经费。

（3）以小组为单位，分别对组长和每个成员在调研与讨论中的表现进行评估和打分。

（4）由任课教师根据成员的调研报告与在讨论中的表现分别评估和打分。

（5）将上述诸项评估得分总和作为本次实训成绩。

第六章　包装与装卸搬运

本章概要

　　本章介绍了物流系统中很重要的两个组成部分——包装与装卸搬运。在包装方面，从介绍包装的概念入手，介绍了包装的功能、作用、分类以及包装的合理化、包装的材料与设备。在装卸搬运方面，介绍了装卸搬运的概念、作用、内容、分类，装卸搬运的合理化及其具体措施。

思政目的

　　通过学习本章内容，树立现代物流包装管理意识，增强学生的职业自豪感和责任感；培养学生专注、精益求精的工匠精神，使学生养成爱岗敬业、吃苦耐劳、认真仔细的职业素养。

学习目的

　　本章主要包括包装和装卸搬运两个部分，通过本章的学习，学生需要重点掌握关于这两个方面的问题。首先，在包装方面，要掌握包装的概念、功能和分类，了解包装的材料和包装机械，掌握包装合理化的内涵和措施；在装卸搬运方面，需要掌握装卸搬运的概念和分类，掌握装卸搬运合理化的原则和具体措施，了解常用的装卸搬运设备。

基本概念

　　包装　运输包装　商业包装　装卸搬运　叉车　起重机

引导案例

一个价值 600 万美元的玻璃瓶

第一节 包　装

一、包装的概念、功能与作用

（一）包装的概念

包装既是商品的重要组成部分，又是物流活动的重要职能之一，还是实现商品价值及其使用价值的手段之一，它与整个社会再生产过程和人们的日常生活有着密切的联系。

根据我国国家标准《物流术语》（GB/T 18354—2021），包装（packag；packaging）是指"为在流通过程中保护产品、方便储运、促进销售，按一定技术方法而采用的容器、材料及辅助物等的总体名称"。

在上述定义中，包含了两层基本含义：一是静态的"物"，即盛装商品的容器、用品和相关物品；二是动态的"行为"，即在对产品实施捆扎、盛装过程中的一系列活动。所以，对包装的理解应是包装物与被包装物结合过程中的相应技术操作。

（二）包装的功能

1. 保护功能

保护功能是包装最基本、最重要的核心功能。在商品流通过程中，造成商品损坏的因素有很多，有环境因素，如温度、湿度不当，有害气体侵蚀等，也有人为因素，如因操作不慎或不当导致商品受到冲击、振动而造成损坏等。因此，应根据不同商品的形态、特征、运输要求、销售需要等，以适当的材料设计合理的包装容器，充分发挥包装的保护功能，保护内装物品的安全。包装对商品的保护功能主要体现在以下几个方面。

（1）防止发生破损、变形。商品在物流过程中要承受各种冲击、振动、颠簸、挤压、摩擦等外力作用，所以包装必须具备一定的强度才能有效保护商品的质量。

（2）防止物品发生化学变化。通过包装隔觉水分、霉菌、有害气体等，可达到防霉、防腐、防变质、防生锈、防老化等化学变化的目的。

（3）防止有害生物的侵蚀。包装可以隔觉鼠、虫、细菌、白蚁等有害生物对物品的破坏和侵蚀。

（4）对危险品的保护。主要是指对易燃、易爆、易腐蚀、易氧化、辐射性、有毒物品等采取特殊保护包装。

另外，包装能部分防止异物混入、污染、失散等物流损失。

2. 方便功能

现代商品包装能为物流活动和人们的日常生活带来许多便利，这对于提高工作效率和生活质量具有重要作用。具体体现在以下几个方面。

（1）方便生产。包装能适应不同类型生产企业的机械化、专业化、自动化生产需要，以最适宜的包装单位兼顾资源能力和生产成本，尽可能地促进生产效率的提高。

（2）方便储运。包装的规格、质量、形态应适合仓储作业，包装物上的标志、条形码便于识别、存取、盘点、验收及分类等作业的开展，包装尺寸与运输车辆、船舶、飞机等运输工具的容积相吻合可有效提高装载能力和运输效率。

（3）方便装卸搬运。适宜的包装便于装卸搬运，便于使用装卸搬运机械提高工效。标准化包装为集装提供了条件，能够极大地提高装卸搬运工具的装载能力。同时，包装容器的质量、体积、尺寸、形态等适宜运输工具的装卸，可方便堆码和人工装卸货物。

（4）方便使用。适宜的包装可使消费者在使用、保管、收藏商品时感到方便。

（5）回收方便，利于环保。部分包装（纸包装、木包装、金属包装等）可重复使用，如各种材料的周转箱，盛装啤酒、饮料的玻璃瓶，包装废弃物的回收再生有利于环境保护和资源节约。

3. 销售功能

销售功能属于商业包装的功能。良好的包装仿佛"无声的推销员"，能引起消费者的注意、激发消费者的购买欲望。包装的销售功能是通过包装设计来实现的。优秀的包装设计应使用精巧的造型、合理的结构、醒目的标识、得体的文字和鲜明的色彩等艺术语言直接刺激消费者的购买欲望，使其做出购买行为。

（三）包装的作用

1. 包装在运输中的作用

（1）防护作用，即保证商品在复杂运输环境中的安全，保证其质量和数量不受损失。

（2）方便作用，即提高运输工具的装载能力、降低运输难度、提高运输效率。

2. 包装在装卸搬运中的作用

（1）有利于采用机械化、自动化装卸搬运作业减小劳动强度和难度，加快装卸搬运速度。

（2）在装卸搬运中使商品能够承受一定的机械冲击力，达到保护商品、提高工效的目的。

3. 包装在储存中的作用

（1）方便计数。

（2）方便交接验收。

（3）缩短接收、发放时间，提高作业效率。

（4）便于商品堆码、叠放。

（5）节省仓库空间，进而节省仓容。

（6）抵御不良储存因素对物品的侵害。

二、包装的分类

（一）按包装在流通领域的作用划分

按照在流通领域中的作用，包装可分为运输包装和商业包装两大类。

1. 运输包装

根据我国国家标准《物流术语》（GB/T 18354—2021），运输包装是指"以满足运输、仓储要求为目的的包装"。

运输包装又称外包装，它的主要作用在于保护商品，防止在储运过程中发生货损货差并最大程度地避免运输途中各种外界条件可能对商品造成的不良影响，方便检验、计数和分拨。

运输包装在设计过程中应满足以下基本要求。

（1）具有足够的强度、刚度与稳定性。

（2）具有防水、防潮、防虫、防腐、防盗等防护能力。

（3）包装材料选用符合经济、安全的要求。

（4）包装的重量、尺寸、标识、形式等应符合国际与国家标准，便于装卸搬运。

（5）减轻工人的劳动强度，使操作安全、便利。

（6）符合环保要求。

2. 商业包装

商业包装是指销售包装，是直接接触商品并随商品进入零售网点与消费者或客户直接接触的包装。

在设计商业包装时应重点考虑包装的材质、造型和装潢：材质要能有效地保护商品且能直接接触商品；造型要有利于流通；图案、文字、色调等要能吸引消费者购买。

另外，包装单位要适于消费者的购买和商店的设计条件。

虽然商业包装具有一定的保护功能和方便功能，但它更多地起到促销作用，这种包装大多不直接暴露于物流过程。

（二）按包装层次划分

1. 内包装

内包装是直接盛装商品的最基本的包装形式。内包装的标识、图案、文字和包装物（如瓶、盒、罐等）具有指导消费、方便销售和购买的作用。

2. 中包装

中包装介于外包装与内包装之间，是一定数量内包装的组合形式，既方便销售，也便于近距离运输。这种包装在方便食品、化妆品、卷烟等的包装中使用得较多。

3. 外包装

外包装属于物流包装，主要起到保护商品的作用，既可以简化商品计量作业，也可方便运输、储存、搬运、装卸等物流作业，对于提高物流作业效率和简化物流作业环节有重要影响。

（三）按包装容器的特征划分

（1）根据包装容器形状，可分为包装袋、包装箱、包装盒、包装瓶和包装罐等。

（2）根据包装容器硬度，可分为软包装、硬包装和半硬包装。

（3）根据包装容器使用次数，可分为固定式包装、折叠式包装、拆解一次性使用包装、周转使用包装和转作他用包装。

（4）根据包装容器密封性能，可分为密封包装、非密封包装和半透膜包装。

（5）根据包装容器档次，可分为高档包装、中档包装、普通包装和简易包装等。

（四）按使用范围划分

按照使用范围，包装可分为专业包装和通用包装。

（1）专业包装，即针对被包装物品的特点专门设计、专门制造，只适用于某一专门物品的包装。

（2）通用包装，即根据包装模数制造的包装容器，用于无特殊要求的或符合标准尺寸的物品。

三、物流包装合理化

要实现物流包装的功能、保证物流的顺畅，应做到物流包装合理化。从现代物流学的观点来看，物流包装合理化不仅是指物流包装自身的合理化，更是整个物流系统合理化前提下的包装合理化。因此，分析物流包装是否合理，一方面应对整个物流系统的效益进行评价，另一方面应对物流包装的材料、技术、方式等进行评价。物流包装合理化包括总体的合理化和用料、技术与方式的合理化，应做到宏观物流效益与微观包装效益的统一，强调资源优化配置。宏观物流的合理化是通过微观物流包装的合理化实现的。

（一）物流包装不合理的表现形式

1. 物流包装不足

（1）物流包装强度不足。物流包装强度与包装堆码、装卸搬运有密切的联系，强度不足则导致包装不能充分发挥性能，造成被包装物在物流环节中的破损。

（2）物流包装材料不能发挥防护作用。具体包括：① 包装材料与被包装物不适应。② 包装器材与包装类别不协调。③ 包装器材与流通条件不适应。

（3）物流包装容器的层次或容积不足。

（4）物流包装成本过低，不能实现有效包装。

2. 物流包装过剩

（1）包装强度过高。

（2）包装材料过剩。

（3）包装技术过高。

（4）包装层次过多、体积过大。

（5）包装成本过高。

（二）物流包装合理化的主要措施

物流包装合理化能够很好地实现包装在物流中的各项功能，满足物流主要环节对包装的要求，同时尽可能降低包装成本，一般可采用以下措施。

1. 掌握物流实况，最经济地发挥保护功能

物流包装应能使物品经受住物流过程中各种环境的考验，只有确切地掌握运输、储存、装卸搬运等物流活动的实际情况，才能合理选用包装技术与包装材料，有效发挥包装的保护功能。

2．包装材料减量化、轻薄化

物流包装对商品主要起到保护作用，不改变其使用价值，因此在强度、寿命等因素相同的条件下，应尽量减少材料用量，使包装轻薄化，这样不仅可以降低物流包装的成本，也可以减少废弃物、提高物流效率。

3．强化环保意识，减少包装污染

在国际绿色贸易壁垒的冲击下，无公害的绿色物流包装已成为必然的发展趋势。发展绿色包装的主要途径有两个：一是研发绿色包装材料；二是对物流包装废弃物进行回收和综合利用。

4．物流包装设计标准化

对于运输包装，必须按照标准规格尺寸设计。按照《硬质直方体运输包装尺寸系列》（GB/T 4892—2021）选用长、宽尺寸合适的物流包装即可同托盘、集装箱及运输车（船）、装卸搬运机械相匹配，从而获得最大装载量、提高装载率、降低物流成本。

5．物流包装设计应注重作业的便利性

物品在物流过程中需要经历多次装卸搬运，因此物流包装设计必须注重作业的便利性。凡是人工作业，必须使劳动强度降到最低；凡是机械作业，应使包装的重量、体积等与作业机械相适应，同时应注重开箱的便利性。

6．包装费用与被包装物价值相适应

无论是商流包装还是物流包装，都要坚决杜绝过分包装、欺骗包装。商流包装费用占被包装物价值的比例通常为：酒类、罐头占 18%～25%，儿童食品可占到 40%，一般食品仅占 20%。

7．物流包装方式集装化

物流包装方式集装化是通过集合包装技术方法来实现的。我国国家标准《物流术语》（GB/T 18354—2021）将"集装化"定义为"用集装器具或采用捆扎方法，把物品组成标准规格的货物单元，以便进行装卸、搬运、储存、运输等物流活动的作业方式"。集装化既有利于降低物流作业的劳动强度、缩短物流时间、加速车船周转、提高物流效率与效益，也有利于多式联运的开展，保证物品物流过程中的安全，降低物流费用，促进物流包装系列化、标准化、规格化的实现。

汽车零部件托盘包装的打包要求

第二节　包装材料与设备

一、包装材料

包装材料是用于制造包装容器和构成产品包装的材料的总称。包装材料用于制作包装箱、包装罐、包装袋、包装盒、包装瓶，目前较常使用的包装材料有纸和纸板、塑料、木

材及木制品、金属、玻璃、复合材料等。

（一）纸和纸板

纸和纸板是使用得最为广泛的包装材料，既适用于百货、纺织、五金、电信器材、家用电器等商品的包装，也适用于食品、医药、军工产品等的包装。

纸和纸板用于包装具有如下优点。

（1）成型性和折叠性优异，便于加工。

（2）本身重量轻，能降低运输费用。

（3）耐摩擦，具有良好的缓冲、防震功能，卫生、无毒、无污染。

（4）具有良好的印刷性能，便于介绍和美化商品。

（5）可以回收利用。

纸和纸板用于包装的缺点主要有易吸湿受潮，气密性、透明性差，机械强度低。

（二）塑料

塑料作为包装材料于近几十年来快速发展，特别是在工业发达国家。

1．聚乙烯

聚乙烯（polyethylene，PE）是包装中用量最大的一种塑料材料，被广泛用于制造各种瓶、软管、壶、薄膜和黏合剂等。

2．聚氯乙烯

聚氯乙烯（polyvinyl chloride，PVC）是当前世界上产量最大的塑料，可塑性强，具有良好的装饰和印刷性能。聚氯乙烯既可以制成各种软的或硬的包装容器，如周转塑料箱，也可以加工成聚氯乙烯薄膜，用于制作各种薄膜包装制品。

3．聚丙烯

聚丙烯（polypropylene，PP）是通用塑料中最轻的一种，其耐热性是通用塑料中最高的。聚丙烯可通过吹塑和真空定型制造各种瓶子、器皿和包装薄膜，也可以加工成各种打包带与编织袋。聚丙烯薄膜双向拉伸可以用来包装食品、药品、香烟、纺织品等。

4．聚苯乙烯

聚苯乙烯（polystyrene，PS）质轻、强度较高、尺寸稳定、收缩性小、印刷性较好、无毒、无味、耐化学腐蚀性强，常用作盛装食品，也可作为酸、碱类物质的容器。

5．聚酯

聚酯（polyethylene terephthalate，PET）是一种无色透明、有光泽的塑料，有较好的韧性和弹性，机械强度高，有良好的防潮性、防水性、气密性，适宜做各种饮料的包装容器；缺点是不耐碱，热封和防止紫外线透过性较差。

（三）木材及木制品

木材是一种优良的包装材料，长期用于制作大型或较笨重的五金家电、机械以及怕压、怕摔的仪器、仪表等内装物的运输包装。但由于木材的过量使用已经对环境造成了一定的负面影响，所以木材包装正逐渐被其他包装材料所替代。虽然木材在包装材料中的比重正在逐渐下降，但其适用范围仍然十分广泛。

包装用木材可分为天然木材和人造板材两大类。木质容器包括木箱、木桶、木匣、纤维板箱、胶合板箱以及木制托盘等。

（四）金属

包装用金属材料主要有钢材和铝材，前者为刚性材料，后者为软性材料。金属一般制作成薄板、金属箔、捆扎带、捆扎丝（绳）等包装形态。

（五）玻璃

玻璃是硅酸盐类材料，可用于运输包装和销售包装。用作运输包装时，玻璃材料主要用于盛装化工产品，如强酸类物质，也可制成玻璃纤维复合袋，用于盛装化工产品和矿物粉料。用作销售包装时，主要是制成玻璃瓶和玻璃罐，盛装酒、饮料、药品、化学试剂、化妆品和文化用品等。

（六）复合材料

复合材料是指通过某种方法将两种以上具有不同性能的材料复合在一起而形成的一种特殊材料。它具有多种材料的优点，因此在包装领域的应用越来越广泛。目前使用得较多的复合材料是塑料与玻璃复合材料、塑料与金属箔复合材料、塑料与塑料复合材料等。

二、包装容器

常见的包装容器主要有以下几种。

（一）包装桶

当前，包装桶的材质主要有钢、塑、纸三种，三者的相互组合可满足多种产品的物流包装要求。

1．钢桶

钢桶广泛用于石油、油脂、食油和化工产品的储运。钢桶不仅可储运液体、糊状、粉粒状和碎块状的一般性货物，而且是挥发性、腐蚀性和某些危险性货物的重要储运容器。

2．纤维桶（复合纸桶）

纤维桶是以植物纤维材料加工纸张或纤维板作为坯料制成的大型桶状包装容器（容积为 25～250 立方米），主要用来储运干性、散装的化工产品。目前，纤维桶在储运干性货物方面几乎已完全取代了钢桶。

3．刚性塑料桶

塑料储运桶是于 20 世纪 70 年代出现的一种刚性塑料包装容器。它不仅在结构、造型上仿照钢桶，在实际应用中也力图取代钢桶。塑料储运桶的优点包括：可以储运液体、固体的化工产品、食品、药品与危险品；自重与纤维桶差不多，比钢桶轻一半；不会凹陷，一般不会腐蚀，比钢桶可多用 1～5 次；防潮防水且不易生锈，可回收再加工；耐温性好；具有承受码垛载荷的能力。

（二）包装袋

包装袋是一端开口的、可折叠的挠性包装容器，除了少数商用的小型包装袋，其开口部分在填装商品后需要封口。运输包装袋多盛装块状、粒状、粉状产品。

1. 纸质运输袋

纸质运输袋主要用于水泥、化肥、农药、沥青等产品的包装。由于具有受潮后力学性能急剧下降，纸质脆，易刺穿、划伤与撕裂，防滑性差，不利于人工搬运与码垛等固有缺点，纸质运输袋的应用范围较窄，用量较少，有逐渐为其他包装容器所取代的趋势。

2. 塑料薄膜重包装袋

塑料薄膜重包装袋是作为运输包装的大型塑料薄膜袋。重包装袋所用的塑料薄膜较厚，除了具有良好的机械强度，其防水、防潮性能也较为优良，因而广泛用于化肥、化工原料、合成树脂等产品的运输包装。

3. 塑料编织袋

塑料编织袋是于 20 世纪 50 年代出现的一种重包装袋，现在已大量取代了麻袋、布袋、纸袋与塑料袋，广泛用于化肥、化工原料、矿砂以及农副产品的储运包装。

塑料编织袋的拉伸强度与抗冲击性能高且延伸率较小，防潮性能好，具有耐腐、耐蚀、防虫、防霉及良好的耐药品性，因而适于包装各类固体产品并可用于储运条件恶劣的场合。塑料编织袋的编制密度小时，不宜包装细粉状产品。同时，其透气性、透湿性强，不宜包装活性强的产品。

4. 组合包装袋

在储运某些特殊产品时，往往需要采用组合包装袋，即采用复合材料制造或由数层不同材料黏合而成的包装袋。虽然成本较高，但可使产品得到可靠的保护并可保证包装袋不破裂，从而获得较高的经济效益，如多层袋、复合袋等。

（三）包装箱

包装箱属于硬质或半硬质包装，当前应用得较多的包装箱有木箱、瓦楞纸箱、钙塑瓦楞纸箱。

1. 木箱

木箱是用来包装产品的木质箱形容器，可分为两类：一类主要是用于集装轻小产品的木箱，如钉板箱、条板箱；另一类主要用于包装单件大型机械设备，如底盘、框架组合箱等。

2. 瓦楞纸箱

瓦楞纸箱是用瓦楞纸板制成的刚性纸质包装容器。瓦楞纸板是由面层纸板、里层纸板和瓦楞纸（芯纸）黏合而成的复合结构纸板。面层纸板和里层纸板是箱板纸，其作用是直接承受压力和振动力，提高瓦楞纸板的强度；芯纸使瓦楞纸板具有 60%～70% 的空隙，隔开面层和里层纸板，从而增加瓦楞纸板的厚度、减轻重量，同时提高纸幅横向的耐压强度，使瓦楞纸具有减震、缓冲的作用。

3. 钙塑瓦楞纸箱

钙塑瓦楞纸箱是利用钙塑材料、依照瓦楞纸箱的成箱过程制成的一种具有一定缓冲、防震性能的硬质、半硬质包装容器。与纸箱相比，钙塑瓦楞纸箱具有防水、防潮、质轻耐用、尺寸稳定、可折叠运输、可回收反复利用、机械力学性能好等优点，广泛用于轻工、化工、食品、饮料、水产、果菜、蛋品、货物邮递等的包装，尤其适用于急冻保鲜、冷藏运输、空运转口，可保持食品鲜美、完好，堪称理想的外包装。但钙塑瓦楞纸箱表面光滑易打滑、减震性能差，成本也相对较高，由此限制了它的应用范围。

三、包装机械

常用的包装机械有以下几种。

1. 充填机

充填机是将精确数量的包装品装入各种容器的包装机械，主要用于商业包装，在运输包装中也有应用，如用专用运输工具运输水泥、石油等。实际生产中，由于产品的性质、状态、要求的计量精确度和填充方式等因素的不同，出现了各种各样的充填机，按照计量充填的原理，主要分为以下三种类型。

（1）容积式充填机。容积式充填机是将精确容积的物料装进每一个容器而不考虑物料的密度或质量，常用于密度相对不变的物料或体积要求比质量要求更重要的物料。

（2）称重式充填机。称重式充填是指事先称出产品的质量，然后充填到包装容器内，采用这种充填方式的机械称为净重式充填机。如果在充填过程中称量产品是连同包装容器一起的，则此种充填机称为毛重式充填机。

（3）计数式充填机。计数式充填机是把精确个数的产品装进一个容器的计量充填机械，多用于被包装物呈规则排列的产品包装。长度式计数充填机常用于饼干包装、茶叶装盒后的二次大包装等。

2. 灌装机

灌装机主要用于在食品领域中对啤酒、饮料、乳品、植物油和调味品的包装，也用于洗涤剂、矿物油和农药等化工类液体产品的包装。包装所用容器主要有桶、瓶、听、软管等。

3. 封口机

封口机是对充填有包装物的容器进行封口的机械，在产品装入包装容器后，为了使产品得以密封保存、保持产品质量、避免产品流失，需要对包装容器进行封口，这种操作是在封口机上完成的。

4. 裹包机

裹包机是用薄型挠性材料（如玻璃纸、塑料膜、拉伸膜、收缩膜等）裹包产品的包装设备，广泛应用于食品、化工、建材、制药、电子等行业。

5. 捆扎机械

捆扎机械是利用带状或绳状捆扎材料将一个或多个包件紧扎在一起的机器，属于外包装设备，目前我国生产的捆扎机基本上采用塑料带作为捆扎材料，利用热熔搭接的方式使紧贴包件表面的塑料带两端加压黏合，从而达到捆紧包件的目的。

6．多功能包装机

这类包装机具有两种或两种以上的功能，主要种类如下。

（1）充填封口机：具有充填、封口两种功能。

（2）成型充填封口机：具有成型、充填、封口三种功能。成型的种类有袋成型、瓶成型、箱盒成型、泡罩成型、熔融成型等。

（3）定型充填封口机：具有定型、充填、封口功能。

（4）双面封箱机：能同时封上盖和下底两个面。

第三节　装卸搬运

一、装卸搬运的概念与作用

装卸搬运是物流的主要功能要素，渗透于物流的各个领域，是物流顺畅的关键。物资的装卸搬运贯穿于物流的始终，联结着物流的其他功能，是提高物流效率、降低物流成本、改善物流条件、保证物流质量最重要的物流环节之一。

（一）装卸搬运的概念

根据我国国家标准《物流术语》（GB/T 18354—2021），搬运是指"在同一场所内，以人力或机械方式对物品进行空间移动的作业过程"，装卸是指"在运输工具间或运输工具与存放场地（仓库）间，以人力或机械方式对物品进行载上载入或卸下卸出的作业过程"。

无论是在生产领域还是在流通领域，装卸搬运都是影响物流速度和物流费用的重要因素，影响着物流活动的正常运转，决定着物流系统的基本功能和效益。

（二）装卸搬运在物流中的作用

1．装卸搬运是物流系统的构成要素

从生产到消费的流通过程中，装卸搬运是必不可少的作业，对物流成本的影响很大，因此装卸搬运的合理化是提高物流效率的重要手段之一。

2．对物流各环节的支持作用

装卸搬运是生产过程和流通过程得以顺利完成的条件。装卸搬运质量的优劣、效率的高低都会对生产和流通的其他各环节产生很大的影响，装卸搬运对其他物流环节的支持作用的削弱必将导致生产过程不能正常进行、流通过程不顺畅。

3．衔接生产过程与物流过程各环节

装卸搬运是衔接生产过程与物流过程各环节的桥梁，制约着各个生产环节和物流环节的活动，是物流各功能之间能否形成有机联系的关键，是提高物流效率的瓶颈。忽视装卸搬运，无论是在生产领域还是在流通领域，轻则造成秩序混乱，重则造成生产、流通的停顿。

4．装卸搬运是影响物流效率的重要环节

装卸搬运是衔接运输、保管、包装、流通加工等物流活动的中间环节，以及在保管活动中为检验、维护、保养所进行的装卸活动。在物流活动的全过程中，装卸搬运活动是频繁发生的，因而也是造成产品损坏的重要原因之一。对装卸搬运的管理，主要是对装卸搬运方式和装卸搬运机械设备的选择、合理配置、使用以及装卸搬运合理化的管理，尽可能减少装卸搬运次数、节约物流费用，从而获得较好的经济效益。

二、装卸搬运的内容与分类

（一）装卸搬运的内容

物流过程中的装卸搬运作业有对输送设备（如车辆、辊道等）的装入、装上和取出、卸下作业，也有对固定设备（如保管货架等）的入库、出库作业。

装卸搬运的基本作业如下。

（1）装卸，即将物品装上运输工具或由运输工具上卸下。

（2）搬运，即使物品在较短的距离内移动。

（3）堆码，即对物品或包装货物进行码放、堆垛等有关作业。

（4）取出，即从保管场所将物品取出。

（5）分类，即按品种、发货方向、顾客需求等对物品进行分类。

（6）理货，即备齐物品，以便随时装货。

（二）装卸搬运的分类

1．按装卸搬运所涉及的物流设施设备分类

（1）仓库装卸。仓库装卸配合出库、入库、维护保养等活动进行且以堆垛、上架、取货等操作为主。

（2）铁路装卸。铁路装卸是对火车车皮的装进与卸出，其特点是一次作业就实现一车皮的装进与卸出，很少出现整装零卸或零装整卸的情况。

（3）港口装卸。港口装卸既包括码头前沿的装船，也包括码头后方的支持性装卸，有的港口装卸还采用以小船在码头与大船之间"过驳"的办法，因而其装卸的流程较为复杂，往往需要经过数次装卸搬运作业才能最后实现船舶与陆地之间货物过渡的目的。

（4）汽车装卸。汽车装卸一次的批量一般不大，汽车的灵活性可以减少或彻底免去搬运活动而直接、单纯地利用装卸作业达到车辆与物流设施之间货物过渡的目的。

2．按装卸搬运物品的属性分类

（1）成件包装物品的装卸搬运。有些物品虽然并不需要包装，但为了方便装卸搬运工作，需要进行临时捆扎或装箱，从而形成装卸搬运单元。对这些装卸搬运单元的装卸搬运作业就是成件包装物品的装卸搬运。

（2）超大超重物品的装卸搬运。在流通过程中，所谓的超大超重物品一般是根据人力可以方便地装卸搬运的重量或体积来制定标准的。例如，单件重量超过 50 千克或单件体积超过 0.5 立方米的物品都可称作超大超重物品。

（3）散装物品的装卸搬运。散装货物，如煤炭、水泥、粮食等在物流过程中处于不固定的状态，因此对这些散装货物的装卸搬运可以采取连续装卸作业，也可以运用装卸单元技术进行装卸搬运。

（4）流体物品的装卸搬运。流体物品是指气态或液态物品，可将流体物品盛装在一定的容器内，如瓶、桶，形成成件包装物品并采取相应的装卸搬运作业，也可采取罐装车形式对这些物品采取相应的装卸搬运作业。

（5）危险品的装卸搬运。危险品是指化工产品、压缩气体、易燃易爆品等，这些物品在装卸搬运过程中有特殊的安全要求，如果装卸搬运不慎，随时有发生重大事故的危险。因此，对危险品的装卸搬运作业应严格遵照操作程序，确保装卸搬运作业的安全。

3. 按装卸搬运作业的特点分类

（1）连续装卸搬运。连续装卸搬运是指采用皮带机、链斗装车机等连续作业机械对大批量的同种散装货物或小型件杂货进行不间断输送（中间无停顿、货间无间隔）的作业方式，适用于批量较大、作业对象无固定形状或难以形成大包装的情形。

（2）间歇装卸搬运。间歇装卸搬运是指作业过程包括重程和空程两个部分的作业方式。该方式有较强的机动性，广泛适用于批量不大的各类货物，尤其适用于大件或包装货物。间歇装卸搬运主要使用起重机械、工业车辆等完成作业。

除此之外，物流还可以按物流设施属性分为自用物流设施的装卸搬运和公用物流设施的装卸搬运；按货物形态的不同，分为单个物品的装卸搬运、集装货物的装卸搬运和散装货物的装卸搬运；按装卸机械的不同，分为传送带装卸、吊车装卸、叉车装卸和各种装载机装卸等。

三、装卸搬运合理化

（一）装卸搬运合理化的原则

1. 减少装卸搬运作业的次数

虽然装卸搬运是物流过程中不可避免的作业环节，但是应该通过合理安排作业流程、采用合理的作业方式、仓库内合理布局以及仓库的合理设计实现物品装卸搬运次数最少。

2. 移动距离（时间）最小化

搬运距离的长短与搬运作业量的大小和作业效率是联系在一起的，在货位布局、车辆停放位置、出入库作业程序等的设计上，应该充分考虑物品移动距离的长短，以物品移动距离最小化为设计原则。

3. 提高装卸搬运的灵活性

在整个物流过程中，物品要经过多次装卸搬运，前道的卸货作业与后道的装载或搬运作业关系密切。如果卸下来的物品零散地放在地上，在搬运时就要一个一个地搬运或重新码放在托盘上，由此增加装卸的次数、降低搬运效率；如果卸货时直接将物品堆码在托盘上或者在运输过程中以托盘为一个包装单位，就可以直接利用叉车完成装卸搬运作业，实现装卸搬运作业的省力化和效率化。同样地，在出入库作业中，利用传送带和货物装载机装卸货物也可以达到省力化和效率化的目的。因此，在组织装卸搬运作业时，应该灵活运用各种装卸搬运工具和设备，前道作业要为后道作业着想，从物流起点包装开始，以装卸搬运的灵活性指数最大化为目标。

4. 单元化原则

所谓单元化原则，是指将物品集中成一个单位进行装卸搬运的原则。单元化是实现装卸合理化的重要手段，如在物流作业中广泛使用托盘，通过叉车与托盘的结合提高装卸搬运的效率。单元化不仅可以提高作业效率，而且可以防止货物损坏或丢失，货物数量的确定也更加容易。

5. 机械化原则

所谓机械化原则，是指在装卸搬运中尽量用机械作业代替人工作业的原则。实现作业的机械化是实现省力化和效率化的重要途径，有助于改善物流作业环境，将人从繁重的体力劳动中解放出来。当然，机械化的程度除了与技术因素相关，也与企业对物流费用的承担能力等有关。机械化原则要求将人与机械合理组合到一起，发挥各自的长处。在许多场合，简单机械的配合可以达到省力和提高效率的目的，但不可过分或片面地强调全自动化，否则可能造成令企业难以负担的高昂的物流费用。

6. 充分利用重力

充分利用重力是指借助货物本身的重力实现货物的移动。常用的方法是将货物放到有一定倾斜度的滑辊、货架以及滑槽上，在物品本身重力的作用下使其移动。

7. 界面衔接原则

在装卸中，A 工程与 B 工程的接点称为界面。为使装卸作业顺畅进行，界面必须将两个工程有效地衔接起来。例如，从自动仓库货架上取出的一托盘装载到汽车上，利用自动装载设备、滚柱传送机或叉车将两点顺畅地衔接起来。

8. 系统化原则

所谓系统化原则，是指将各个装卸搬运活动视作一个有机的整体并实施系统化管理。也就是运用综合系统化观点提高装卸搬运活动之间的协调性、提高装卸搬运系统的柔性，以适应多样化、高度化物流需求，提高装卸搬运效率。

（二）装卸搬运合理化的具体措施

1. 根据货物的特点合理选择装卸搬运机械

装卸搬运机械的选择应遵循经济合理、提高效率、降低成本的总要求，使机械的作业能力与现场作业达到最佳的配合状态。若机械的作业能力达不到现场作业要求，则物流受阻；若机械的作业能力超过现场作业要求，则生产能力过剩，机械能力得不到充分发挥，超过要求越多，造成的经济损失越大。

2. 防止和消除无效作业

（1）减少装卸搬运次数。装卸搬运次数的减少意味着物流作业量的减少，也就意味着劳动消耗的减少和物流费用的节约。在物流作业中，货损主要发生在装卸搬运环节，而在整个物流过程中，装卸搬运作业是频繁出现的。从发生的费用来看，一次装卸搬运的费用相当于几十千米的运输费用，因此每增加一次装卸搬运，费用就会大幅度增加。

（2）消除多余包装。若包装过大、过重，在实际装卸时是反复在包装上消耗较大的劳动，这一消耗不是必需的，属于无效劳动。因此，消除多余包装可以减少无效劳动、降低物流总成本。

（3）取出无效物质。进入物流过程的货物有时会混杂着没有使用价值的各种掺杂物，因此要尽量减少物流过程中的无效物质，减少无效的装卸搬运活动。

3．选择适宜的物料搬运路线

物料搬运路线分为直达型、渠道型和中心型。

（1）直达型。在这种路线上，各种物料从起点到终点的距离最短。当物流量大、距离短或距离中等时，采用直达型物料搬运路线是最经济的，尤其是当物料有一定的特殊性而时间又较为紧迫时。

（2）渠道型。渠道型物料搬运路线中，物料在预定路线上移动并与来自不同地点的其他物料一起被运到同一个终点。当物流量为中等或少量而距离为中等或较长时，采用这种形式是最经济的，当布置是不规则的分散布置时更为有利。

（3）中心型。中心型物料搬运路线中，各种物料从起点到一个中心分拣处或分拨地，然后运往终点。当物流量小而距离中等或较长时，这种形式非常经济，当厂区外形基本上是方形且管理水平较高时更为有利。

4．选择适当的装卸搬运方式

常见的装卸搬运方式有单位装载方式、集装箱、托盘方式等。其中，单位装载方式可以把多种单件商品集中起来放在托盘上完成搬运、储存、装卸等一系列活动，可以大大提高装卸的效率、减少装卸活动所造成的损失、节省包装费用、提高顾客满意度。

5．实现装卸搬运的省力化

实现装卸搬运的省力化通常采用以下方法。

（1）利用物体本身的重力。

（2）缩小垂直位移。

（3）减小搬运阻力。

（4）进行劳动动作分析。

除此之外，还应注意以下几点：提高装卸搬运货物的活性指数和装卸搬运货物的移动性；充分利用机械，实现规模装卸；尽量减少搬运的连接点，使输送物料像流体一样不停地输送下去；推进完善各种规程的设立和实施，确保装卸工作管理的程序化和规范化。

本 章 小 结

思 考 题

1. 什么是包装?
2. 包装是怎样分类的?
3. 包装合理化的具体措施有哪些?
4. 常见的包装材料有哪些? 它们各有什么特性?
5. 装卸搬运的概念是什么?
6. 如何实现装卸搬运合理化?

案 例 分 析

我国平板玻璃包装现状与改进对策

问题讨论:

1. 分析我国平板玻璃包装的现状。
2. 结合本章所学内容,指出我国平板玻璃包装的改进方向。

实 训 项 目

物流企业参观实训。

1. 实训目标

通过物流企业参观实训,可以使学生加深对包装和装卸搬运的认识,提高将理论知识运用于实践的能力,培养学生综合运用所学专业理论知识的能力。

2. 实训内容和要求

（1）指导教师事先联系某大型物流企业,尽量做到该物流企业设备先进。
（2）教师申请实训经费。
（3）带领学生参观物流企业。
（4）请企业员工进行实地讲解。
（5）请同学们提出问题。
（6）请企业员工进行解答。

（7）对实训学生要严格组织，避免发生危险。

（8）教师全程监控，严格控制实训经费。

3. 实训成果检查

（1）指导教师要随时解决在实训过程中遇到的各种问题，并组织学生进行经验交流。

（2）学生编写实训报告。

（3）以小组为单位，分别对组长和每个成员在调研与讨论中的表现进行评估和打分。

（4）由任课教师根据成员的调研报告与在讨论中的表现分别评估和打分。

（5）将上述诸项评估得分总和作为本次实训成绩。

第七章 配送业务管理

本章概要

本章首先介绍了配送的概念、特点、作用以及配送和物流的关系，在此基础上介绍了配送的分类、基本步骤和模式，其次介绍了配送中心的含义、分类、功能、作业流程以及配送中心的规划建设、选址与设施配置，最后阐述了不合理配送的表现形式，配送合理化的参考标准以及可采取的措施。

思政目的

通过学习本章物流配送业务内容，培养学生树立现代物流配送精细化管理意识，具备认真、踏实、精益求精、敬业、诚信的职业素养。

学习目的

通过本章的学习，掌握配送的概念、特点、作用以及配送的分类和模式；掌握配送中心的含义和配送中心的规划建设选址；熟悉配送中心设备的配置；了解不合理配送的表现形式；掌握配送合理化的参考标准以及可采取的措施。

基本概念

配送　准时配送　共同配送　配送中心　分拣

引导案例

戴尔计算机公司的高效物流配送

第一节　配　　送

从物流角度来讲，配送几乎包括所有的物流功能要素，是物流的一个缩影或在某一小范围中物流全部活动的体现。

一、配送的概念

配送是指按用户的订货要求，在物流据点开展分货、配货等工作并将配好的货物按时送达指定的地点和收货人的物流活动。

我国物流学专家王之泰教授从两个方面对配送做出了定义：一是从经济学资源配置的角度对配送在社会再生产过程中的位置和配送的本质行为予以表述，即"配送是以现代送货形式实现资源的最终配置的经济活动"；二是从配送的实施形态角度表述，即"配送是按用户订货要求，在配送中心或其他物流节点进行货物配备并以最合理的方式送交用户"。

我国国家标准《物流术语》（GB/T 18354—2021）将"配送"定义为"根据客户要求，对物品进行分类、拣选、集货、包装、组配等作业并按时送达指定地点的物流活动"。

配送是流通领域中一种以社会分工为基础的综合性、完善化、现代化送货活动，可以从以下两个方面理解。

其一，配送的实质是送货。配送是一种送货，但它和一般送货有所区别：一般送货可以是一种偶然的行为，而配送是一种固定的形式，甚至是一种有确定组织、渠道，有一套装备和管理力量、技术力量，有制度的形式。所以，配送是高水平的送货形式。

其二，配送是综合性、一体化物流活动。从作业环节看，配送包含货物运输、集货、存储、理货、拣选、配货、配装等活动；从运作程序上看，配送贯穿信息收集、备货、货物运送等环节。

二、配送的特点

（1）配送是从物流据点到用户的一种特殊的送货形式。配送不是一般意义上的送货，也不是生产企业推销产品时直接从事的销售性送货，而是从物流据点至用户的一种特殊送货形式。其特殊性表现为：从事送货的是专门流通企业或企业的物流部门；除了工厂至用户的货物配送是直达型送货，大部分配送是中转型送货；一般的送货是有什么送什么，配送则是用户需要什么送什么。

（2）配送是"配"和"送"有机结合的形式。配送与一般送货的重要区别在于：配送利用有效的分拣、配货等理货工作使送货达到一定的规模，利用规模优势争取较低的送货成本。如果不进行分拣、配货，有一件运一件、需要一点送一点，就会大大增加动力的消耗。所以，要追求整体配送的优势，分拣、配货等工作是必不可少的。

（3）配送是短距离的末端运输，一般以中转形式出现且大多局限在一个区域范围内，与一般的长距离运输有本质的区别。

（4）配送是分货、配货、送货等活动的有机结合。配送是许多业务活动有机结合的整体，同时与订货系统紧密联系，因此必须依赖现代情报信息建立和完善整个大系统，使其成为一种现代化作业系统。

（5）配送以客户要求为出发点。前述《物流术语》对"配送"的定义强调"按客户的要求"即明确了客户的主导地位。配送是从客户利益出发、按客户要求展开的一种活动，在观念上必须明确"客户第一""质量第一"，配送企业处于服务地位而不是主导地位，因此不能从本企业利益出发而应从客户利益出发，在满足客户利益的基础上追求本企业的利益。更重要的是，不能利用配送损害或控制客户，更不能将配送视作部门分割、行业分割、市场割据的手段。

三、配送的作用

（一）推行配送有利于实现物流活动合理化

配送不仅能够促进流通专业化、社会化，更重要的是能以其特有的运动形态和优势调整流通结构，使物流运动达到规模经济并以规模优势取得较低的运输成本，通过配送减少车辆的空驶、提高运输效率和经济效益。

（二）完善运输和整个物流系统

第二次世界大战之后，由于大吨位、高效率运输力量的出现，无论是在铁路运输、公路运输方面还是在海运方面，干线运输都达到了较高水平，长距离、大批量的运输实现了低成本化。但是，所有的干线运输往往要辅以支线运输或小搬运，这种支线运输或小搬运就成了物流过程的一个薄弱环节。这个环节和干线运输不同，要求具有更高的灵活性、适应性、服务性，由此常常面临运力利用不合理、运输成本过高等难以解决的问题。采用配送方式可将支线运输和小搬运活动统一，充分发挥灵活性、适应性和服务性，使运输过程得以优化和完善。

（三）提高末端物流的效益

配送通过增大经济批量提高进货的经济性，通过以将各种商品的用户集中起来统一发货代替分别向不同用户小批量发货提高发货的经济性，从而使末端物流的经济效益得到提高。

（四）通过集中库存使生产企业实现低库存或零库存

实现了高水平的配送之后，尤其是采取准时配送方式之后，生产企业可以完全依靠配送中心的准时配送而无须保持自己的库存或只需保持少量保险库存而不必留有经常库存，有利于生产企业实现零库存目标，同时释放出大量储备资金，从而改善企业的财务状况。

（五）简化事务，方便用户

采用配送方式，用户只需要向一处提出订货要求就能达到向多处采购的目的，因而极大地减少了用户的工作量，也节省了订货等一系列事务开支。

（六）提高供应的保证程度

若生产企业以自己保持库存来维持生产，由于受库存费用的制约，提高供应的保证程度很难，因为保证供应和降低库存成本存在"二律背反"现象。若采取配送方式，由于配送中心的集中存货可以调节企业间供需关系，同时库存量更大，可降低企业因断货、缺货影响生产的风险，提高供应的保证程度。

（七）为电子商务的发展提供了基础和支持

电子商务的发展需要具备两个重要的条件：一是货款的支付；二是货物的配送。电子商务无论如何方便快捷、如何减少流通环节，都不能缺少货物配送，配送服务如不能匹配，电子商务就不能发挥其方便快捷的优势。

四、配送和物流的关系

（一）从物流的角度看

从物流的角度看，配送的距离较短，位于物流系统的最末端，处于支线运输、二次运输和末端运输的位置，即到最终消费者的物流。但是，配送过程也包含其他的物流功能（如装卸、储存、包装等），是多种功能的组合，可以说配送是物流的一个缩影或某一小范围中物流全部活动的体现，也可以说是一个小范围的物流系统。一般的配送集装卸、包装、保管、分拣、运输于一身，通过这一系列活动完成将货物送达的目的，特殊的配送还要以加工活动为支撑，所以涵盖的内容更多。但是，配送的主体活动与一般物流有所不同，一般物流是运输和保管，而配送是运输和分拣配货，分拣配货是配送的独特要求，也是配送中最有特点的活动，以送货为目的的运输则是最后实现配送的手段。

（二）从商流的角度看

从商流的角度看，配送本身是一种商业形式。虽然作为物流系统环节之一的配送在具体实施时应该以商物分离形式实现，但从配送的发展趋势看，商流与物流的结合越来越紧密，成为配送成功的重要保障。

第二节　配送的分类、基本步骤与模式

一、配送的分类

根据不同的分类标准，配送可分为不同的类型。

（一）按配送据点分类

1. 配送中心配送

配送中心配送的组织者是配送中心，规模大，有配套的实施配送的设施、设备和装备等，专业性强，一般和用户有固定的配送关系，配送设施和工艺按用户要求专门设计而成。

这种配送的优点是能力强、配送品种多、配送数量大等，缺点是灵活机动性较差、投资较大。

2．仓库配送

仓库配送一般以仓库为据点配送，也可以是仓库在保持储存保管功能的前提下增加一部分配送职能或对原仓库进行改造，使其成为专业的配送中心。仓库配送的规模较小、专业性较弱。

3．商店配送

商店配送的组织者是商业或物资的门市网点。商店配送形式中，除了自身日常的零售业务，商店按用户的要求将商店经营的品种配齐或代用户外订、外购一部分本店平时不经营的商品，然后和本店经营的品种配齐后送达用户。商店配送在某种意义上是一种销售配送形式。

4．生产企业配送

生产企业配送业务的组织者是生产企业，一般认为这类生产企业生产地域性较强的产品，如食品、饮料、百货等。

（二）按配送货物的种类和数量分类

1．单（少）品种大批量配送

单（少）品种大批量配送适用于需求量大、品种单一或较少的生产企业。由于配送品种单一、数量大，可以实现整车运输，有利于车辆满载和采用大吨位车辆运输，同时配送中心内部的设置、组织、计划等工作也比较简单，因此配送成本较低。

2．多品种小批量配送

多品种小批量配送的特点是用户所需的物品数量不大、品种较多，因此在配送时要按用户的要求将其所需的各种货物配备齐全，凑整装车后送达用户。这种配送方式的作业水平较高，技术装备较为复杂，配货、送货计划的编制难度大，要求配送管理者具有高水平的组织管理能力。

3．配套成套配送

配套成套配送中，按企业的生产需要，尤其是装配型企业的生产需要，配送企业要将生产的每一台产品所需的全部零部件配齐，按生产节奏定时送达生产企业，生产企业即可将此成套零部件直接送入生产线装配产品。这种配送的特点是用户所需的物品是成套的，配送承担了生产企业的大部分物资供应工作，有利于生产企业实现零库存和专业化生产。

（三）按配送时间和数量分类

1．定时配送

定时配送是按规定的时间间隔进行配送，每次配送的品种、数量可按计划执行，也可以在配送之前以商定的联络方式确定配送时间和数量。这种配送方式时间固定、易于安排工作计划，对于多用户来说，也易于安排配送力量（如人员、设备等）。具体分为以下几种形式。

（1）小时配。小时配是接到订货要求之后，在一小时之内将货物送达的配送方式。这种方式适用于满足因一般消费者突发的个性化需求所产生的配送要求，也经常用作配送系统中的应急配送方式。B2C 电子商务中，在一个城市范围内，经常采用小时配的配送服务方式。

（2）日配。日配是接到订货要求之后，在 24 小时之内将货物送达的配送方式。日配是定时配送中使用得较为广泛的一种形式，尤其是在城市内的配送中，日配占绝大多数。日配方式的广泛、稳定展开可使用户无须以传统库存为生产和销售经营的保障，实现用户的零库存。

（3）快递。快递是一种快速的配送服务方式，覆盖范围一般较为广泛，因此承诺送达期限按地域不同有所变化。快递综合利用小时配、日配等在较短时间实现货物送达的方式，但不明确送达的具体时间，一般用作向社会提供广泛服务，而很少用于生产企业。

快递配送面向整个社会的企业用户和个人用户，如日本的"宅急便"、美国的"联邦快递"、我国邮政系统的 EMS 都是运作得非常成功的快递配送企业。

2．准时制配送

准时制配送是指在客户指定的时间以指定的数量将其所需的货物送达指定地点的配送方式。 这种方式要求较高的服务水平，组织难度很大，通常针对固定客户提供服务。由于适用的对象不多，很难实行共同配送等方式，因而成本较高，在用户有特殊要求时采用，不是一种普遍适用的配送方式。

3．定时定路线配送

定时定路线配送是在规定的运行路线上按照制定的运行时间表配送，用户可按规定路线和规定时间接货或提出其他配送要求。

4．即时配送

即时配送是指立即响应用户提出的即刻需求并且短时间内送达的配送方式。这种配送完全按用户提出的配送时间和数量立即进行配送，是一种灵活性很高的应急配送方式。采用这种配送方式，用户可以实现保险储备为零的零库存，即以即时配送代替保险储备。

（四）按经营形式分类

1．销售配送

销售配送的主体是销售企业，配送对象、用户一般是不固定的，取决于市场的占有情况，因此随机性较强，大部分商店的配送都属于这一类型。

2．供应配送

供应配送是用户为了满足自己的供应需要采取的配送方式，往往由用户或用户集团组建的配送据点集中组织大批量进货，然后向本企业或企业集团内的若干企业配送。商业中的连锁商店广泛采用供应配送方式，这种方式既可以提高供应水平和供应能力，也可以通过大批量进货取得价格折扣的优惠，达到降低供应成本的目的。

3．销售—供应一体化配送

销售—供应一体化配送是销售企业对于那些基本固定的用户及其所需的物品，在进行销售的同时承担着有计划的供应职能，既是销售者，又是用户的供应代理人。这种配送有利于形成稳定的供需关系、采取先进的计划手段和技术、保持流通渠道的稳定等。

4．代存代供配送

代存代供配送是用户把属于自己的货物委托配送企业代存、代供或委托代订，然后组织对用户自身的配送。这种配送的特点是货物所有权不发生变化，所发生的只是货物的位置转移，配送企业仅从代存、代供中获取收益而不能获得商业利润。

（五）按加工程度分类

1．加工配送

这种配送是与流通加工相结合，在配送据点设置流通加工业务或流通加工与配送据点组建一体实施配送业务。流通加工与配送的结合可以使流通加工更具有针对性，同时配送企业不但可以依靠送货服务、销售经营取得收益，还可以通过流通加工取得增值收益。

2．集疏配送

这种配送只改变产品数量的组成形式而不改变产品本身的物理、化学性质并与干线运输相配合的配送方式，如大批量进货后小批量、多批次发货或零星集货后形成一定批量再送货等。

（六）按配送企业专业化程度分类

1．综合配送

综合配送的特点是配送的种类较多且来源渠道不同，但在一个配送据点中组织对用户的配送，因此综合性强。同时，综合性配送可以减轻用户为组织所需全部商品进货的负担，只需和少数配送企业联系，便可以解决多种需求。

2．专业配送

专业配送是按产品性质和状态划分专业领域的配送方式。这种配送方式由于自身的特点，可以优化配送设施，合理配备配送机械、车辆且能制定适用合理的工艺流程，以提高配送效率。

二、配送的基本步骤

配送是根据客户的订货要求，在配送中心或物流节点进行货物的集结与组配，以最适合的方式将货物送达客户的全过程，主要包括以下步骤。

（一）集货

集货是将分散的或小批量的货物集中起来，以便进行运输、配送的活动，它是配送的准备工作或基础工作，通常包括制订进货计划、组织货源、储存保管等基本业务。

集货是配送中的重要环节之一，为了满足特定客户的配送要求，有时需要把从几家甚至数十家供应商处预订的物品集中起来并按要求分配到指定容器和场所。

（二）分拣

分拣是指按品名、规格、出入库先后顺序对货物分门别类的作业。它是配送不同于其他物流形式的功能要素，也是决定配送成败的关键性环节，有助于完善送货、支持送货准备性工作，是不同配送企业在送货时参与竞争和提高自身经济效益的必然延伸。可以说，分拣是送货向高级形式发展的必然要求。有了分拣，就能大大提高送货服务水平。

（三）配货

配货是指使用各种拣选设备和传输装置将存放的货物按客户的要求分拣出来，配备齐全后送入指定发货区（地点）。它与分拣作业不可分割，两者一起构成了一项完整的作业。

（四）配装

在单个客户配送数量不能达到车辆的有效运载负荷时，就存在如何对不同客户的货物进行搭配装载以充分利用运能、运力的问题，这就需要配装。配装是配送系统中具有现代特点的功能要素，也是现代配送与一般送货的重要区别之一。配装可以大大提高送货水平、降低送货成本，同时能缓解交通流量过大造成的交通堵塞问题、减少运次、降低空气污染。

（五）配送运输

配送运输属于运输中的末端运输、支线运输，它和一般运输形态的主要区别在于：配送运输是距离较短、规模较小、频次较高的运输形式，一般使用汽车作为运输工具；配送运输的路线选择问题是一般干线运输所没有的，干线运输的运输路线是唯一的，而配送运输由于服务的客户多且城市交通路线比较复杂，如何制定最佳运输路线、如何使配装和路线有效搭配等就成了配送运输的重点工作，也是难度较大的工作。

（六）送达服务

将配好的货物送达客户还不算配送工作的结束，这是因为货物送达和客户接货之间往往会出现不协调，因此要圆满地实现运到货的移交并有效、方便地处理相关手续，完成结算，还应重视卸货地点、卸货方式等的选择和确定。

三、配送模式

（一）自营配送模式

所谓自营配送模式，是指企业物流配送的各个环节由企业自身筹建并组织管理，以实现对企业内部及外部货物配送的模式。这是目前国内生产型、流通型或综合型企业所广泛采用的一种物流模式，适用于规模较大的集团企业、物流的重要程度较高且处理物流的能力较高的企业、产品线单一的企业。

自营配送模式中，由于整个物流体系属于企业内部的一个组成部分，与企业经营部门关系密切，以服务于本企业的生产经营为主要目标，能够更好地满足企业在物流业务上的时间、空间要求，特别是对于物流配送较为频繁的企业，自营配送模式能够更快速、灵活地满足企业的配送需求。

（二）共同配送

共同配送是由多个企业或其他组织整合多个客户的货物需求后联合组织实施的配送方式，具体可分为以下几种形式。

（1）由一个配送企业综合各个客户的要求，在配送时间、数量、次数、路线等方面的安排上，在客户可以接受的前提下，做出全面规划和合理计划，以便实现配送的优化。

（2）由一辆配送车辆混载多货主货物的配送，这是一种较为简单易行的共同配送方式。

（3）在客户集中的地区，为解决各客户因交通拥挤而单独配置接货场或处置场困难的问题而设置的多客户联合配送的接收点或处置点。

（4）在同一城市或同一地区中有多个不同的配送企业，各配送企业可以共同利用配送中心、配送机械装备或设施，对不同配送企业的客户实行共同配送。

（三）集团配送模式

集团配送并不是指某个集团内部的供应站或供应公司对所属的各个需求单位运送物资的送货形式，而是专指以一定方式聚合专业流通企业，组成相对独立的流通企业集团，集中对大中型生产企业实行定点、定时、定量供货的配送模式以及以商贸集团及其所属物资加工中心为媒介，在企业集团之间供、送货的运作模式。由于配送活动的行为主体是有一定规模和经济实力的企业集团，集团配送成为一种典型的规模经济运动。采用集团配送模式时，除了必须具备良好的外部环境条件，还必须建立高效的指挥系统和信息系统。

（四）独立配送模式

独立配送模式是指现代企业配送中心依靠自己构建的网络体系独自开展配送活动的运作模式，具体运作方法是各个行为主体通过各种渠道分头与客户建立业务关系，单独开展配送活动。独立配送有时表现为不同的配送主体各自配送多种类型货物，从而呈现出综合配送形态，有时又常常表现为众多配送主体分别独自配送某一种类的物资，呈现专业配送形态。

配送模式的
实践案例

第三节　现代物流配送中心

配送中心是以组织配送性销售或供应、执行实物配送为主要职能的流通型节点。配送中心往往需要承担零星集货、批量进货等种种资源收集工作和对货物的分整、配备等工作，因此也具有集货中心、分货中心的职能。为了更有效、更高水平地实现配送，配送中心往往还具有比较强的流通加工能力。此外，配送中心还必须执行货物配备后将其送达客户的任务，这是配送中心和分货中心（只管分货不管运达）主要的不同之处，因此可以说配送中心实际上综合了集货中心、分货中心、加工中心的功能并提高了"配"与"送"的水平。

一、配送中心的含义

我国国家标准《物流术语》（GB/T 18354—2021）对"配送中心"的定义为"具有完善的配送基础设施和信息网络，可便捷地连接对外交通运输网络并向末端客户提供短距离、小批量、多批次配送服务的专业化配送场所"。它是从事配送业务且具有完善信息网络的场所或组织，具有如下特点：主要为特定客户或末端客户提供服务；配送功能健全；辐射范围小；提供高频率、小批量、多批次配送服务。

沃尔玛的
配送体系

具体地，配送中心的含义可描述为"从事货物配备（集货、加工、分货、拣货、配货）和组织对用户的送货，以高水平实现销售或供应的现代流通设施"。这一含义有以下四个要点。

第一，"货物配备"即配送中心按照用户的要求，对货物的数量、品种、规格、质量等进行配备。这是配送中心最主要、最独特的工作，全部由其自身完成。

第二，"组织送货"即配送中心按照用户的要求组织货物定时、定点、定量地送抵用户。

第三，强调了配送活动和销售供应等经营活动的结合，明确"配送是经营的一种手段"，否定了"配送是单纯的物流活动"的看法。

第四，强调配送中心为"现代流通设施"，以区别于以前的流通设施，如商场、贸易中心、仓库等。配送中心以现代装备和工艺为基础，不但处理商流，而且处理物流、信息流，是集商流、物流、信息流于一身的全功能流通设施。

二、配送中心的分类

按照不同的标准，配送中心可以分为不同的类型。

（一）按照配送中心的特性分类

1. 储存型配送中心

储存型配送中心有很强的储存功能。一般来说，在买方市场下，企业成品销售需要有较大的库存支持，其配送中心可能有较强的储存功能；在卖方市场下，企业原材料、零部件供应需要有较大的库存支持，这种供应配送中心也应该有较强的储存功能；大范围配送的配送中心需要有较大的库存，因此可能是储存型配送中心。

我国目前拟建的一些配送中心都采用集中库存形式，库存量较大，多为储存型配送中心。

2. 直通型配送中心

直通型配送中心基本上没有长期储存功能，仅以暂存或随进随出方式配货、送货，其典型运作方式是大量货物整进并按一定批量零出，采用大型分货机，进货时直接进入分货机传送带，分送到各用户货位或直接分送到配送汽车上，货物在配送中心仅做短暂停滞。

3. 加工配送中心

这类配送中心具有加工职能，可根据用户的需要或市场竞争的需要对配送货物进行加工之后再进行配送。这种配送中心涵盖分装、包装、初级加工、集中下料、组装产品等加工活动。肯德基和麦当劳的配送中心就属于这种类型，在工业、建筑领域，生混凝土搅拌的配送中心也属于这种类型。

（二）按照配送中心承担的流通职能分类

1．供应配送中心

供应配送中心执行供应的职能，专门为某个或某些用户（如连锁店、联合公司）组织供应，如为大型连锁超级市场组织供应的配送中心、代替零件加工厂送货的零件配送中心。它的主要特点是：用户有限且稳定，用户的配送要求范围比较确定，属于企业型用户，因此配送中心集中库存的品种比较固定，进货渠道也比较稳定，可以采用效率比较高的分货工艺。

2．销售配送中心

销售配送中心执行销售的职能，以销售经营为目的、以配送为手段，大体上分为两种类型：一种是生产企业将自身产品直接销售给消费者的配送中心，多见于国外；另一种是流通企业自建配送中心以扩大销售，我国目前拟建的配送中心大多属于这种类型。

销售配送中心的用户一般是不确定的且数量很大，每一个用户购买的数量又较少，属于消费者型用户，因此这种配送中心很难像供应配送中心一样实行计划配送，计划性较差。

销售配送中心集中库存的库存结构比较复杂，一般采用拣选式配送工艺，往往要采用共同配送方式才能取得比较好的经营效果。

（三）按配送区域的范围分类

1．城市配送中心

城市配送中心即以城市为配送范围的配送中心，由于城市范围一般处于汽车运输的经济里程范围内，因此这种配送中心可采用汽车将货物直接配送到最终用户。同时，由于运距短、反应能力强，城市配送中心往往和零售经营相结合，从事多品种、少批量、多用户的配送。

2．区域配送中心

区域配送中心是拥有完善的配送基础设施和信息网络，可便捷地连接对外交通运输网络，配送与中转功能齐全，集聚辐射范围大，存储、吞吐能力强，向下游配送中心提供专业化统一配送服务的场所。这种配送中心的配送规模较大，一般而言，用户量、配送批量也较大，而且往往既配送给下一级的城市配送中心，也配送给营业所、商店、批发商和企业用户，虽然也从事零星配送业务，但不是其主体形式。

（四）按配送货物的品种分类

根据配送货物的品种，配送中心可以分为食品配送中心、日用品配送中心、医药品配送中心、化妆品配送中心、家用电器配送中心、电子产品配送中心、书籍配送中心、服饰配送中心、汽车零件配送中心以及生鲜处理中心等。

三、配送中心的功能

（一）分拣功能

作为物流节点的配送中心，其客户是为数众多的企业或零售商，客户之间存在着很大的区别，如经营性质、产业性质、经营规模和经营管理水平都不一样。面对这样一个复杂的客户群体，为满足不同客户的不同需求、有效地组织配送活动，配送中心必须采取适当的方式对组织集中的货物进行分拣，然后按照配送计划组织配货和分装，因此强大的分拣功能是配送中心实现按客户要求组织送货的基础，也是配送中心发挥其分拣中心作用的保障，是配送中心的重要功能之一。

（二）集散功能

在一个大型物流系统中，凭借自身的特殊地位以及拥有的各种先进设备、完善的物流管理信息系统，配送中心能够将分散的各个生产企业（工厂）的产品集中到一起，通过分拣、配货、配装等环节为多个客户配送货物（见图 7-1）。同时，配送中心可以把各个客户所需要的多种货物有效地组合或配装在一起，形成经济、合理的批量，实现高效率、低成本的物流。

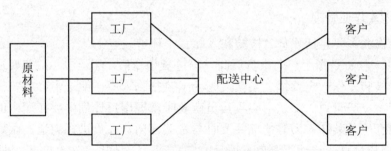

图 7-1　配送中心集散功能示意图

（三）存储功能

为了顺利、有序地完成为客户配送货物的任务，更好地发挥保障生产和消费需要的作用，配送中心通常建有现代化仓储设施，如仓库、堆场等，用以储存一定量的产品，形成对配送的资源保障。

（四）衔接功能

通过开展货物配送活动，配送中心能把各种生产资料和生活资料直接送到客户手中，起到连接生产与消费的作用。另外，通过发货和储存，配送中心可起到调节市场需求、平衡供求关系的作用。

（五）流通加工功能

配送中的流通加工虽不是普遍的，但可以大大提高客户的满意程度。

（六）信息处理

配送中心在干线物流与末端物流之间起衔接作用，这种衔接不但体现在实物的配送，也体现在配送信息的流动。配送中心的信息活动是全物流系统中重要的一环。配送中心有相当完整的信息处理系统，能有效地为整个流通过程的控制、决策和运转提供依据。

四、不同类型配送中心的作业流程

（一）配送中心的一般作业流程

配送中心的种类很多，不同类型配送中心的内部结构和运作方式各不相同。一般来说，中、小件杂货配送中心具有典型意义。由于货种多，为保证配送，此类配送中心需要有一定的储存量，即具有储存功能，同时对理货、分类、配货、配装功能的要求较高，还要有流通加工的功能。这种配送中心的作业流程可以说是配送中心的典型作业流程，其主要特点是有较大的储存场所，分货、拣选、配货场所与装备较复杂。

一般来说，配送中心执行如下作业流程：进货—进货验收—入库—存放—标识包装—分类—出货检查—装货—送货。概括地说，配送中心的一般作业流程主要有进货入库作业管理、在库保管作业管理、加工作业管理、理货作业管理和配货作业管理。

1. 进货入库作业管理

进货入库作业主要包括收货、检验和入库三个环节。

（1）收货。收货是指用户向供货厂商发出进货指令后，配送中心对需要运送的货物进行接收。收货检验工作一定要慎之又慎，因为一旦货物入库，配送中心就要担负起保证商品完整的责任。一般来说，配送中心收货员应及时掌握用户计划中或在途中的进货量、可用的库房空储仓位、装卸人力等情况并及时与有关部门、人员进行沟通，做好以下接货工作：① 使所有货物直线移动，避免出现反方向移动；② 使所有货物的移动距离尽可能最短、动作尽可能最少；③ 使机械操作最大化、手动操作最小化；④ 将某些特定的重复动作标准化；⑤ 准备必要的辅助设备。

（2）检验。检验活动包括核对采购订单与供货商发货单是否相符、开包检查货物有无损坏、比较所购货物的品质与数量等。数量检查有四种方式：① 直接检查，将运输单据与供货商发货单对比；② 盲查，即直接列出所收到商品的种类与数量，待发货单到达后再做检查；③ 半盲查，即事先收到有关列明商品种类的单据，待货物到达时再列出商品数量；④ 联合检查，即将直接检查与盲查结合起来使用，如果发货单及时到达就采用直接检查法，未到达就采用盲查法。

（3）入库。经检验准确无误后方可在厂商发货单上签字将货物入库并及时记录有关入库信息，转达采购部，经采购部确认后开具收货单，从而使已入库的货物及时进入可配送状态。

2. 在库保管作业管理

在库保管作业管理的主要目的是加强货物养护、确保货物质量安全，同时要加强储位合理化工作和储存货物的数量管理工作。货物储位可根据货物属性、周转率、理货单位等因素确定，储存货物的数量管理则需依靠健全的货物账务制度和盘点制度。货物储位合理与否、货物数量管理精确与否将直接影响货物配送作业的效率。

3. 加工作业管理

加工作业主要是指按销售要求对即将配送的成品或半成品进行再加工，具体包括：① 分割加工，如按用途不同对大尺寸产品进行切割；② 分装加工，如按零售要求对散装或大包装产品进行重新包装；③ 分选加工，如按质量、规格对农副产品进行分选并分别包装；④ 促销包装，如搭配促销赠品；⑤ 贴标加工，如粘贴价格标签、打制条形码。加工作业完成后，商品即进入可配送状态。

4. 理货作业管理

理货是在货物储存、装卸过程中对货物进行整理等相关作业的活动，是配货作业最主要的前置工作。具体作业流程是：配送中心接到配送指示后，及时组织理货作业人员，按照出货优先顺序、储位区域、配送车辆趟次、门店号、先进先出等方法和原则，把配货商品整理出来，经复核人员确认无误后放置到暂存区，准备装货上车。

理货作业主要分为两种方式：一是"播种方式"；二是"摘果方式"。所谓"播种方式"，是把所要配送的同一品种的货物集中搬运到理货场所，然后按每一货位（按门店区分）所需的数量分别放置，直到配货完毕。在保管的货物较易移动、门店数量多且需求量较大时，可采用此方式。所谓"摘果方式"（又称挑选方式），就是搬运车辆巡回于保管场所，按理货要求取出货物，然后将配好的货物放置到配货场所指定的位置或直接发货。在保管的货物不易移动、门店数量较少且要货比较分散的情况下，常采用此方式。在实际工作中，可根据具体情况确定采用哪一种方式，有时两种方式亦可同时运用。

5. 配货作业管理

配送作业过程包括制订配送计划和实施配送计划两个环节。

（1）制订配送计划。配送计划是根据配送的要求，事先做好全局筹划并对有关职能部门的任务进行安排和布置，主要包括制定配送方案、规划配送区域、规定配送服务水平等。

制订具体的配送计划时应考虑以下要素：用户距离的远近及其订货要求，如品种、规格、数量、送货时间和地点等；配送的性质和特点以及由此决定的运输方式、车辆种类；现有库存的保证能力；现时的交通条件，用以确定配送时间，选定配送车辆，指定装车货物的比例和最佳配送路线、配送频率。

（2）实施配送计划。配送计划确定后，首先应做好准备工作，如及时将到货时间、到货品种、到货规格、到货数量以及车辆型号等信息通知各用户，使其做好接车准备；向各职能部门，如仓储、分货包装、运输和财务等部门下达配送任务，使各部门做好配送准备工作。其次是组织配送发运。理货部门应按要求对用户所需的各种货物进行分货、配货，加以适当的包装并详细标明用户的名称、地址、送达时间以及货物明细，然后按计划将用户的货物组合、装车，运输部门按指定的路线将货物运送给各个用户，完成配送工作。如果用户有退货、调货的要求，则应将退、调货物随车带回并完成有关单证手续。

（二）流通型配送中心的作业流程

流通型配送中心没有集中储存的仓库、占地面积比较小，可以节省用于建设仓库、现代货架的巨额投资，其补货仓库可以采取外包的形式，也可以自建补货中心，还可以采用虚拟库存的办法解决。这种配送中心的主要场所都用于理货、配货，许多采用准时生产制度的连锁企业都采用这样的配送中心，前门进货、后门出货，要求各方面协调平衡且对技术的要求较高，尤其是信息技术。其基本作业流程如图7-2所示。

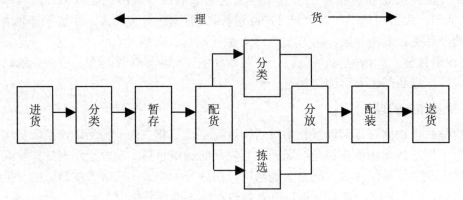

图 7-2　流通型配送中心作业流程示意图

（三）加工型配送中心的作业流程

随加工方式的不同，加工型配送中心的作业流程有所区别。加工型配送中心中，商品按少品种或单一品种、大批量进货，很少或无须分类存放，一般按用户要求加工后直接按用户要求配货。这种配送中心有时不单设分货、配货或拣选环节，而加工部分及加工后分放部分是主要的作业环节，占较大的空间。

典型的加工型配送中心作业流程如图7-3所示。

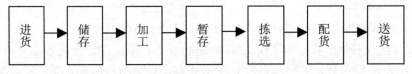

图 7-3　加工型配送中心作业流程示意图

（四）批量转换型配送中心的作业流程

批量转换型配送中心是将批量大、品种较单一产品的进货转换成小批量发货的配送中心。不经配煤、成型煤加工的煤炭配送中心和不经加工的水泥、油料的配送中心大多属于这种类型。

这种配送中心的作业流程十分简单，基本不存在分类、拣选、分货、配货、配装等工序，但由于大量进货、储存能力较强，储存与分装是其主要作业内容。

（五）典型连锁超市配送中心的作业流程

典型的连锁超市配送中心服务于零售商业，先从许多供应商那里大量进货，后以小批量配送到门店。它兼具一般配送中心、流通型配送中心、加工型配送中心、批量转换型配送中心的职能。连锁超市经营的商品主要可以分为食品和非食品两大类，针对这两类商品的不同特点，配送中心采用不同的作业流程。其中，食品配送中心的作业流程如图 7-4

所示。

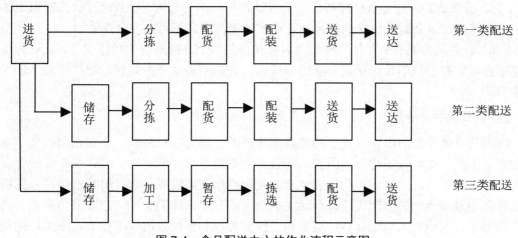

图 7-4　食品配送中心的作业流程示意图

食品一般有保质、保鲜的要求，有时还要对一些食品进行半加工或全部加工，据此，食品配送可分为三类。

第一类配送，即保质期较短或对保鲜要求较高的食品的配送，如点心、肉制品、水产品等，要求快速送货，因此这类食品的配送过程不存在储存，在进货工序之后即进入分拣和配货等工序。

第二类配送，即保质期较长的食品的配送，一般在进货后安插储存工序，有时放在冷库中储存。

第三类配送，即对鲜菜、鲜肉和水产品等保质期较短的食品的配送，中间通常要增加加工工序。实际操作如下：大量货物集中到仓库后，先进行初加工，包括将大块的货物分成小块，对货物进行等级划分，给蔬菜去根、去老叶，给鱼类去头、去内脏，配制成半成品等，然后再进入配送的各道工序。

五、配送中心的现代化物流技术

1. 自动分拣系统

配送中心的作业流程包括入库、保管、拣货、分拣、暂存、出库等，其中分拣作业是一项非常繁重的工作，因面临零售业多品种、少批量的订货需求，劳动量巨大，若无新技术的支撑，作业效率将难以获得提高。随着科学技术的日新月异，特别是激光扫描技术、条码识别技术以及计算机控制技术等的逐渐普及，自动分拣机已被广泛应用于配送中心。自动分拣机的种类很多，但基本构成大致相似，具体如下。

（1）输入装置。被拣商品由输入装置送入分拣系统。

（2）货架信号设定装置。被拣商品在进入分拣机前，先由信号设定装置（键盘输入、激光扫描条码等）把分拣信息（如配送目的地、客户名称等）输入计算机中央控制器。

（3）进货装置。进货装置又称喂料器，它把被拣商品依次、均衡地送入分拣传送带，与此同时，使商品逐步加速至与分拣传送带同步。

（4）分拣装置。它是自动分拣机的主体，包括传送装置和分拣装置两个部分，最终把被拣商品送入分拣道口。

（5）分拣道口。它是从分拣传送带上接纳被拣商品的设施，可暂时存放未被取走的商品。当分拣道口满载时，由光电管控制阻止，使被拣商品不再进入分拣道口。

（6）计算机控制器。它是传递处理信息和控制整个分拣系统的指挥中心。自动分拣的实施主要靠它把分拣信号传送到相应的分拣道口并指示启动分拣装置，把被拣商品送入分拣道口。

2. 自动化立体仓库

自动化立体仓库的出现引发了物流技术领域的一场划时代革新，不仅彻底改变了仓储行业劳动密集、效率低下的落后面貌，而且大大拓展了仓库的功能，使之从单纯的保管型向综合的流通型方向发展。自动化立体仓库是用高层货架储存货物、用巷道堆垛起重机存取货物并通过周围的装卸搬运设备自动完成出入库存取作业的仓库。它主要由货架、巷道堆垛起重机、周边出入库配套机械设备和仓储管理控制系统等组成，货架长度大、排列数多、巷道窄、密度高。巷道堆垛起重机上装有各种定位的检测器和安全装置，保证巷道机和货叉能高速、精确、安全地从货架中取货。

3. 计算机智能化技术

如今，计算机技术在物流上的应用已远远超出了数据处理、事务管理，正在跨入智能化管理的领域。在美国、日本等国家，配送中心的配车计划与车辆调度计算机管理软件已实现商品化。

配送中心的自动分拣系统、自动化立体仓库、自动拣货系统的计算机控制和无线移动计算机在配送中心入库、出库、拣货、盘点、储位管理等方面的应用实现了配送中心物流作业的无纸化。

第四节　配送中心的规划建设、选址与设施配置

一、配送中心的规划建设

配送中心是大批商品物资的集散场所，物料搬运是其最核心的作业活动，对其加以合理规划可产生显著的经济效果。配送中心一旦建成就难以更改，即使效率低下，也不得不长期使用，因此必须慎重规划其建设方案。另外，即使编制的建设方案在当下是最优的，也可能随着环境、条件等的变化变得不合理，因此要从长远角度慎重考虑可能造成影响的因素。

（一）规划建设配送中心的原则

1. 要适应当地物流发展情况，考虑市场需要

物流配送中心是依靠集中库存来满足相当一部分用户需要的，应该具有进货验收、分货、配货、加工、送货等功能。其投资方向要根据市场的需求而定。

2. 选址宜在城市范围内并与居民聚集区相对隔离

配送中心必须建设在与配送客户和供货单位距离适中的地理位置。具体来说，选址应满足以下要求。

（1）处于所服务对象的周围。

（2）处于进出商品快捷的地区。

（3）处于将来有所发展的地区。

3. 追求整体最优化

配送中心的选址要适应周边的大环境系统，先进行系统总体布置，再进行子系统详细布置，子系统详细布置方案又要反馈到系统整体布置方案中加以评价、修正。

4. 减少或消除不必要的作业流程

减少或消除不必要的作业流程是提高配送中心运作效率和减少消耗的有效方法之一。只有在时间上缩短作业周期，在空间上少占面积，在物料上减少停留、搬运和库存，才能保证投入资金最少、成本最低。

5. 重视人的因素

作业地点的设计，实际上是人-机环境的综合设计，要构造一个良好舒适的工作环境，如相邻的道路交通、站点设置、港口和机场的位置等环境因素都要与配送中心内的道路、物流路线衔接，形成内外一体、圆滑通畅的物流通道。

（二）配送中心规划建设的影响因素

1. 配送对象（客户）

由于客户的需求不同，需要规划建设不同类型的配送中心。例如，若多数客户的许多材料都要在配送中心内进行加工，就需要规划建设加工配送中心；若多数客户的成品销售需要有较大的库存支持，就需要规划建设仓储型配送中心。

2. 配送商品的种类

配送中心中所处理的商品少则数十种、多则上万种，如书籍、医药、汽车零件等。由于商品品种不同，其配送的复杂性与难度也有所不同，配送中心需要配备的仓储硬件、物流设备也就有所不同。

3. 配送数量或库存量

配送中心的出货数量变化莫测，货款结算问题、年节消费高峰问题及流行性商品等都可能造成出货量的上下波动。此外，配送中心的库存量和库存周期也会影响对配送中心面积和空间的需求。以配送中心的库存量为例，以进口商为主的配送中心因进口周期的原因，必须拥有较长的库存周期（两个月以上），而流通型配送中心则不需要考虑库存量。

4. 物流服务

物流服务是指为满足客户物流需求所实施的一系列物流活动过程及其产生的结果。物流服务品质与物流成本成正比，也就是说物流服务品质越高，其成本越高。但是站在客户的立场而言，他们希望以最经济的方式，即最低的成本得到最佳的服务，所以原则上物流服务应该是合理的物流成本之下的服务品质。因此，配送中心的规划建设，其服务不是越高越好，而是以客户满意为目标。

5. 交货时间

在配送过程中，交货时间非常重要。交货时间不准时会严重影响客户的业务，因此交货时间准时与否成为配送中心的重要评估指标。

6. 建设预算

建设配送中心除了要考虑以上基本因素，还要考虑其建设预算。若没有足够的预算，空有许多理想计划，则无异于无米之炊。

（三）规划建设配送中心的流程

1. 规划准备阶段

规划准备阶段的主要工作：组建配送中心规划建设项目组，成员应来自投资方、工程设计部门等；明确制定配送中心未来的功能与运营目标，用于资料收集与规划需求分析；收集所处地区的有关发展资料，有关基本建设的政策、规范、标准，自然条件和交通条件等资料，目的在于把握现状、掌握市场容量。

2. 系统规划、设计阶段

系统规划、设计阶段的主要工作：资料整理；规划条件设定；作业需求功能规划；设施需求规划与选用；信息情报系统规划；整体布局设计。

3. 方案评估、决策阶段

一般的规划过程会产生多种方案，应由有关部门依总体规划的基本方针和基准对多个方案加以评估，选出最佳方案。

4. 局部规划、设计阶段

局部规划、设计阶段的主要任务是在已经选定的建设地址上规划各项设施设备等的实际方位和占地面积。当局部规划的结果改变了以上系统规划的内容时，必须返回前段程序，做出必要的修正后继续进行局部规划、设计。

5. 计划执行阶段

当各项成本和效益评估完成以后，如果企业决定建设该配送中心，则可以进入计划执行阶段，即配送中心建设阶段。

二、配送中心选址

（一）配送中心选址的内涵

配送中心选址是以提高物流系统的经济效益和社会效益为目标，根据供货状况、需求分布、运输条件、自然环境等因素，用系统工程的方法，对配送中心的地理位置做出决策的过程。

如果一个物流系统中需要设置多个配送中心，则不仅要确定配送中心的位置，还要对配送中心的数量、规模、服务范围等做出决策，建立一个服务好、效率高、费用低的物流网络系统。这一过程常被称为网点布局。

（二）配送中心选址应考虑的主要因素

1. 客户分布

配送中心是为客户服务的，所以其选址首先要考虑客户分布。对于商业配送中心，其客户即超市和零售店大多分布在城市内人口较密集的地区，因此为提高服务水平，同时考虑其他条件的影响，配送中心通常应设置在城市边缘地区。

2. 供应商分布

如果配送中心靠近供应商，则虽然货源供给的可靠性高，可以减少库存，但供应商一般离需求地比较远，而且比较分散；如果配送中心靠近客户，则对降低运输成本是有利的，因为进货的批量大。

3. 交通条件

交通条件是影响配送成本和物流效率的重要因素，特别是对大宗物资的配送。因此，配送中心应尽可能靠近交通通道，如高速公路、铁路货运站、港口、空港等。

4. 土地条件（可得性、土地成本）

配送中心需要占用一定面积的土地，因此其用地必须符合国家的土地政策和城市规划，另外，土地成本也是影响物流成本的重要因素。

5. 人力资源因素

配送中心需要配备不同层次的从业人员，因此配送中心选址应考虑员工的来源和人力成本。

6. 地区或城市规划

配送中心规划属于地区或城市规划的一部分，必须符合地区或城市规划的要求，包括布局、用地以及与其他行业规划的协调性等。

7. 自然条件

配送中心需要存放货物，因此选址应考虑温度、湿度、降雨量等自然条件。

（三）配送中心选址的基本流程

1. 外部条件论证

（1）交通运输条件。配送中心选址应靠近交通运输枢纽，以保证配送服务的及时性和准确性。

（2）用地条件。配送中心建设需要占用大量的土地资源，要充分考虑并落实土地的来源、价格、利用程度等。

（3）客户分布情况。要准确掌握配送中心现有客户的分布情况及其未来的变化趋势，因为客户分布情况的改变、配送商品数量的改变以及客户对配送服务要求的改变都会对配送中心的经营和管理产生影响。

（4）政策、法规。配送中心选址要符合相关法律法规、政策的要求和规定。

（5）附属设施。配送中心选址要考虑周围的服务设施情况，如信息网络技术条件，水电、通信设施等。

2. 配送中心业务预测

（1）业务量预测。主要预测供应商到配送中心的配送量、配送中心至用户的配送量、配送中心储存保管的货物数量、配送中心的流通加工业务量、配送中心的装卸搬运业务量。

（2）成本分析。配送中心的成本主要是指伴随业务发生的相应的成本及其管理费用。其中，运输成本随着业务量的增加而增加，加工、装卸搬运成本包括固定成本和变动成本，这些都需要加以准确分析。

（3）地址筛选。对上述资料进行充分的整理和分析，考虑各种因素的影响并对需求进行预测，从而初步确定选址范围，即确定初始地址。

（4）决策分析。采用定性和定量的方法对筛选后的初始建设地址进行分析。主要的定量分析方法有重心法、数学规划方法、多准则决策方法、解决多项式复杂程度的非确定性问题的各种启发式算法、仿真法等。

（5）结果评价。结合市场适应性、土地购置的条件、服务质量要求等对计算所得结果进行评价，对其可行性进行评价。

（6）复查。分析其他影响因素对决策结果的相对影响程度，分别赋予它们相应的权数，采用加权法对计算结果进行复查。如果复查通过，则为最终计算结果；如果复查发现原计算结果不适用，则要返回第三步重新调整，直至得到最终结果。

（四）配送中心的区域布置

配送中心的区域布置方法有两种，即流程性布置法和活动相关性布置法。流程性布置法是根据物流移动路线和物流相关表作为布置的主要依据，适用于物流作业区域的布置。活动相关布置法是根据各区域的综合相关表进行区域布置，一般用于整个配送中心或辅助性区域的布置。

配送中心的内部布置可以用绘图方法直接绘成平面布置图，也可以将各功能区域按面积比例制成相应的卡片，在配送中心总平面图上进行摆放，以找出合理方案，还可以用计算机辅助平面区域布置技术进行平面布置。平面布置可以做出几个方案，最后通过综合比较和评价，选择一个最佳方案。

三、 配送中心的设施设备配置

配送中心的设施分为内部设施和外部设施。配送中心内部设施一般由信息中心与仓库构成：信息中心起着汇集信息、管理配送中心的作用；仓库根据各部分功能的不同又可分为不同的作业区。配送中心外部设施主要有停车场和配送中心内部道路等。

（一）配送中心内部设施

1. 信息中心

信息中心负责指挥和管理整个配送中心，是配送中心的"中枢神经"。它的功能：对外负责收集和汇总各种信息，包括门店的销售、订货信息以及与部分直接供应商联网的信息，并根据这些信息做出相应的决策；对内负责协调、组织各种活动，指挥、调度各部门的人员共同完成配送任务。信息中心一般和办公室结合在一起。

2．收货区

在这个作业区内，工作人员必须完成接收货物的任务和货物入库之前的准备工作，如卸货、检验等。因货物不会在收货区停留太长的时间，基本处于流动状态，因此收货区的面积相对来说不大，主要设施有验货用的计算机、验货场区和卸货工具。

3．储存区（保管区）

储存区（保管区）用于分类储存验收后的货物，一般分为暂时储存区和常规储存区。由于货物需要在这个区域内停留一段时间并要占据一定的位置，因此相对而言，储存区所占的面积比较大。储存区一般建有专用的仓库并配有各种设备，如各种货架、叉车、起堆机等起重设备。从位置上看，有的储存区与收货区连在一起，有的与收货区分开。

4．理货区

理货区是配送中心人员进行拣货和配货作业的场所。一般来说，拣货和配货工作量大的配送中心，其理货区面积较大。例如，负责为便利店配送的配送中心，按便利店的特点要求不但要对货物进行拆零，还要以少批量、多批次的方式向多家门店配送，所以这样的配送中心的拣货和配货区域的面积较大。

与其他作业区一样，理货区也配备有许多专用设备和设施。如果是以人工完成拣选任务，一般有手推货车、货架等。如果采用自动拣选装置，其设施包括重力式货架、皮带机、传送装置、自动分拣装置、升降机等。

5．配装区

由于种种原因，有些分拣出来并配备好的货物不能立即发送，而是需要集中在某一场所等待统一发货，这种放置和处理待发货物的场所就是配装区。在配装区内，工作人员要根据每个用户的位置、货物数量分放、配车并选择是单独装运还是混载装运。因为货物在配装区内停留的时间不长，货位所占的面积不大，所以配装区的面积比储存区小得多。

需要注意的是，有一些配送中心的配装作业区与发货作业区合在一起，称为分类区，因此配装作业常融合于其相关的工序中。

此外，因配装作业主要是分放货物、组配货物和安排车辆等，因此这个作业区除了配装计算工具和小型装卸机械、运输工具，没有特殊的大型专用设备。

6．加工区

有些配送中心要对鲜活食品进行配送，因此配送中心在结构上除了设置一般性作业区，还设有配送货物加工区，在这个区域内对收进的生鲜食品进行加工，如对蔬菜去除老叶、清洗等，对鱼类食品进行剖腹、去鱼鳞等，如果超市以经营生鲜食品为主，则配送中心的加工区面积较大。

（二）配送中心不同区域设施设备的配置

1．物流作业区域的设施设备

（1）容器设施。容器设施包括用于搬运、储存、拣取和配送的容器，如纸箱、托盘、铁箱、塑料箱等。

（2）储存设备。储存设备包括自动仓储设备（如单元负载式、水平旋转式、垂直旋转式、轻负载式等自动仓库）、重型货架（如普通重型货架、直入式钢架、重型流动棚架等）和多品种、少量储存设备（如轻型货架、轻型流动货架和移动式储柜等）。

（3）订单拣取设备。订单拣取设备包括一般订单拣取设备（如计算机辅助拣货台车）和自动化订单拣取设备等。

（4）物料搬运设备。物料搬运设备包括自动化搬运设备（如无人搬运车、驱动式搬运台车）、机械化搬运设备（如堆垛机、液压拖板车）、输送带设备、分类输送设备、堆卸托盘设备和垂直搬运设备等。

（5）流通加工设备。流通加工设备包括裹包集包设备、外包装配设备、印贴条形码标签设备、拆箱设备和称重设备等。随着物流中心服务项目多元化的开展和用户要求越来越严格，物流中心的二次包装、裹包和贴标签等加工作业也日益增加。随着国际物流的发展，由国际物流转运后再分装和简易加工的业务越来越多，从而使物流作业的附加值大幅度增加。

（6）物流周边配合设备。物流周边配合设备包括楼层流通设备、装卸货平台、装卸载设施、容器暂存设施和废料处理设施等。实践中可根据配送中心的实际需要选定。

规划物流作业区域的功能和需求之后，可以根据各区域特性规划设计所需设备的型号、功能和数量。

2. 辅助作业区域的设施设备

在配送中心的运营过程中，除了主要的物流设备，还需要辅助作业区域设施的配合。

（1）办公设备，如办公桌椅、文件保管设备、休闲娱乐设施等。

（2）计算机及其相关设施，如信息系统设施、主计算机、网络设施等。

（3）劳务设施，如洗手间、娱乐室、休息室、餐厅、司机休息室、医务室等。

3. 厂房建筑周边设施

在规划配送中心时，必须考虑到交通、水电、动力、土建、空调、安全和消防等与厂房建筑相关的周边设施条件。

第五节　配送合理化

一、不合理配送的表现形式

对于配送合理与否，没有绝对的标准，因此不能简单地予以判定。不合理配送的表现形式具体有如下几个。

1. 资源筹措不合理

配送利用大批量筹措资源的规模效益使配送中心的资源筹措成本低于用户自己筹措资源的成本，从而取得优势。如果不是集中多个用户的需要进行批量资源筹措而是仅仅为某一两个用户代办代筹，对用户来说，不仅不能降低资源筹措成本，反而要多支付一笔配送企业的代办代筹费用，因而是不合理的。

资源筹措不合理的表现形式还有配送量计划不准、资源筹措过多或过少、在资源筹措时不考虑如何与资源供应者建立长期稳定的供需关系等。

2. 库存决策不合理

配送应充分利用集中库存总量低于各用户分散库存总量的特点，大大节约社会财富，同时减轻用户实际平均分摊库存的负担。因此，配送企业必须依靠科学管理实现低库存总量，否则就会出现仅是库存转移而未解决库存降低的不合理。

配送企业库存决策不合理还表现在储存量不足，不能保证对随机需求的满足，导致企业失去应有的市场。

3. 价格不合理

总的来说，配送的价格应低于用户自己进货时产品购买费用加上用户自己提货、运输、进货的成本总和，这样才会使用户有利可图。有时候，配送服务水平较高，价格略高，用户也是可以接受的，但这不是普遍现象。配送价格普遍高于用户自己进货的价格，损伤了用户利益，就是一种价格不合理的表现；配送价格过低，配送企业在无利或亏损状态下运行会损害销售者利益，这也是一种价格不合理的表现。

4. 关于配送与直达的决策不合理

一般地，配送相当于增加了环节，这个环节的增加可降低用户平均库存水平，如此不但抵消了增加环节的支出，而且能取得剩余效益。但是，如果用户的使用批量大，可以直接通过社会物流系统均衡、批量进货且较之通过配送中转送货更能节约费用，在这种情况下，不直接进货而通过配送就属于不合理现象。

5. 送货中的不合理运输

与用户自提比较，尤其是对于多个小用户来说，配送可以集中多个用户的货物配装成一车，大大节省运力和运费。如果不能利用配送的优势，车辆达不到满载（即时配送过多过频时会出现这种情况）仍坚持一户一送，则属于不合理运输。

6. 经营观念不合理

例如，配送企业利用配送手段向用户转嫁资金、库存困难，如在库存量过大时强迫用户接货，以缓解自身的库存压力，在资金紧张时长期占用用户资金，将用户委托资源挪作他用以获取自身利益等。

二、配送合理化的参考标准

对于配送合理与否的判断，目前国内外尚无受到一致认可的技术经济指标体系和判断标准，按照一般认识，以下几个方面的指标可作为评判的参考标准。

1. 库存

库存是判断配送合理与否的重要标志，具体指标有以下两个。

（1）库存总量。在一个配送系统中，库存从分散于各个用户到转移给配送中心，配送中心库存数量加上各用户在实行配送后的库存量之和应低于实行配送前各用户库存量之和，这样的库存总量是合理的。此外，可以通过比较各用户在实行配送前后的库存量判断配送合理与否，某个用户的库存量上升而总量下降就属于一种不合理现象。

库存总量是一个动态的量，上述比较应当考虑一定的经营量前提。在用户生产有所发展时，库存总量的上升能反映经营的发展，因此必须扣除这一因素，才能对库存总量的下降做出正确判断。

（2）库存周转。由于配送企业的调剂作用，以低库存保持较高的供应能力，库存周转一般快于原来各企业的库存周转。此外，也可以通过比较各用户在实行配送前后的库存周转情况判断配送合理与否。

为取得共同的比较基准，以上库存标志都以库存储备资金计算，而不以实际物资数量计算。

2. 资金

总的来讲，实行配送应有利于资金占用的减少和资金运用的科学化，具体判断指标有如下三个。

（1）资金总量。资金总量即资源筹措所占用的流动资金总量，随着库存总量的下降以及供应方式的改变，资金总量必然大幅度降低。

（2）资金周转。从资金运用来讲，由于整体节奏加快，资金充分发挥作用，同样数量的资金，在过去需要较长时期才能满足一定的供应要求，实行配送之后则可在较短时期内达到此目的。因此，资金周转是否加快是衡量配送合理与否的指标之一。

（3）资金投向的改变。资金是分散投入还是集中投入是对资金调控能力的重要反映。实行配送后，资金必然应当从分散投入改为集中投入，以强化调控作用。

3. 成本和效益

总效益、宏观效益、微观效益、资源筹措成本等都是判断配送合理与否的重要指标。对于不同的配送方式，判断的侧重点不同。例如，配送企业、用户都是各自独立的、以利润为中心的企业，因此不但要看配送的总效益，还要看宏观效益、企业的微观效益。

由于总效益和宏观效益难以计量，在实际判断时，常以按国家政策经营完成的国家税收进行判断。对于配送企业而言，企业利润可反映配送合理化程度。对于用户企业而言，在保证供应水平或提高供应水平的前提下，供应成本的降低程度可反映配送的合理化程度。

4. 供应保障

对于实行配送，各用户最担心的是供应保障程度降低，面临经营风险。因此，合理的配送必须提高而不是降低对用户的供应保障能力。供应保障能力可以通过以下指标进行判断。

（1）缺货次数。缺货次数即实行配送后，该到货而未到货以致影响用户生产与经营的次数，缺货次数必须下降才算配送合理。

（2）配送企业集中库存量。对每一个用户来讲，只有集中库存量所形成的供应保障能力高于配送前单个企业的供应保障能力，才算配送合理。

（3）即时配送的能力与速度。用户出现特殊情况时，即时配送的能力与速度必须高于未实行配送前用户的紧急进货能力与速度才算配送合理。

特别需要强调的是，配送企业的供应保障能力是一个科学的、合理的概念，而不是无限度的概念。具体来讲，如果供应保障能力过高，超过了实际的需要，则属于不合理。

5. 社会运力节约

末端运输是目前运能、运力使用不合理、浪费较大的领域，人们普遍希望通过配送来解决这方面的问题，因此社会运力节约成了评判配送合理与否的重要标志。

运力使用的合理化是依靠送货运力的规划和整个配送系统的合理流程以及与社会运输系统合理衔接实现的。送货运力的规划是所有配送中心要重点解决的问题，其他问题则有赖于配送与物流系统的合理化，判断起来比较复杂，可以简化如下：社会车辆总数减少而承运量增加为合理；社会车辆空驶减少为合理；一家一户自提、自运减少，社会化运输增加为合理。

6. 用户企业仓库、供应、进货人力物力节约

配送的重要观念是为用户代劳，因此实行配送后，各用户的库存量、仓库面积、仓库管理人员应减少，用于订货、接货、供应的人也应减少。

7. 物流合理化

配送必须有利于物流合理化，这可以从以下几个方面判断：是否降低了物流费用；是否减少了物流损失；是否加快了物流速度；是否发挥了各种物流方式的最优效果；是否有效地衔接了干线运输和末端运输；是否不增加实际的物流中转次数；是否采用了先进的技术手段。

三、配送合理化可采取的措施

（1）推行具有一定综合程度的专业化配送。通过采用专业设备、设施和操作程序取得较好的配送效果并降低配送过于综合的复杂程度与难度，从而追求配送合理化。

（2）推行加工配送。通过加工和配送的结合，充分利用本来应有的中转而不增加新的中转，以实现配送合理化。同时，借助配送，加工的目的更明确，和用户的联系更紧密，避免了盲目性。

（3）推行共同配送。共同配送可以以最近的路程、最低的配送成本完成配送，实现配送合理化。

（4）实行送取结合。通过与用户建立稳定、密切的协作关系，配送企业不仅可以成为用户的供应代理人，也可作为用户的储存据点，甚至可以成为用户产品的代销人，可在配送时将用户所需的物资送达后再将该用户生产的产品用同一车辆运回或者代存代储，免去生产企业的库存负担。这种送取结合的方式可充分利用运力，使配送企业的功能得到充分发挥，从而实现配送合理化。

（5）推行准时配送系统。准时配送是配送合理化的重要内容。做到了准时配送，用户才有资源保障，才可以放心地实施低库存或零库存策略，才可以有效地安排接货的人力、物力，实现效率最高。

（6）推行即时配送。即时配送是最终解决用户企业的断供之忧、大幅度提高其供应保障能力的重要手段，是配送企业快速反应能力的具体化。

本 章 小 结

思 考 题

1. 简述配送的概念。
2. 简述配送中心的分类。
3. 简述配送的基本步骤。
4. 简述配送的模式。
5. 不合理配送有哪些表现形式？配送合理化可以采取哪些措施？

案 例 分 析

京东物流配送模式

问题讨论：

1. 京东自营物流配送的优点体现在哪些方面？
2. 京东物流配送的时效服务的承诺是如何做到的？
3. 调研了解我国有哪些配送模式？分析这些配送模式的发展前景。

实 训 项 目

物流配送中心如何进行配送管理。

1. 实训目标

（1）加强学生对于配送理论知识的理解。

（2）初步培养学生对于物流配送中心的管理能力。

2．实训内容和要求

（1）调研一家物流配送中心，了解其配送的运作过程。

（2）了解配送中心存在的问题，运用所学知识，提出策略建议。

3．实训成果检查

（1）物流配送中心调研报告。

（2）物流配送中心的基本业务流程。

（3）物流配送中心的主要管理内容。

（4）班级组织一次交流。

（5）由教师和学生为各策略方案评估打分。

第八章 流通加工

本章概要

本章首先介绍了流通加工的概念、性质、作用、内容和经济效益；其次列举了常见的流通加工类型及其常用的技术；再次介绍了流通加工的管理，主要包括流通加工的投资管理、生产管理、质量管理、技术经济指标、流通加工中心布局以及提高流通加工效益的途径；最后介绍了不合理流通加工的表现形式以及实现流通加工合理化的途径。

思政目的

通过学习本章内容，充分认识流通加工在提升社会经济效益方面的重要性；通过学习先进的流通加工技术，培养学生塑造精益求精、追求卓越的工匠精神。

学习目的

通过本章的学习，了解流通加工的概念、性质和作用；正确认识流通加工与生产加工的区别、流通加工的内容及其经济效益；重点掌握流通加工的类型以及常用的流通加工技术；了解流通加工管理的相关知识；掌握不合理流通加工的表现形式以及实现流通加工合理化的途径。

基本概念

流通加工　生产加工　流通加工技术　流通加工的管理

引导案例

鲜易通构建全国流通加工网络

第一节　流通加工概述

一、流通加工的概念和性质

（一）流通加工的概念

流通加工是一种特殊的物流功能要素，是在物品从生产领域向消费领域流动的过程中，为了促进销售、维护产品质量和提高物流效率对物品进行的加工，使物品发生物理变化、化学变化或形态变化，以满足消费者的多样化需求、提高服务水平的附加值。

我国国家标准《物流术语》（GB/T 18354—2021）对"流通加工"的定义是"根据顾客的需要，在流通过程中对产品实施的简单加工作业活动的总称。简单加工业活动包括包装、分割、计量、分拣、刷标志、拴标签、组装、组配等"（见图 8-1）。

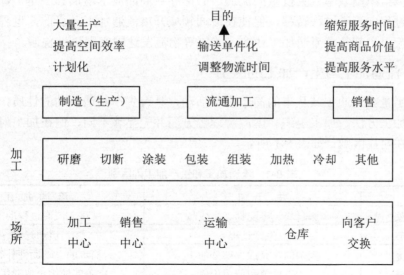

图 8-1　流通加工示意图

（二）流通加工的性质

流通加工是流通的一种特殊形式。商品流通是以货币为媒介的商品交换，它的职能是将生产与消费联系起来，具有"桥梁"或"纽带"作用，完成商品所有权及实物的转移。因此，在流通中，一般不是改变流通对象的形态以创造价值，而是保持流通对象的原有形态，完成其空间转移，实现流通对象的时间效用和空间效用。流通加工在流通中仍然起到"桥梁"或"纽带"作用，但它不是通过保持流通对象的原有形态发挥这一作用，而是类似于生产加工，通过改变或完善流通对象的形态发挥"桥梁"和"纽带"作用。

流通与加工本来不属于同一范畴，流通是改变商品的空间状态、时间状态以及所有权，是商业行为，加工是改变物品的形状、性质等，是工业行为。流通加工是为了弥补生产加工的不足、更有效地满足用户的需求，将一部分加工放在物流过程中完成，成为物流的一个组成部分，是生产活动在流通领域的延伸，是流通职能的扩充。在现代物流系统中，流通加工主要承担提高物流系统对用户的服务水平和物流效率、使物流活动增值的任务。

流通加工的出现与生产的发展有关。现代生产的发展趋势之一是生产大规模化、专业化，依靠单品种、大批量的生产方式降低生产成本以获取更高的经济效益，这样就出现了生产相对集中的趋势。生产规模的大型化、专业化程度越高，生产相对集中的程度越高。生产的集中化进一步引起产需分离，生产和消费之间存在着一定的空间差、时间差。某些企业生产的产品有成千上万的消费者，而某些消费者的产品来自许多生产者，这种少品种、大批量、专业化生产往往不能和消费者需求密切衔接，解决这一产需分离问题的方法就是在物流的过程中进行流通加工。在后工业化时代，生产和流通的进程逐渐趋于一体化，物流领域的流通加工也是这一进程的一个表现，流通加工的产生是现代生产发展的必然结果。

此外，流通加工的出现与现代社会消费的多样化、个性化有关。随着经济的增长、国民收入的增多，消费者的需求越发多样化、个性化，这使本来就存在的产需分离问题变得更加严重，生产企业生产的产品常常不能满足消费者的需求。对此，如果采取增加生产工序的方式，将提高生产的复杂性，如果按消费者的个性化需求进行生产，则只能进行小批量生产且难以组织高效率、大批量的流通，必然导致商品成本增加。于是，部分加工活动开始由生产过程向流通过程转移，促使在流通领域开展流通加工。目前，世界上许多国家和地区的物流中心都从事流通加工业务，美国等物流发达国家则更为普遍。

（三）流通加工与生产加工的区别

流通加工是在流通领域从事的简单生产活动，具有生产制造活动的性质，它和一般的生产加工在加工方法、加工组织、生产管理等方面并无显著不同，但在加工对象、加工程度等方面存在明显区别，如表 8-1 所示。

表 8-1　流通加工和生产加工的区别

	生 产 加 工	流 通 加 工
加工对象	原材料、零配件、半成品	进入流通过程的产品
所处环节	生产过程	流通过程
加工程度	复杂的、完成大部分加工	简单的、辅助性补充加工
附加价值	创造价值和使用价值	完善其使用价值并提高价值
加工单位	生产企业	流通企业
加工目的	交换、消费	消费、流通

二、流通加工的作用

流通加工的出现和发展源自生产环节的加工活动往往不能完全满足消费需求。从生产方面来看，要想保持产品的高效率、大规模生产，产品就不能太复杂；从消费方面来看，对产品的需求是多样化的。因此，需要对生产出来的产品做进一步加工，以满足消费者的多样化需求。过去，这种进一步加工往往由生产者或用户完成，存在很多缺点，如设备的投资大、利用率低，物资利用率不高，加工质量差等。后来，这种加工从生产者和用户的手上独立出来，由此诞生了流通加工。流通加工的作用主要体现在以下几个方面。

（一）弥补生产领域的加工不足

流通加工实际上是生产的延续、生产加工的深化，对弥补生产领域的加工不足具有重要意义。由于存在许多限制因素，许多产品在生产领域只能被加工到一定程度，不能实现充分加工。例如，钢铁厂为了使产品有较强的通用性，保证较高的生产效率和效益，只能按标准规定生产特定规格的钢铁；如果在产地将木材制成木制品，就会造成运输的极大困难，所以原生产领域只能将木材加工到原木、板方材的程度，进一步的下料、切裁等加工则由流通加工来完成。

（二）充分发挥各种输送手段的最高效率

一般来说，由于流通加工环节设置在消费地，它将实物的流通分成两个阶段：第一阶段是在数量有限的生产厂商与流通加工点之间进行定点、直达、大批量的远距离输送，可以采用船舶、火车等运量大的运输手段；第二阶段则是利用汽车或其他小型车辆输送经过流通加工后的多规格、小批量的产品给消费者，这样就可以充分发挥各种输送手段的最高效率，加快输送速度，节省运力、运费。

（三）提高原材料利用率

流通加工属于深加工，直接面对终端客户，可综合多方需求，按用户的要求对厂商生产的简单规格的产品进行集中下料、合理套裁，充分利用边角料，最大程度地做到物尽其用，由此可减少浪费、节约原材料。例如，按客户要求对钢材进行统一剪板、裁切，按客户要求对木材统一下料等。

（四）创造产品附加价值，满足客户多样化需求

随着生产的规模化、效率化以及消费者需求的个性化发展，集中、大批量的生产越来越难以满足消费者日益分散、小批量的个性化需求，由此出现了在流通领域对产品进行进一步加工以满足不同客户多样化需求的流通加工，如在流通领域中将大包装改成小包装等。流通加工可把分散的用户需求集中起来，使零星的作业集约化，对生产者无法直接满足的客户需求采取弥补措施。

（五）提高加工效率、设备利用率

集中的流通加工通过充分利用效率高、技术先进、加工量大的专门设备，可以提高加工质量、设备利用率和加工效率，从而降低加工费用与原材料成本。例如，一般的使用部门在对钢板下料时采用气割的方法，会留出较大的加工余量，不仅出材率低，加工质量也不好，集中加工则利用高效率的裁切设备在一定程度上弥补了上述缺陷。

（六）改变功能，提高收益

在流通过程中对产品进行一些可改变其功能的简单加工，除了可以发挥上述几个方面的作用，还可以提高产品销售的经济效益。例如，许多制成品（如洋娃娃玩具、时装、轻工纺织产品、工艺美术品等），进行简单的装饰加工后，改变产品的外观功能，可使产品售价提高20%以上。

三、流通加工的内容和经济效益

（一）流通加工的内容

流通阶段的加工即物流加工处于不易区分生产还是物流的中间环节，尽管它可以创造性质和形态的使用效能，但还是应该从物流机能拓展的角度将其看作物流的构成要素。流通加工的内容可以分为生活资料的流通加工和生产资料的流通加工。

1. 生活资料的流通加工

生活资料的流通加工以服务客户、促进销售为目的，在食品行业中应用得最为广泛。食品大都具有易变质、易腐败、时效性强的特点，会影响公共卫生安全，因此为便于保存、提高流通的效率，食品的流通加工是不可缺少的。例如，鱼和肉类的冷冻、生奶酪的冷藏、将冷冻的肉磨碎、蛋品加工、生鲜食品的原包装、大米的自动包装、上市牛奶的灭菌和摇匀等。此外，生活资料的流通加工还包括生活用品的标识、商标印记、家具的组装、地毯的剪接等。这种流通加工一方面可以提高物流效率，另一方面可以提高客户服务水平。

2. 生产资料的流通加工

生产资料的流通加工是推动社会再生产进程的必要环节，可保障社会再生产的连续性和高效性。其中最具代表性的是钢材、水泥、木材的流通加工。钢材的流通加工有对薄板的剪裁和切断、对型钢的熔断、对厚钢板的切割、线材切断等集中下料、线材冷拉加工等，国外有专门从事钢材流通加工的钢材流通中心；水泥的流通加工需要利用水泥加工机械和水泥搅拌运输车，其中水泥搅拌运输车可避开繁华闹市区，节省现场作业空间，具有灵活机动的特点；木材的流通加工是在流通加工点将原木锯裁成各种规格的木材，同时将碎木、碎屑等集中加工成各种规格板，甚至可以进行打眼、凿孔等初级加工作业。除此之外，平板玻璃、铝材等同样可以在流通阶段完成剪裁、切断、弯曲、打眼等各种流通加工作业。这种流通加工以适应客户需求的变化、服务客户为目的，不仅能够提高物流系统的效率，而且可以促进生产的标准化、提高商品的价值和销售效率。

（二）流通加工的经济效益

流通加工的经济效益可以表述为流通加工的劳动投入与效益产出的对比关系，在具体的加工部门还可表现为流通加工的数量和实现的价值与劳动消耗和资源占用的对比关系。

1. 直接经济效益

（1）流通加工的劳动生产效率高。流通加工是集中加工，其加工效率比分散加工高很多。对于用量少和临时需要的使用单位，如果没有流通加工而只能依靠自行加工，那么加工水平和熟练程度都无法与流通加工相比。例如，建筑企业完成的安装玻璃的开片加工往往在施工场地针对某一工程进行，而流通加工中的玻璃开片作业可满足若干建筑工地的需求，其加工效率更高，劳动生产率也更高。

（2）流通加工可提高原材料的利用率。流通加工集中下料可以优才优用、小材大用、合理剪裁，具有明显的提高原材料利用率的作用。例如，钢材的集中下料可以充分利用边角余料，从而达到提高加工效率、降低加工费用的目的。

（3）流通加工可提高加工设备的利用率。在分散加工的情况下，由于生产周期和生产节奏的限制，设备利用时松时紧，从而导致设备的加工能力不能得到充分利用；流通领域中的加工是面向社会的，加工数量大、加工对象范围广，设备利用率可得到大幅度提高。

（4）流通加工可提高产品的加工质量。流通加工是专业化加工，有利于加工人员掌握作业技术、提高作业的熟练程度，从而提高加工质量。另外，流通加工中心的加工设备水平往往高于分散加工，因而产品的加工质量也高于分散加工的质量。同样的产品，加工质量更高的，经济效益显然更高。

2. 间接经济效益

（1）流通加工有利于缩短生产时间，使生产者将更多的时间投入创造性生产。

（2）流通加工部门可以用表现为一定数量货币的加工设备为更多的生产或消费部门服务，这样可以相对地减少全社会的加工费用支出。

（3）流通加工能对生产的分工和专业化起中介作用，使生产部门按更大的规模生产，有助于生产部门劳动生产率的提高。

（4）流通加工可以在加工活动中更为集中、有效地使用人力、物力，相比生产企业，更能提高加工的经济效益。

（5）流通加工为流通企业增加了收益，拓展了物流的"第三利润源"。对加工企业而言，采用相对简单、投入相对较少的流通加工可以获得较为理想的经济效益；对社会而言，流通企业获利的同时，社会效益也会相应增加。

第二节　流通加工的分类与常用技术

一、流通加工的分类

从本质上看，各类产品、各种形式的流通加工没有太大的区别且它们有一个共同点——生产过程在流通领域的延伸。但是，从加工技术、加工方法和加工目的来看，不同产品和不同形式的流通加工存在一定的差别，我们可以根据这些差别把流通加工分为以下几种类型。

（一）满足多样化需求的延伸深加工

在社会化生产条件下，生产标准化、通用化是必然趋势，这就导致许多产品在生产领域只能通过粗加工达到一定程度，不能完全实现最终的精加工。而不同客户对产品的要求是具有差异性的，因此深加工也延伸到一些流通加工组织的任务中，它们根据客户的具体要求，通过再加工满足客户的多样化需求，为客户省去烦琐的预处理工作，使其把更多精力投入自己的中心工作。这样既有利于生产加工，也可以使产品在流通领域提高利润值，还可以进一步满足客户多变的需求。这种流通加工实际上是生产的延伸，是生产加工的深化，对弥补生产领域加工不足有重要意义。

（二）保护产品的流通加工

在物流过程中，适当的流通加工可防止产品在运输、储存、装卸搬运、包装等过程中遭到损坏，保证产品的使用价值能够顺利实现。一般来说，这种加工并不改变进入流通领域的产品的外形和性质，加工的深度和水平与被加工对象的性质密切相关，更多地综合运用包装技术，主要通过稳固、改装、冷冻、涂油等方式完成。例如，为防止金属材料的锈蚀而采取喷漆、涂防锈油等措施，运用手工、机械或化学方法除锈等。

（三）提高物流效率、方便物流的流通加工

流通加工可以使物流作业易于操作，如鲜鱼冷冻、过大设备解体、气体液化等。这种加工往往改变产品的物理状态但不改变其化学特性并最终仍能恢复其原有物理状态。

（四）促进销售的流通加工

流通加工可以在若干方面起到促进销售的作用，如将过大包装或散装物品分装成适合一次销售的小包装的分装加工，将原以保护产品为主的运输包装改换成以促进销售为主的销售包装，将零配件组装成用具、车辆以便直接销售，将蔬菜、肉类洗净、切块以满足消费者需求等。这种流通加工可能不改变产品的本体，只对其进行简单的改装加工，也可能进行组装、分块等深加工。

（五）提高加工效率、保证再加工质量的流通加工

对于规模较小、加工效率不高、加工设备不专业、加工技术不成熟的生产企业，其产品的加工质量往往难以保证。而流通加工能以集中加工的形式，应用先进的专业技术和专门的机械设备解决产品在初级加工中的问题。此外，以一家流通加工企业代替若干生产企业完成初级加工工序可以使生产水平得到一定程度的提升，也可以提高加工效率、降低加工成本，保障产品加工质量。

（六）提高原材料利用率的流通加工

流通加工具有综合性强、用户多的特点，可以通过合理规划、合理套裁、集中下料有效地提高原材料的利用率，减少损失与浪费。例如，钢材集中下料可以充分合理下料、搭配套裁、减少边角余料，集中下料后可设置高效率的剪切设备，从而达到加工效率高、费用低、原材料利用率高的目的。

（七）衔接不同运输方式、使物流更加合理的流通加工

生产的相对集中和消费的相对分散使得衔接生产的大批量、低成本、高效率的长距离运输和衔接消费的多品种、多批次、小批量、多用户的终端运输不能很好地融合。在干线运输和支线运输的节点设置流通加工环节，可以有效地解决这两种运输之间的衔接问题，在流通加工点与大生产企业间形成大批量、定点运输的渠道，再以流通加工中心为核心，组织对多用户的配送，也可在流通加工点将运输包装转换为销售包装，从而有效衔接不同目的的运输方式。

（八）以提高经济效益、追求企业利润为目的的流通加工

流通加工的一系列优点可以形成一种"利润中心"的经营形态，在满足生产和消费要求的基础上获取利润，同时在市场和利润的引导下使流通加工在各个领域中得到有效发展。

（九）生产—流通一体化流通加工

依靠生产企业与流通企业的联合，或者生产企业涉足流通领域，或者流通企业涉足生产领域，形成对生产与流通加工的合理分工、合理规划、合理组织，统筹安排生产与流通加工，这就是生产—流通一体化流通加工。这种形式的流通加工可以促成产品结构及产业结构的调整，充分发挥企业集团的经济技术优势，是目前流通加工领域的一种新形式。

（十）为实施配送服务的流通加工

配送中心为实现配送活动，满足客户对物品供应数量、构成的要求，需要对物品施以各种加工活动，如拆整化零、定量备货、定时供应等。

二、常用的流通加工技术

（一）钢材的流通加工技术

不同客户对钢材的长度、规格等有不同的要求。对于使用量较大的企业来说，可以配备专门的剪板、下料加工设备，设备能够得到充分利用。但是，对于使用量较小的企业来说，如果配备专门的剪板、下料加工设备，由于其业务量较小，会存在设备闲置时间长、人员浪费大、不易采用先进设备等弊端。例如，汽车、冰箱、冰柜、洗衣机等生产制造企业每天需要大量的钢板，除大型汽车制造企业外，一般规模的生产企业如果自己单独剪切，难以解决因用料高峰和低谷的差异引起的设备忙闲不均和人员浪费问题。如果委托专业钢板剪切加工企业，能够利用专业剪切设备，按照用户设计的规格尺寸和形状进行套裁加工，精度高、速度快、废料少、成本低。

采用集中剪板、下料方式的优点主要包括：可以选择加工方式，加工后钢材的晶体组织很少发生变化，可保证原来的交货状态，有利于进行高质量加工；加工精度高，可以减少废料、边角料，减少再进行机加工的切削量，既提高了再加工效率，又有利于减少消耗；由于集中加工可保证批量及生产的连续性，可以专门研究此项技术并采用先进设备，从而大幅度提高效率和降低成本；使用户能简化生产环节、提高生产水平。

（二）木材的流通加工技术

1. 磨制木屑，压缩输送

这是一种便于流通和降低成本的加工方式。木材是容重小的物品，在运输时占有相当大的容积，往往使车、船满装但不能满载，同时装车、捆扎比较困难。从林区外送的原木中有相当一部分用于造纸，因此可以在林木生产地就地将木材磨成木屑，然后压缩使之成为容重较大、容易装运的形状，而后运至靠近消费地的造纸厂。

2．集中开木下料

集中开木下料是指在流通加工点将原木锯截成各种规格的锯材，同时将碎木、木屑集中加工成各种规格的材料，甚至可进行打眼、凿孔等初级加工。过去，用户若直接使用原木，不但加工工序复杂、加工场地大、加工设备多，还会造成资源严重浪费（木材平均利用率不到 50%、平均出材率不到 40%）；实行集中下料后，按用户要求供应规格材料可使原木利用率提高到 95%、出材率提高到 72%。

（三）煤炭及其他燃料的流通加工技术

1．除矸加工

除矸加工是以提高煤炭纯度为目的的加工形式。一般情况下，由于矸石有一定的发热量，因此煤炭中混入一些矸石是允许的，也是较经济的。但是，在运力十分紧张的地区，由于要充分利用运力、降低成本，多运"纯物质"，因此可以采用除矸的流通加工方法排除煤炭中的矸石。

2．为管道输送煤浆服务的加工

由于用运输工具载运煤炭，途中的损失、浪费现象比较严重且容易发生火灾，近年来出现了采用管道运输煤浆的先进技术，有些企业内部也采用这一方法输送燃料。具体来说，就是在流通的起始环节将煤炭磨成细粉，再用水调和成浆状，使其具有一定的流动性后即可像输送其他液体一样采取管道输送的方式运达目的地。

3．配煤加工

在使用地区设置集中加工点，按不同配方对各种煤及其他一些发热物质进行掺配加工，生产出各种发热量不同的燃料，这一过程称为配煤加工。配煤加工可以按需要的发热量生产和供应燃料，防止热能浪费和"大材小用"，也可防止发热量过小，以致不能满足使用要求。工业用煤中，配煤加工还可以起到便于计量控制、稳定生产过程的作用，具有很好的经济和技术价值。

4．天然气、石油气的液化加工

由于气体的输送、保存都比较困难，天然气、石油气往往只能就地使用，如有过剩，只能就地燃烧，不仅浪费资源，还会造成污染。虽然天然气、石油气可以采用管道输送，但因投资大、输送距离有限，其发展也受到了一定的制约。目前较常采用的方式是在产出地将天然气或石油气压缩到临界压力之下，使之由气体变成液体，然后用容器装运。

（四）食品的流通加工技术

1．冷冻加工

冷冻加工即采取低温或冻结（如冰柜、冷库）方式解决鲜肉、鲜鱼等在流通中的保鲜及装卸搬运问题，这种方式也适用于某些流体货物、药品等。

2．分选加工

由于农副产品的规格、质量差异较大，为获得一定规格的产品，采取人工或机械分选的方式加工称为分选加工。这种方式有利于产品的等级划分，进而可为不同等级的产品制定合适的价格，广泛用于果类、瓜类、谷物等。

3．精制加工

农、牧、副、渔等产品的精制加工是在产地或销售地设置加工点，去除无用部分，甚至进行切分、洗净、分装等加工。例如，鱼贩会在去除内脏、洗净后将鱼切成块状，不但大大方便了购买者，还可对加工的淘汰物进行综合利用，如内脏可以用来制造某些药物或饲料，鱼鳞可以制造高级黏合剂，头、尾可以制成鱼粉等。

4．分装加工

许多生鲜食品的零售起点量较小，但为保证其高效输送，出厂包装往往较大，也有一些采用散装运输方式运达销售地区。为了便于销售，在销售地区按客户所要求的零售起点量进行新的包装，如大包装改小包装、散装改小包装、运输包装改销售包装等，这就是分装加工。例如，超市的工作人员把散装大米装成小袋，便于消费者购买。

（五）水泥熟料的流通加工技术

水泥熟料的流通加工是指在需要长途调入水泥的地区，变调入成品水泥为熟料这种半成品，在该地区的流通加工据点（粉碎工厂）将熟料粉碎并根据当地资源和需求情况掺入混合材料和外加剂，制成不同品种、标号的水泥，供给当地用户，这是水泥流通加工的重要技术之一。在需要经过长距离输送供应的情况下，以熟料形态代替传统的粉状水泥有以下优点。

1．可以大大降低运费、节省运力

运输普通水泥和矿渣水泥时，约有 30%的运力消耗在矿渣及其他各种加入物上。在我国，水泥需用量较大的地区，工业基础大都较好且有大量的工业废渣，如果在使用地区对熟料进行粉碎，可以根据当地的资源条件选择混合材料的种类，这样不仅节约了运输混合材料的运力、节省了运费，而且有利于缓和铁路运输的紧张状态。

2．可按照实际需要大量掺加混合材料

我国大、中型水泥厂生产的水泥，平均标号逐年提高，但是目前我国使用水泥的部门往往需要大量较低标号的廉价水泥。而大部分施工部门没有在现场加入混合材料来降低水泥标号的技术力量和设备，因此不得不使用标号较高的水泥，造成了很大的浪费。以熟料形式进行长距离输送能够很好地解决这一问题，从而减少浪费。

3．容易以较低的成本实现大批量、高效率的输送

输送水泥熟料，既可以充分利用站、场、仓库等场所的现有装卸设备，又可以利用铁路运输的普通车皮装运，更容易实现大批量、高效率的输送。

4．可以大大减少水泥的输送损失

水泥的水硬性是在充分磨细之后才表现出来的，而未磨细的熟料具有很强的稳定性，抗潮湿能力强。所以，输送熟料基本可以防止水泥输送中由于受潮而造成的损失且颗粒状的熟料不像粉状水泥那样易于散失。

5. 能更好地衔接产需，方便用户

采用长途输送熟料的方式，水泥厂就可以和有限的熟料粉碎工厂形成固定的直达渠道，使水泥的物流更加合理，从而实现经济效果较优的物流。同时，用户可以不出本地区而直接向当地的熟料粉碎工厂订货，因而更容易沟通产需关系，也更方便。

（六）平板玻璃的流通加工技术

"集中套裁，开片供应"是重要的平板玻璃流通加工技术，是指在城镇中设立若干个玻璃套裁中心，按用户提供的图纸统一开片，而后供应成品。在此基础上，逐渐形成了从工厂到套裁中心的稳定的、高效率的、大规模的平板玻璃"干线输送"以及从套裁中心到用户的小批量、多户头的"二次输送"的现代物流模式。这种加工方式具有以下优势。

（1）平板玻璃的利用率可由不实行套裁时的62%～65%提高到90%以上。

（2）可以促进平板玻璃包装方式的改革。从工厂向套裁中心运输平板玻璃，如果形成固定渠道，便可以大规模集装，这样就节约了大量包装用木材，同时可防止流通中的大量破损。

（3）套裁中心按需要裁制，有利于玻璃生产厂商简化规格，实施单品种、大批量生产，这样不但能提高工厂生产率，而且简化了切裁、包装等工序，使工厂可以集中力量解决生产问题。此外，现场裁切玻璃不仅劳动强度大，废料也难以处理，而集中套裁可以广泛采用专用设备进行裁制，废料相对较少且易于集中处理。

（七）商品混凝土的搅拌加工技术

过去，习惯上以粉状水泥供给用户，由用户在建筑工地现制现拌混凝土使用，而现在则是将粉状水泥输送到使用地区的流通加工据点（集中搅拌混凝土工厂或称生混凝土工厂），在那里搅拌成生混凝土，然后供给各个工地或小型构件厂使用。这也是水泥流通加工的一种重要方式，具有很好的技术经济效果，因此受到许多工业发达国家的重视。这种流通加工方式具有以下优点。

（1）把水泥的使用从小规模的分散形态改变为大规模的集中加工形态，可充分应用现代化科学技术、组织现代化大生产；可以发挥现代设备和现代管理方法的优势，大幅度地提高生产效率和混凝土质量；集中搅拌可以采取准确的计量手段和最佳工艺；可以综合考虑添加剂、混合材料的影响，根据不同需要大量使用混合材料，拌制出不同性能的混凝土；能有效控制熟料的质量和混凝土的离散程度，提高混凝土质量、节约水泥、提高生产率；等等。

（2）在相同的生产能力下，集中搅拌设备的吨位、设备投资、管理费用、人力及电力消耗等都比分散搅拌低得多。

（3）由于生产量大，可以采取措施回收使用废水，防止各分散搅拌点排放洗机废水造成污染，有利于环境保护

（4）由于设备固定不动，可以避免因经常拆建所造成的设备损坏，延长设备的使用寿命。

（5）采用集中搅拌的流通加工方式，可以使水泥的物流更加合理。集中搅拌站（厂）与水泥厂（或水泥库）之间可以形成固定的供应渠道，这些渠道的数量远远少于分散使用水泥的渠道数量，容易采用高效率、大批量的输送形态，有利于提高水泥的散装率。在集

中搅拌场所内，还可以附设熟料粉碎设备，直接使用熟料，实现熟料粉碎及拌制生混凝土两种流通加工形式的结合。

此外，采用集中搅拌混凝土的方式有利于新技术的推广应用，可大大简化工地材料的管理、缩小施工用地等。

（八）机械产品及零配件的流通加工技术

1．组装加工

自行车等简单机械产品往往不易包装或包装成本过大且运输装载困难、装载效率低、流通损失严重，这些货物一般装配较简单、装配技术要求不高，主要功能已在生产中形成，装配后不需要进行复杂的检测与调试，为解决这类物品的储运问题、降低储运费用，往往以半成品（部件）高容量包装出厂，在消费地拆箱、组装。组装一般由流通部门负责，组装之后随即进行销售。

2．石棉橡胶板的开张成型加工

石棉橡胶板是机械装备、热力装备、化工装备中经常使用的一种密封材料，单张厚度为 3 毫米左右，单张长度可达 4 米，不但难以运输，而且在储运过程中极易发生折角等损失。此外，许多用户所需的石棉橡胶垫圈规格比较单一，不能安排不同尺寸石棉橡胶垫圈的套裁，原材料利用率很低。石棉橡胶板开张成型加工可以安排套裁、提高利用率、减少边角余料损失、降低成本。这种流通加工套裁的地点一般设在使用地区，由供应部门组织。

第三节　流通加工的管理

组织、管理流通加工的方法与组织运输、交易等的方法有较大的区别，在许多方面类似于生产的组织和管理。

一、流通加工的投资管理

由于流通加工是在产需之间增加了一个中间环节，所以它延长了商品的流通时间、增加了商品的生产成本，存在许多可能造成经营效益下降的因素，因此必须进行技术、经济方面的可行性分析并加以论证后，方能最终决定是否设置流通加工环节。

（一）设置流通加工的可行性分析

1．从生产领域分析

主要考虑能否通过延续生产过程或改造原有生产过程衔接生产与需求，只有当确实不能满足产需衔接或实现产需衔接表现的经济效益不好的状况下，才可考虑设置流通加工环节。

2．从消费领域分析

主要考虑能否通过在使用单位进行加工实现产需衔接。只有当因为技术、场地、设备、组织管理以及经济效益问题无法实现在使用单位进行相关加工或无法完全实现其效益的情况下，方可考虑设置流通加工环节。

3. 从物流过程分析

主要考虑能否采用集装化、专门化等方式解决流通加工问题。若其他方式均不能较好地解决问题，则可考虑设置流通加工环节。

（二）设置流通加工的经济性分析

流通加工一般是比较简单的加工，在技术上不会有太大的问题，投资建设时重点要考虑的是经济上是否划算。流通加工的经济效益主要取决于加工量的大小、加工设备和生产人员是否能充分发挥作用。如果任务量很小，生产断断续续，加工设备经常处于闲置状态，那就有可能出现亏损，因此加工量预测是流通加工点投资决策的主要依据。此外，要分析所要设置的流通加工项目的发展前景，如发展前景良好，近期效益不理想也是可以接受的。

（三）投资决策和经济效果评价

流通加工项目的投资决策和经济效果评价主要使用净现值法、投资回收期和投资收益率。

净现值法是利用流通加工项目的净现金效益量的总现值与净现金投资量算出净现值，根据净现值的大小来评价投资方案。净现值为正值，投资方案是可以接受的；净现值为负值，投资方案就是不可接受的。投资回收期是流通加工项目的累计经济效益等于最初的投资费用所需的时间。投资收益率是指流通加工项目的投资所获得的回报或利润与投资额之间的比率。

二、流通加工的生产管理

流通加工的生产管理是指对流通加工生产全过程的计划、组织、协调和控制，包括生产计划的制订、生产任务的下达、人力和物力的组织与协调、生产进度的控制等。在生产管理中，要特别加强生产的计划管理，提高生产的均衡性和连续性，充分发挥生产能力，提高生产效率；要制定科学的生产工艺流程和加工操作规程，实现加工过程的程序化和规范化。

流通加工生产管理包含的内容与项目很多，如劳动力、设备、动力、财务、物资等方面的管理。对于套裁型流通加工，其最具特殊性的生产管理是出材率的管理。这种流通加工形式的优势就在于物资的利用率高、出材率高。对于集中下料型流通加工，应重视对原材料有效利用的管理，不断提高材料的利用率。

三、流通加工的质量管理

流通加工的质量管理应是全员参与的对流通加工全过程和全方位的质量管理，包括对加工产品质量和服务质量的管理。经加工后，产品的外观质量和内在质量都应符合有关标准。某些加工后的产品没有对应的国家标准和部颁标准，其质量的掌握主要以满足用户的需求为原则。但是，由于各用户的要求不同，对质量标准的宽严程度也就不同，所以要求流通加工必须能进行灵活的柔性生产，以满足不同用户对质量的不同要求。

流通加工除了应满足用户对加工质量的要求，还应满足用户对品种、规格、数量、包装、交货期、运输等的要求。加工单位绝不能违背用户的意愿，自作主张、脱离用户生产实际对产品进行流通加工，否则对用户无益，甚至有害。流通加工的服务质量只能根据用户的满意程度进行评价。

四、流通加工的技术经济指标

衡量流通加工的可行性，对流通加工环节进行有效的管理可考虑采用以下两类指标。

（一）流通加工投资可行性指标

流通加工只是一种补充性加工，其规模、投资必然低于生产性企业，其投资特点是投资额较低、投资时间短、建设周期短、投资回收速度快且投资效益较大。因此，流通加工的投资可行性分析可采用静态分析法。

（二）流通加工日常管理指标

由于流通加工具有特殊性，不能全部搬用考核一般企业的指标。在八项技术经济指标中，对流通加工较为重要的是劳动生产率、成本利润率，此外，以下指标可在一定程度上反映流通加工的特殊性。

1．产品增值指标

$$增值率 = \frac{产品加工后价值 - 产品加工前价值}{产品加工前价值} \times 100\%$$

2．品种规格增加额及增加率

$$品种规格增加率 = \frac{品种规格增加额}{加工前品种规格} \times 100\%$$

3．资源增加量指标

$$新增出材率 = 加工后出材率 - 原出材率$$
$$新增利用率 = 加工后利用率 - 原利用率$$

五、流通加工中心的布局

（一）以实现物流为主要目的的流通加工中心布局

以实现物流为主要目的的流通加工中心应设置在靠近生产地区的位置，经这类加工中心处理的货物能顺利地、低成本地进入运输、储存等物流环节，如肉类、鱼类的冷冻食品加工中心和木材的制浆加工中心等。

（二）以强化服务为主要目的的流通加工中心布局

以实现销售、强化服务为主要目的的流通加工中心应设置在靠近消费地区的位置，经这类加工中心处理的货物能适应用户的具体要求，有利于销售，如平板玻璃的开片套裁加工中心等。

六、提高流通加工效益的途径

一般情况下，可以通过以下途径提高流通加工的效益：① 合理划分加工的供应区域。一般按经济区域组织流通加工，便于使流通加工与物资流通系统协调一致、提高加工的整体功能。② 加工点的分布要合理。加工点一般设在消费地，要注意保持同一层次、同一形式的加工点在同一地区的数量与消费需求的数量的平衡，防止重复或短缺。大型物流企业可自行建立加工企业，中小型物流中心可和其他加工企业协作加工。③ 在大型中心城市应设立综合型流通加工中心，注意加工机构、种类要齐全，以实现加工的社会化服务。④ 加工企业应注意加工的品种要根据加工网络的分工来确定；加工的规模要根据流通量的大小来确定；加工的技术水平要根据物资的特点来确定。

第四节　流通加工的合理化

一、不合理流通加工的表现形式

流通加工是在流通领域中对生产的辅助性加工，从某种意义上来讲，它不仅是生产过程的延续，还是生产本身或生产工艺在流通领域的延续。这个延续可能产生正、反两个方面的作用，即一方面，合理的流通的加工可以有效地起到补充、完善的作用；另一方面，不合理的流通加工可能对整个过程造成负面影响，产生抵消效益的负效应。不合理流通加工的表现形式如下。

（一）流通加工地点设置不合理

流通加工地点设置即布局状况是决定整个流通加工环节能否有效运作的重要因素。一般来说，用以衔接单品种、大批量生产与多样化需求的流通加工，其加工地应设置在需求地区，这样才能实现大批量的干线运输与多品种末端配送的物流优势。

如果将流通加工地设置在生产地区，其不合理之处在于：首先，多样化需求要求多品种、小批量产品由生产地向需求地的长距离运输会出现不合理现象。其次，在生产地增加了一个加工环节，同时增加了近距离运输、装卸、储存等一系列物流活动。在这种情况下，不如由原生产单位完成这种加工而无须设置专门的流通加工环节。一般而言，为方便物流的流通加工环节应设置在产出地、在进入社会物流之前，如果将其设置在物流之后，即设置在消费地，则不但不能解决物流问题，还在流通中增加了一个中转环节，因而是不合理的。

就将流通加工地点设置在产地或需求地做出正确选择后，还要研究流通加工在小地域范围的正确选址问题，这种情况下的不合理主要表现在交通不便、流通加工与生产企业或

用户的距离较远、流通加工点的投资过高（如受选址的地价影响）、加工点周围的社会环境
或条件不良等。

（二）流通加工方式选择不当

流通加工方式的确定取决于流通加工对象、流通加工工艺、流通加工技术、流通加工
程度等，它实际上与生产加工的合理分工相关。分工不合理即本来应由生产加工完成的却
错误地由流通加工完成或本来应由流通加工完成的却错误地在生产过程中完成。

流通加工不是对生产加工的代替，而是一种补充和完善。所以，一般而言，如果工艺
复杂、技术装备要求较高或加工可以由生产过程延续或轻易解决的，不宜再设置流通加工
环节，尤其不宜与生产过程争夺技术要求较高、效益较高的最终生产环节，更不宜利用一
个时期市场的压迫力使生产变成初级加工或前期加工，而由流通企业完成装配或最终形成
产品的加工。如果流通加工方式选择不当，就会出现与生产夺利的不良后果。

（三）流通加工作用不大，形成多余环节

有的流通加工过于简单或对生产、消费者作用不大，甚至不能解决产品在品种、规格、
质量、包装等方面的问题，白白增加了多余环节，这也是流通加工不合理的重要表现形式。

（四）流通加工成本过高，效益不好

流通加工的重要优势之一是有较大的投入产出比，具有补充、完善的作用。如果流通
加工成本过高，则不能实现以较低投入实现更高使用价值的目的。

二、实现流通加工合理化的途径

流通加工合理化的含义是实现流通加工的最优配置。为避免产生各种不合理现象，要
对是否设置流通加工环节、在什么地点设置、选择什么类型的加工方式、采用什么技术装
备等做出正确的选择。具体来说，实现流通加工合理化的途径主要有以下几个。

（一）加工和配送相结合

这是指将流通加工设置在配送点中，一方面按配送的需要进行加工，另一方面让加工
成为配送业务流程中分货、拣货、配货的一环，加工后的产品直接投入配货作业，这样就
无须单独设置一个加工的中间环节，既使流通加工有别于独立的生产，又使流通加工与中
转流通巧妙地结合在一起。同时，由于配送之前有加工，可使配送服务的水平大大提高。
加工和配送相结合是当前流通加工合理化的重要形式，在煤炭、水泥等产品的流通加工中
已表现出较大的优势。

（二）加工和配套相结合

在对配套要求较高的产品流通过程中，配套的主体来自各个生产单位，但是完全配套
有时无法全部依靠现有的生产单位。进行适当的流通加工，可以有效促成配套，大大提高
流通作为连接生产与消费的桥梁和纽带作用。

（三）加工和合理运输相结合

前文已提到流通加工能有效地衔接干线运输与支线运输，促进两种运输形式的合理化。利用流通加工，可以在支线运输与干线运输衔接时本来就必须停顿的环节按干线运输或支线运输合理的要求进行适当加工，这样就大大提高了运输效率和运输转载水平。

（四）加工和合理商流相结合

有效地促进销售、提高商流的合理化程度是流通加工合理化的重要任务之一。流通加工与配送的结合提高了配送水平、强化了销售，这是流通加工与合理商流相结合的成功例证。此外，通过简单地改变包装，形成方便用户的购买量，通过组装加工解除用户使用前进行组装、调试的麻烦，这些都是流通加工有效促进商流的例子。

（五）加工和节约相结合

节约能源、节约设备、节约人力、节约耗费是流通加工合理化的重要内容。对于流通加工合理化的最终判断是看其能否取得最优的社会效益和企业自身效益。与一般生产企业相比，流通加工企业更应树立"社会效益第一"的观念，只有在以补充、完善为己任的前提下才有生存的价值。如果只是片面追求企业的微观效益，采取不合理流通加工，甚至与生产企业争利，就有悖于流通加工的初衷。

产品产地直供，
何以解困

本 章 小 结

思 考 题

1. 流通加工与生产加工有哪些区别？
2. 简述流通加工在物流系统中的作用。
3. 流通加工的直接经济效益有哪些？
4. 流通加工的类型有哪些？
5. 流通加工的管理包括哪些内容？
6. 不合理的流通加工形式主要有哪几种？
7. 如何实现流通加工合理化？

案 例 分 析

打通生鲜行业数字化全链路

问题讨论：

1. 针对生鲜产品，可以进行哪些流通加工作业？
2. 流通加工在生鲜供应链构建中具有哪些作用？

实 训 项 目

流通加工实例调查。

1. 实训目标

通过实地调查，加深对流通加工的理解和认识，锻炼学生的分析能力。

2. 实训内容和要求

每 5～6 个同学一组，到当地的大型超市进行实地调查，在其经营的商品中，寻找 5 种以上经过流通加工的商品，并分析其加工流程。

3. 实训成果检查

画出所调查到的每种商品的流通加工流程图，并完成实训报告。

第九章　物流信息管理

本章概要

　　本章详细介绍了物流信息的定义和特点，物流信息的内容、标准、分类、作用和常见的物流信息管理方法；然后对 EDI、条码、RFID、GPS、GIS、EOS、POS、DRP、LRP 等物流信息技术进行了较为深入的探讨；最后对物流信息系统的概念、特点、类型以及结构等做了充分阐述，同时简要介绍了物流信息系统的开发过程。

思政目的

　　通过学习本章内容，培养学生树立科技强国的使命感，养成学习独立思考、积极探索的习惯；指导学生做好职业规划，建立个人发展必须与国家需求与行业发展要求相一致的理念，树立正确的发展观。

学习目的

　　通过本章的学习，了解物流信息管理的理论基础，掌握物流信息的定义、特点、标准、作用、分类及其常见的管理方法，深入理解物流信息技术的内涵，了解条码技术、扫描技术、射频识别技术、数据库（DB）技术、EDI 技术、GIS 技术、GPS 技术、数字分拣系统、电子订货系统、销售时点信息系统、电子资金转账、QR 和 ECR 技术、配送需求计划、物流资源计划等信息技术的原理及其在物流领域的应用，掌握物流信息系统的概念、特点、结构、功能、分类及其发展趋势，了解物流信息系统的开发过程。

基本概念

　　物流信息　　物流信息技术　　物流信息系统

引导案例

中国烟草的信息化之路

第一节 物流信息管理概述

J. 佩帕德和 P. 罗兰认为,信息同劳动力、原料、资本和土地共同构成现代企业的生产要素。成功的经营管理就是通过上述要素的优化组合,实现企业或战略经营单位的目标。

物流是一种由信息引导并伴随大量信息交换活动的经济活动,信息流是物流作业的关键。信息的收集和处理在物流管理活动中具有重要作用。物流管理需要订货数量、库存数量、品种、质量、规格以及顾客服务、运输优化等方面的大量的及时、准确的信息,任何相关信息的遗漏和错误都将直接影响物流管理的效果,进而影响物流企业的经济效益。信息化是现代物流的"灵魂",没有物流的信息化,就没有物流的现代化。信息的快速有效收集、处理和传输需要先进的信息技术和完善的信息系统做支撑。

一、物流信息管理的理论基础

物流信息管理是信息管理科学的一个分支,信息管理科学就是认识信息和利用信息的科学。一般而言,信息管理科学有三个基础理论,即信息论、系统论和控制论。

(一)信息论

20 世纪 40 年代,美国数学家、贝尔电话研究所的香农提出信息论。他认为,通信系统就是信息传递过程,同时提出了通信系统模型,定义了信源、信道和信宿。该模型科学地模拟了通信系统的结构和功能,如图 9-1 所示。

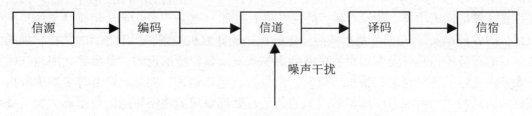

图 9-1 香农的通信系统模型

香农提出的这个模型虽然是一个简单的通信模型,但也可以适用于非通信系统,可以反映出社会信息的单向流动状况。另外,香农认为,信息是可以度量的,由此提出了信息量的概念及其计算方法。信息论为信息管理科学的发展奠定了理论基础。

(二)系统论

系统论是以一般系统为研究对象的理论,主要提出者是贝塔朗菲。贝塔朗菲认为,系统最显著的特征就是要素、结构、系统、功能和环境的五位一体关系,系统的结构就是系统各个要素相互作用的内在组织形式,与此相对应,系统与环境相互联系、相互作用的外在活动形式就是系统的功能。显然,信息是两者正常运作的保证。也就是说,要素与要素之间、要素与系统之间、系统和环境之间都是通过信息相互作用和相互联系的。

任何一个系统都是为了某个目的而建立的，正如从物流信息中得到某些物质和信息，同时给予环境某些物质和信息。系统是一个活的实体，为了发展的需要，它依据客观现实和自身的条件不断调整自己。系统的目标正是在这种不断进行的输入和输出流动中实现或者体现的。

（三）控制论

所谓控制，就是施控主体对受控主体的一种能动作用。控制作为一种作用，至少要有作用者、被作用者以及作用的传递者三个因素。控制论着眼于从控制系统和特定环境的关系考虑系统的控制功能。

控制论是在信息反馈理论的基础上建立起来的。反馈的内涵是信息从授者到授者经过处理返回给授者的过程。信息机构通过控制系统把输出信息输送给信息系统的用户，必然引起信息用户的反响。是满意还是部分满意或不满意，反馈就是把信息用户的这些反响集中起来，经过分析、筛选，反馈给信息系统的管理者，以便对信息系统进行合理调控。控制的全过程是一个必须依赖信息的过程。控制机制正是依靠信息，具体地说依靠信息反馈来达到控制的目的的。

总之，信息论、系统论与控制论的结合构成了相对完整的信息理论体系，逐步形成了现代信息管理的理论基础。

二、物流信息的定义与特点

（一）数据与信息

关于信息，最简单的定义是"消息"，更确切的定义是"生活主体同外部客体之间有关情况的消息"。信息科学则是关于信息的形态、传输、处理和存储理论的学科。

在计算机术语中有"数据"和"信息"两个名词。"数据"是指尚未根据特定的目标做出评价的各种事实，"信息"是指按照一定的程序经计算机处理、加工之后的数据产生的为特定目的服务的信息，是客观世界中各种事物状况及其特征的反映，是事物之间相互联系的表征，它包括各种消息、情报、资料、信号，也包括语言、图像、声音等多媒体数据。数据与信息的关系可以看作原料和成品的关系，处理系统能将不可用的数据形式加工成可用的信息，如图9-2所示。为方便处理和支持决策活动，通常把众多数据按数据结构、文件结构或数据库等形式组织起来。例如，商店可以将顾客购买的物品统计成品种销售数量、品牌销售数量、规格销售数量、总销售数量、销售额等对商店经营管理有意义的信息。

图9-2　数据与信息的关系示意

数据与信息的这种原料和成品的关系是相对的，对某个人来说是信息，对另一个人来说则可能是数据。例如，顾客购买了一件衬衣，对顾客来说是信息，而对商店的管理人员来说是一种数据。正是由于数据与信息既有区别又有紧密联系，所以人们往往交替使用这两个词。

总的来说，信息是加工后的数据，是一种经过选择、分析、综合处理后的数据，它可以使用户更清楚地了解正在发生什么事。

如果说数据是原材料，信息就是加工后得到的成品，是数据要表达的含义。

流通过程中的信息活动主要指信息的产生、加工、检索、存储以及传递。

（二）物流信息的定义

物流信息是在物流活动进行中产生与使用的必要信息，是物流活动的内容、形式、过程以及发展变化的反映，是由物流引起并能反映物流活动实际和特征的，可被人们接受和理解的各种消息、情报、文书、资料、数据等的总称。我国国家标准《物流术语》（GB/T 18354—2021）对"物流信息"的定义是"反映物流各种活动内容的知识、资料、图像、数据的总称"。

从狭义的角度来看，物流信息是指与运输、装卸、搬运、保管、包装、流通加工等物流基本活动相关的信息，对运输管理、库存管理、订单管理等物流活动具有支持保障功能。

从广义的角度来看，物流信息不仅包括与物流活动有关的信息，还包括与买卖双方交易过程有关的商品交易信息以及与市场活动有关的市场信息，具有连接、整合整个物流系统，促进整个物流系统效率化的功能。这里的商品交易信息包括销售和购买信息、订货信息和接受订货信息、发出货款和收到货款信息等；市场信息包括消费者的需求信息、竞争者或竞争性商品的信息、与促销活动有关的信息等。物流信息与商品交易信息、市场信息有着密切的联系。例如，零售商根据对消费者需求的预测以及库存现状制订订货计划，向批发商或生产商发出订货信息；批发商在收到零售商的订单后，在确认现有库存水平能满足订单需求的基础上，向物流部门发出发货、配货信息，如果发现现有库存无法满足订单需求则立即组织生产，再按订单上的数量和时间向物流部门发出发货、配货信息。

（三）信息与物流信息的特点

1. 信息的特点

一般而言，信息具有以下特点。

（1）事实性。事实是信息的核心价值，是信息的第一属性，不符合事实的信息没有价值，甚至会造成不良后果。

（2）价值性。管理信息是经过加工并对生产经营活动产生影响的数据，是劳动创造的，是一种资源，因而是有价值的。信息的使用价值必须经过转换才能实现。

（3）时效性。从广义上讲，信息是永存的；但从狭义上讲，信息具有很强的时效性，通常只在某一时刻或某一段时间内有效。信息的价值随着时间的推移逐渐降低，因此信息的传送越快越好。

信息是经过加工的数据，经过加工的数据总是落后于事实本身。因此，从时间上讲，信息总是落后于事实的。因此，应尽可能加快信息的收集、处理、传递速度，缩短滞后的时间，以保证决策者能在最短的时间获得实时信息。

（4）不完全性。关于客观事实的信息通常难以一次性全部获得，它与人们认识事物的程度有直接关系。因此，收集或转换信息时要有主观思路，要运用已有的知识进行分析和判断，只有正确地舍弃无用和次要的信息，才能正确地使用信息。

（5）层次性。管理系统在客观上是有层次的，处在不同层次的管理者有不同的职责，负责处理不同的决策，需要的信息也不同，因而信息是有层次的。通常把管理信息分为以下三个层次。

① 战略信息。关于外部环境对本组织要达到的目标的影响，达到目标所必需的资源水平和种类，确定获得资源、使用资源和处理资源的指导方针等方面的决策支持信息即战略信息。

② 战术信息。这是管理控制信息，可使管理人员掌握资源利用情况并比较实际结果与计划，从而了解是否达到预定目的并指导采取必要措施以更有效地利用资源。

③ 作业信息。作业信息用以解决经常性问题，与组织的日常活动有关，可保证切实完成具体任务。

（6）可转换性。不同形态的信息可以通过不同的方法转换，也可以用不同的载体存储，这一属性使得为管理系统提供丰富的信息成为可能，在多媒体时代尤为重要。

（7）可处理性。信息是事物存在方式和运动状态的反映，有时也可能是错误的或表象的反映，因此必须对其进行收集、加工整理、抽象概括、归纳综合，通过整理筛选、去粗取精、去伪存真、由此及彼、由表及里等手段对信息进行加工转化，以方便人们使用。

（8）可共享性。可共享性是指信息经过传播扩散后可供各种不同领域的人共同分享使用。

（9）可传递性。信息一方面依附于一定的物质载体，借助一定的信道进行传递；另一方面，人们要获得、感受、接收信息必须依赖于信息的传递。信息的传递是信息发挥作用必不可少的条件。

2. 物流信息的特点

除了具备一般信息的特点，物流信息还具有自身的一些特点。

（1）数量大、分布广。物流信息随着物流活动以及商品交易活动的展开而大量产生。随着现代物流的飞速发展，多品种、小批量、多批次和个性化服务等现代物流活动使库存、运输、分拣、包装、加工、配送等物流信息大量产生且广泛分布于制造厂、仓库、物流中心、配送中心、运输路线、商店、中间商、用户等地点。为了使物流信息适应企业开放性、社会性的发展要求，必须对大量的物流信息进行有效管理。信息的产生、加工和应用在时间、地点上不一致，在方式上也不相同，这就需要企业建立性能较高的信息处理系统并具有强大的信息收集、传输和存储能力。

（2）动态性强。由于各种作业活动频繁发生，市场状况与用户需求变化多端，物流信息会在瞬间发生变化，动态性较强、价值的衰减速度很快，大量信息转瞬即逝。现代物流信息系统必须具有即时更新数据、分析数据的能力，这样才能适应现代物流信息的特点。

（3）种类多。物流活动各个环节产生的信息不仅包括企业内部的物流信息，而且包括企业间的物流信息，与物流活动有关的基础设施信息，法规、条例等多方面的信息，这使物流信息分类、研究、筛选的难度大幅度提高。

（4）不一致性。物流信息是在物流活动过程中形成的，信息的产生、加工在时间和地点上不一致，采集周期和衡量尺度也不一致，应用方式往往大相径庭。为了有效地控制物流系统中的各类信息，需要建立统一、完善的数据采集系统。

三、物流信息的内容和标准

（一）物流信息的内容

物流信息的内容总是与企业物流各子系统对物流信息的需求相一致，各物流子系统有各自的信息内容，这些信息之间既有联系又有区别。

1．运输功能的信息

运输连接着物流各节点，影响着物流的许多构成因素，而物流费用又直接受到供货厂商、仓库和用户之间的地理分布的影响。不同的运输方式有不同的特点，但不论哪种运输方式，对其及时、准确、经济和安全的要求都是一致的。

运输业务中主要的基础信息的载体是各种单证，各种运输单证为运输决策提供了各种信息。履行每一次运输活动都需要一些单证，其中最主要的单证类型有提单、运单和运费清单等。单证中的主要物品信息包含名称、数量、包装、相关物理属性、搬运要求等。运输信息包括发货时间、发货地点、运输距离、到货时间、到货地点、运输方式、运输工具、运输费用、运输人员、接收方、运输损耗等。例如，提单是购买运输服务所使用的基本单证，它对所装运的商品和数量起到收据和证明文件的作用，具有对货物唯一真实的受领人、交接方式、交货地点以及货物（类别、包装、数量等）进行精确描述的信息。运单产生于托运人向承运人办理托运手续，具有托运物品、托运人和承运人及装卸地点等信息；运费清单是承运人收取其所提供的运输服务费用的一种凭证，具有运费的款项、金额和付费方式等信息。

运输信息处理系统要在充分分析运输距离、运输环节、运输工具、运输时间、运输费用"五要素"信息的基础上，制定出合理的实施方案，减少或避免空驶、对流运输、迂回运输、重复运输、倒流运输、过远运输、运力选择不当、运输方式选择不当等。要克服不合理运输，通常还需要掌握其他相关的信息，如各地交通信息、地理信息、货源信息、社会运力信息、在途物品信息、各种额外费用信息等。

2．存储功能的信息

实现物流存储功能的场所主要是仓库。存储业务的基本信息分为描述仓库和描述库存物品的信息。描述仓库的基本信息包括仓库的地点、类型、面积、保管方式、储位信息等。描述库存物品的基本信息有存放地点、物品名称、结构、重量、形状、包装类别、数量、储存要求、入库时间、适用装卸方式等。其他信息包括物品需求信息、供应商信息。

为了充分利用仓库资源和提高服务水平，需要完成具体的信息分析，如出入库频率、物品需求预测、库存安全、订货周期、订货批量、占用资金以及主被动的各种形态的储备、超储和积压等方面的分析，以便使储存进一步合理化。

3．物流加工的信息

物流加工对物流起着补充、完善、提高和增强的作用。物流加工功能的主要作用表现在：适应多样化顾客需求，实施方便用户的初级加工，提高原材料利用率，提高加工效率、设备利用率，充分发挥各种运输手段的最高效率。

实现物流加工合理化主要考虑配送、配套、合理运输、合理商流和节约等方面的因素。

由于加工需要加工设备、加工人员等资源，所以物流加工业务需要的主要信息有加工要求、加工时间、加工能力、加工流程、加工成本等，相关的辅助决策信息有加工方式、加工周期、加工报价。

4. 配送功能的信息

从物流角度来讲，配送几乎包括所有的物流功能要素，是物流的一个缩影或在某一小范围中物流全部活动的体现。一般的配送集装卸、包装、保管、运输于一身，通过这一系列活动将货物送达目的地。特殊的配送则要以加工活动为支撑，所以内容更广泛。但是，配送的主体活动与一般物流有所不同，一般物流是运输及保管，而配送则是运输及分拣配货。分拣配货是配送的独特要求，也是配送中特有的活动，以送货为目的的运输则是最后实现配送的主要手段。

配送功能的设置可采取物流中心集中库存、共同配货等形式，使用户或服务对象实现零库存，依靠物流中心的准时配送，而无须保持自己的库存或只需保持少量的安全储备，以减少物流成本的支出。对于不同类型的配送中心，由于其服务对象、配送技术和配送目的不同，形成的配送形式和运作方式也不同，从而使得该项业务所需要的基本信息和决策信息的重点也不同。

备货的基本信息包括货源供应信息与筹集情况（订货或购货、进货信息）及有关的质量检查、结算、交接等信息，需要分析的信息主要有备货成本、备货规模、供应商信息等。要决策的问题主要包括备货规模、物资来源、配送方式、配送路线等。配送加工、分拣及配货的决策问题根据用户的要求，包括品种、数量、包装、运送方式等。

配装是在单个用户配送数量不能达到车辆的有效载运负荷时，将不同用户的货物集中配送，这时需充分考虑如何搭配装载，以充分利用运能、运力提高送货效率并降低送货成本。

配送运输属于运输中的末端运输和支线运输，具有配送用户多、距离较短、线路较复杂、规模较小、额度较高等特点，一般使用汽车作为运输工具，因此需要信息作为辅助的决策问题主要有选择最佳运输路线、配装和路线有效搭配等。

送达服务是配送业务的最终环节，能保证圆满地实现配送物品的移交（包括卸货地点、卸货方式），并有效、方便地处理相关手续，完成结算。

（二）物流信息相关标准

物流活动是实现产品的时间效用和空间效用的活动，是国民经济正常运转的重要保障。随着电子商务的发展，物流系统的信息化要求日益迫切，必须加大力度建设与电子商务相配套的物流信息系统。在物流信息系统的建设中，通过标准化实现系统间的数据交换与共享已经成为电子商务的必然要求，用现代化信息技术支持现代物流活动具有重要意义。

物流信息标准化是指以物流为一个大系统，制定系统内部设施，机械装备、专用工具等的技术标准，包装、仓储、装卸、运输等各类作业的标准，形成全国以及与国际接轨的标准化体系。

具体来说，物流信息标准可分为基础性标准和应用性标准。

1. 基础性标准

物流信息基础性标准主要是物流实体的编码（即标识代码）技术标准及这些编码的数据库结构标准，包括托盘编码技术标准、集装箱编码技术标准、商品编码技术标准以及数据库结构标准等。标识代码的编码规则必须保证其在全球范围内的唯一性，即物流管理对象与其标识代码一一对应。

国际物品编码协会（European Article Number，EAN）和美国统一代码委员会（UCC）及其地区编码组织开发了对货物、运输、服务和位置等进行唯一有效编码的方案，即国际EAN/UCC 系统。EAN/UCC 包括对商品的统一标识、统一分类、统一属性的描述及全球同步对整个数据的维护工作，为全球行业的供应链进行有效管理提供了一整套开放式国际标准，是公认的国际标准。

中国物品编码中心也参考 EAN/UCC 系统技术规范制定了我国相应的国家标准，主要包括以下内容。

（1）消费单元条码（贸易项目标识代码），采用 EAN-13 和 UPC-A 码，主要用于零售业，对应的国家标准是《商品条码　零售商品编码与条码表示》（GB 12904—2008）。消费单元条码也称为商品条码，企业申请使用得比较多，被我国超市广泛采用。

（2）储运单元条码（非零售贸易项目代码），一般采用 ITF-14 条码标准，主要用于产品的纸质大包装上，对应的国家标准是《商品条码　储运包装商品编码与条码表示》（GB/T 16830—2008）。目前，我国部分超市的配送中心已开始使用储运单元条码。

（3）货运单元条码（系列货运包装箱代码 SSCC、EAN/UCC 系列 128 条码），采用EAN/UCC-128 条码标准，主要用于运输、仓储等物流标签，是供应链中用于标识物流单元的唯一代码，对应的国家标准是《商品条码　128 条码》（GB/T 15425—2014）。货运单元条码是物流条码最常用的形式，也是国际物流业普遍推广使用的全球通用物流条码，在我国已引起不少物流企业和生产企业的重视。

（4）其他相对应的国家标准，如《商品条码　物流单元编码与条码表示》（GB/T 18127—2009）、《商品条码　应用标识符》（GB/T 16986—2018）、《商品条码　参与方位置编码与条码表示》（GB/T 16828—2021）等。

2. 应用性标准

应用性标准主要是指自动识别与分拣跟踪技术标准、电子数据交换标准。

（1）自动识别与分拣跟踪技术标准。自动识别技术主要有条码技术、扫描技术和射频技术。条码技术标准主要包括码制标准和条码标识标准。码制标准主要有 128 码制、交叉25 码制、39 码制等。条码标识标准主要有商品条码标准、128 条码标准、贸易单元 128 条码标准、交叉 25 条码标准、39 条码标准、库德巴条码标准等一维条码标准及 PDF 417 条码、QR 矩阵码等二维条码标准。在物流管理中，与射频相关的标准或规范有物流射频标签技术规范、物流射频识别读写器应用规范和射频识别过程通信规范等。

（2）电子数据交换标准。电子数据交换标准主要包括电子数据交换语法标准和电子数据交换报文标准。国际物品编码协会制定的流通领域电子数据交换规范（EANCOM）以EAN 标识代码体系和条码标准体系为基础，为 EAN 贸易单元编码、物流单元编码、位置码等在 EDI 中的应用提供了一整套解决方案。目前，EANCOM 共有 47 个报文，分为主数据类、商业交易类、报告与计划类、运输类、财务类和通用报文类。

2002 年 9 月 1 日，受国家质量监督总局的委托，中储总公司、中储协会以及中储物流在线有限公司共同组织编写的现代物流国家标准——《大宗商品电子交易规范》《数码仓库应用系统规范》开始实施，对于提高物流的科技含量与发展水平、促进我国商品批发市场现代化和电子交易市场规范化具有积极的促进作用。其中，国家标准《大宗商品电子交易规范》源于规范商品现货批发市场应用电子交易机制，正式公布后根据有关部门意见又做了进一步修订。

四、物流信息的分类

在处理物流信息和建立物流信息系统时，对物流信息进行分类是一项基础工作。物流信息可以按不同的标准进行分类。

（一）按信息产生和作用的领域分类

按信息产生和作用的领域，物流信息可分为物流活动产生的信息和由其他信息源产生但作用于物流的信息。一般而言，在物流信息工作中，前一类信息是发布物流信息的主要信息源，这类信息不但可以指导下一个物流循环，也可以作为经济领域的信息提供给社会；后一类信息则是信息工作收集的对象，是其他经济领域和工业领域产生的、对物流活动有作用的信息，主要用于指导物流。

（二）按信息的作用不同分类

1．计划信息

计划信息指的是尚未实现但已被视作目标确认的信息，如运输量计划、仓储计划、物流量计划、仓库进出量计划、车皮计划、与物流活动有关的国民经济计划、工农业产品产量计划等。许多具体工作的预计、计划安排等都是带有作业性质的，如协议、合同、投资等信息，只要尚未进入具体业务操作的，都可视为计划信息。这种信息的特点是带有一定的稳定性、更新速度较慢。

计划信息对物流活动具有非常重要的战略意义，只有掌握了计划信息，才能针对物流活动展开战略思考，实现长远发展。因此，计划信息往往是战略决策或大型业务决策所不可缺少的参考依据。

2．控制与作业信息

控制与作业信息是指物流业务操作过程中产生的信息，是物流活动中必然产生的信息，是掌握物流状况必不可少的信息，如库存种类、库存量、载运量、运输工具状况、物价、运费、投资在建情况、港口船舶到发情况等。这类信息的特点是动态性非常强、更新速度很快，可用于控制和调整正在发生的物流活动并指导下一次即将发生的物流活动，以实现对物流活动各阶段的有效控制和管理。

3．统计信息

统计信息是物流活动整个流程结束后，描述整个物流活动的一种终结性、归纳性信息。这种信息是一种稳定不变的信息，有很大的参考价值。虽然不断出现的新的统计结果会使其在总体上来看具有动态性，但是已产生的统计信息是一个历史的结论，是恒定不变的。例如，上一年度/月度的物流量、物流种类、运输方式、运输工具使用量、仓储量、装卸量以及与物流有关的工农业产品产量、内外贸易数量等都属于这类信息。

统计信息有很强的战略价值，有助于正确掌握过去的物流活动及其规律，以指导物流发展战略的制定。物流统计信息是国民经济中非常重要的一类信息。

4. 支持信息

支持信息是指对物流计划、业务、操作具有影响的信息或有关的文化、科技、产品、法律、教育、民俗等方面的信息，如物流技术的革新、物流人才的需求等。这些信息不仅对物流的战略发展具有价值，也对控制、操作物流活动具有指导和启发作用，属于可从整体上提高物流水平的信息。

（三）按加工程度的不同分类

1. 原始信息

原始信息是指没有经过加工的、初级的物流信息，是信息工作的基础，也是最有权威的凭证式信息。一旦有需要，可从原始信息中找到真正可靠的依据。原始信息是加工信息可靠性的保证。没有原始信息的收集，就没有加工信息的分析结果。在物流业务环节中，原始的物流信息是非常重要的。

2. 加工信息

加工信息指对原始信息进行各种方式和各个层次的加工分析处理后的信息。相对于原始信息，加工信息更具有辅助决策价值，因为它是对原始信息的提炼、简化和综合，可以大大缩小信息存量并将信息整理成有使用价值的数据和资料。

（四）按照信息所属物流功能的不同分类

不同物流功能活动的性质不同，信息的内涵和特征也有所不同。按物流功能分类，物理信息可分为运输信息、仓储信息和装卸信息等，还可以进一步细化为集装箱信息、托盘交换信息、存量信息和汽车运输信息等。

（五）按来源分类

按照来源，物流信息可分为外部信息和内部信息。

1. 外部信息

外部信息是一个相对的概念。由于物流系统是由各个子系统构成的，对于其中任何一个物流子系统而言，来自其他物流子系统的信息都属于外部信息。

2. 内部信息

内部信息是指来自物流系统内部的各种信息，如物流管理信息、物流作业信息、物流控制信息等。

（六）按传递方式分类

按照传递方式，物流信息可以分为口头信息、文本信息和电子信息。

1. 口头信息

口头信息传递速度快、直接简单，但由于没有任何文字记录，容易导致信息失真。这种信息一般出现于物流活动的各种现场调查研究过程和资料收集过程。

2．文本信息

文本信息是以文字形式出现的、可被长期保存的信息，可以根据需要随时查阅、检查核实，对于重要信息的沟通是十分必要的。

3．电子信息

随着电子技术的发展，电子媒介在当今世界的信息传递过程中充当越来越重要的角色。电子媒介可以迅速提供准确信息，但缺点是投入成本较高。

此外，还可以按照时间、使用频率、精确程度、流向、用途的不同等对物流信息加以分类。

五、物流信息的作用

在物流系统中，各个子系统、各个环节的相互衔接需要有效的信息沟通，基本资源的调度离不开准确的信息查询。在整个物流系统的运行过程中，物流信息主要起到以下几个方面的作用。

（一）支持市场交易活动

交易活动主要包括记录订单和接货内容、安排储存任务、选择作业程序、制定价格和查询相关内容等。物流信息的交易作用就是记录物流活动的基本内容，其主要特征是程序化、规范化和交互式，强调整个信息系统的效率性和集成性。

（二）支持业务控制

物流服务的水平和资源利用的管理需要有信息的反馈并做相关的控制，要通过建立完善的考核指标体系评价和考量作业计划和绩效。这里强调信息作为控制工作和加强控制力度的工具的作用。

（三）支持工作协调

在物流运作中，物流系统各环节、各子系统加强信息的集成与流通有利于提高工作的质量与效率、降低劳动强度。

（四）支持决策和战略功能

物流信息管理有利于协调工作人员和管理层实施活动的评估和成本—收益分析，从而更好地做出决策。

总之，随着现代通信技术和网络技术的发展和应用，跨地域的实时信息传输和交换成为物流企业信息系统的重要功能。物流信息的及时传输扩大了物流企业的活动范围，促进了物流管理手段的不断改进和发展。

六、物流信息管理的不同阶段

物流业专家一般将对物流信息管理分成三个阶段，即手工管理阶段、电子计算机管理阶段和资源管理阶段，在不同阶段，企业采取的物流信息管理方法是不同的。

（一）手工管理

手工管理是旧时物流的产物，其核心为把握物流信息的源头。这种方法以单据和卡片作为信息传递的基础，手工填报，通常采用邮政等一般通信方式传递与交换，定期举行分析会议，手工分类、整理有关单据、卡片，以表格等形式反映最终整理结果，用文件夹等形式汇总、装订单据、卡片、表格以储存信息。手工管理是物流信息系统管理的初级形式，虽然简单易行，但效率低、效益差，远远不能满足现代化物流发展的需要，随着物流信息量的增大，这种依赖人工的方法必然遭到淘汰。

（二）电子计算机管理

利用计算机处理、传递、储存信息是现代物流的一个显著标志。电子计算机管理以物流信息的流程为核心，具有存量大、处理速度快等特点。采用这种方法，计算机一般不单机使用，只有形成网络才能发挥其最大效用。电子计算机可以快速处理手工管理方法难以解决的复杂问题，如果把与物流有关的商流、经营管理等信息系统联系起来，其作用能得到更充分的发挥。

（三）资源管理

物流信息的资源管理突出从经济角度管理，结合技术因素和人文因素，综合管理，在战略和规划的高层次上强化信息管理。可以说，资源管理是物流信息管理的最高阶段。

但值得注意的是，物流信息管理的以上三个阶段并不是前后更替的。在物流管理的实践中，经常见到的是三者并存的情况，在我国尤其突出，其主要原因是我国企业物流管理的发展水平不均衡、各地区之间存在很大的差异。

第二节　物流信息技术

一、物流信息技术的内涵

信息技术以其技术优势和广阔的发展前景增强了企业竞争力，使传统的企业获得新生。现代信息技术以一种不可估量的力量加速了企业经营方式和管理方式的变革，任何一个企业、行业都无法脱离这种变革。

（一）信息技术

信息技术是指获取、传递、处理、再生和利用信息的技术，是新经济环境下企业信息化的物质技术基础。从历史角度来看，每一次科技的重大进步都会为人类社会带来意义深远的影响，信息技术是新经济风暴的起源，是新经济浪潮的动力，是新经济时代的标志。信息技术已经融入现代文明的方方面面，使人们的生产、生活发生了翻天覆地的变化。数字化、自动化是信息技术最显著的特点。

（二）物流信息技术

我国国家标准《物流术语》（GB/T 18354—2021）对"物流信息技术"的定义为"以计算机和现代通信技术为主要手段实现对物流各环节中信息的获取、处理、传递和利用等功能的技术总称"。物流信息技术是现代信息技术在物流各个作业环节中的应用，是物流现代化的重要标志。它主要由通信、软件、面向行业的业务管理系统三大部分组成，包括基于各种通信方式的移动通信手段、全球定位技术、地理信息技术、计算机网络技术、自动化仓库管理技术、智能标签技术、条码技术、射频识别技术、电子数据交换技术等现代高新技术。在这些高新技术的支撑下，物流信息技术形成以移动通信、资源管理、监控调度管理、自动化仓储管理、业务管理、客户服务管理、财务处理等多种信息技术集成的一体化现代物流管理体系。

物流信息技术通过切入企业的物流业务流程实现对企业各生产要素的合理组合与高效利用，降低经营成本，直接产生明显的经济效益。它有效地把各种零散数据变为商业智慧，赋予了企业新的生产要素——信息，大大提高了企业的业务预测和管理能力。通过"点、线、面"的一体化综合管理，实现了企业内部一体化和外部供应链的统一管理，有效地帮助企业提高了服务质量，提升了企业的整体效益。

二、物流信息管理的识别技术

在物流信息系统应用中，首先要对货物进行信息识别，把货物的名称、型号、规格、数量、单价等性能指标用数字化手段输入计算机数据库系统，货物信息识别技术由此应运而生。常用的识别技术包括条码技术、扫描技术、射频识别技术等。

（一）条码技术

我国国家标准《物流术语》（GB/T 18354—2021）对"条码"的定义是"由一组规则排列的条、空组成的符号，可供机器识读，用以表示一定的信息，包括一维条码和二位条码"。近年来，随着计算机应用技术的不断普及，条码的应用得到了很大的发展。在流通和物流活动中广泛应用条码技术可迅速、准确地识别商品，自动读取有关商品的信息。

条码是用一组数字来表示商品的信息。按使用方式分为直接印刷在商品包装上的条码和印刷在商品标签上的条码，按使用目的分为商品条码和物流条码。

商品条码是以直接向消费者销售的商品为对象，以单个商品为单位使用的条码。它由13 位数字组成：最前面的两个数字表示国家或地区的代码，我国的代码是 69；接下来的 5 个数字表示生产厂家的代码；再之后的 5 个数字表示商品品种的代码；最后 1 个数字用来防止机器发生误读错误。例如，商品条码 6902952880041 中，69 代表"中国"，02952 代表"贵州茅台酒厂"，88004 代表"53%（V/V）、106PROOF.500ml 的白酒"。

物流条码是物流过程中以商品为对象、以集合包装商品为单位使用的条码。标准物流条码由 14 位数字组成，除了第 1 位数字，其余 13 位数字代表的意思与商品条码相同。物流条码的第 1 位数字表示物流识别代码，物流识别代码 1 代表集合包装容器装 6 瓶酒，物流识别代码 2 表示装 24 瓶酒，物流条码 26902952880041 代表该包装容器装有中国贵州茅台酒厂的白酒 24 瓶。

商品条码和物流条码的区别如表 9-1 所示。

表 9-1　商品条码与物流条码的区别

	应 用 对 象	数 字 构 成	包 装 形 状	应 用 领 域
商品条码	向消费者销售的商品	13 位数字	单个商品包装	POS 系统、补充订货管理
物流条码	物流过程中的商品	14 位数字（标准物流条形码）	集合包装，如纸箱、集装箱等	出入库管理、运输保管分拣管理

按照维数，条码可分为一维条码、二维条码和多维条码。按照码制，一维条码又可分为 UPC 码、EAN 码、交叉 25 码、39 码、Code Bar 码、128 码、93 码、49 码等；二维条码又可分为 PDF417 码、Code49 码、Code 16K 码、Data Matrix 码、Maxi Code 码等，主要包括堆积或层排式、棋盘或矩阵式两大类。

EAN 码

（二）扫描技术

除了条码技术，自动识别的另一个关键组件是扫描处理，它是条码系统的"眼睛"。扫描仪从视觉上收集条码数据并把它们转换成可用的信息。目前，扫描仪有手提和定位两种类型，两者都能使用接触技术和非接触技术，在物流方面主要有两大应用方向：第一种应用是零售商店的销售时点系统，除了可以在现金收款机上给顾客打印收据，还可以为商店提供精确的存货控制；第二种应用是物料搬运和跟踪，通过扫描枪的使用，物料搬运人员能够跟踪产品的搬运、存储地点、装卸和入库。

在物流应用中更广泛地使用扫描仪可提高生产率、减少差错。

（三）射频识别技术

我国国家标准《物流术语》（GB/T 18354—2021）对"射频识别技术"的定义是"在频谱的射频部分，利用电磁耦合或感应耦合，通过各种调式和编码方案，与射频标签交互通信唯一读取射频标签身份的技术"。

射频识别的优点是不局限于视线、识别距离比光学系统远，射频识别卡既可读出信息，又可写入数据，携带数量大、难以伪造且有智能化特点，适用于物料跟踪、运载工具和货架识别等要求非接触数据采集和交换的场合，采用 RFID 技术制作的射频标签对于需要频繁改变数据内容的场合尤为适用。目前，射频识别技术已广泛应用于高速公路自动收费与城区交通管理、人员识别与物资跟踪、生产线自动化控制、仓储管理等领域。

三、物流信息管理的信息传输与跟踪技术

物流信息处理的信息传输与跟踪技术主要包括数据库技术、电子数据交换技术、全球定位系统技术和地理信息系统技术等。

（一）数据库技术

数据库（data base，DB）是以一定的组织方式存储在一起的相关的数据集合，这些数

据没有有害或不必要的冗余，能为多个用户或应用程序服务，数据的存储独立于应用程序；应用程序能够用一种公用的、可控的方法向数据库插入新数据、修改和检索原有数据。结构化处理后的数据可以为今后的应用服务。同文件系统相比，数据库具有以下特点：数据冗余最小、数据充分共享、数据相对独立、数据管理与控制统一。

数据库系统是由计算机系统、数据库、数据库管理系统和有关人员组成的具有高度组织的总体，是在文件系统基础上发展起来的更为先进的数据管理技术，它的应用使信息系统的水平提高到了一个新的阶段。数据库系统是现代物流信息系统不可缺少的一部分。

数据库管理系统经历了 30 多年的演变，已经发展成了一门内容丰富的学科，形成了总量达数百亿美元的一个软件产业。

目前，市场上具有代表性的数据库产品包括 Oracle、DB2、SQL Server 和 Sybase 等。在一定意义上，这些产品的特征反映了当前数据库产业界的最高水平和发展趋势。因此，分析这些主流产品的发展现状是了解数据库技术发展的一个重要方面。

（二）电子数据交换技术

1. 电子数据交换技术的定义

我国国家标准《物流术语》（GB/T 18354—2021）对"电子数据交换"（electronic data interchange，EDI）的定义为"采用标准化的格式，利用计算机网络进行业务数据的传输和处理"。它是不同企业为了提高经营活动的效率，在标准化的基础上通过计算机联网进行数据传输和交换的方法，目的是通过建立企业间数据交换网实现票据处理、数据加工等事务作业的自动化、省力化、及时化和正确化，同时通过有关销售信息和库存信息的共享实现经营活动的效率化。需要指出的是，企业在应用 EDI 时，不仅应关注在供应链参与各方之间传送信息的及时性和有效性，更应该关注如何利用这些信息实现企业各自的经营目标和整个供应链活动的效率化。EDI 的主要功能表现在电子数据传输和交换、传输数据的存证、文书数据标准格式的转换、安全保密、提供信息查询、提供技术咨询服务、提供信息增值服务等。

2. 电子数据交换技术的分类

根据功能，电子数据交换技术可以分成以下四类。

（1）贸易数据交换系统（trade data interchange，TDI）：最简单的订货信息系统，用电子数据交换来传输订单、发货单和各类通知等。

（2）电子资金转账系统（electric funds transfer，EFT）：在银行和其他组织之间完成电子费用汇兑，已经使用多年，仍在不断地改进，其中最大的改进就是和订货系统联系起来，形成一个自动化水平更高的系统。

（3）交互式应答系统（interactive query response，IQR）：最常见的是旅行社和航空公司的机票预订系统，应答旅客询问，显示航班的时间、票价或其他问题，然后根据旅客的要求确定所需要的航班、打印机票等。

（4）自动传输的 EDI：最常用的是计算机辅助设计图形的自动传输。

3. 电子数据交换系统的要素

构成 EDI 系统的三个要素是 EDI 软硬件、通信网络以及数据标准。一个部门或企业若要实现 EDI，首先必须有一套计算机数据处理系统；其次，为使本企业内部数据比较容易地转换为 EDI 标准格式，必须采用 EDI 标准；最后，通信网络的优劣也是影响 EDI 成败的重要因素之一。EDI 标准是整个 EDI 最关键的部分，这是因为 EDI 是以事先商定的报文格式进行数据传输和信息交换的。EDI 标准主要分为基础标准、代码标准、报文标准、单证标准、管理标准、应用标准、通信标准、安全保密标准。其中，最重要的是单证标准，包括单证格式标准、所记载的信息标准和信息描述标准。

4. 物流电子数据交换技术

物流电子数据交换是指货主、承运业主以及其他相关的单位之间通过电子数据交换系统进行物流数据交换并以此为基础实施物流作业活动的方法。物流电子数据交换的参与单位有货物业主（生产厂商、贸易商等）、承运企业（独立的物流承运企业等）、实际运送货物的交通运输企业（铁路运输企业、水路运输企业、航空运输企业、公路运输企业等）、协助单位（政府有关部门、金融企业等）和其他的物流相关单位（仓库业者、专业报关业者等），如图 9-3 所示。

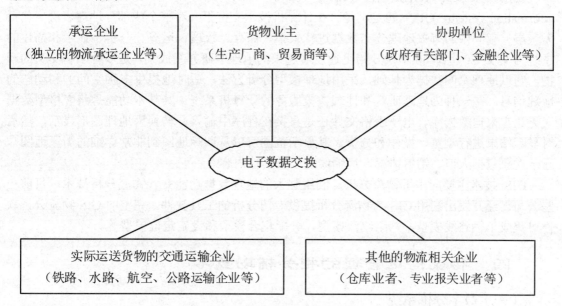

图 9-3　物流电子数据交换

（三）全球定位系统（GPS）技术

我国国家标准《物流术语》（GB/T 18354—2021）对"全球定位系统"（global positioning system，GPS）的定义是"以人造卫星为基础、24 小时提供高精度的全球范围的定位和导航信息的系统"。可提供定位和导航的卫星星座主要有五大星座，具有在海、陆、空进行全方位实时三维导航与定位的能力。美国军方所拥有的 GPS 系统由 21 颗工作卫星和 3 颗在轨备用卫星组成 GPS 卫星星座，记作（21+3）GPS 星座。24 颗卫星均匀分布在 6 个轨道平面内，轨道倾角为 55°，各个轨道平面之间相距 60°，即轨道的升交点赤经各相差 60°；每个轨道平面内各颗卫星之间的升交角距相差 90°，任一轨道平面上的卫星比西边相邻轨道平面上的相应卫星超前 30°。这种结构与设备配置使 GPS 具有全球性、实时性、全天候、连续快速、高精度的功能特点，可提供全球范围从地面到 9000 km 高空之间任一载体的高精度的三维位置、三维速度和精确的时间信息。

用户必须配备 GPS 接收机才能使用 GPS 系统，GPS 接收机的主要功能是接收卫星发射的信号，以获得必要的导航定位信息并据此进行导航和定位。安装在车辆上的车载单元只要能收到来自 4 颗卫星的定位信号，就可定出该辆车的经、纬度位置和时间信息。

GPS 进一步发展的方向是运输工具 GPS 接收机、电子地图的开发和无线通信设备的接口技术、工作保密性技术、工作可靠性技术的研究。综合利用卫星定位技术、电子地图匹配技术、移动通信技术、信息系统技术等多种先进技术，可以形成集定位、导航、监测、报警、通信、指挥于一身的多功能系统，在物流系统运行中得到广泛应用。

目前，GPS 在物流领域的应用体现在：汽车自动定位、跟踪调度、陆地救援；内河及远洋船队最佳航程和安全航线的测定，航向的实时调度、监测及水上救援；空中交通管理、精密进场着陆、航路导航和监视；铁路运输管理；军事物流。

（四）地理信息系统技术

我国国家标准《物流术语》（GB/T 18354—2021）对"地理信息系统"（geographical information system，GIS）的定义是"在计算机技术支持下，对整个或部分地球表层（包括大气层）空间中的有关地理分布数据进行采集、储存、管理、运算、分析、显示和描述的系统"。它是 20 世纪 60 年代开始迅速发展起来的地理学研究新成果，是多种学科交叉的产物，它以地理空间数据为基础，采用地理模型分析方法，适时地提供多种空间的和动态的地理信息，是一种为地理研究和地理决策服务的计算机系统。其基本功能是将表格型数据（无论它来自数据库、电子表格文件还是直接在程序中输入）转换为地理图形显示，然后对显示结果进行浏览、操作和分析。其显示范围可以从洲际地图到非常详细的街区地图，显示对象包括人口、销售情况、运输线路以及其他内容。

GIS 技术主要应用于物流分析，利用强大的地理数据功能完善物流分析技术。目前一些公司已经开发出利用 GIS 为物流分析提供专门分析的工具软件。完整的 GIS 物流分析软件可集成车辆路线模型、网络物流模型、分配集合模型和设施定位模型等。

四、物流信息管理的相关辅助技术

（一）数字分拣系统

数字分拣系统（digital picking system，DPS）中常用的技术是电子标签辅助拣货技术，它是一种无纸化拣货系统。一般传统拣货是拣选人员根据拣货单逐一拣货，工人劳动强度大，容易造成错拣或漏拣现象。而数字分拣系统是把打印拣货单的过程省略，而在货架上加装一组 LED 显示器及线路，客户的订单资料直接由计算机传输到货架上的显示器，拣货人员根据显示器上的信息拣货，拣货完成之后按一下确认键即可。采用这种方式可大大提高拣选效率、降低工人的劳动强度。数字分拣有两种方式，即摘取式和播种式。

（二）电子订货系统

我国国家标准《物流术语》（GB/T 18354—2021）对"电子订货系统"（electronic ordering system，EOS）的定义是"不同组织间利用通信网络和终端设备进行订货作业与订货信息交换的系统"。EOS 的应用范围可分各企业内的 EOS（如连锁店经营中各个连锁分店与总部之间建立的 EOS 系统），零售商与批发商之间的 EOS 系统以及零售商、批发商和生产商之间的 EOS 系统。

EOS 系统在企业物流管理中的作用如下。

（1）对于传统的订货方式，EOS 系统可以缩短从接到订单到发出货物的时间和订货商品的交货期、降低商品订单的出错率、节省人工费。

（2）有利于降低企业库存水平、提高企业的库存管理效率，同时能防止商品特别是畅销商品出现缺货现象。

（3）对于生产厂家和批发商来说，通过分析零售商的商品订货信息，能准确判断畅销商品和滞销商品，有利于企业调整商品生产和销售计划。

（4）有利于提高企业物流信息系统的效率，使各个业务信息子系统之间的数据交换更加便利和迅速，丰富企业的经营信息。

由于 EOS 系统给贸易伙伴带来了巨大的经济效益和社会效益，在商业化迅速发展的今天，它的重要性日益得到凸显，随着科学技术的不断发展和 EOS 系统的日益普及，EOS 的系统化、社会化、标准化、国际化和网络化已经成了当今 EOS 系统的发展趋势。

（三）销售时点信息系统

我国国家标准《物流术语》（GB/T 18354—2021）对"销售时点系统"（point of sale，POS）的定义是"利用自动识别设备，按照商品最小销售单位读取实时销售信息，以及采购、配送等环节发生的信息，并对这些信息进行加工、处理和共享的系统"。POS 系统最早应用于零售业，以后逐渐扩展至其他服务行业，如金融、旅馆等，利用 POS 系统的范围也从企业内部扩展到整个供应链。现代 POS 系统已不仅仅局限于电子收款技术，还要考虑将计算机网络、电子数据交换技术、条码技术、电子监控技术、电子收款技术、电子信息处理技术、远程通信、电子广告、自动仓储配送技术、自动售货、备货技术等一系列科技手段融为一体，从而形成一个综合性信息资源管理系统。同时，它必须符合和服从商场管理模式，按照对商品流通管理及资金管理的各种规定进行设计和运行。

前台 POS 系统是指通过自动读取设备（如收银机），在销售商品时直接读取商品销售信息（如商品名、单价、销售数量、销售时间、销售店铺、购买顾客等），实现前台销售业务的自动化，对商品交易进行实时服务和管理并通过通信网络和计算机系统传送至后台，通过后台管理信息系统计算、分析与汇总等掌握商品销售的各项信息，为企业管理者分析经营成果、制定经营方针提供依据，以提高经营效率。后台 MIS 系统负责整个商场进、销、调、存系统的管理以及财务管理、库存管理、考勤管理等。它既可根据商品进货信息对厂商进行管理，又可根据前台 POS 提供的销售数据控制进货数量、合理周转资金，还可分析统计各种销售报表，快速、准确地计算成本与毛利并可对售货员、收款员业绩进行考核，是职工分配工资、奖金的客观依据。因此，商场现代化管理系统中的前台 POS 与后台 MIS 是密切相关的，二者缺一不可。

（四）电子资金转账

电子资金转账是指经由终端机、语音工具、计算机或磁带等资讯设备或工具，作为下单、通知或授权金融机构处理资金往来账户的转移行为。

银行采用电子计算机等技术进行电子资金转账的方式可分为如下五种，分别代表着电子资金转账发展的不同阶段。

第一阶段，银行利用计算机处理银行之间的货币汇划业务，办理汇划结算。

第二阶段，银行计算机与其他机构计算机之间资金的汇划，如代发工资等业务。

第三阶段，利用网络终端向客户提供各项银行服务，如客户在自动柜员机上进行取、存款操作等。

第四阶段，利用银行销售点终端向客户提供自动的扣款服务，这是现阶段电子资金转账的主要方式。

第五阶段，即最新发展阶段，电子资金随时随地通过互联网进行直接转账结算，形成电子商务环境。

银行采用电子资金转账系统提供电子付款服务，具体有特约商户的 POS 支付系统（电话线路系统）、企业与企业的电子支付系统（企业银行专线系统）、公共网络金融支付系统（Internet 系统）、国际支付系统（VISA 等系统）。

（五）QR 和 ECR 技术

QR（quick response）即快速反应，是指物流企业面对多品种、小批量的客户，不是储备了"产品"，而是准备了各种要素，在客户提出需求时，以最快的速度提供条件，及时完成配送，提供所需服务或产品。其目的是缩短从原材料到客户的时间、减少整个供应链的库存，最大程度地提高供应链管理的运作效率。

QR 的核心是在以时间为基础的竞争中占据优势，建立一套对环境条件反应灵敏和快速的系统。它是物流信息系统和 JIT 物流系统结合在一起实现"在指定时间内于指定地点将产品交付给客户"的产物。

QR 的实现主要依靠 IT 技术的发展，特别是电子数据变换、条码和带有激光扫描的电子 POS 的使用，客户和供应商之间通过 POS 系统共享不断地预测产品的发展趋势和开发新产品，以便对最终用户或消费者的需求做出更迅速的反应。在系统运作方面，双方利用 EDI 信息流使整个供应链所需的时间和费用最少。QR 的着重点是对用户需求做出快速反应，使时间和成本最小化。

ECR（efficient customer response）即有效客户反应，以满足客户要求和最大程度地降低物流过程费用为原则，能及时做出准确反应，使提供的物品供应或服务流程最佳的一种供应链管理战略。它是一种观念，更是一种新技术，重新检讨上、中、下游企业间生产、物流、销售的流程，其主要目的在于消除整个供应链运作流程中没有为消费者加值的成本，将供给推动的"推"（push）式系统转变成更有效率的需求拉动的"拉"（pull）式系统并将这些效率化成果回馈给客户，期望能以更快、更好、更经济的方式把商品送到客户的手中，满足客户的需求。因此，ECR 的实施重点包括需求面的品类管理改善、供给面的物流配送方式改进等。

目前，ECR 的推广对象主要以快速移转消费产品、食品杂货为主，而其实施重点包括需求面的品类管理改善、供给面的物流配送方式的改进等，未来，我们期望 ECR 技术能够推广到其他产业体系。

（六）配送需求计划

我国国家标准《物流术语》（GB/T 18354—2021）对"配送需求计划"（distribution

requirement planning，DRP）的定义是"依据市场需求、库存、生产计划信息来配置物流配送资源的一套技术方法"。该技术主要解决分销物资的供应和调度问题，基本目标是合理进行分销物资和资源配置，以达到既有效地满足市场需求又使配置费用最少的目的。

DRP 主要在两类企业中得到应用：一类是流通企业，如储运企业、配送企业、物流中心、流通中心等；另一类是生产企业。二者的共同之处包括：以满足社会需求为企业的宗旨；依靠一定的物流能力（储运、包装、装卸、搬运等）满足社会的需求；为满足社会需求，要从制造企业或物资资源市场组织物资资源。

实施 DRP 时要输入三个文件，即社会需求文件、库存文件、生产厂资源文件；其输出文件为送货计划、订货进货计划。

（七）物流资源计划

我国国家标准《物流术语》（GB/T 18354—2021）对"物流资源计划"（logistics resources planning，LRP）的定义是"以物流为手段，打破生产与流通界限，集成制造资源计划、能力资源计划、配送资源计划以及功能计划而形成的资源优化配置方法"。其实质是把 MRP（material requirements planning，物料需求计划）与 DRP 结合起来应用，在生产厂系统内部实行 MRP、在生产厂外部实行 DRP，最显著的特点是在计划时考虑了物流的因素，即它不但考虑了物资的搬运，进货、送货的数量和时间，还考虑了物流路线、运输方案的优化，使得物资运作不但能及时到位，而且费用总是最省。其原因就是计算机在做计划时，同时适用了相应的物流优化模型，从而得到的计划都是使物流费用最省的计划。

物流资源计划包含以下几个基本点：站在市场的高度，从社会大市场和企业内部经济有效地组织资源；打破生产和流通的界限，以降低物资资源配置成本；以物流为手段，跨越生产和流通组织、配置物资资源；打破地区、部门、所有制等多种多样的界限，灵活运用各种手段组织企业经营活动。

在实际运行中，LRP 输入社会需求主文件、产品结构文件、生产能力文件、物流能力文件、生产成本文件和供应商货源文件等，形成产品投产计划、生产能力需求计划、送货计划和订货进货计划、运输计划、物流能力需求计划等并进行成本核算。

LRP 适用于所有集产、供、销于一身的企业，大的可以是企业集团，小的可以到一般的大中型企业和商店，在这样的企业中，它可以代替整个企业计划部的工作。

第三节　物流信息系统及其开发

一、物流信息系统概述

随着企业和社会现代物流业务的不断发展，物流信息的体量越来越大，更新速度也越来越快，如果仍对信息采取传统的手工处理方式，则会引发信息滞后、信息失真、信息不能共享等一系列瓶颈效应，从而造成整个物流系统的效率低下。为了提高物流系统的整体效率，建立基于计算机和通信技术的物流信息系统成为现代物流系统的必由之路。

（一）物流信息系统的概念

物流信息系统（logistics information system）是由人员和计算机硬件、软件、网络通信设备以及其他办公设备组成的人机交互系统，其主要功能是进行物流信息的收集、存储、传输、加工整理、维护和输出，为物流管理者和其他组织管理人员提供战略、战术以及运作决策的支持，提高物流运作的效率与效益。物流作业系统的启动往往需要从物流信息系统得到信息，无论多么完善的物流作业系统，如果不能与信息系统相协调，也难以保证良好运转。从物流系统的整体角度看，信息流和物流是同时发生的，关键是两者的内容要一致，必须做到信息先行。

（二）物流信息系统的特点

物流信息系统是企业经营系统的一部分，与其他部门的信息管理系统相比，由于物流活动本身具有时空上的特点，因此物流信息系统具有如下特点。

1. 不同地域对象之间的系统

物流活动从发出订货和接受订货开始，但发出订货的部门与接受订货的部门并不在同一个场所，这种在场所相分离的企业或人之间的信息传递就要借助数据通信手段。在当今网络时代，物流信息系统支持远程的业务查询、输入、人机对话等事务处理，高科技的应用近乎消除了企业间、企业同客户间的物理距离。

2. 不同企业之间的系统

物流信息系统涉及的范围较广，往往由企业内外的多个部门和多个企业共同构成。这些相互独立的企业各自按照自己的方式推进系统化建设，在计算机的类型、所使用的软件、通信格式、使用线路的速度和质量规格等方面是不一样的，在票据格式、编码体系等交易规格方面也存在区别。解决这个问题的有效途径是使用电子数据交换技术实现不同企业之间的数据交换的标准化。

3. 大量信息的实时处理

物流信息系统在大多数情况下需要一件一件地处理信息。即便是中等规模的批发商，一天要处理的订货票据也会超过 1000 件，而且接受订单后的订单检查、信用检查、库存核对、出库指令和运输指示等也都需要及时处理。如果发现信息不全面或有错误的话，需要与客户及时联系。

4. 灵活的、可扩展的系统

物流信息系统应具备随着企业发展而发展的能力。在建设物流信息系统时，应充分考虑企业的管理与业务发展的需求，以便在原有系统的基础上建立更高层次的管理模块。现在整个社会经济发展得非常快，企业的管理与业务的变化也很快，这就要求系统随着企业的变革而变革。例如，物流企业进行了流程再造、采用了新的流程，原先的系统不能适应新的流程了，企业就需要再进行投资，重新对新的流程进行信息系统的建设，从而造成资源的极大浪费。因此，建立物流信息系统时应考虑系统的灵活性，保证其有能力提供可迎合特定客户需要的数据。

5. 动态的系统

物流信息系统反映的数据应是动态的，可随着物流的变化而变化，能实时地反映货物的各种状况，支持客户、公司员工等用户的在线动态查询，这就需要保证公司内部与外部数据通信的及时、顺畅。

6. 快速反应的系统

物流信息系统应能对用户、客户的在线查询、修改、输入等操作做出快速和及时的反应。在市场瞬息万变的今天，企业只有跟上市场的变化，才可在激烈的市场竞争中生存下来。物流信息系统是物流企业的数字神经系统。系统的每个"神经元"渗入供应链的每个"末梢"，每个"末梢"受到的刺激都能引起系统快速、适当的反应。

7. 与作业现场密切联系的系统

物流现场作业需要从物流信息系统获取信息，用以指导作业活动。信息系统与作业系统的紧密结合可以改变传统的作业方式，大大提高作业的效率和准确性。

8. 确保安全的系统

内联网（Intranet）的建立、互联网（Internet）的接入使物流企业的触角延伸得更远、数据更集中，随着系统开发的深入，特别是网上支付的实现、电子单证的使用，安全性问题成为物流信息系统的首要问题。

（1）内部安全性问题。内部安全性问题可通过给不同的用户授予不同的权限、设置操作人员进入系统的密码、对操作人员的操作进行记录等方法加以控制。企业应根据实际需要将输入、修改、查询资料的权限赋予不同部门的适当的业务人员，防止资料被不符合权限要求的人看到或修改，造成企业商业机密的泄露或数据的不稳定或客户资料被内部非业务人员看到并泄露给企业的竞争对手，给企业造成极大的损失。

（2）外部安全性问题。企业物流信息系统接入互联网后，可能遭受病毒、黑客或未经授权的非法用户等的攻击而导致系统瘫痪，也可能遭受外来非法用户入侵并窃取商业机密，数据甚至可能在打包通信时在通信链路上遭人截获等。要解决这类外部安全性问题，可采取对数据通信线路进行加密、监听及设置互联网与内联网间的防火墙等措施。

9. 协同的系统

（1）与客户的协同。物流信息系统应能与客户的 ERP 系统、库存管理系统实现链接，可定期给客户发送各种物流信息，如库存信息、货物到达信息、催款提示等。

（2）与企业内部各部门之间的协同。例如，业务人员可将客户、货物的数据输入物流信息系统并实时提供商务制作发票、报表，财务人员可根据业务人员输入的数据记账、控制等。

（3）与供应链上的其他环节的协同。例如，物流信息系统应与船运公司、仓储、铁路、公路等企业通过网络实现信息传输。

（4）与社会各部门的协同。企业可通过网络与银行、海关、税务机关等实现信息即时传输。与银行联网，可以实现网上支付和网上结算，还可查询企业的资金信息；与海关联网，可实现网上报关、报税。

10. 信息的集成性

物流过程涉及的环节多、分布广，信息随着物流在供应链上的流动而流动，信息在地理上往往具有分散、范围广、量大等特点，信息的管理应高度集成。同样的信息只需一次输入，即可实现资源共享，减少重复操作、差错。目前，大型关系数据库可通过建立数据之间的关联实现这一点。

11. 检测、预警、纠错能力

为保证数据的准确性和稳定性，物流信息系统应在各模块中设置一些检测小模块，对输入的数据进行检测，以便排除无效的数据。例如，集装箱箱号在编制时有一定的编码规则（如前四位是字母，最后一位是检测码等），在输入集装箱箱号时，物流信息系统可根据这些规则设置检测模块，提醒并避免操作人员输入错误信息。又如，许多公司提单号不允许重复，系统可在操作人员输入重复提单号时予以警示并锁定下一步操作。

（三）物流信息系统的要求

要实现对物流系统的系统化、信息化管理，必须符合以下三个要求。

1. 通信渠道畅通

管理工作的顺利进行需要及时、准确的信息，因此就要求企业的通信渠道必须畅通。

2. 信息充足

物流信息系统所提供的信息是否充足、信息种类和内容能否满足实现物流管理的需要对于能否提高物流管理工作的质量至关重要，管理者只有通过充足的信息详细了解本企业的物流信息系统，才能做出正确的管理决策。

3. 信息准确

只做到信息充足并不能保证管理者可以对物流系统展开科学化管理，因为实际上许多信息是模棱两可的，可用信息非常少，管理者容易据此做出不合理的物流决策。事实上，只有真正准确的物流信息才能为物流系统的管理提供有效帮助。

二、物流信息系统的分类

（一）按系统的结构分类

按照系统的结构，物流信息系统可分为单功能系统和多功能系统。

单功能系统只具有一种职能，如物流财务系统、合同管理系统、物资分配系统等；多功能系统能够完成一个部门或一个企业所包括的物流管理的职能，如仓库管理信息系统、配送管理信息系统等。

（二）按系统功能的性质分类

按照系统功能的性质，物流信息系统可分为操作型系统和决策型系统。

操作型系统是指为管理者处理日常业务的系统，它的主要工作是数据处理，如记账、汇总、统计、打印报表等。所谓决策型系统，是指在处理日常业务的基础上，运用现代管理方法进一步加工计算，为管理人员或领导者提供决策方案或定量的数据。通常称这一类系统为辅助决策系统或决策支持系统。

（三）按照系统所采用的设备和技术分类

按照系统所采用的设备和技术，物流信息系统可分为单机系统和网络系统。

单机系统只使用一台计算机，这台机器可以只有一个终端，也可以有多个终端，对数据采取批处理方式，如果采用分时处理方式，就必须配有多个终端；网络系统使用多台计算机，相互之间以通信网连接，实行资源共享的分布式结构。

（四）按照系统作用的对象分

涉及产品流通的企业有生产型企业和流通型企业以及以物流生产为主业的第三方物流企业，三类企业的生产方式不同，相应的物流运作和管理方式也存在较大区别。因此，根据物流生产的主体不同，企业物流管理信息系统的内容也不尽相同。

按照系统作用的对象，物流信息系统可分为面向制造企业（生产型企业）的物流管理信息系统，面向零售商、中间商和供应商（流通型企业）的物流管理信息系统，面向第三方物流企业的物流管理信息系统以及其他物流管理信息系统。

三、物流信息系统的构成要素

从系统的观点来看，构成物流信息系统的要素有硬件资源、软件资源、数据资源、企业管理制度和规范以及相关人员等。

（一）硬件资源

硬件资源包括计算机、必要的通信设施等，如计算机主机、外存、打印机、服务器、通信电缆、通信设施等。它是实现物流信息系统的基础，构成了系统运行的硬件平台。

（二）软件资源

在物流信息系统中，软件资源一般包括系统软件、实用软件和应用软件。系统软件主要有操作系统（operation system，OS）、网络操作系统（network operation system，NOS）等，负责控制、协调硬件资源，是物流信息系统必不可少的软件。实用软件主要有数据库管理系统（database management system，DBMS）、计算机语言、各种开发工具、国际互联网上的浏览器、电子邮件等，主要用于开发应用软件、管理数据资源和实现通信等。应用软件是面向问题的软件，与物流企业业务运作相关，具有辅助企业管理的功能。不同的企业可以根据应用的要求开发或购买相应的软件。

（三）数据资源

数据库与数据仓库用来存放与应用相关的数据，是辅助企业管理和支持决策制定的数据基础，目前大量的数据存放在数据库中。随着物流信息系统应用的深入，采用数据挖掘技术的数据仓库也应运而生。

（四）企业管理制度和规范

物流企业的管理理念、管理制度和规范等是其物流信息系统能够成功开发和运行的管理基础和保障，是构建物流信息系统模型的主要参考依据，制约着系统硬件平台的结构、系统的计算模式和应用软件的功能。

（五）相关人员

物流信息系统的开发涉及多方面人员，如信息主管、中层管理人员、业务主管、业务人员、系统分析员、系统设计员、程序设计员、系统维护人员等。

四、物流信息系统的功能

物流信息系统具有以下基本功能。

（一）数据的收集和录入功能

首先，物流信息系统用某种方式记录物流系统内外的有关数据，将其集中并转化为物流信息系统能够接收的形式输入系统。市场活动不断更新物流的内容，同时物流环境不可能一成不变，环境信息的变化会对物流产生新的影响，因此物流信息系统必须能准确、及时地收集相关信息。

（二）信息的存储功能

日常的经济管理活动往往会产生大量的、各种类型的数据，其中有相当一部分需要重复使用，经过加工处理而得到的大量有关信息和数据也要随时存储起来，以备将来使用和更新。物流信息系统的信息存储功能可为管理者的日常业务处理提供便利，大大提高工作效率，超大容量的光盘和硬盘的存在为其存储功能的实现提供了技术保障。

（三）信息的处理功能

物流信息系统最基本的目标就是将输入数据加工处理成物流信息，其信息处理可以是简单的查询、排序，也可以是复杂的模型求解和预测。信息处理能力的强弱是衡量物流信息系统能力高低的一个重要指标。由于收集到的信息来源和用途不同，因此需要通过物流信息系统对物流信息进行加工和处理，对原始信息进行分类整理，使其变成二次信息，再进行分析、整理和加工，形成更具有价值的信息，真正反映物流和市场活动的全过程，满足多元化信息需求。

（四）数据传输功能

传输功能不仅包括信息在企业内部的传递，也包括物流信息在外部环境要素间的传递。物流信息系统是一个开放的系统。在物流过程中，由于作业场所的不断变更，必然产生传输信息的要求。运输途中的票据、凭证、通知书、报表、文件等的传递和交换以及不同地区的物流企业的信息共享都要求物流信息系统具有数据传输功能。

（五）信息检索、查询和输出功能

为解决因信息数量的爆炸或增长而给信息查询带来的困难，物流信息系统应具有适用于不同用户的检索功能和查询功能。同时，对检索结果应具有输出功能，用以反映信息管理的最终结果。经过信息的收集、加工、存储等活动，最终以报表、文字、图形等形式将信息提供给决策者或管理者。

五、物流信息系统的发展

随着工业和技术的不断进步，物流作业的方式发生了很大的变化，可以将其大致分为四个阶段，即人工阶段、机械化阶段、自动化阶段和集成化阶段。对应物流作业方式的变化，可以将物流信息系统的发展分为四个阶段，即人工作业阶段、合理化和计算机应用阶段、自动化信息整合阶段和智能化信息整合阶段，如表 9-2 所示。在不同的阶段，物流信息系统具有不同的功能、发挥不同的作用。

表 9-2　不同阶段的物流信息系统

项目	发展阶段			
	人工作业阶段	合理化和计算机应用阶段	自动化信息整合阶段	智能化信息整合阶段
状态说明	1. 人工制单 2. 人工统计、汇总 3. 人工转账 4. 具有简易的管理功能	1. 事务作业合理化 2. 报表单据合理化、标准化 3. 引进计算机制单 4. 计算机汇总统计 5. 计算机结算 6. 计算机提供各项管理报表 7. 各计算机彼此独立、拥有独立的数据库	1. 计算机软、硬件集成化 2. 建立数据库管理系统 3. 做信息统计分析、制定各类决策 4. 系统对外联网做信息接收、储存、转换、输出	1. 引入人工智能 2. 引入专家系统 3. 计算机辅助经营决策的制定
主要内容	1. 制作出/入库凭证 2. 制作财务、会计凭证 3. 制作结算单 4. 人事薪金计算和制单 5. 人工制作会计账目、人工填写库存账册	1. 订单信息处理系统 2. 出/入库处理系统 3. 库存管理系统 4. 会计总账系统 5. 人事考核和薪金管理系统 6. 采购管理系统 7. 应收、应付账款管理系统，票据、发票管理系统	1. 订单信息处理系统（包括通过网络的订购） 2. 销售预测系统 3. 物资管理系统 4. 车辆调派系统 5. 运输线路选择、规划系统 6. 供应商管理系统 7. 财务成本核算系统 8. 银行转账、结算系统 9. 信息系统的集成化连接 10. 绩效考核管理系统	1. 建立后勤支持系统 2. 物流动态分析系统 3. 安全库存量自动控制系统 4. 仓库规划布局系统 5. 车辆运输自动调度系统 6. 仓库软硬件设备、人力使用分析控制系统

物流信息系统的发展对于整个物流系统的发展，乃至整个企业的发展都具有十分重要的意义。随着信息技术的发展，物流信息系统在技术方面将会得到更大的发展。特别是在今天，随着互联网的广泛应用，基于互联网的物流信息系统将是今后发展的一个主要趋势。

另外，对于企业自身来说，今后的物流信息系统将向社会系统化的方向发展。这是因为随着社会的进步，企业间关系日趋紧密，企业自身的发展也要求企业之间从原先的竞争状态向合作状态发展，对物流系统来说更是如此。企业的物流系统必须与供应商、批发商、零售商以及顾客紧密相联，并在这个网络中进行信息的传递与共享，这样必然会加强企业之间以及企业与客户之间的联系，同时标志着企业的物流系统必须建立在社会整体的物流系统之上。因此，物流信息系统的社会化趋势在所难免。

六、物流信息系统的开发

物流信息系统的开发不是不同数据处理工作的简单组合，必须系统规划，它涉及传统管理思想的转变、管理基础工作的整顿提高以及现代化物流管理方法的应用等许多方面的内容，是一项范围广、协调性强、人机紧密结合的系统工程。

一般而言，物流信息系统的开发主要包括以下几个阶段。

（一）物流信息系统规划

物流信息系统规划是系统开发最重要的阶段，大致包括以下步骤。

1. 定义管理目标

确立各级管理的统一目标，局部目标要服从总体目标。

2. 定义管理功能

确定管理过程中的主要活动和决策。

3. 定义数据分类

在定义管理功能的基础上，把数据按支持一个或多个管理功能分类。

4. 定义信息结构

确定物流信息系统各个部分及其数据之间的关系，导出各个独立性较强的模块，确定模块实现的优先关系，即划分子系统。

（二）物流信息系统分析

物流信息系统分析主要是对现行系统和管理方法以及信息流程等有关情况进行现场调查，绘制有关的调研图表，提出系统分析报告，以明确信息系统设计的目标以及达到此目标的可能性。

（三）物流信息系统设计

物流信息系统设计是根据系统分析的结果，在已经获准的系统分析报告的基础上进行新系统设计。

系统设计的指导思想是结构化设计思想，就是用一组标准的准则和图表工具确定用什么方式把系统的哪些模块联系在一起，从而构成最优的系统结构，在这个基础上再进行输入、输出、处理和数据存储等的详细设计。

1. 总体设计

总体设计又称概要设计，是根据系统分析报告确定的系统目标、功能和逻辑模型，为系统设计一个基本结构，从总体上解决如何在计算机系统上实现新系统的问题。

2. 详细设计

详细设计是在系统总体设计的基础上对系统的各个组成部分进行详细的、具体的物理设计，使系统总体设计阶段设计的蓝图逐步具体化，以便付诸实施。

（四）物流信息系统实施

物流信息系统实施是对系统的各个功能模块进行单独调试和联合调试，然后进行修改和完善，最后得到符合要求的物流信息系统软件。

（五）物流信息系统的维护与评价

物流信息系统试运行一段时间后，应根据现场要求与变化对系统进行一些必要的修正并进一步完善系统，最后和用户一起对系统的功能、效益做出评价。

本 章 小 结

思 考 题

1. 物流信息有哪些特点？
2. 简述物流信息的种类。
3. 简述条码技术、电子数据交换（EDI）技术、射频识别（RFID）技术在物流中的应用。
4. 什么是 GIS 和 GPS？
5. 什么是 EOS 和 POS？
6. 物流信息系统的基本功能有哪些？
7. 物流信息系统具备哪些特点？

案 例 分 析

强生 62580000 调度系统

问题讨论：
1. 结合案例及日常生活中的见闻，谈谈出租车调度信息系统主要由哪几部分构成？
2. 根据案例中所涉及的一些物流信息技术，谈谈它们是如何提高运输服务质量的。

实 训 项 目

管理信息系统操作训练。

1．实训目标

（1）熟悉计算机在仓库管理信息系统中的操作。

（2）熟练掌握软件上采购、入库、盘库、出库等环节管理的具体操作。

（3）熟练掌握软件上电子标签技术支撑下的流利货架管理的具体操作。

2．实训内容和要求

（1）情景设置：实验室模拟仓库管理信息系统支撑下的仓库管理运作。

（2）技能训练准备：

① 仓库管理教学软件一套。

② 机房一间，每台计算机都已经安装了仓库管理信息系统，一人一机。

③ 教师一名，示范操作仓库管理信息系统，并对学生进行辅导。

④ 训练时间安排：3课时。

（3）技能训练步骤：

① 开机，进入仓库管理信息系统。

② 练习采购管理操作。

③ 练习入库、盘库、移库、出库等操作。

④ 练习电子标签技术支撑下的流利货架管理的操作。

（4）技能训练注意事项：

① 每位同学已具备计算机应用操作能力。

② 训练前应熟悉仓库管理各环节，熟知仓库管理信息系统的菜单命令。

3．实训成果检查

（1）现场观察和指导学生实际操作，确保目标实现。

（2）检查和批阅学生提交的项目实训报告。

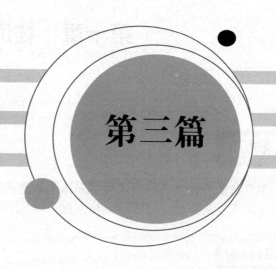

第三篇

现代物流管理的发展

第十章　物流标准化

本章概要

　　本章在阐释标准化和物流标准化基本知识的基础上，详细介绍物流托盘标准和物流国家标准体系，然后概括国际物流标准化。

思政目的

　　通过学习本章内容，帮助学生塑造物流标准化发展观，培养和强化学生的标准化思维和效率意识，鼓励学生在物流管理实训中积极主动地开展标准化操作与相关管理活动。

学习目的

　　通过本章学习，了解标准化的发展历程；理解标准化与物流标准化的基本概念；掌握物流尺寸标准和物流国家标准体系表，并能够科学分析国际物流标准化和我国物流标准化发展现状及其趋势。

基本概念

　　标准化　物流标准化　托盘标准　物流模数　物流国家标准化体系　国际标准化组织

引导案例

商贸物流标准化成效初显

第一节　标准化与物流标准化的概念

一、标准化

标准化是人们根据所从事标准化活动的经验和理论对标准化各个领域的本质特征的概括。

（一）标准化的发展历程

尽管标准化被当作一门科学进行研究的时间并不长，人类社会对标准化的实践却历史悠久。正如恩格斯所说的："科学的兴起与发展从开始起便是由生产所决定。"同其他科学一样，标准化作为一门科学是为适应生产发展的需要而产生的且随着生产的发展而发展，可以说，标准化前进的每一步均与社会生产的发展息息相关。就全世界范围来说，标准化的发展历程大致经历了以下几个重要阶段。

1. 远古时代朴素的标准化

这一阶段也被称作自发或无意识的标准化时代。远古时代，出于同大自然博弈和群居生活的需要，人类的吼叫声逐渐发展成为清晰易懂的声音和能够互相理解、互相认同的语言，进而创造了记录各种信息的符号、记号、文字等；在长期的实践过程中，通过相互交流、融合以及不断地摸索和改进，人们关于所使用的工具或器物的规格、形状、使用方法等也逐渐趋于一致。这种不断走向统一化的语言、文字、工具、器物等便是人类最初的、朴素的（或无意识的）标准化成就，其过程相当艰难而缓慢，意义却极其重大，它为人类远离野蛮和走向文明奠定了最初的基础。

2. 建立在手工业基础上的古代标准化

这一阶段，人类社会出现了三次意义重大的社会分工：农业与游牧业的分离、手工业与农业的分离以及商人阶层的出现。社会分工的直接结果是扩大商品的生产和交换。为了体现交换过程中的等价原则，就必须对交换物进行计量。人类在不同时期创造出不同的计量单位，又随着生产和交换的发展一次次地对计量单位进行改革和统一，即计量器具和计量单位的标准化。早在 4000 多年前，我国就建立了以竹节长度为标准的度量制。秦统一中国以后，用政令对计量器具、文字、货币、道路（车同轨）、兵器等实施了全国规模的统一化，同时颁布律令对器物的规格、尺寸等做出统一规定。到了北宋时期，毕昇发明了活字印刷术。活字印刷术已经具备了现代标准化的许多特点：每个单独的字块都是按一定尺寸规格制造的，这相当于现在的标准件；每个字块都能与其他字块互换，这就必须有相应的公差标准；许多字块可以搭配组装在一起，这相当于现在由标准件组装起来的组合件。因此，活字印刷术孕育着现代标准化方法和原理的萌芽，成为标准化发展史上的重要里程碑。

3. 以机器大工业为基础的现代标准化

在机器大工业时代，高度发展的生产和科学技术在向标准化提出更高要求的同时推动标准化活动进入以严格的实验数据为依据的定量化阶段。该阶段，标准的内容和作用产生了质的飞跃：标准化由最初的企业规模和国家规模迅速发展为国际规模，尤其是《关税与贸易总协定》《技术性贸易壁垒协议》签订之后，不仅国际标准的数量猛增，而且采用国际标准制定本国标准成为普遍趋势。标准化自此进入了国际化时代。

建立国家机构以有组织地开展标准化工作是从 20 世纪初开始的。1901 年，英国成立了标准学会。随后，第一次世界大战爆发，军需物资生产的急剧增长要求高度统一各种零部件的规格。在这样的背景下，又有一大批国家开展了标准化工作。第一次世界大战后，随着各国工业的恢复与发展，二十几个国家相继建立了本国标准化机构并于 1928 年成立了国际标准化机构。

第二次世界大战期间，各参战国家均充分利用标准化为战争提供物资。例如，德国侵占了奥地利、捷克以后，在奥、捷两国强制推行德国工业标准。再如，日本侵占我国东北以后，在工业生产、人民生活等一切方面强制推行日本标准，实行东洋化；苏联在苏德战争（又称卫国战争）时期加强了标准化工作——修订了约 1000 个国家标准、颁发了约 2000 个国家标准，使苏联国民经济各部门很快转向为战争服务的轨道并在二战中起到了重要作用。

第二次世界大战以后，各资本主义国家为了恢复、发展经济，大大加强了标准化工作。1946 年，德国德累斯顿工学院建立了专门的标准化教研室；1954 年，民主德国标准化局成立。1949 年，日本开始实施《工业标准化法》并依据该法设立日本工业标准调查会，至此日本标准化管理的官方机构正式成立并于 1952 年代表日本参加国际标准化组织。1947 年，国际标准化组织（International Organization for Standardization，简称 ISO）成立，"在全世界范围内促进标准化工作的开展，以便于国际物资交流和服务，并扩大在知识、科学、技术和经济方面的合作"是 ISO 的目的与宗旨；当时共有 53 个成员，每年召开约 400 次会议，约 12 000 名科技人员参加。1954 年，苏联成立标准化、计量和测量仪器委员会，陆续设立三个研究所专门研究标准化理论并在高等学校、中等学校和职业学校开设标准化课程。1969 年，成立于 1918 年的美国工程标准委员会正式更名为美国国家标准协会（American National Standards Institute，简称 ANSI），当时下设三个研究所、两个中心，共 4000 多人，其中科研人员约 500 名、博士约 200 名；现在，ANSI 由执行董事会领导，下设学术委员会、董事会、成员议会和秘书处四个委员会。

为什么标准化工作在很多国家均受到重视呢？主要有两个原因：其一，标准化是大机器工业和社会化大生产的必要条件，即没有标准化，大机器工业和社会化大生产（在技术上）将无法进行。其二，作为经济管理的重要手段，标准化的确可以取得显著的经济效益：研究表明，我国改革开放之后的三十年中，标准数量每增加 1%，经济会增长 0.79%[①]，充分表明标准化会给国家贡献巨大的经济效益。

（二）标准化的基本概念

标准和标准化是标准化概念体系中最基本的两个概念。

1. 标准

单一的产品或单一的需求不需要标准，只有当人们的需求不断扩大和无限延伸，需要为重复出现和无限延伸的需求提供一个简单化、一致化规则时，才需要制定标准。依据 ISO（国际标准化组织）和 IEC（国际电工委员会）共同使用的技术工作导则——ISO/IEC 导则，"标准"是"在一定范围内以获得最佳秩序为目的，对活动或其结果规定共同和重复使用、经协商一致制定并经公认机构批准的规则、导则或特性的文件"。根据《中华人民共和国标

---

① 注：数据来源于 2008 年中国标准出版社出版的《标准化与经济增长——理论、实证与案例》（作者：于欣丽）。

准化法条文解释》，标准是对重复性事物和概念所做的统一规定，它以科学、技术和实践的综合成果为基础，经有关方面协商一致，由主管机构批准，以特定形式发布，作为共同遵守的准则和依据。

2. 标准化

标准化是使标准在一定社会范围内得以推广、使不够标准的状态转变成标准状态的一项科学活动，是为在一定范围内获得最佳秩序，对实际的或潜在的问题制定共同的和重复使用的规则活动，上述活动主要包括制定、发布及实施标准的过程。

标准化包括系列化和通用化，统称"三化"。系列化是同一类型产品中，根据生产和使用的要求，经过技术与经济比较，加以适当归并简化，将产品的主要参数指标按一定的规律排列，作为指导生产和发展品种的依据。同一类型、不同规格或不同类型的产品中，部分零部件相同，彼此可以互换通用，这些零部件即通用件。最大程度地扩大通用件的适用范围，提高通用件的比重，即通用化。

（三）标准化的主要内容

标准化涉及广泛的内容，不仅包括各类标准的研究、制定与贯彻，还包括标准化管理、标准化理论政策的研究、经济效果分析、标准化方法的宣传普及与推广、各类标准之间的协调、经验交流、国际活动、资料情报、人才培养等，如图 10-1 所示。

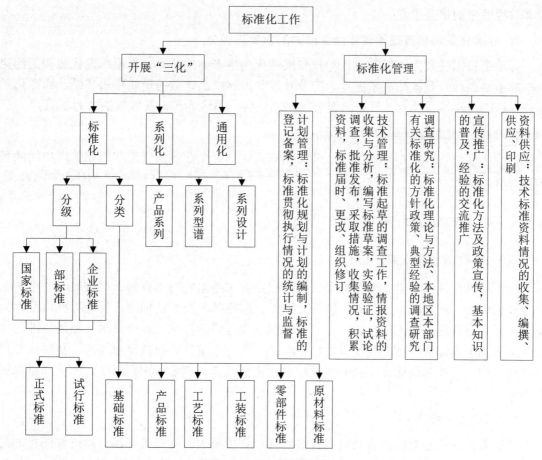

图 10-1 标准化的主要内容

（四）标准和标准化的作用

1. 标准是国家调控市场经济的重要技术手段

国家主要通过经济政策、法规、技术、行政管理等手段实现市场经济调控。强制性标准是国家干预经济社会生活和市场经济的重要技术手段。我国的国家标准、地方标准和行业标准均由国家行政机关按一定的程序组织制定、审批和发布，这些标准是对技术活动与经济活动的运行方式的规范，会对企业的生产和行为产生重大影响。

2. 标准是生产与贸易的依据，是产品参与市场竞争的重要手段

标准是产品质量的保证，是市场准入的重要条件。随着国际经济一体化，标准已成为国际贸易的基本条件，是贸易双方协商的基础之一。不仅如此，标准作为交易和验收的依据，简化了国际贸易合同中确定商品质量的方法，为解决贸易纠纷提供了公正的技术依据。此外，标准也促进了国际贸易的公平竞争。

3. 标准和技术法规是消除非关税壁垒的重要手段

一方面，标准作为法律的技术基础，可对产品质量、安全、卫生、环境等方面进行监督；另一方面，通过标准化改进活动过程和产品的使用性，可以提高活动质量、过程质量和产品质量，达到扩大交流协作、消除贸易技术壁垒的目的。因此，标准和技术法规是消除非关税壁垒的重要手段。

4. 标准化是将科技成果转化为生产力的重要途径之一

标准是技术的载体；标准化是科技成果转化为生产力的桥梁，是组织现代化和集约化生产的重要条件，是推动技术进步、产业升级和提高产品质量的重要技术基础。标准化工作若与经济、科学、技术、社会的发展水平相适应，将成为推动其发展的有力工具。

5. 标准化是科学管理的有效手段

标准化促使管理工作科学化、系统化和规范化，是企业质量管理和国家管理市场的基础和有效手段。

二、物流标准化

（一）物流标准化的内涵

物流标准化是以物流作为一个大系统，制定并实施系统内部设施、机械装备、专用工具等技术标准，制定并实施包装、装卸、运输、配送等各类作业标准、管理标准以及作为现代物流突出特征的物流信息标准并形成全国以及与国际接轨的标准体系。物流标准化主要包括基础编码标准，物流基础模数尺寸标准，物流建筑基础模数尺寸标准，集装模数尺寸标准，物流专业名词标准，物流单证标准，物流标志、图示和识别标准，专业计量单位标准。

1. 基础编码标准

基础编码标准是对物流对象编码且按物流过程的要求转化成条形码。基础编码标准是物流大系统能够实现衔接与配合最基本的标准，也是采用信息技术对物流进行管理、组织、

控制的技术标准。只有在这个标准之上，才能实现电子信息传递及远程数据交换、统计、核算等物流活动。

2. 物流基础模数尺寸标准

我国国家标准《物流术语》（GB/T 18354—2021）将"物流模数"定义为"物流设施、设备或货物包装的尺寸基数"。物流基础模数尺寸主要是指物流标准化的共同单位尺寸或物流系统各标准尺寸的最大公约尺寸。在确定基础模数尺寸之后，各个具体的尺寸标准等就要以基础模数尺寸为依据，选取其整数倍数为规定的尺寸标准。因此，物流基础模数尺寸的确定不但要考虑国内物流系统，也要考虑到与国际物流系统的衔接，具有一定的难度和复杂性。

3. 物流建筑基础模数尺寸标准

物流建筑基础模数尺寸主要是指物流系统中各种建筑物所使用的基础模数尺寸，重点涉及建筑物长宽高等尺寸、门窗尺寸、建筑物柱间距、跨度及进深等。物流建筑基础模数尺寸往往以物流基础模数尺寸为依据。

4. 集装模数尺寸标准

一分钟了解国际
标准集装箱

在物流系统中，由于集装是起贯穿作用的，集装尺寸必须与各个环节的物流设备、设施、机具等相配合，因此集装模数尺寸影响和决定着与其有关各环节的标准化。通常依据物流基础模数尺寸推导出各种集装设备的基础尺寸并以此尺寸作为设计集装设备三项尺寸（长、宽、高）的依据。

5. 物流专业名词标准

物流专业名词标准主要包括物流用语的统一化及其定义的统一解释。物流专业名词标准能够有效地实现物流信息网络平台上信息传递的准确性，促进实现物流大系统的有效配合和统一。

6. 物流单证标准

物流单证标准即物流单据与票证的标准化。物流单证标准有利于应用计算机和通信网络进行数据交换和传递以及高效实现物流信息的录入和采集，是实现物流统计规范化和核算规范化的基础，也是建立物流系统情报网、对物流系统进行统一管理的重要前提条件。

7. 物流标志、图示和识别标准

物流中的物品、工具、机械等都是在不断运动的，因此识别和区分标志十分重要。不仅需要易于识别并易于区分的标志，很多时候还需要自动识别，后者即涉及物流条码标准。

8. 专业计量单位标准

除了国家公布的统一计量标准，物流系统还有许多专业的计量问题，必须在国家和国际标准的基础上确定物流系统专业计量单位标准。值得注意的是，由于物流的国际性突出，因此专业计量单位标准需要考虑国际标准的执行和国际习惯用法，不能以国家统一计量单位标准为唯一依据。

（二）物流标准化的特点

1. 物流标准化范围宽泛、难度大

和一般标准化系统不同，物流系统的标准化涉及机电、建筑、工具、工作方法等多方面的标准，范围宽泛、种类繁多、内容复杂且缺乏共性，由此给物流标准的统一造成很大的困难。

2. 物流标准化是二次标准化

由于物流与物流管理思想产生得较晚，组成物流大系统的各个子系统在没有归入物流系统之前早已分别实现了自身系统的标准化且经过多年的应用、发展和巩固已很难改变，所以，物流标准化是二次标准化。因此，在实施物流标准化时，通常是在各个子系统标准化的基础上建立物流系统标准，是从适应与协调的角度建立新的物流标准化系统，而不可能全部创新。

（三）物流标准化的作用

1. 提高物流标准化水平是提高物流效率、降低物流成本的关键

据统计，目前商品流通成本的 20% 是物流方面的成本。与房租、人工等基本不可逆的成本增长相比，由于物流管理和企业经营还处于粗放发展阶段，因此对采购、运输、冷链、储存、配送、包装、装卸等环节设施和流程的标准化能够有效地提高物流效率、降低物流成本。

2. 提高物流标准化水平是优化物流供应链的关键

物流具有一体化运作、网络化经营、信息化管理等特点，因此实施物流标准化有利于简化设备规格型号、统一物流信息接口、协调供应链上下游企业和优化一体化运作流程，最终提升供应链响应速度。

3. 提高物流标准化水平是提升企业核心竞争力的关键

在市场利润空间有限和竞争越发激烈的物流领域，建立科学的物流标准体系有利于规范物流企业内部管理，提高物流企业专业化服务质量水平，强化物流企业品牌影响力和核心竞争力。

4. 提高物流标准化水平是企业"走出去"参与国际竞争的关键

在国家"一带一路"倡议推进期，物流企业"走出去"面临前所未有的发展契机和国际大市场；我国商贸物流标准要积极与国际标准接轨，努力从物流标准的参与者转变为国际标准的制定者和主导者，由此打通国际贸易渠道。

《商贸物流标准化专项行动计划》部分内容摘选

第二节　物流托盘标准

托盘（pallet）是集装、堆放、搬运和运输时用于放置单元负荷货物和物品的水平平台

装置,是物流系统中最基本的集装单元和最重要的物流器具,贯穿于现代物流的各个环节。托盘标准化是搬运设备标准化、运输包装标准化、储存货架标准化、储运周转箱标准化和运输车辆车厢标准化的基础。因此,托盘标准化是物流系统现代化的一个重要标志。

一分钟了解托盘

一、物流托盘标准化现状

国际上,托盘标准化往往由专业的标准化机构 ISO/TC 51 托盘标准化技术委员会负责。该机构于 2003 年对 ISO 6780《联运通用平托盘 主要尺寸及公差》标准进行了修订,在原有的 1200 mm×1000 mm、1200 mm×800 mm、1219 mm×1016 mm、1140 mm×1140 mm 这四种规格的基础上,新增了 1100 mm×1100 mm、1067 mm×1067 mm 这两种规格。因此,现在的托盘国际标准共有 6 种。其中,1200 mm×1000 mm 和 1200 mm×800 mm 是欧洲常用标准;1140 mm×1140 mm 是澳大利亚常用标准;1219 mm×1016 mm 是美国常用标准;1100 mm×1100 mm 是日本常用标准;1067 mm×1067 mm 是欧美常用标准。

根据托盘专业委员会的调查,我国目前流通中的托盘规格比较多,主要包括 2000 mm×1000 mm、1500 mm×1100 mm、1500 mm×1000 mm、1400 mm×1200 mm、1300 mm×1000 mm、1200 mm×1000 mm、1200 mm×800 mm、1200 mm×1100 mm、1100 mm×1000 mm、1100 mm×1100 mm、1100 mm×900 mm、1000 mm×1000 mm、1000 mm×800 mm、1200 mm×1200 mm、1300 mm×1600 mm、1300 mm×1100 mm 等。其中,1100 mm×1100 mm 和 1200 mm×1000 mm 两种规格相对比较多。

我国国家标准《联运通用平托盘 主要尺寸及公差》(GB/T 2934—2007)规定联运通用平托盘的平面尺寸为 1200 mm×1000 mm 和 1100 mm×1100 mm 两种且以 1200 mm×1000 mm 托盘(含托盘笼等)作为应用推广的标准托盘的优先推荐尺寸。2014 年 10 月 10 日,"联运通用平托盘"系列国家标准之一——《联运通用平托盘试验方法》(GB/T 4996—2014)出台,该系列标准进一步规范了我国标准托盘的规格尺寸、质量要求和制造工艺。2014 年 11 月 20 日,商务部办公厅、国家标准委办公室印发的《商贸物流标准化专项行动计划》再一次强调,强化企业"标准是效益、是竞争力"意识,从托盘标准化入手,统筹协调,有序推进,在快速消费品、农副产品、药品流通领域,率先开展标准化托盘应用推广及循环共用,带动上下游关联领域物流标准化水平的提高。

二、物流托盘标准化存在的问题

(一)托盘规格不统一

中国 ECR 委员会关于企业托盘的调查结果表明(见表 10-1),许多企业往往根据自身需要向托盘生产商定制所需尺寸规格的托盘,从而导致我国托盘规格比较多。例如,在参与调查的七家企业中,有四家企业拥有 1200 mm×1000 mm 规格的托盘,有两家企业使用 1300 mm×1000 mm 规格的托盘。即使在同一企业内部,托盘规格也不统一,如天津宝洁公司就有 1200 mm×1000 mm、1300 mm×1000 mm、1200 mm×1200 mm、1300 mm×1100 mm 四种规格的托盘,深圳市全家乐商业发展有限公司有 1100 mm×1000 mm、1100 mm×1100 mm、

1000 mm×1000 mm 三种规格的托盘。

表 10-1 中国 ECR 委员会关于企业托盘的调查结果

公 司 名 称	托盘使用状况	托 盘 规 格	托盘材质	托 盘 数 量	托 盘 类 型	托盘周转方式
天津宝洁公司	公司拥有	1200 mm×1000 mm 1300 mm×1000 mm 1200 mm×1200 mm 1300 mm×1100 mm	木质、塑料	3000～5000 片	平面四向进叉双面托盘、平面双向进叉双面托盘	企业内部和企业之间周转
深圳市全家乐商业发展有限公司	公司拥有	1100 mm×1000 mm 1100 mm×1100 mm 1000 mm×1000 mm	木质	3000～5000 片	平面双向进叉托盘	企业内部周转
宝洁公司（P&G）	公司拥有、租用	1200 mm×1000 mm 1300 mm×1000 mm 1200 mm×1200 mm 1300 mm×1100 mm	木质、塑料、钢制	8000 片以上	平面四向进叉双面托盘、平面双向进叉双面托盘、单面使用平式托盘	企业内部周转
联合利华（中国）有限公司	租用	1200 mm×1000 mm	木质、塑料	8000 片以上	平面四向进叉双面托盘、单面使用平式托盘	企业内部周转
光明乳业物流事业部	公司拥有	1200 mm×1100 mm	木质	8000 片以上	单面使用平式托盘	企业内部周转
上海欧尚配送服务有限公司	公司拥有	1200 mm×800 mm	木质、塑料	40 000 片以上	平面双向进叉托盘	企业内部周转
诺衡物流有限公司		1200 mm×1000 mm	木质	3000 片以下	平面四向进叉单面托盘	企业之间周转

　　欧尚公司也对零售和物流企业以及供应商企业进行了托盘规格的调查，调查结果如表 10-2 和表 10-3 所示。表中数据表明，托盘规格依然混乱不统一，零售和物流企业使用最多的托盘规格是 1200 mm×800 mm 和 1200 mm×1000 mm；供应商使用最多的托盘规格是 1200 mm×1000 mm，其次是 1100 mm×1100 mm 和 1200 mm×800 mm。

表 10-2 欧尚公司对零售和物流企业托盘规格的调查

公 司 名 称	托 盘 规 格
乔达（GEODIS）	1200 mm×800 mm
宜家（IKEA）	1200 mm×800 mm 1200 mm×800 mm
B&O China	1100 mm×1100 mm
Excel—Sinotrans	1200 mm×1000 mm
深圳新科安达（Shenzhen ST-Anda）	1200 mm×1000 mm
新天天（Xin Tian Tian）	1100 mm×1000 mm 900 mm×1000 mm
China Merchants-PSA	1200 mm×1000 mm
Decathon	1200 mm×800 mm
Auchan	1200 mm×800 mm

表 10-3 欧尚公司对 28 家供应商企业托盘使用规格的调查

托 盘 规 格	使用企业数
1200 mm×800 mm	3
1200 mm×1000 mm	15
1100 mm×1100 mm	4
1000 mm×1000 mm	1
1100 mm×1200 mm	1
1000 mm×1300 mm	1
其他特殊托盘	3
小型托盘	1

（二）托盘仅限于企业内部周转，尚未建立全国范围的托盘循环共用系统

对托盘周转方式的调查结果显示，由于托盘规格不统一，我国绝大部分企业使用的托盘仅限于企业内部周转，无法在全国流通和使用。有统计资料显示，在发达国家，一个标准托盘从投入使用到报废，在所承载的物品流通过程中，平均节约储存、装卸和运输费用超过 570 美元。目前，我国进入托盘租赁共用系统的托盘为 800 万～900 万片，不足全国托盘保有量的 1%，而托盘租赁行业的增长率却超过了 60%。如果我国共用的托盘从目前的 800 万多片增加到 3000 万片，按照共用系统的一个托盘有 6 年的使用周期和年均节约物流费 90 美元来计算，每年节约的物流费用将达到 27 亿美元（约合 193 亿元人民币），这还仅仅是从托盘本身计算的直接成本降低所产生的收益。

（三）木质托盘为主导

目前，企业使用得最多的是木质托盘（如表 10-1 所示，参与调查的 7 家企业全部使用了木质托盘），其次是塑料托盘（7 家企业中有 4 家使用了塑料托盘），再次是钢制托盘（7 家企业中仅有一家使用了钢制托盘）。其中，天津宝洁公司将 1300 mm×1100 mm 的塑料托盘用于已包装成品的储存和短途运输，在使用过程中发现托盘静止承重无问题但运动载重时会出现托盘从中间断裂的现象。

木质托盘虽然价钱便宜，但使用寿命短且易损坏，损坏后存在不安全因素且很难根据损坏程度来判断不安全程度。木质托盘在进出口时还必须要有检验检疫部门出具的熏蒸/消毒或热处理签证。此外，由于一棵成材大树最多只能制造 6 个标准托盘，树木的生长周期又非常长，所以大量使用木质托盘会导致森林资源的巨大耗费。

三、解决物流托盘标准化问题的对策

（一）在行业内部统一托盘标准

目前，我国大部分企业都存在由于托盘规格不统一而导致的效率低下问题，因此尽快统一我国托盘规格是大部分企业迫切需要的。我国国家标准《联运通用平托盘 主要尺寸及公差》（GB/T 2934—2007）规定，联运通用平托盘的平面尺寸为 1200 mm×1000 mm 和 1100 mm×1100 mm 两种且以 1200 mm×1000 mm 托盘（含托盘笼等）作为应用推广的标准托盘的优先推荐尺寸。《商贸物流标准化专项行动计划》也要求，以符合国家标准《联运通

用平托盘 主要尺寸及公差》（GB/T 2934—2007）的 1200 mm×1000 mm 托盘（含托盘笼等）作为应用推广的标准托盘，以重点企业为载体推广标准托盘及其循环共用，鼓励以标准托盘对非标准托盘进行置换更新，增加标准托盘使用量；鼓励托盘生产企业生产符合国家标准的托盘；鼓励探索标准托盘与供应链协同、共同配送、多式联运、甩挂运输相结合的新路子，形成合力。

（二）生产便宜、质坚和寿命长的托盘以取代木质托盘

我国木质托盘约占托盘总量的 90%，塑料托盘约占 8%，钢制、塑木以及其他材质的托盘约占 2%。我国企业之所以大量生产和使用木质托盘，一方面是因为木质托盘大部分是一次性使用、材质要求不严格且价格较低，另一方面则因为钢制和塑料材质托盘价格偏高。目前，我国的托盘生产企业主要生产传统的木质托盘，普遍规模小且档次低。从环境保护和节约资源的角度出发，很多托盘生产企业开发出了人造板托盘、蜂窝纸托盘、塑木托盘、模压托盘等。其中，模压托盘和人造板托盘的市场竞争力较强，它们不仅价廉、环保，而且承托力强。另外，对于出口企业来说，它们最大的优点是易通行——出口货物用模压托盘或人造板托盘包装，托盘本身免检疫签证。此外，大力提倡使用不易损坏，价廉、环保的托盘对于保护我国生态环境和节约自然资源亦有着重大的意义。

（三）建立托盘循环共用系统，提升托盘循环共用水平

依据国家标准《物流术语》（GB/T 18354—2021），托盘循环共用系统主要是指在多个用户间实现托盘共享、交换、重复使用的综合性物流服务系统。可考虑通过发挥重点企业在供应链中的优势来提高标准托盘的租赁比例和一贯化带盘运输作业比例，实现标准托盘在全社会的循环共用。具体来说，鼓励托盘运营企业开展托盘回购返租以扩大业务、拓展网点，亦实现异地退租、统一采购标识和维修以提供专业化服务，鼓励商品生产企业从源头推动向下游带盘运输以实现绿色发展，鼓励第三方物流企业发挥网点多、车辆多等优势以拓展托盘运营业务和推广适合带盘运输的车辆，鼓励大型商贸连锁企业与供应链上下游企业合作以通过共同租赁同一家托盘运营企业的托盘而实现托盘在上下游企业间的流转和循环共用。

第三节 我国物流标准体系

标准体系是一种现有的和预计应发展的全面蓝图，是指导标准修订计划的依据和基础。制定标准体系是标准化工作的一项重要内容。所谓物流标准体系，是将物流作为一个大系统，制定并实施系统内部设施、机械装备、专用工具等技术标准，制定并实施包装、装卸、运输、配送等各类作业标准、管理标准以及作为现代物流突出特征的物流信息标准，以形成一个完整的标准体系表。

2003 年，全国物流标准化技术委员会和全国物流信息管理标准化技术委员会成立。在国家标准化管理技术委员会的支持和指导下，这两个标准化技术委员会制定了我国物流标

准体系表。

我国物流标准体系表在总体结构上科学合理、层次分明，满足国内物流技术应用的需求，如图 10-2 所示，采用树形结构，共分三层，层与层之间是包含与被包含的关系：体系表顶层即物流标准体系；体系表第二层为物流通用基础标准以及根据物流标准化对象的不同特性而划分出的物流信息标准、物流技术标准、物流管理标准和物流服务标准；体系表第三层是对物流信息标准、物流技术标准、物流管理标准和物流服务标准的进一步分层。

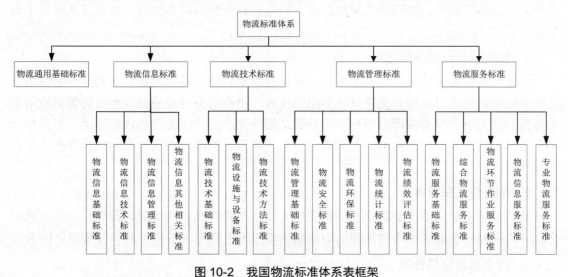

图 10-2 我国物流标准体系表框架

一、物流通用基础标准

物流通用基础标准主要包括物流术语标准、物流计量单位标准、物理基础模数尺寸标准等。

物流术语标准确定了物流活动中的基本概念术语、物流作业术语、物流技术装备与设施术语、物流管理术语及其定义，适用于物流及相关领域的信息处理和信息交换，也适用于相关的法规文件。

物流计量单位标准是开展物流管理（主要是物流统计和物流成本核算）的基础。

物流基础模数尺寸标准是物流设备制造、物流设施建设、物流体系中各环节配合协调，物流系统与其他系统配合的主要依据。

物流基础
模数尺寸

二、物流信息标准

物流信息标准包括物流信息基础标准、物流信息技术标准、物流信息管理标准和物流信息其他相关标准。

（一）物流信息基础标准

物流信息基础标准即物流信息系统建设中的通用标准。

（二）物流信息技术标准

物流信息系统的建立要在四个层次上推进标准化，即物理层、表示层、交换层和应用层。物理层标准化是指物流设施和技术装备的标准化，属于传统物流标准化范畴；表示层、交换层和应用层标准化是指物流信息表示、物流信息交换、物流信息应用方面的标准化，属于物流信息标准化范畴。按表示、交换和应用三个层次，物流信息技术标准可划分为物流信息分类编码标准、物流信息采集标准、物流信息交换标准和物流信息系统及信息平台标准。

1. 物流信息分类编码标准

物流信息首先要在代码化基础上经自动化数据采集技术进入物流信息系统。物流信息实现代码化，则需要运用物流信息分类编码技术。物流信息分类编码标准主要包括通用基础标准和物流信息分类编码应用标准，后者又划分为产品与服务分类代码标准、贸易单元编码标准、物流单元编码标准、物流参与方与位置编码标准、相关信息编码标准和其他相关标准。

2. 物流信息采集标准

物流信息采集标准主要解决物流信息进入物流信息管理系统的瓶颈问题，是实现物流自动化的关键。当前应用在物流领域的信息采集技术主要包括条码技术和射频识别技术。

3. 物流信息交换标准

物流信息交换标准主要包括物流数据元标准、物流业务流程信息交换规范以及物流单证标准。

4. 物流信息系统和信息平台标准

物流信息系统和信息平台标准主要规定物流信息系统和信息平台的设计原则和基本功能，同时规范物流信息系统和信息平台的建设。

（三）物流信息管理标准

当前，物流信息管理标准主要是指针对物流信息服务、物流信息安全而制定的管理方面的标准。

（四）物流信息其他相关标准

信息技术在不断发展中，许多信息技术已经或将要在物流领域得到大范围应用，如GIS、GPS 等，物流信息其他相关标准即致力于为这些领域的标准提供接口。

三、物流技术标准

物流技术是物流活动中所采用的自然科学与社会科学方面的理论、方法以及设施、设备、装置与工艺的总称。物流设施、设备是物流活动中使用的各种设施、设备、工具等物质手段的总称，即所谓的"硬技术"；物流技术方法是自然科学与社会科学方面的理论、方法应用于物流领域形成的各种方法、支撑技术、作业技能和流程等，即所谓的"软技术"。

物流技术标准主要包括物流技术基础标准、物流设施与设备标准和物流技术方法标准。

（一）物流技术基础标准

物流技术基础标准是指物流技术术语标准以及物流设施、设备与物流技术方法协同一致的技术要求。

（二）物流设施与设备标准

物流设施与设备标准是整个物流系统运行的物质和技术标准。物流设施与设备标准可进一步区分为物流设施与设备基础标准、物流设施标准、集装单元器具标准和物流设备标准，如图 10-3 所示。

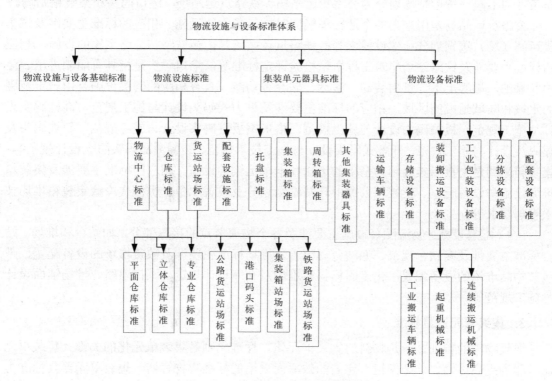

图 10-3 物流设施与设备标准体系

1. 物流设施与设备基础标准

物流设施与设备基础标准主要包括物流设施、设备的原则、主要术语、分类、图示符号等，在物流设施与设备标准体系中起着协调、交流和约束的作用。

2. 物流设施标准

根据各种物流设施的主要特点，本着分类清晰且能体现现代物流原则的特点，物流设施可分为物流中心、仓库、货运站场和配套设施四类。

（1）物流中心。物流中心是从事物流活动的场所，相应的标准涉及物流中心分类、物流中心设置选址、物流中心建设指标、物流中心验收规范等。

（2）仓库。仓库是保管和储存物品的建筑物和场所。仓库的形式多种多样，根据其特点和要求，可分为平面仓库、立体仓库和专业仓库。因此，仓库标准主要涉及平面仓库标准、立体仓库标准和专业仓库标准。

所谓平面仓库，即物品平地堆码的仓库，相应的标准有平面仓库地面承重要求。所谓立体仓库，是采用高层货架配以货箱或托盘储存货物且需用巷道堆垛起重机及其他机械进行作业的仓库，相应的标准涉及立体仓库分类、有轨巷道式高层货架仓库设计规范、立体仓库堆垛机配置要求、立体仓库货架安装规范、立体仓库消防技术要求、立体仓库验收规范。所谓专业仓库，是能满足特殊要求且提供特殊装卸搬运和储藏的仓库，主要用来操作或储存液体、能源、粮食、冷藏品、贵重物品、危险品等，相应的标准涉及粮食仓库设计规范、商业仓库设计规范、冷藏仓库设备配置、危险品仓库设备配置等。

（3）货运站场。货运站场是为货物中转、运输提供服务的设施和场所。按照形态和运作条件的不同，货运站场划分为公路货运站场、铁路货运站场、港口码头和集装箱站场。

公路货运站场是用来为多个运输车辆同时转运货物的设施，相应的标准主要涉及汽车货运站（场）级别划分和建设要求等；铁路货运站场是衔接铁路和公路运输的设施，相应的标准主要涉及铁路站场建筑工程质量检验评定标准等；港口码头是指具有船舶进出、停泊、靠泊，旅客上下，货物装卸、搬运、储存等功能，具有相应的码头设施且由一定范围的水域和陆域组成的区域，相应的标准主要涉及重力式码头设计与施工规范、高桩码头设计与施工规范、板桩码头设计与施工规范、格形钢板桩码头设计与施工规范、斜坡码头及浮码头设计与施工规范、开敞式码头设计与施工技术规范、装卸油品码头防火设计规范等；集装箱站场是衔接以集装箱为基础的运输和卡车运输的设施，相应的标准主要涉及集装箱堆场设施与设备配置、集装箱公路中转站站级划分及设备配备、机械式冷藏集装箱堆场技术管理要求等。

（4）配套设施。物流配套设施主要涉及各个物流节点的接口部分，如站台和堆场。站台标准主要涉及高站台规范、低站台规范等。堆场标准主要涉及散货堆场的设备配置，带包装物品堆场的设备配置，化工固体物料堆场及仓库设计规定，港口道路、堆场铺面设计与施工规范等。

3. 集装单元器具标准

现代物流的特征之一是物料的集装单元化，标准化则是集装单元化的关键。集装单元器具即为提高运输、装卸搬运、包装的效率而采用的标准货物容器。集装单元器具标准主要涉及托盘标准、集装箱标准、周转箱标准等。

（1）托盘标准。托盘是用于集装、堆放、搬运和运输的放置单元负荷货物和制品的水平平台装置，相应标准主要涉及《托盘术语》《联运通用平托盘 主要尺寸及公差》《联运通用平托盘 性能要求和试验选择》《铁路货运钢制平托盘》《塑料平托盘》《箱式、立柱式托盘》等。

（2）集装箱标准。集装箱是一种运输设备，一般具有足够强度且可长期反复使用，通常配备可以实现快速装卸和搬运的装置，由于箱内货物无须换装，因此便于从一种运输方式转移到另一种运输方式。集装箱标准主要涉及集装箱名词术语、集装箱运输用语、《集装箱 空/陆/水（联运）通用集装箱技术要求和试验方法》以及各类航空、邮政、铁路的集装箱技术要求和试验方法等。

（3）周转箱标准。周转箱是可重复使用的小型集装箱器具。周转箱标准主要涉及周转箱用语、通用塑料周转箱主要尺寸及公差、通用塑料周转箱性能要求等。

4．物流设备标准

依据功能，物流设备可区分为运输车辆、储存设备、装卸搬运设备、工业包装设备、分拣设备、配套设备，其中装卸搬运设备又划分为工业搬运车辆、起重机械、连续搬运机械。物流设备标准主要涉及上述设施、设备的基本参数、技术条件、安全规范等。

（三）物流技术方法标准

由于物流是跨行业、跨专业、多门类的产业，许多具体环节的作业技术都比较成熟，部分技术方法甚至已经在各自领域里形成固有体系，因此物流技术方法标准侧重体现现代物流的整合、集成、协同、优化等特点，具体包括物流技术方法基础标准、物流综合技术方法标准、物流环节技术方法标准、物流增值业务作业技术标准和特定产品物流作业方法标准。

1．物流技术方法基础标准

物流技术方法基础标准是指具有通用性和基础性的标准项目，主要涉及物流技术方法术语、物流技术方法通则等。

2．物流综合技术方法标准

物流综合技术方法标准主要以保证物流一体化服务质量为目的，侧重体现集成、整合、协同、优化等物流的综合特点，是指导物流领域综合业务技术应用的支撑技术标准。

3．物流环节技术方法标准

物流环节技术方法标准是针对某个环节提出的具体作业技术标准，主要涉及运输、仓储、配送、装卸搬运、包装、流通加工等各个作业环节的技术规范及相应的业务单证等。

（1）运输技术方法标准。运输技术方法标准是指货物运输过程中需要的涉及各种运输方式的技术方法标准。

（2）仓储技术方法标准。仓储技术方法标准是指货物仓储过程中需要的技术方法标准。

（3）配送技术方法标准。配送技术方法标准是指货物配送过程中需要的技术方法标准。

（4）装卸搬运技术方法标准。装卸搬运技术方法标准是指货物装卸搬运过程中需要的各种技术方法标准。

（5）包装技术方法标准。包装技术方法标准是针对物流包装技术方法而制定的标准。

（6）流通加工技术方法标准。流通加工技术方法标准是指在货物流通过程中对货物进行组装、分割、计量、检验等简单加工的技术方法标准。

4．物流增值业务作业技术标准

物流增值业务作业技术标准是指围绕物流基本业务而延伸出的各种物流增值业务的作业规范。按照目前物流产业的发展状况及其未来发展趋势，物流增值业务作业技术标准主要涉及供应链增值业务作业规范、金融增值业务作业规范和其他增值业务作业规范。供应链增值业务作业规范侧重规范在供应链整体服务过程中为客户提供的各种增值采购和增值销售服务的作业过程；金融增值业务作业规范侧重规范在传统物流业务基础上为客户提供金融增值服务的作业过程；其他增值业务作业规范侧重规范在传统物流业务基础上为客户提供增值服务的其他延伸业务的作业过程。

5. 特定产品物流作业方法标准

特定产品物流作业方法标准是针对具有特定物流需求的特定产品的物流作业的要求与规范，主要涉及各类特殊产品的运输、包装、仓储等方面的统一要求。

四、物流管理标准

物流管理是针对原材料、半成品、成品等物料在企业内外流动的全过程的计划、实施、控制等活动，主要包括：① 对物流活动诸要素的管理，如对运输、仓储、装卸、配送等环节的管理；② 对物流系统诸要素的管理，即对人、财、物、设备、方法和信息六大要素的管理；③ 对物流活动中具体职能的管理，如对物流计划、质量、技术、经济等职能的管理。物流管理标准主要分为物流管理基础标准、物流安全标准、物流环保标准、物理统计标准和物流绩效评估标准。

（一）物流管理基础标准

物流管理基础标准主要涉及物流管理术语标准、物流企业分类标准等。

（二）物流安全标准

物流安全标准主要涉及物流安全基础标准、物流设施设备安全标准、物流作业安全标准、物流人员安全标准、危险品/特殊货物安全标准等。

（三）物流环保标准

物流环保标准主要涉及物流环保基础标准和物流业务环保标准。物流环保基础标准主要是指物流环保术语标准，物流业务环保标准则包括运输环保标准、保管环保标准、装卸搬运环保标准、包装环保标准、流通加工环保标准、配送环保标准。

（四）物流统计标准

物流统计标准主要是指物流产业规模结构的统计标准。物流产业规模结构统计标准需要制定农业物流产业规模结构统计标准、建筑业物流产业规模结构统计标准、加工制造业物流产业规模结构统计标准、交通运输业物流产业规模结构统计标准、商贸流通业物流产业规模结构统计标准、邮政业物流产业规模结构统计标准、军事物流产业规模结构统计标准。

（五）物流绩效评估标准

物流绩效评估标准主要涉及物流绩效评估基础标准、物流成本评估标准、物流风险评估标准、物流效率评估标准、物流客户服务评估标准。

五、物流服务标准

物流服务是指物流服务提供方借助物流设施和设备以及一定的技术方法和手段，通过一系列物流管理和作业活动作用于客户的货物或物流系统，从而为客户提供可以实现货物物理性空间和时间转移、实现物流系统经济有效运行以及使客户获得商品可得性的活动过程。

物流服务标准主要涉及物流服务基础标准、综合物流服务标准、物流环节作业服务标准、物流信息服务标准和专业物流服务标准。

第四节　国际物流标准化

物流标准化系统属于二次标准化系统或后标准化系统，国际物流标准化工作复杂且难度大，其重点在于通过制定标准规格尺寸实现全球物流系统的贯通和物流效率的提高。

一、国际标准化组织

目前，从事物流标准化的国际组织主要有国际标准化组织（International Organization for Standardization，ISO）、国际电工委员会（International Electrotechnical Commission，IEC）、国际铁路联盟（International Union of Railways，UIC）、国际海事组织（International Maritime Organization，IMO）、欧洲标准化委员会（European Committee for Standardization，法文缩写 CEN）、欧洲机械搬运协会（Fédération Européenne De La Manutention，FEM）、英国劳氏船级社（Lloyd's Register of Shipping，LR）、美国汽车工程师学会（Society of Automotive Engineers，SAE）等。

国际标准化组织成立于 1947 年 2 月 23 日，是世界上最大、最权威的国际标准化机构，也是世界上全面从事物流技术标准化的国际组织。ISO 的宗旨是在全世界范围内促进标准化的发展，以利于国际交流并扩大在知识、科学、技术和经济方面的合作。

ISO/IEC 下设多个物流标准化技术委员会，这些技术委员会负责全球物流相关标准的制定和修订工作，已制定了 200 多项与物流设施、运作模式与管理、基础模数、物流标识、数据信息交换相关的标准，如表 10-4 所示。国际标准化组织与联合国欧洲经济委员会（United Nations Economic Commission for Europe，UNECE）共同承担电子数据交换标准的制定，ISO 负责语法规则和数据标准的制定，UNECE 负责报文标准的制定。ISO 中央秘书处和欧洲各国确定的物流基础模数尺寸为 600 mm×400 mm，物流模数尺寸（集装箱尺寸）以 1200 mm×1000 mm 为主，也允许 1200 mm×800 mm、1100 mm×1010 mm，这是在考虑了物流系统中影响最大而又最难改变的输送设备以及采用"逆推法"，由现有输送设备尺寸推算而来的。在 ISO 现有的标准体系中，与物流相关的标准约有 2000 条，其中运输 181 条、包装 42 条、流通 2 条、仓储 93 条、配送 53 条、信息 1605 条。

表 10-4　国际标准化组织中与物流有关的标准化技术委员会

TC 号	名　称	秘书处承担国家
TC8	造船和船舶技术	日本
TC20	航空与航天器	美国

续表

TC 号	名　　称	秘书处承担国家
TC22	道路车辆	法国
TC51	单件货物搬运用托盘	英国
TC52	薄壁金属容器	法国
TC63	玻璃容器	英国
TC96	起重机	澳大利亚
TC100	传动用和输送用链条及链轮	英国
TC101	连续式机械装卸设备	德国
TC104	货运集装箱	美国
TC110	工业车辆	德国
TC122	包装	土耳其
TC204	运输信息和管理系统	美国
TC211	地理信息	挪威

资料来源于网络并经作者加工整理。

二、全球第一贸易标准化组织

全球第一贸易标准化组织（GS1）由国际物品编码协会（EAN）和美国统一代码委员会（Uniform Code Council，UCC）于 2004 年合并而成，它将自身定位为全球第一贸易标准化组织，其宗旨是"推广全球贸易语言——EAN·UCC 系统"。EAN·UCC 系统是一套国际通行的关于商品、物流单元、资产、位置、服务关系等的全球统一标识标准及相关的信息采集技术标准、信息交换技术标准和信息应用标准等商务标准，也称 GS1 系统标准。自成立以来，GS1 通过建立和推广 GS1 系统以及为供应链参与方及相关用户提供增值服务优化整个供应链的管理效率。

目前，全球共有 104 个成员组织在全球范围内推广 GS1 标准体系，服务于 145 个国家和地区。由于 GS1 系统标准可以实现信息流和实物流快速且准确的无缝链接，因此全球已经有超过 100 万家公司通过实施该系统极大地提高了供应链效率。

三、发达国家物流标准化

目前，随着信息技术、电子商务、电子数据和供应链的快速发展，国际物流业已经进入快速发展阶段。物流系统的标准化和规范化已成为发达国家提高物流运作效率和效益以及提高竞争力的必备手段。全球各国，尤其是发达国家都在推行国际统一标准，力求使国内物流与国际物流融为一体。

（一）美国的物流标准化

为了促进物流信息技术的发展、加快物流信息系统的建设，美国非常重视物流信息标准化工作并通过发布国会立法和总统命令的形式不断加强这一工作。美国统一代码委员会为给供应商和零售商提供一种标准化库存单元（stock keeping unit，SKU）数据，早在 1996 年就发布了 UPC 数据通信指导性文件，美国国家标准协会也于同年制定了装运单元和运输包装的标签标准以详细规定如何在标签上应用条码技术。这些标准主要用于物流单元的发货、收货、跟踪及分拣。由于通过标签来传递各种信息在一定程度上实现了 EDI 报文的传递，即所谓的"纸面 EDI"，因此在一定程度上做到了物流和信息流的统一。

作为北大西洋公约组织成员之一的美国参加了北大西洋公约组织的物流标准制定工作，制定出物流结构、基本词汇及其定义、物流技术规范、海上多国部队物流、物流信息识别系统等标准。美国国防部建立了军用和民用物流的数据记录、信息管理等方面的标准规范。美国国家标准协会积极推进物流的运输、供应链、配送、仓储、EDI 和进出口等方面的标准化工作。总之，目前美国已经形成了较完善的物流标准体系，与物流相关的标准约有 1200 条，其中运输 91 条、包装 314 条、装卸 8 条、流通 33 条、仓储 487 条、配送 121 条、信息 123 条。

在参加国际物流标准化活动方面，美国积极加入 ISO/TC 104（货运集装箱标准化技术委员会），在国内设立 ISO/TC 104 第一分委会（普通用途集装箱，General Purpose Containers）、第二分委会（特殊用途集装箱，Specific Purpose Containers）和第四分委会（识别和通信，Identification and Communication）；亦积极加入 ISO/TC 122（包装标准化技术委员会）、ISO/TC 154（管理、商业及工业中的文件和数据元，Documents and data Elements in Administration，Commerce and Industry）等委员会；还参加了 ISO/TC 204（运输信息和管理系统标准化技术委员会）并由美国智能运输系统协会作为其技术咨询委员会，负责召集所有制定智能运输系统相关标准的机构成员共同制定美国国内的信息技术服务标准。

（二）日本的物流标准化

日本是较重视物流标准化的国家之一，其标准化速度也很快。在标准体系研究中，日本十分注重与美国和欧洲国家的合作，将研究重点放在标准的国际通用性上。日本政府工业技术院委托日本物流管理协会花了四年时间对物流机械、设备的标准化进行调查研究。目前，日本物流管理协会已提出日本工业标准关于物流方面的若干草案，具体包括物流模数体系、集装的基本尺寸、物流术语、物流设施设备的基准、输送用包装的系列尺寸（包装模数）、包装用语、大型集装箱、塑料制通用箱、平托盘、卡车车厢内壁尺寸等，名词术语及单元尺寸标准如表 10-5 所示，货物安全、防护以及优化包装容器的标准如表 10-6 所示，与托盘相关的主要标准如表 10-7 所示，与集装箱有关的主要标准如表 10-8 所示，装卸搬运设备的主要标准如表 10-9 所示。

表 10-5 名词术语及单元尺寸标准

编　　号	名　　称	编　　号	名　　称
JIS D 6201	《叉车术语》	JIS Z 0108	《包装术语》
JIS D 6801	《AGV 术语》	JIS Z 0110	《工业货架术语》
JIS Z 0104	《瓦楞纸术语》	JIS Z 0111	《物流术语》
JIS Z 0106	《托盘术语》	JIS Z 0161	《集装单元尺寸》

表 10-6 货物安全、防护以及优化包装容器的标准

编　　号	名　　称
JIS Z 0105	《运输包装——运输包装的同等模数尺寸》
JIS Z 0200	《包装货物——一般实验规则》
JIS Z 0202	《包装货物——跌落实验方法》

编 号	名 称
JIS Z 0205	《包装货物——水平冲击实验方法》
JIS Z 0216	《包装容器的喷水实验方法》
JIS Z 0232	《包装货物——震动实验方法》

表 10-7 与托盘相关的主要标准

编 号	名 称	编 号	名 称
JIS Z 0601	《连续运输用平托盘》	JIS Z 0607	《薄板托盘》
JIS Z 0602	《平托盘试验方法》	JIS Z 0610	《箱式托盘》
JIS Z 0604	《木质平托盘》	JIS Z 0611	《联运箱式托盘》
JIS Z 0605	《金属平托盘》	JIS Z 0612	《联运箱式托盘试验方法》
JIS Z 0606	《塑料平托盘》	JIS Z 0614	《冷藏用箱式托盘》

表 10-8 与集装箱有关的主要标准

编 号	名 称
JIS Z 1610	《国内用货物集装箱——内部尺寸及一般规范》
JIS Z 1611	《国内用隔热集装箱》
JIS Z 1612	《国内用隔热集装箱测试规范》
JIS Z 1614	《国际货运集装箱——外部尺寸及额定值》
JIS Z 1618	《国际贸易用普通货运集装箱》
JIS Z 1619	《国际贸易用冷藏集装箱》
JIS Z 1621	《国际贸易用敞口式集装箱》
JIS Z 1622	《带有特定限制的国际贸易用平柜架式集装箱》
JIS Z 1624	《国际贸易用罐式液体和气体集装箱》
JIS Z 1625	《国际贸易用平台式集装箱》
JIS Z 1626	《国际贸易用货运集装箱的运输和加固》
JIS Z 1651	《散货集装箱》
JIS Z 1655	《可重复使用的塑料容器》

表 10-9 装卸搬运设备的主要标准

编 号	名 称
JIS D 1701	《冷藏或冷冻车辆的车厢保冷性能的试验方法》
JIS D 4001	《冷藏冷冻汽车的保温车厢》
JIS D 4002	《载货汽车车厢内倾斜度的尺寸》
JIS D 6001	《叉车——安全规程》
JIS D 6011	《叉车——稳定性和稳定性试验》
JIS D 6023	《叉车——制动性能和制动试验》
JIS D 6024	《叉车——挂钩型货叉及叉架、安装尺寸和结构》
JIS D 6202	《叉车——规范的标准格式》
JIS D 6802	《自动导引车系统——一般安全规范》
JIS B 8920	《手推车》
JIS B 8924	《手动搬运车—主要尺寸》

编　号	名　称
JIS B 8925	《带升降台的手推车》
JIS B 8930	《托盘搬运车—主要尺寸》
JIS B 8950	《整货用垂直输送机》
JIS B 8951	《托盘堆码机》

（三）加拿大物流标准化

地处北美的加拿大，发展现代物流业的时间亦较早。目前，加拿大已建立包括物流用语、物流基础设施和装备、物流信息、物流应用技术等在内的一整套物流标准体系。

然而，在加拿大，物流标准体系存在多种标准，如国际标准、国家标准、行业标准和企业标准。国际标准是世界各国通行的标准体系，国家标准中包括了联邦政府一级的标准和省政府一级的标准，这两种标准尽量一致，各个省一级的标准也尽量保持一致并逐步向国际标准转化。行业标准是由各行业协会制定的，存在一些差异，目前也正在逐步向国家标准和国际标准转化。企业标准是各个企业自己制定的，目前受到的约束和局限比较大，各企业也正在积极修改自己的标准以便与国家标准或国际标准接轨。

（四）欧盟物流标准化

欧洲标准化委员会（CEN）是由欧盟 16 国国家标准化机构于 1961 年成立的非营利性国际标准化科学技术机构，目前设立了第 320 技术委员会，主要负责运输、物流和服务（transport-logistics and services）的标准化工作；第 278 技术委员会，主要负责道路交通和运输的信息化（road traffic and transport telemetric），分 14 个工作组和 150 个子工作组共同承担与 ISO/TC 204 内容大致相同的标准制定工作。另外，CEN 设有第 119 技术委员会，主要负责用于组合货物运输的交换车身（swap bodies for combined goods transport）和第 296 技术委员会，主要负责危险货物运输罐（tanks for transport of dangerous goods）等，这些委员会共同推进物流标准化进程并在标准制定过程中进行多方面的联系与合作。

四、国际物流标准化的一个典型——集装箱标准化

集装箱标准化是国际物流标准化系统中最典型的例子。

1961 年以前，美国制定其本国集装箱标准时引起了陆军与民间运输的激烈斗争。1961 年第 104 技术委员会成立后，美国要求以大型的第 1 系列集装箱（实际上就是美国国家标准中的货箱型集装箱）为标准，而欧洲要求以中型的第 2 系列集装箱即欧洲国际铁路联盟的标准集装箱为标准。1976 年，在第 104 技术委员会第 9 次大会上又出现"南北对立"，即发展中国家集装箱标准与发达国家集装箱标准的不一致。"南北对立"的主要根源在于集装箱化源自发达国家以及集装箱的标准化活动从产生就被发达国家所控制。不仅如此，发达国家在推行国际集装箱标准化的过程中往往忽视发展中国家的经济状况，因此推行标准化过程带有一定的强制性，从而使发展中国家产生强烈的不信任感。另外，开展集装箱运输需要大量的初始投资。根据日本公布的数字，从 1967 年起到 1977 年，日本对海上集装

箱运输所投入的资金高达 5270 亿日元。因此，发展中国家十分担心在集装箱标准化过程中由于发达国家单方面要求而改变集装箱标准，会使正在使用中的集装箱和贵重的设备一下子变得陈旧，甚至面临报废，从而造成巨大的经济损失。

考虑到上述情况可能造成的严重后果，发展中国家强烈要求签订国际协定以保证集装箱标准的稳定性。从实际情况来看，集装箱基本标准的频繁变动对发达国家自身来说也是不利的。于是，鉴于发展中国家在第 104 技术委员会第 10 次全体大会上的强烈要求，这次会议取得了集装箱标准化工作应维持高度稳定性的统一意见且通过了国际标准集装箱的外部尺寸、最大总重和角件标准冻结 5 年的建议。自此，国际标准集装箱进入稳定发展阶段。

目前，常见的集装箱包括 ISO 集装箱、非 ISO 集装箱、我国的铁路集装箱以及符合不同国家和地区流通要求的集装箱、格栅/货板兼容箱以及交换车体等。ISO 系列 1 集装箱的外部尺寸和最大总质量情况如表 10-10 所示，其他集装箱的相关参数情况详见国家市场监督管理总局与国家标准化管理委员会联于 2023 年 3 月 17 日联合发布并于同年 7 月 1 日开始实施的 GB/T 1413—2023/ISO 668：2020。

表 10-10　ISO 系列 1 集装箱外部尺寸和最大总质量

型　号	高度（H）/mm	宽度（W）/mm	长度（L）/mm	最大总质量/kg	备　注
1EEE	2896	2438	13 716	30 480	
1EE	2591	2438	13 716	30 480	
1AAA	2896	2438	12 192	30 480	
1AA	2591	2438	12 192	30 480	
1A	2438	2438	12 192	30 480	
1AX	<2438	2438	12 192	30 480	
1BBB	2896	2438	9125	30 480	
1BB	2591	2438	9125	30 480	GB/T 1413—2023/
1B	2438	2438	9125	30 480	ISO 668：2020
1BX	<2438	2438	9125	30 480	
1CCC	2896	2438	6058	30 480	
1CC	2591	2438	6058	30 480	
1C	2438	2438	6058	30 480	
1CX	<2438	2438	6058	30 480	
1D	2438	2438	2991	10 160	
1DX	<2438	2438	2991	10 160	

本 章 小 结

思　考　题

1. 试述物流标准化的意义。
2. 物流标准的类型有哪些？
3. 试简要介绍发达国家的物流标准化情况。
4. 试简述我国物流标准体系。
5. 试简述托盘标准化的现状及存在的问题并提出相应对策。

案　例　分　析

物流配送标准化管理实践

问题讨论：
1. 简述上海百大配送的标准化管理历程。
2. 简析上海百大配送的标准化管理实践成就。
3. 上海百大配送的标准化管理有哪些需要改进的地方？

实　训　项　目

物流企业标准化现状调研。

1. 实训目标

选择身边的一家物流企业作为调研对象，运用物流标准化理论，实地考察该物流企业标准化实施现状。

2. 实训内容和要求

（1）选择一家物流企业，通过资料搜集、现场观摩、访问等方式了解其发展历史，分析其现状、特点、存在的问题。

（2）对该企业物流标准化方面所存在的问题，运用本章知识，提出解决方案。

3. 实训成果检查

提交一篇实训报告，内容主要包括：

（1）所选择企业的背景介绍、发展历史、物流标准化现状、物流标准化存在的问题以及优化解决方案。

（2）实训心得。

第十一章　第三方物流

本章概要

　　本章在介绍第三方物流基本概念的基础上详细介绍第三方物流的分类，科学分析第三方物流的利益来源与价值，然后介绍国际国内第三方物流发展现状，最后展望第三方物流的发展趋势。

思政目的

　　通过学习本章内容，正确引导学生全面客观地了解物流行业，弘扬人民利益至上精神，增强民族自豪感，促进其养成团结协作共赢的意识。

学习目的

　　通过本章学习，了解第三方物流的发展历史；掌握第三方物流的基本概念；理解第三方物流的利益来源与价值分析；并能够在了解欧洲、美国、日本和我国第三方物流发展现状的基础上科学把握第三方物流的未来发展趋势。

基本概念

　　广义的第三方物流　狭义的第三方物流　利润来源

引导案例

"大众包餐"可否引入第三方物流

第一节 第三方物流概述

一、第三方物流的演进

1975 年前后，美国出现"第三方物流"（third party logistics，3PL）企业，专门负责企业内部物流。此后很长的一段时间内，第三方物流作为物流业的新兴领域，逐渐发展成为现代物流业主体，如今在全球物流市场上已占据很大份额并成为反映现代物流业发展水平的标志。

关于第三方物流的演进，许多学者尝试进行较为清晰的界定。按照第三方物流所提供的服务类型、所实施控制的水平以及在企业战略重要性方面所扮演的角色，可以将第三方物流的演进区分为导入期（introductory period）、知晓期（awareness period）、需求期（necessity period）、整合期（integration period）和差别化期（differentiation period）五个阶段，如表 11-1 所示。

表 11-1 第三方物流的演进

时 期	阶 段	特 征
20 世纪初到 50 年代晚期	导入期	单一服务
20 世纪 50 年代晚期到 60 年代中期	知晓期	独立服务
20 世纪 60 年代中期到 70 年代晚期	需求期	集成服务
20 世纪 70 年代晚期到 80 年代晚期	整合期	综合服务
20 世纪 80 年代晚期到 90 年代晚期	差别化期	组合服务

在导入期，企业的第三方物流观念尚处于萌芽状态，仅当提供物流服务的第三方物流企业具有显著成本优势或运输设备 / 人员紧张时，企业才会考虑由第三方物流企业提供物流服务。

在知晓期，第三方物流观念得以流行，企业开始考虑采用第三方物流企业作为存货控制和成本削减的替代选择，以强化企业竞争力、增加利润。然而，在该阶段，第三方物流仍未引起企业界对缺乏物流控制权的担忧。

在需求期，重要市场和法律的变更提高了配销的复杂程度，导致有配销专长的第三方物流企业开始成为企业所需，由此第三方物流观念开始得到企业界的认可和采纳。

在整合期，第三方物流观念吸引了越来越多的企业，国际化发展以及分销渠道复杂性的提高等因素迫使企业增强与第三方物流企业的合作。

在差别化时期，第三方物流观念被认为是企业核心竞争力方向的一个区分器，国际化趋势及日益重要的伙伴联盟关系亦使得企业将第三方物流作为增加竞争力的必需功能。

二、第三方物流的定义

第三方物流概念于 20 世纪 80 年代中后期在欧美发达国家出现。"第三方"一词源自管理学中的"外包"理念。所谓"外包"，是指企业动态地配置自身和其他企业的功能和服务，以充分利用企业外部资源为企业内部生产和经营服务。由于企业越来越重视集中自己的核心资源和业务而把其他非核心资源和业务外包化，"外包"已成为工商企业的重要发展方向。将"外包"理念引入物流管理领域，就产生了"第三方物流"概念。

尽管凭借在提供物流服务方面的专业技术和综合管理优势，"第三方物流"概念在国内外被广泛使用，然而至今仍没有一个明确的、权威的、被普遍接受和认可的对"第三方物流"的定义。

欧美一些学者认为，"第三方物流"是指将传统的组织内履行的物流职能交由外部公司履行，这些交由第三方物流公司履行的物流职能包括整个物流过程或物流过程中的部分活动。罗伯特（1993）从服务提供者的角度将"第三方物流"定义为"拥有一定技术和专业知识并提供如交通、运输管理、承运人管理、仓储、配送等物流活动中的部分或全部环节的服务，以满足客户需求的第三方公司"。库柏等人（1989）认为，"第三方物流"是"货主和第三方公司之间的一种关系，与传统的基础服务相比，第三方物流提供了更加广泛的、为客户定制的服务，其特点表现为一种长期、互利的关系"。

美国物流管理协会于 2002 年 10 月 1 日公布的《物流术语词条（2002 升级版）》将"第三方物流"定义为"将企业的全部或部分物流运作业务外包给专业公司管理经营"，这些能为客户提供多元化物流服务的专业公司称为第三方物流提供商。第三方物流提供商的存在加速了原材料和零部件从供应商向定制商的顺畅流动，更为产品从制造商向零售商的转移搭建了良好的平台。第三方物流提供商所提供的集成服务涵盖包括运输、仓储、码头装卸、库存管理、包装以及货运代理在内的诸多业务。

在日本的物流书籍中，"第三方物流"有两种解释：其一，"第三方物流"是指为第一方生产企业和第二方消费企业提供物流服务的中间服务商组织的物流运作模式。其二，"第一方物流"是指由生产企业和流通企业自己运作物流业务的模式，"第二方物流"是指由那些提供诸如运输、仓储等单一物流服务的物流企业运作物流业务的模式，"第三方物流"则是指由为客户提供包括物流系统设计规划、解决方案及具体物流业务运作等全部物流服务的专业物流企业运作物流业务的模式。

2001 年 4 月 17 日，由我国国家质量技术监督局发布的中华人民共和国国家标准《物流术语》（GB/T 18354—2001，现已废止）将"第三方物流"定义为"由供方与需方以外的物流企业提供物流服务的业务模式"。2021 年 8 月 20 日，由国家市场监督管理总局与国家标准化管理委员会联合发布的中华人民共和国国家标准《物流术语》（GB/T 18354—2021）将第三方物流定义为"由独立于物流服务供需双方之外且以物流服务为主营业务的组织提供物流服务的模式"。

虽然国内外对第三方物流定义的表述不尽相同，但总的来说可以将第三方物流区分为广义的第三方物流和狭义的第三方物流。

（一）广义的第三方物流

下面以商品交易为参照对象定义广义的第一方物流、第二方物流和第三方物流。

1. 第一方物流

第一方物流（first party logistics，1PL）是指由商品提供者自己向商品需求者送货，以实现交易物资在空间上的位移。从传统上来讲，大多数制造业企业配备有规模较大的运输工具（如车辆、船舶等）和储存产品所需要的仓库等物流设施，以实现自身产品的流通。特别是在产品输送量较大的情况下，企业更倾向于由自己来承担物流任务。然而，当企业越来越难以从第一利润源泉（即原材料、厂房、设施设备等物资的节约）和第二利润源泉（即劳动力资源的节约）中攫取利润时，物资流通或流转过程中存在着的成本下降空间便成为企业可能的第三利润源泉。尤其是伴随着市场竞争的日趋激烈，企业越来越注重从物资流通或流转过程中追求"第三利润"。

2．第二方物流

第二方物流（second party logistics，2PL）是指由商品需求者自己解决所需商品的物流问题。传统上，一些规模较大的商业企业均配备有自己的运输工具和储存商品的仓库，以解决所需商品从供应地到商场的物流问题。

3．第三方物流

第三方物流（third party logistics，3PL）是指由商品供需双方之外的第三方提供物流服务。因此，无论是由商品需求方承担物流的模式还是由商品供给方承担物流的模式，均不是第三方物流；由商品需求方之外的任何一方承担物流的模式，则是第三方物流。事实上，供需之外的第三方提供物流服务的模式（亦即广义的第三方物流）主要是相对供需双方企业自营物流模式而言的。

一分钟了解 3PL

（二）狭义的第三方物流

狭义的第三方物流以物流服务或物流交易为参照对象，主要是指由物流服务的实际需求方（假定为第一方）和实际供给方（假定为第二方）之外的第三方，部分或全部利用第二方资源通过合约向第一方提供物流服务的模式。

第一方是物流需求方，即客户，可以是生产商、零售商等；第二方是物流供应方，即运输、仓储、流通加工等基础物流服务的提供者；第三方物流管理方则通过整合第二方的资源和能力为第一方提供物流服务，如图 11-1 所示。

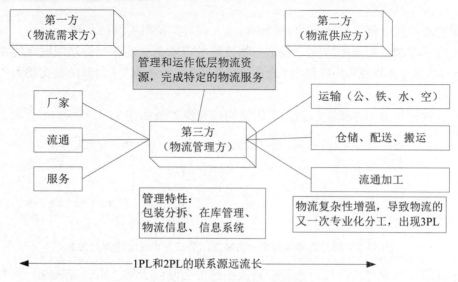

图 11-1　狭义的第三方物流

由图 11-1 不难看出，供需双方之外的第三方具有管理特性，因此狭义的第三方物流概念明确了第三方物流的地位和作用。按照这个定义，可以认为，现代第三方物流企业的本质职能是管理和运作低层的物流资源并为客户提供特定的服务。所以，第三方物流企业在本质上是管理型企业。

从物流发展的角度来看第三方物流，在第三方物流出现之前，第一方物流和第二方物流的直接服务关系已存在很长时间，如陆运、铁路、空运、海运、公共仓储等都体现了这种第一方和第二方的直接服务关系；伴随物流活动复杂性和协调性的提高，第三方物流出现，它是物流业务领域的进一步专业化分工结果。

更详细的对第三方物流的描述如下。

（1）从客户关系上看，第三方物流的采购不是货主向物流服务商偶然的、一次性的物流服务采购活动，而是采取委托承包形式的长期业务外包合作关系。物流服务提供商与客户之间体现为一种战略性合作伙伴关系，这有别于一般的仓储或货运服务。实际上，第三方物流公司在西方一直作为客户企业的战略联盟。

（2）从拥有的运作资产看，管理型第三方物流企业一般不掌握物流运作的核心资源或自身拥有的资源在整个物流服务所使用的资源中占很小的比例。

（3）从服务内容来看，第三方物流侧重为客户提供一体化综合物流服务。从纵向连接上，第三方物流可以完成从供应物流、生产物流到销售物流的完整过程的组织和管理；从横向整合上，可以对物流服务资源进行整合和优化（运输车队、仓储资源的选择）。

（4）从业务运作看，第三方物流具有明确的整合和管理内涵。第三方物流通过整合低层的物流资源而为客户提供一站式物流服务。

再次强调的是，第三方物流企业本身不拥有货物，而是为其外部客户的物流作业提供管理、控制和专业化服务；第三方物流企业在货物的实际供应链中不是一个独立的参与者，而是代表发货人或收货人通过提供一整套物流活动来服务于供应链。

三、第三方物流的其他称谓

根据物流实践中第三方物流的不同特点，人们对其使用不同的称谓。

由于第三方物流的服务方式一般是与物流服务需求企业签订一份期限固定的物流服务合同，所以"第三方物流"又被称为"合同物流"或"契约物流"（二者的英文均为"contract logistics"）。

第三方物流与第一方物流、第二方物流间的契约关系如图 11-2 所示。

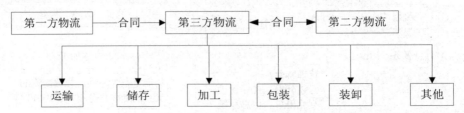

图 11-2　第三方物流与第一方物流、第二方物流间的契约关系

为了区别于企业自营物流，人们在物流实践中会倾向于将"第三方物流"称为"外协

物流"或"外包物流"（二者的英文均为"outsourcing logistics"）。

由于第三方物流公司一般是比较专业的物流服务提供商且通常能够承担客户全部的物流服务，所以"第三方物流"又被称为"全方位物流服务公司（full-service distribution company，FS-DC）"或"整合服务提供商（integrated service providers）"。

由于第三方物流公司对物流各环节如仓储、运输等实行严格管理，再加上拥有一大批具有专业知识的物流人才，所以可以有效地运转整个物流系统；当客户不再拥有自己的车队和仓库而全部依赖于第三方物流为其或其客户提供部分或全部物流服务时，客户和第三方物流便形成了"一荣俱荣、一损俱损"的利害关系，因此"第三方物流"又被称为"物流联盟（logistics alliance）"或"物流伙伴（logistics partner）"。

四、第三方物流的特征

（一）合同导向

有别于传统外包只限于一项或几项分散的物流功能，第三方物流企业可以管理整个物流过程或者可以选择几项物流服务项目，如订单管理、库存管理、运价谈判、选择承运人等，如何选择基于第三方物流企业与物流服务需求方之间的合同条款。换句话说，第三方物流企业是根据合同条款规定而非临时需求来提供多功能甚至全方位物流服务的。

（二）提供个性化物流服务

由于第三方物流服务需求方的性质、产品特点、业务流程、市场状态等截然不同，传统物流企业所提供的标准化运输、仓储等基础性服务已远远不能满足需求方的差异化与个性化物流服务需要，这也促使第三方物流企业的经营理念从供给推动模式（即产品推销）向需求拉动模式（即市场营销）转变，第三方物流企业也正在努力采用"一企业一策略"的方式为需求方提供定制式、个性化专属物流服务。

（三）以现代信息技术为基础

信息技术的迅猛发展是第三方物流出现的必要条件：信息技术实现数据的快速、及时与准确传递，提高仓库管理、装卸搬运、采购、订货、配送发运、订单处理的自动化水平和作业效率，使订货、包装、保管、运输、流通加工等实现一体化；借助信息平台，第三方物流企业可以更加高效、便捷地与需求方沟通交流。此外，强大的计算机软件便于将混合在其他业务中的物流成本精确地计算出来，能够有效管理物流渠道中的商流，这就使企业把原来在内部完成的作业交由第三方物流企业运作。常用于支撑第三方物流的信息技术有实现信息快速传递交换的电子数据交换、实现资金支付的电子资金支付和实现网上交易的电子商务等。

（四）与客户间的战略联盟关系导向

企业选择第三方物流服务的动机主要包括降低成本、提高核心竞争力、寻找增值服务等，各类企业与第三方物流企业的合作方式有整体外包物流业务、聘请物流公司管理运作企业自有物流资产设备等多种形式。虽然形式多样，但本质上是合作双方为了共同的战略目标，在信息共享的条件下共同制定解决方案。因此，第三方物流业务深深地触及客户企业的销售计划、库存管理、订货计划、生产计划以及整个生产过程，第三方物流企业与客户企业间的关系也远远超越了一般意义上的买卖关系，而是紧密地结合成一体的战略伙伴关系。

五、第三方物流的相关分类

（一）第三方物流服务的类型

第三方物流企业提供的物流服务有很多种类型，比较典型的有以下五个类型。

（1）单一服务（single services）：仅提供搬运、运输或仓储中的一种服务。

（2）独立服务（separated services）：提供运输与仓储二选一的服务。

（3）集成服务（integrated services）：提供运输与仓储集成的服务。

（4）综合服务（combined services）：除了提供供给、仓储、运输服务，提供额外的服务，如商业经营和策划服务。

（5）复杂组合服务（complex combined services）：提供由不同种类服务所构成的复杂服务组合，如计划、供给、装卸、仓库管理、仓储、经营、信息及运输等。

（二）第三方物流企业的类型

在发展成熟的物流市场中，根据第三方物流企业的核心优势、资金投入、能力、客户等因素，可以将第三方物流企业划分为很多种类型。根据所覆盖范围中服务客户的多寡和服务内容集成度，可以将第三方物流企业划分为典型的四类，如图11-3所示。

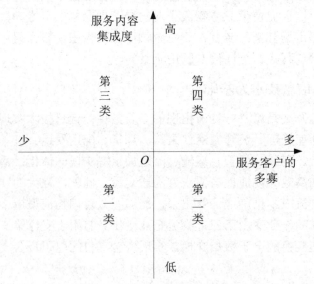

图11-3　第三方物流企业的分类

服务客户的数量从一个到几百个不等；服务内容集成度由低到高主要包括物流功能集成、物流同企业其他职能活动的集成、供应链上物流活动集成和供应链上物流体系规划等，如图11-4所示。

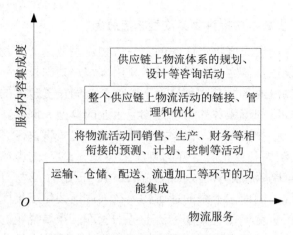

图 11-4　物流服务内容集成度阶梯图

实践表明，物流服务内容集成度的高低同物流服务客户的多寡成反相关关系。具体来说，假定第三方物流企业的基本模式和能力相同，那么其提供服务内容的集成度越高，则其能够服务的客户越少；反之，其提供服务内容的集成度越低，则其能够服务的客户越多。这主要是因为集成度越高，物流活动的个性化越强，物流活动中可以共享的资源越少，这种资源的不可共享性自然限制了其发展新客户的能力。例如，较高集成度的物流服务活动可能涉及对客户企业现场物流资源的调度和管理，包括工厂内的原材料仓库管理、工厂现场的成品包装和管理等；由于作业地点一般在客户端，因此这些资源是无法在不同客户之间共享的。所以，这必然限制了第三方物流企业拓展新客户的能力。

1. 第一类：针对少数客户提供低集成度物流服务

第三方物流企业针对少数客户提供低集成度物流服务主要存在于以下两种情形：第一种情形是作为企业成长的阶段性存在，即第三方物流企业处于发展初期，服务能力不完善，能够提供的物流服务内容的集成度有限。第二种情形是企业市场定位即针对少数客户提供低集成度物流服务。一部分第三方物流企业清晰地认识到自身因规模有限、服务能力较弱而难以提供高集成度物流服务，因此它们主动将自己定位为针对少数客户提供低集成度物流服务。由于这类第三方物流企业的市场定位与我国目前物流市场对高集成度物流服务需求有限的客观事实较为吻合，所以它们的低集成度物流服务提供商的发展定位仍然有一定的市场空间。因此，理性、客观地说，针对有限的几个客户提供低集成度物流服务应该是我国大多数中小型第三方物流企业的可行定位。

2. 第二类：同时为较多客户提供低集成度物流服务

同时为较多客户提供低集成度物流服务的第三方物流企业是目前国内数量较多的一类物流企业，如宝供物流、虹鑫物流等。宝供物流目前有 50 多个比较大的客户，然而从提供的物流服务上来看，宝供物流基本还是以提供仓储、运输等功能性服务为主，一般不涉及库存计划等比较高端的物流服务。虹鑫物流目前大约有 80 个客户，然而大部分客户为传统货代业务客户，真正可以称得上物流服务客户仅有十多个。从国内物流业的发展和国外实践来看，在未来一段时间内，这一类第三方物流企业将是我国物流市场的主流类型。

3. 第三类：针对少数客户提供高集成度物流服务

针对少数客户提供高集成度物流服务的第三方物流企业是西方物流服务市场的典型。很多大型物流集团在操作具体客户的时候常常采用同客户共同投资新的物流公司的形式，进而全面管理客户的物流业务。在这种情形下，这个共同投资建立的新物流公司就是专门为特定客户提供高集成度物流服务的第三方物流企业的典型。例如，联邦快递在欧洲同某家具公司联合成立了一家物流公司，由该家具公司专门负责该家具公司全球物流业务的管理和运作。TNT 在澳大利亚也有这样的物流公司——TNT 的电信物流，即一家专门为 TELSTRA 通信公司提供物流服务而成立的物流公司。在我国，这种针对特定客户成立物流公司的情况也已经出现。例如，上海的莲雄物流在天津同某化工集团成立了物流公司，由该成立的物流公司专门负责该化工集团物流业务的管理。需要说明的是，由于提供高集成度物流服务的物流企业参与客户运营的程度很深，物流服务的个性化亦很强，因此这一类第三方物流企业一般不适合大规模运作，即一家物流公司为很多家企业同时提供高集成度物流服务的难度非常大。

4. 第四类：同时为较多客户提供高集成度物流服务

在介绍第三类第三方物流企业时已经提到，为很多家企业同时提供高集成度物流服务是十分困难的。因此，即便是在西方发达国家，也尚未出现能够同时为很多家企业提供高集成度物流服务的第三方物流企业。这一类第三方物流企业在一定程度上可视为一种理想化存在，原因如下。

第一，高集成度物流服务不适合大规模运作。高集成度物流服务需要个性化定制，资源无法在不同客户间共享，运作成本比较高，因此不适合大规模运作。

第二，高集成度物流服务具有强烈的排他性。高集成度物流服务深入客户内部战略、计划和管理，服务提供商同客户具有亲密无间的战略合作伙伴关系。这种战略合作所具有的排他性从客观上降低了物流服务提供商为同类客户提供服务的可能性。

第三，高集成度物流服务的市场需求不旺。高集成度物流服务是物流业务的"完全外包"，客户企业面临的风险巨大。因此，大多数客户对高集成度物流服务持审慎态度。

第四，高集成度物流服务的供应能力不足。第三方物流企业在全球范围内还处在发展的初期，尚不具备同时为多家客户提供高集成度物流服务的能力。

第二节　第三方物流的经济意义、利益来源 与价值分析

一、第三方物流的经济意义

随着市场竞争的日趋激烈，每一家企业都面临着缩短交货期、控制库存、降低成本和改进服务的压力；第三方物流以其独立化和专业化的特征改变了传统物流模式并为需求方加强准时制管理和提高竞争力创造了条件。这种新的物流模式在经济学上有其重要意义。

（一）第三方物流是工业企业的第三利润源

对于一般性生产企业而言，库存成本是企业全部生产成本的重要组成部分。通常而言，库存成本由订货处理成本与库存保持费用构成，这两种成本之间具有此消彼长的关系，传统物流模式常常难以调和二者的矛盾：每次订货量越大，单位订货处理成本就越低，但库存保持费用就越高；反之，每次订货量越小，库存保持费用就越低，但单位订货处理成本就越高。第三方物流不仅使供应链的小批量库存变得更加经济，而且能制造出比供方和需方采用自我物流服务系统运作更快捷、更廉价、更安全和服务水准更高的物流服务。具体来说，第三方物流通过现代信息系统实现与需求方间的信息快速传递与信息共享，通过物流作业现代化使物流配送实现 JIT，由此使需求方的仓库中仅为满足生产连续性而保留最小库存量；如果是按需求方订单组织原材料采购，甚至可实现理论上的零库存，进而使需求方的库存处理费用与保持费用达到理论上的零，这将促使微观经济学理论发生根本变革。

（二）第三方物流大幅降低社会物流运作成本

近年来，伴随着第三方物流企业在国际化、标准化、智慧化、集约化、信息化等方面的推进，第三方物流企业发展迅速。依据智研瞻产业研究院提供的行业报告数据，2021 年我国第三方物流行业市场规模达到 15.86 万亿元，比 2020 年（14.79 亿元）增长 7.23%。我国第三方物流通过促进微观企业的降本增效进而在宏观上发挥着大幅降低社会物流运作成本的作用。具体来说，首先，微观企业通过使用第三方物流能够大幅减少企业自营物流的固定资产投资；其次，微观企业将物流业务外包给专业的第三方物流公司，将会通过专业物流方案设计和物流资源整合而为企业减少不必要费用；再次，将非本企业核心业务的物流业务外包给第三方物流公司，利于企业打造核心业务竞争优势进而提升企业核心业务收入。总之，第三方物流对于微观个体企业有效降低物流费用、提升订单完成度和服务质量以及增强核心业务收入具有重要意义，进而在全社会发挥降低物流运作成本的作用。

（三）第三方物流是经济加速器

20 世纪 80 年代以来，美、日、欧等发达国家和地区开始了一场对各种物流功能、要素等进行整合的"物流革命"。首先，通过企业内部物流资源整合和一体化而形成以企业管理为核心的物流系统，物流管理也随之成为企业内一个独立的职能部门。之后，将物流资源整合和一体化扩展到企业之间相互联系与分工协作的整个产业链条，进而形成以供应链管理为核心的物流系统，由此，现代物流因其加速周转、降低成本、提高质量的系统集成功能而逐步从各经济部门中分离出来，最终成为独立产业并加速发展。目前，美、日、欧等发达国家和地区已经形成了由完善的物流基础设施、高效的物流信息平台和发达的第三方物流企业组成的社会化物流服务体系，以第三方物流服务为基础的现代物流产业对社会经济发展的贡献也越来越大。据统计，美国 20 多年前物流支出占 GDP 的比重为 14.4%，2000 年降为 10.1%，疫情全球爆发前的 2019 年则降为 7.6%。日本在近 20 年内物流产业每增长 2.6 个百分点，经济总量就增加 1%。在荷兰，鹿特丹港的直接雇员已达 13 万人，间接雇员达 60 万人，该港年产值占荷兰 GDP 的 12%。美国联邦快递全球网络雇员有 14.5 万人，与全球上百万客户保持着密切的联系，日处理配送货物能力达到 330 万件。美国密歇根州立大学的一项研究表明，目前全球物流市场总额已达到 2.89 万亿美元。这个巨大的物流市场不但为世界范围内的生产和建设提供了物质前提和交易保障，而且通过充分实现商品的时间价值和空间价值，使商品价值和使用价值得以充分实现并推动着社会生产方式、流通方式乃至于人们生活方式的改变。

依据《中国经济年鉴2022》中的国内生产总值数据及中国物流与采购联合会公布的我国社会物流总额数据，如图11-5所示，伴随着我国社会物流总额的逐年上升，国内生产总值也在逐年提高，并且，近年来，我国社会物流总额平均每增加1%，GDP将平均增长1.13%。毋庸置疑，处于成长与发展时期的以第三方物流服务为基础的现代物流产业，符合先进生产力发展的要求，已成为衡量一个国家现代化程度和综合国力的重要指标和现代经济的"加速器"。

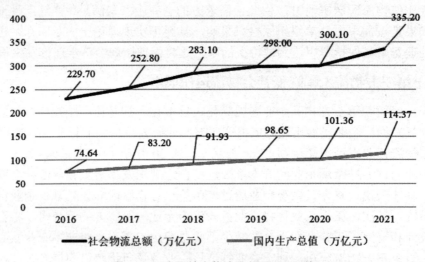

图11-5 我国社会物流总额及GDP值

二、第三方物流的利益来源

第三方物流服务供应商必须以有吸引力的服务吸引和满足客户，而且必须符合客户对于第三方物流的期望，即能够使客户收获作业改进利益、经济利益、管理利益和战略利益。

（一）作业改进利益

第三方物流服务为客户提供的第一类利益即作业改进利益。所谓作业改进利益，主要是指由作业改进而产生的利益，包括两种：第一种，通过第三方物流服务，客户可以获得自行组织物流活动所不能获得的服务和物流服务所需要的生产要素，这亦是外包物流服务得以产生并获得发展的重要原因。在企业自行组织物流活动的情况下，或者限于组织物流活动所需要的专业知识，或者限于技术条件，企业内部物流系统可能并不能满足完成物流活动的需要。同时，要求企业自行解决所有问题显然是不经济的，更何况技术，尤其是信息技术正以极快的步伐飞速发展。企业未必能跟上并掌握飞速发展的技术，也没有必要掌握所有信息技术。第二种，通过第三方物流服务改善前述企业内部管理的各方面运作表现。这种作业改进的表现形式可能是加强作业的灵活性，也可能是提高质量、速度和服务的一致性和效率。

（二）经济利益

第三方物流服务为客户提供的第二类利益即经济利益。所谓经济利益，即与经济或财务相关的利益，一般来源于要素成本低或规模经济、范围经济等。企业选择第三方物流服务，既可以将固定成本转变为可变成本，又可以避免盲目投资而将资金用于其他方面进而降低成本。此外，在企业自营物流模式中，一个环节的成本一般难以清晰地与其他环节区分开来，然而企业选择物流服务外包后，由于第三方物流服务供应商要申明成本或费用，物流各个环节成本的明晰性就加强了，因此稳定与可预见的成本也是促使企业选择第三方物流服务的因素。

（三）管理利益

第三方物流服务为客户提供的第三类利益即管理利益。正如在作业改进利益部分所说的，企业选择第三方提供物流服务可以帮助其获得自身未曾具有的管理技能，甚至可以通过第三方物流服务而进一步推进内部管理资源用于与战略核心概念相一致的其他更有利可图的方面。第三方物流服务亦可使需求方的人力资源集中于企业核心经营活动而使其获益于核心经营活动。此外，单一资源和减少供应商的数量也是企业选择第三方提供物流服务的潜在原因：单一资源可减少转移费用（如公关费用）并减轻企业在几个物流服务供应商间协调的压力。上述这些均是第三方物流能够给客户带来的管理利益。

（四）战略利益

第三方物流服务为客户提供的第四类利益即战略利益。所谓战略利益，即客户企业选择由第三方物流企业提供物流服务而给自身发展战略创造出的灵活性。这种战略灵活性主要包括地理范围跨度的灵活性（如设点、撤销）以及根据环境变化调整其他业务或活动的灵活性。

三、第三方物流创造的价值

第三方物流之所以成为世界范围内物流发展的必然趋势，根本原因在于第三方物流自身具有独特的价值和作用。

（一）第三方物流创造成本降低价值

降低成本与提高利润率往往是企业在竞争中所追求的首要目标，也是物流作为"第三利润源"受到普遍重视的根本原因。完整的企业物流成本包括企业对物流设施与设备等固定资产的投资费用，仓储、运输、配送等作业费用以及管理和协调物流活动所产生的管理费用、人工费用和信息传递处理费用等。如果将物流业务外包给第三方物流企业，企业对仓库、运输车辆等物流设施和物流信息系统的投资都可以转嫁给第三方物流企业承担，由此减少企业投资物流的固定成本和雇用物流作业人员的工资支出；通过第三方物流企业提供的专业化库存控制管理技术，客户企业亦可以降低存货水平和存货成本；通过第三方物流企业广泛的节点网络而实施共同配送，可以大大提高客户企业的运输效率、降低空载率、减少单位商品的运输费用等。所有这些，都是第三方物流企业能够为客户企业创造的成本降低价值。

（二）第三方物流创造服务增强价值

在社会化大生产更加扩大、专业化分工愈加细化的今天，服务已成为企业竞争的关键因素。物流服务能力是企业服务的重要内容之一，制约着企业的客户服务水平。例如，在生产时因物流问题所导致的采购材料不能如期到达可能迫使工厂停工，不仅如此，不能如期交付客户订货亦需要承担巨额违约金，企业不仅自身信誉受损、产品销量减少，甚至会失去曾经合作良好的客户。这就是现代企业如此重视服务或物流的原因之一。以最小的总成本提供符合预期的客户服务已成为企业努力的方向，帮助客户企业提高物流服务水平和质量是第三方物流所追求的根本目标。第三方物流企业可通过其信息网络和节点网络加快订单处理、缩短从订货到交货的时间以及实现门到门运输和货物的快速交付，进而提高客户订货反应力和客户满意度；可通过采用先进的信息技术和通信技术加强对在途货物的监控，及时发现、处理配送过程中的意外事故以及保证订货及时、安全地送达目的地，实现对客户的承诺；可通过产品的售后服务（如送货上门、退货处理、废品回收等）保证企业为客户提供稳定、可靠的高水平服务。

（三）第三方物流创造风险分散价值

企业自营物流面临投资和存货两方面的风险。从投资方面看，企业自营物流所需的设施、设备等固定资产往往占用较大份额的资金，再加上非物流企业的物流管理能力和运作效率通常较低而导致大量自有物流设备闲置，企业面临固定资产投资无法收回的风险。从存货方面来看，物流作业通常不是非物流企业的核心业务，加之非物流企业自身运作和配送能力以及管理水平有限，非物流企业往往采用提高库存的策略降低缺货风险，这无疑会导致因存货增加而占用流动资金，如果存货不能在短期内实现交易，则企业将面临贬值风险。采用第三方物流企业提供的专业化物流服务，企业不仅可以规避因投资固定资产而产生的潜在的大额投资风险，第三方物流企业的专业化物流服务也可加快企业存货的流动速度而减少内部安全库存量、加速资金周转，最终降低企业的存货风险。

（四）第三方物流创造竞争力提升价值

随着外部市场环境的变化，企业生产经营活动变得越来越复杂：一方面，企业需要把更多的精力投入主营业务的生产经营；另一方面，企业交往合作的对象更多了，所要处理的关系也更为复杂，在处理各种关系和提高自身核心能力上，企业的资源分配会出现矛盾。工业企业的核心能力是生产和制造产品，商业企业的核心能力是销售产品，如果工商企业考虑将物流业务外包给专业的第三方物流企业，便可大大节省企业在处理复杂关系上的精力，用于专注核心能力的强化、自身市场竞争力的提高。此外，第三方物流企业可以站在比单一企业更专业的角度处理物流问题并通过自身掌握的物流系统开发设计能力、信息技术能力等，将原材料供应商、制造商、批发商、零售商等处于供应链上下游的各相关企业的物流活动有机衔接起来，最终使企业形成更为强大的供应链竞争优势。这是单一企业无法做到的。

（五）第三方物流创造社会价值

第三方物流所创造的成本降低价值、服务增强价值、风险分散价值和竞争力提升价值实际上可归入第三方物流能够创造的经济价值范畴，除了上述这些经济价值，第三方物流还能够创造为大多数人所忽视的社会价值。

首先，第三方物流可有效整合社会闲散物流资源并加以充分利用。例如，我国很多非物流企业自营物流并拥有自己的仓库、车队等，然而大部分企业的仓库规模相比自身仓储业务量而言，处于严重未充分利用状态，加之这些企业自己组织运输往往不能优化运输路线而导致车辆空驶现象严重、运输效率低下、社会运力得不到有效利用。与此同时，我国存在一部分非物流企业由于资源紧张而很难依靠自身力量完善物流运作和强化物流管理。无论是自营物流的非物流企业还是资源紧张的非物流企业，均可考虑第三方物流。如此一来，通过第三方物流企业的专业化管理控制能力和强大的物流信息系统，对多个企业的仓库、车队等物流资源进行统一管理和运营，即可极大地促进社会物流资源的合理配置和综合利用并提高物流整体运作效率。

其次，第三方物流有助于缓解城市交通压力。通过第三方物流所制定的合理运输路线和运输方式以及共同配送等，可以有效实施运输控制、减少城市车辆运行数量和车辆空驶、迂回运输等现象，进而缓解城市交通压力并减少能源消耗、降低废气排放量和噪声污染等而有利于环境保护与改善以及促进经济可持续发展。

最后，第三方物流的成长和壮大可带动我国物流业的快速发展，对我国产业结构的调整和优化具有重要意义。

第三节　国外第三方物流

从全球视角来看，第三方物流仅有 40 余年的发展历史，然而第三方物流在社会经济发展中发挥着相当重要的作用。以美国第三方物流为例，19 世纪 80 年代美国出现第三方物流，2000 年其第三方物流市场规模约 600 亿美元，前 20 名第三方物流服务企业的净收入达到 93.4 亿美元，第三方物流业被称作"玫瑰色的新产业"。据美国供应链管理专业协会发布的《第 26 次美国物流年报》，2014 年美国第三方物流收入达 1987 亿美元，占全球物流收入的 28%；《第 33 次美国物流年报》显示，2021 年美国第三方物流收入已达到 1.85 万亿美元。再如，日本于 1996 年左右出现第三方物流，据日本相关经济数据显示，在后续持续发展的 20 多年内，物流业每增长 2.6%，日本经济总量就增加 1%。又如，据相关报道，德国 99% 的运输业务和 50% 以上的仓储业务交由第三方物流企业承担，并且，通过第三方物流，德国物流成本占商品总成本的仅约 10%。目前，以美国、日本、欧洲国家为代表的国外第三方物流通过利用较完善的物流基础设施、高效的物流信息平台和发达的第三方物流企业，形成了较为完善的社会化物流服务体系。

一、美国的第三方物流

从理论上讲，商流决定物流，物流反过来影响商流。美国是全球经济最为发达的国家之一，亦是全球第三方物流发展水平较高的国家之一。依据美国物流年报数据，2005—2014

年，美国第三方物流收入年均增速达 16.7%，远高于全球平均水平 10.6%；2021 年美国第三方物流收入已达到 1.85 万亿美元。美国第三方物流的高水平发展主要得益于完善的制度与市场化运作模式、发达的运输网络和物流信息技术的广泛应用。

（1）完善的制度与市场化运作模式。美国在经济发展中不强调政府的管制作用，而要求企业在遵循较为完善的制度的前提下按照市场化运作模式发展。美国第三方物流业的兴起就是完善制度环境下市场化运作模式的核心表现：在完善的制度环境下，工商企业与第三方物流企业只要签订合作合同就无须顾虑物流市场运作和商业机密的泄露问题，工商企业可以放心地将货物集运、库存管理、条码标签、分拣挑拣、订单执行、售后退货、修理更换、货物回收销毁等业务完全交付给第三方物流企业。显然，完善的制度环境为第三方物流业的市场化运作与发展提供了巨大的空间。

（2）发达的运输网络。美国的公路交通网络非常发达，截至 2022 年，总里程达 685 万千米，公路干线遍布全国，如著名的 66 号公路（Route 66）、101 公路（US 101）等。其中，高速公路 8.8 万千米。早在 1961 年，美国铁路总里程就达到了历史巅峰——约 41 万千米。截至 2022 年 9 月，美国航空运输线路约占全球航空线路的 50%，拥有飞机场两万余个。依托于美国发达的运输网络，加之第三方物流非常重视对运输网络的科学规划，美国第三方物流大部分实现了低成本、高效率的运营模式。目前在美国，快递从西海岸运至东海岸（全程约 4800 千米）仅需一天，这有赖于美国第三方物流对公路、航空、管道运输的有机组合以及善于运用信息技术对运输网络进行科学规划。

（3）物流信息技术的广泛应用。2006 年美国第三方物流占有的市场份额为 67.3%，2014 年这一比例升至 78.4%。进一步分析，物流信息技术的广泛应用是驱动美国第三方物流市场份额不断攀升的主要内在动力源。

首先，美国第三方物流企业注重应用软件的开发，它们结合市场动态与行业特点相继开发了多种应用软件以促进物流服务水平的提升。例如，运输管理软件（transportation system management，TMS）旨在对运输网络进行规划，以选择最优的联运组合；先进计划与调度软件（advanced planning and scheduling，APS）旨在就近配货和就近配送。

世界最大的第三方物流公司之一：CHRW Express

其次，借助于互联网先进物理层（Internet Advanced Physical Layers，Internet APLS），美国第三方物流构建了站点集团。具体来说，即利用信息平台发布行业动态、市场动态促进行业间信息共享，利用互联网整合物流资源对运输进行优化安排。

最后，组建行业协会，对数据流进行整合。例如，跟踪仓库站点、控制仓库空置率，对 IT 技术生成的订单、调配单等实施数字化管理，为客户提供高效、个性化的服务等。

二、日本的第三方物流

日本第三方物流的发展基于 20 世纪 90 年代日本泡沫经济破灭的大背景：市场不景气使得企业业绩持续下滑，许多企业为了削减成本而纷纷将物流业务外包出去，由此促使第三方物流得到发展。1997 年，日本制定的《物流综合政策大纲》中第一次出现了"第三方物流"并将其定义为"为货主提供物流改革方案并承担其整体物流业务的服务"。从这一时期开始，不仅物流企业开始宣传、强调自己是第三方物流企业，其他行业中也有很多企业自称第三方物流企业。由此，"第三方物流"作为一个术语逐渐广为人知。此后，第三方物流在日本社会经济和企业市场竞争中发挥着重要的作用：依据日本相关经济数据，在近20年内，物流业每增长2.6%，日本经济总量就增加1%。

日本第三方物流的发展离不开日本政府对物流产业发展的重视，因此其第三方物流属于典型的政府主导型。日本政府对第三方物流的主导作用主要体现在以下三个方面：一是规划优先。由于国土面积小、国内资源和市场有限以及商品进出口量大，日本政府采取"流通据点集中化"战略，在大、中城市的郊区、港口及主要公路枢纽区域规划与建设物流配送中心。与此同时，日本政府提倡发展"城市内最佳配送系统"，即围绕某个标准轴心，对城市内无规则的货运要求加以汇总，以实现混载配送和配送效率的提高。二是政府加大资金投入。在科学规划的基础上，日本政府制定《综合物流实施大纲》并提出"综合物流管理"观点，即把生产以及生产以前的过程、物理性流通过程、售后服务、销毁回收等全过程设定为一个系统过程并实施综合管理，从而使日本物流业的现代化进程更进一步。《综合物流实施大纲》为主要的物流基础设施，包括铁路、公路、机场、港口、中心基地建设，提

日本通运
Nippon Express

供强大的资金支持。例如，坐落于日本东京南部的和平岛物流基地，占地约50万平方米，建造了约13.4万平方米的流通性综合仓库、14.8万吨冷库、能同时停靠433辆送货卡车装卸作业的22万平方米公路货物集散中心，以及由7万平方米商务交易馆及35万平方米物流大楼组成的商业流通中心，建设总投资572亿日元，总投资额的70%是由中央财政出资，20%是由东京地方财政出资，10%则是由企业投资。三是政府出台相关政策，鼓励和支持现代物流产业发展。例如，在完善道路设施、改善城市内河运输条件、缓解城市道路阻塞、发展货物联运等方面，日本政府出台了包括放松政府管制、建立政府部门协调促进机构、提供政府援助等措施在内的现实可行的鼓励政策。

三、欧洲国家的第三方物流

欧洲国家第三方物流的发展同美国和日本一样较为成熟。以德国为例，依据相关数据，德国99%的运输业务和50%以上的仓储业务都交由第三方物流企业承担，同时通过第三方物流，德国物流成本占商品总成本的比例仅为10%左右。不同于美国和日本，欧洲国家第三方物流发展的动因在于：欧洲企业的经营成本通常较高，工会会费和赋税较高，还面临一系列法规和经营规则的限制，因此在欧洲开设分支机构的企业纷纷选择通过第三方物流企业管理和经营物流设施。由此，欧洲市场产生大规模的第三方物流需求，进而推动欧洲第三方物流的成熟与发展。

欧洲第三方物流企业所提供的服务与美国第三方物流企业相比有很大的差异，它们以汽车制造厂和家电生产厂为主要客户，提供第三方物流服务。大型物流企业为制造商提供范围广泛的服务，如帮助客户制作不同语言的标签和包装并协助其在欧洲的不同市场进行销售等。不仅如此，欧洲不同区域市场的物流服务需求差异较大，在法国、荷兰和德国，提供精确外包物流服务的重点在于技术性和供应链；在地中海沿岸国家，公共交通设施不如上述国家发达，因此当地第三方物流服务的重点在于运输和仓储；在东欧国家，由于公

共交通和通信设施不发达，当地企业需要的第三方物流服务只是基本的运输和物流。

目前，一些新兴的欧洲第三方物流企业比其他的货运服务商发展得更快。例如，集装箱经营者欧罗凯集团成立的 Oceangate Distribution 致力于为那些在中欧、南欧、东欧有业务的企业提供合同物流服务。除此之外，Oceangate Distribution 也为零售商和制造商提供复杂的物流服务，如 Oceangate Distribution 向零售客户（每年从亚洲进口大批货物）提供的最普遍的增值服务是加快进口运输的速度以缩短库存周转期：从亚洲通过苏伊士运河运往欧洲的集装箱停靠到意大利南部港口，在那里从船上卸下一部分集装箱货物并通过卡车迅速运送到客户指定的地点；其他船上货物继续通过海运运往北欧港口，然后由 Oceangate Distribution 通过传统的运输方式运往消费地。在意大利卸下的货物运转速度快，主要用来满足火急订单，全水路运输的货物在前批火急订单卖完之后也能到达消费地。如此，通过这种低成本的方式，Oceangate Distribution 可以使客户的库存效率提高 10%。

德国第三方物流

第四节　我国第三方物流

一、我国第三方物流企业的类型

按照形成结构的不同，我国第三方物流企业大体分为下述四类。

（一）由传统储运企业经改造转型而成且占据较大市场份额的物流企业

例如，中远国际货运公司、中国对外贸易运输（集团）总公司（简称中外运）、中国储运总公司、中国邮政、中铁快运等均是凭借原有的物流业务基础和在市场、经营网络、设施、企业规模等方面的优势，经不断拓展和延伸其物流服务而逐步转化为现代化物流企业的。这类公司的地方子公司通常独立核算，各地网点间缺乏信息沟通，作业不能相互配合与协调，资源亦得不到有效利用。因此，各网点实际上处于分散的节点状态，网络并未真正形成，多数客户难以享受到较为全面的物流服务。此外，这类企业观念比较落后、对客户需求不够重视、服务意识不强、服务质量较差，部分企业灵活性差、运作效率亦较低。

（二）新创办的国有或国有控股的新型物流企业

这类企业是现代企业改革的产物，管理机制比较完善，发展亦比较快。例如，1993 年 11 月成立的中海物流公司从仓储开始发展物流业务，现已发展成为一家提供仓储、运输、配送、报关等诸多功能物流服务的国际大型知名跨国第三方物流企业。这类第三方物流企业一般依托原来的仓储系统并拥有自己的车队，可在本地区提供运输、仓储等基本服务，服务价格较低。随着市场竞争的加剧，它们也开始不断提高自身能力以适应客户的需求，个别企业随着不断的积累也能做得比较出色，但尚不能成为全国性企业。

（三）外资和中国港资物流企业

外资和中国港资物流企业一方面为原有客户进入中国市场提供延伸服务，另一方面用它们的经营理念、经营模式和优质服务吸引中国企业，逐渐向中国物流市场渗透。例如，丹麦有利物流公司主要为马士基船运公司及其货主提供物流服务，深圳的日本近铁物流集团主要为日本在华企业服务。这一类第三方物流企业往往在资金、人才、理念、管理方法、服务及技术等方面具有优势，凭借这些优势，它们亦占据了外资企业物流供给的大部分市场。

（四）民营物流企业

民营物流企业由于具有机制灵活、管理成本低等特点而发展得十分迅速，是我国物流行业中最具朝气的第三方物流企业，如广州宝供物流集团。这类企业作为市场的后进入者，定位一般是专业化第三方物流服务提供者，要在短期内打入市场并规避物流设施投资大、回收期长的风险。因此，很多民营物流企业都采取非资产型或轻资产型第三方物流代理模式。民营物流企业的服务水平与外资物流企业相近，但服务地域不仅仅限于大城市和沿海地区。民营物流企业在当地市场的运作上比外资物流企业更具灵活性和适应性，在服务、管理方法以及现代信息技术的应用方面要高于一般国内物流企业，然而它们的资金实力有限，业务拓展、规模扩张和网点铺设亦受到限制，在基本业务操作上的经验积累不够，依然属于新型物流企业。

二、制约我国第三方物流企业发展的因素

中国物流与采购联合会于 2022 年发布的中国物流企业 50 强名单（如表 11-2 所示）显示，排在第 1 位的中国远洋海运集团有限公司在 2021 年实现物流业务收入 48 062 271 万元，排在第 50 位的中都物流有限公司在 2021 年实现物流业务收入 616 215 万元；营收规模超过 1000 亿元的企业有 4 家，营收规模在 500～1000 亿元之间的企业有 4 家，营收规模在 100～500 亿元之间的企业有 28 家，营收规模在 50～100 亿元之间的企业有 14 家。尽管这些数据充分显示，我国第三方物流企业业务收入和发展规模在不断提升，然而，我国物流成本长期在较高位置徘徊也是客观事实：我国物流成本占 GDP 比重常年在 18%左右，远高于美国的 8.5%，亦高出全球平均水平约 6.5 个百分点。

表 11-2　2022 年中国物流企业 50 强名单

企业排名	企业名称	物流业务收入/万元	企业排名	企业名称	物流业务收入/万元
1	中国远洋海运集团有限公司	48 062 271	26	宁波港东南物流集团有限公司	1 236 229
2	厦门象屿股份有限公司	23 125 812	27	上海中谷物流股份有限公司	1 229 072
3	顺丰控股股份有限公司	20 369 023	28	全球捷运物流有限公司	1 189 179
4	中国外运股份有限公司	12 434 553	29	百世物流科技（中国）有限公司	1 142 584
5	中国物资储运集团有限公司	7 645 000	30	安得智联供应链科技有限公司	1 128 706
6	北京京邦贸易有限公司	7 037 333	31	一汽物流有限公司	1 126 800
7	上海三快智送科技有限公司	6 192 589	32	济宁港航发展集团有限公司	1 111 337
8	中铁物资集团有限公司	5 309 188	33	日通国际物流（中国）有限公司	1 050 334
9	上海韵达货运有限公司	4 172 929	34	湖北交投物流集团有限公司	1 029 052
10	圆通速递股份有限公司	3 583 209	35	深圳越海全球供应链股份有限公司	1 016 047
11	陕西省物流集团有限责任公司	3 519 030	36	四川安吉物流集团有限公司	1 008 381

续表

企业排名	企业名称	物流业务收入/万元	企业排名	企业名称	物流业务收入/万元
12	建发物流集团有限公司	3 280 274	37	上海安能聚创供应链管理有限公司	964 537
13	中通快递股份有限公司	3 040 584	38	利丰供应链管理（中国）有限公司	928 055
14	中集世联达物流科技（集团）股份有限公司	2 864 952	39	浙商中拓集团股份有限公司	898 462
15	上汽安吉物流股份有限公司	2 702 485	40	湖南和立东升实业集团有限公司	843 659
16	申通快递有限公司	2 459 796	41	广州发展能源物流集团有限公司	830 972
17	全球国际货运代理（中国）有限公司	2 267 124	42	上海天地汇供应链科技有限公司	830 057
18	嘉里物流（中国）投资有限公司	2 251 022	43	安通控股股份有限公司	779 418
19	极兔速递有限公司	1 810 316	44	云南建投物流有限公司	762 347
20	准时达国际供应链管理有限公司	1 765 354	45	建华物流有限公司	755 932
21	日日顺供应链科技股份有限公司	1 716 276	46	云南能投物流有限责任公司	733 823
22	中铁铁龙集装箱物流股份有限公司	1 704 018	47	包头钢铁（集团）铁捷物流有限公司	703 128
23	上海环世物流（集团）有限公司	1 373 568	48	四川省港航投资集团有限责任公司	677 653
24	物产中大物流投资集团有限公司	1 295 088	49	木森物流集团有限公司	620 684
25	中创物流股份有限公司	1 241 383	50	中都物流有限公司	616 215

资料来源：关于调查发布2022中国物流企业50强、中国民营物流企业50强的通知（物联科字〔2022〕85号）。

制约我国第三方物流企业发展的因素主要体现为体制约束、物流基础设施和技术设备滞后和专业物流人才匮乏等。

（一）阻碍第三方物流发展的体制约束依然存在

受计划经济的影响，阻碍我国第三方物流发展的体制约束依旧存在，最为突出的问题便是地域冲突，亦是导致第三方物流运输成本上升、程序烦琐和效率低下的主要原因。例如，第三方物流企业接到将货物从四川省宜宾市运送至云南省昭通市的业务，两地已直通公路、高速公路和铁路，距离约225千米。然而，由于这两个地区分属不同省份，因此第三方物流企业不得不选择距离较远的运输路线，即"宜宾—成都—昆明—昭通"，距离长达1500千米。因此，物流运输距离大幅增加直接导致成本上升和效率低下。尤其是运输对时效要求较高的水果、蔬菜、海鲜等产品时，往往会造成大量损耗。另外，第三方物流管理体制存在"多头管理、归口不一"等问题。例如，在深圳，第三方物流归交通局主管；在北京，第三方物流归商务委员会主管；在湖南，第三方物流归经济委员会主管。

（二）物流基础设施和技术设备滞后

物流基础设施是物流各功能要素在参与物流活动的过程中所需用到的各种公用设施，由各种不同的运输线路、运输线路的交汇与节点以及理货终端构成，主要包括铁路、公路、水运、空运、仓储以及车站、港口、码头、机场等相关附属设施。完善的基础设施是现代物流发展不可缺少的物质基础。依据中国物流与采购联合会相关数据，我国在"十一五""十二五"期间，物流业固定资产投资不断加大，尤其是2008年、2009年受政府4万亿的拉动，增速更是加速放大，分别达到62.8%和56.1%，物流基础设施建设得到明显改善。

然而，综合人口与国土面积等因素，我国物流基础设施建设依旧相对滞后：截至2021年年底，我国公路总里程达528万千米，路网规模已位居世界前列，特别是高速公路里程，位居世界第一，然而我国每万人拥有公路里程约37.4千米、拥有高速公路里程约1.2千米，分别为美国的18%和50%，公路综合密度仅为美国的37%、日本和法国的25%左右；在通达深度方面，我国高速公路基本覆盖城镇人口达20万以上的城市，而美国州际公路和德国高速公路连接了所有人口达5万以上的城市，日本高速公路网则连接了所有人口达10万以上的城市。同时，经济发展地区不均衡导致我国公路交通运输网络呈现"东部密度较高、西部严重落后"的格局。例如，直到2013年西藏墨脱县公路通车才实现了我国"县县通公路"的发展目标。对于第三方物流的"最后一千米"，从"村村通公路"再到"村村通车"，还有漫长的路要走，尤其是四川、甘肃、西藏等的偏远山区。

另外，我国第三方物流企业的物流技术设备比较落后。尽管大部分物流企业都拥有普通平房库、普通楼房库、简易仓库和货场，然而高层货架、冷藏库、冷冻库、保温库等仓储设施的保有量较低，只有部分大型物流企业才拥有全自动立体仓库。不仅如此，大多数仓库的设计水平较低，主要采用手工操作，较低的天花板导致自动化机械不能使用且常常毁坏商品。

（三）专业物流人才匮乏

第三方物流旨在提供专业化物流服务，专业型人才是推动第三方物流发展必不可少的无形资产。然而，由于物流发展初期的典型劳动密集型特点以及受传统社会职业价值观影响，目前我国第三方物流行业从业人员的专业素质有待提高，复合型物流专业人才较为匮乏。随着信息技术和管理水平的提高，现代物流业的竞争逐渐从低端的价格竞争转向高端物流和信息流的能力竞争。不仅如此，电子商务的迅速发展亦为第三方物流创造了广阔的发展空间。第三方物流以专业化、高效著称，这就需要专业的物流人才对物流环节、物流资源进行统筹管理。然而，当前我国物流人才培养体系不完善，高校"闭门造车"现象较为显著。自2003年，我国高等院校陆续开设了"物流管理""电子商务物流"等与物流相关的专业，在为第三方物流行业输送专业人才的同时，一系列问题也逐渐凸显出来。例如，高校盲目跟风开设物流专业、部分学校不具备相应的开设条件、部分高校师资力量不足、不重视社会实践环节、人才培养完全与市场脱节等。伴随着新技术、新模式和新业态的不断涌现，既懂物流管理和电子商务又精通运营和组织模式变革的高层次专业化人才和复合型人才匮乏将成为物流行业发展的普遍现象，这必将严重限制第三方物流企业物流成本的降低和物流效率的提升，十分不利于第三方物流的持续发展。

三、我国第三方物流企业的发展思路

（一）整合物流资源、降低物流成本

目前，尽管我国中小型第三方物流企业数量庞大，然而它们普遍运营效率低且资源优化水平有限，导致物流成本长期居高不下。降低物流成本的首要途径在于第三方物流企业对企业自身的内部物流资源进行整合。降低物流成本的第二条途径，即第三方物流企业可考虑充分利用物流园区内资源，优化配置仓储、交易、包装、加工、配送等服务。截至2020

年年底，我国已建立 1802 家物流园区。降低物流成本的第三条途径，即可考虑构建一体化运作平台，即物流各环节、各部门保持相互沟通与协作，以有效降低单位成本并促进经营效率的改进。例如，仓储部门与交易部门加强沟通与数据分析，库存货物的数量维持在保证交易运转为宜，减少仓储、装卸等费用等。降低物流成本的第四条途径，即可考虑构建第三方物流企业战略联盟，通过优化整合各物流企业的资源要素实现行业规模化经济效益。例如，第三方物流企业间加强协调运作，联合承包铁路车皮、集装箱等，以实现物流单位成本的有效降低。

（二）加强物流基础设施和技术设备建设

我国物流基础设施规划与建设均有待完善发展，尤其是西部省份的边远山区，由于经济不发达和地方财政有限，交通建设严重落后。我国第三方物流企业必须整合现有的物流设施，科学规划，着力降低物流成本和提升服务效率。首先，应考虑在网络化、智能化、协同化的"互联网+"的背景下研发出科学规划与交通仿真模型技术相结合的软件，促进交通衔接规划和形成立体化的运输网络。其次，考虑根据货物配送地所在区域，结合现有交通网络，规划路线和运输工具，以促进人员、货源、车源等信息的高效匹配并完善多式联运模式。再次，考虑通过应用智能化物流装备提升仓储、运输、分拣、装卸等作业效率，提高多式联运中间环节的运管水平并减少货物损耗量。最后，可考虑将大数据、云计算等技术应用于第三方物流领域，以完善智能物流配送调配体系、降低货车空驶率并优化物流运作流程。

（三）科学管理和创新服务模式

美国莱德物流公司（Ryder）、伯灵顿环球物流公司（BAX Global）等能够迅速占领欧洲市场，主要归功于它们拥有先进的管理经验并不断创新物流增值服务。

所谓"管理出效率"，即第三方物流企业的运营效率与管理水平密切相关。我国第三方物流企业应重视并借鉴较发达第三方物流企业的先进管理经验，有实力的大型第三方物流企业甚至可以考虑引进具有国际背景的物流专业人才，通过他们带来的先进管理与技术经验改变落后的管理模式和提高经营效率。例如，推行供应链管理模式，掌握若干企业的供需脉搏，有效组合资源，提供适时、周到的流通组织服务。再如，掌握市场供需情况，有序地提供原材料供应和产成品销售服务，加速商品流通。

同时，第三方物流企业应创新增值服务，多渠道拓展市场领域。例如，通过定制产品包装服务、仓单质押服务、客户全程追踪服务等实现"低成本、高服务"战略。美国 UPS 国际物流公司根据 Fender 国际公司（一个欧洲的吉他生产厂家）的实际情况创新提供物流服务就是一个典范。Fender 委托 UPS 对其配送系统进行集约化和条理化组合，以帮助自己实现在欧洲市场的营业额翻番的目标。于是，UPS 负责管理 Fender 国际公司从世界各地厂家通过海陆运来的货物并利用荷兰的物流中心掌握 Fender 的存货，物流中心雇员检验产品质量、监视库存、履行分拨商和零售商的订单及管理多式联运。不仅如此，UPS 还为 Fender 提供创新性增值服务——UPS 作为物流商，在把吉他运到零售商那里之前，就已经把吉他调好音，当客户从包装箱里拿出吉他时即可马上演奏。

（四）重视物流专业人才培养

当前，我国第三方物流行业从业人员众多，然而专业素质普遍有待提高。要推动我国第三方物流的专业化发展，必须重视物流专业人才的培养，这需要高等学校与第三方物流企业的共同努力与合作。具体来说，一方面，高等院校应结合物流市场需求设置物流专业，应重视社会实践，并应考虑采用学校与企业联合培养人才模式；另一方面，我国第三方物流企业应主动加强与高等院校的联系，不仅考虑通过创新校企办学模式获得新物流人才的持续输入，也可对现有从业人员采取企业内部培训、与高校联合培训等模式而促进企业内物流专业人才的培养。

第五节　第三方物流的发展趋势

从全世界范围来看，第三方物流具有以下发展趋势。

一、物流外包趋势

自从 20 世纪 80 年代以来，外包逐渐成为发达国家商业领域的一大趋势，企业越来越重视集中主要资源于自己的核心业务，而把辅助性业务外包给专业公司。由于工业企业的核心业务在于生产、商业企业的核心业务在于销售，因此工商企业的物流业务往往是支持性与辅助性业务。多年来，美国、日本、德国等发达国家的物流已不再作为工商企业直接管理的活动，而常常交由外部专业第三方物流企业承担；即便有些工商企业还保留着物流作业部门，也越来越多地考虑选择外部第三方物流企业作为补充。物流外包已成为工商企业未来发展重要趋势之一，将为第三方物流发展创造巨大的市场空间。

2020 年全球第三方物流 50 强

二、物流技术高速发展

目前，高新技术在物流运输业的应用与发展表现尤为突出，已形成以信息技术为核心，以运输技术、配送技术、装卸搬运技术、自动化仓储技术、库存控制技术、包装技术等专业技术为支撑的现代化物流装备技术格局。具体来说，第三方物流的技术发展趋势主要表现为以下四个方面。

（1）信息化——广泛采用无线互联网技术、卫星定位技术、地理信息系统、射频标识技术和条码技术等。

（2）自动化——采用自动引导小车技术、搬运机器人技术等。

（3）智能化——采用电子识别和电子跟踪技术、智能交通与运输系统。

（4）集成化——集信息化、机械化、自动化和智能化于一体。

三、第三方物流形成规模，共同配送成为主导

制造厂商为迎合消费者日益精确化和个性化的产品需求，而倾向采取多种类、小批量生产方式，因此高频度、小批量的配送需求也随之产生。第三方物流企业即伴随制造厂商上述经营取向的改变应运而生的。目前，在美国、日本和欧洲等经济发达国家和地区，第三方专业物流服务已形成规模，有利于制造厂商降低流通成本、提高运营效率并将有限的资源和精力集中于核心业务。

共同配送是美国、日本等发达国家广泛采用且影响面较大的一种先进配送方式，也是物流配送发展的总体趋势。从整个社会的角度来讲，共同配送主要有以下好处：减少社会车流总量，减少闹市卸货妨碍交通的现象，改善交通运输状况；通过集中化处理，有效提高车辆的装载率，节省物流处理空间和人力资源，提高商业物流环境进而改善整体社会生活品质。当然，共同配送亦涉及很多具体细节问题，在实施过程中难免会出现一些困难。首先，各客户企业经营的商品不同，有日用百货、食品、酒类饮料、药品、服装，乃至厨房用品、卫生洁具等，林林总总、不一而足。不同商品，特点不同、配送要求不同，共同配送存在一定难度。其次，各客户企业在规模、商圈、客户、经营意识等方面存在差距，往往很难协调一致。另外，费用分摊、商业机密泄露可能等也是共同配送需要处理好的潜在问题。

四、物流企业向集约化、协同化、全球化方向发展

物流企业向集约化和协同化方向发展，主要表现在两个方面：一是大力建设物流园区；二是物流企业兼并与合作。

首先，通过大力建设物流园区实现物流企业的集约化和协同化发展。物流园区是多种物流设施和不同类型的物流企业在空间上集中布局的场所，是具有一定规模和综合服务功能的物流集结点。截至 2020 年年底，我国已建立 1802 家物流园区。物流园区建设十分有利于实现物流企业的专业化和规模化以及充分发挥整体优势和互补优势。

其次，通过物流企业间的兼并与合作实现物流企业的集约化和协同化发展。欧美一些大型物流企业常常跨越国境展开联横合纵的并购，以大力拓展国际物流市场和争取更大的物流市场份额。比如，UPS 并购挑战航空公司。挑战航空公司是一家总部设在迈阿密的航空货运公司，该公司与南美 18 个国家签订了领空自由通航协议，它与这 18 个国家的空运物流量在美国同行中位居第一。UPS 计划将自己在美国的最大物流运输网与挑战航空公司在南美洲的物流网相结合，从而实现南北美洲两个大陆一体化的整体物流网络。再比如，德国邮政集团物流市场的拓展。1998 年，德国邮政参股 DHL25% 的股份，4 年后 DHL 成为德国邮政的全资子公司；1999 年，德国邮政以 50 亿美元收购拥有业务遍及全球运输投递系统的瑞士丹莎（Danzas）物流公司和美国的空运提供商 AEI，成为全球领先的航空货运服务提供商；2002 年以来，DHL 在亚太地区的投资占全球投资的三分之一，德国邮政通过 Danzas 和 DHL 在亚洲的物流和快递领域进行业务拓展。除了并购之外，另一种集约化方式是物流企业之间的合作并建立战略联盟。

此外，国际物流市场专家们认为，世界上各行业间的国际联合与并购，必然带动国际

物流业加速向全球化方向发展，而物流业全球化的发展趋势又必然会推动和促进各国际物流企业的联合和并购活动。新组成的物流联合企业和跨国公司，将充分发挥互联网的优势，及时准确地掌握全球的物流动态信息，调动自己在世界各地的物流网点，构筑起本公司全球一体化的物流网络，并为货主提供优质物流服务。

五、电子物流需求强劲，快递业"冲锋陷阵"

基于互联网的电子商务的迅速发展，促使电子物流（e-logistics）兴起。企业通过互联网加强了企业内部、企业与供应商、企业与消费者、企业与政府部门的联系沟通、相互协调和相互合作。消费者可以直接在网上获取有关产品或服务信息，实现网上购物。这种网上的"直通方式"使企业能够迅速、全面、准确地了解需求信息，实现基于客户订货的生产模式（build to order，BTO）和物流服务。此外，电子物流可以在线跟踪发出的货物，联机实现投递路线的规划、物流调度以及货物检查等。可以说，电子物流已成为21世纪国外物流发展的大趋势。

通过互联网所进行的电子商务，交易双方的空间距离通常比较遥远，间接为包裹邮寄和快递业务提供了巨大的发展机遇，因为交易产品最终要以邮寄方式送达用户手中。因此，电子商务刺激了传统邮政业向电子物流方向的发展。除了传统邮政业将自己的业务向电子物流方向拓展外，一些国际著名的快递企业在电子物流中也积极充当前锋，如美国联邦快递、UPS等已将自己的触角延伸到了世界各国，大有抢占电子物流市场先机之势。一些新兴的第三方物流企业也将视角瞄准电子商务这一新的物流需求市场。

六、绿色物流成为新增长点

物流在促进经济发展的同时也给城市环境带来负面影响，比如运输工具产生的噪声、污染排放、交通阻塞等，以及生产过程中废弃物的不当处理对环境所造成的影响。为此，21世纪对物流提出了新的要求，即绿色物流。

绿色物流主要包含两方面。一是对物流系统污染进行控制，即在物流系统和物流活动的规划与决策中尽量采用对环境污染小的方案，比如，采用排污量小的货车车型、近距离配送、夜间运货（以减少交通阻塞、节省燃料和降低排放）等。发达国家政府倡导绿色物流的对策是在污染发生源、交通量、交通流等三个方面制定相关政策。二是建立工业和生活废料处理物流系统。

七、专业物流人才需求增长，教育培训体系日趋完善

在专业物流人才需求的推动下，一些经济发达国家已经形成了较为合理的物流人才教育培训体系。比如，美国已建立了包括研究生、本科生和职业教育等在内的多层次物流专业教育体系；许多著名高等院校不仅设置物流管理专业，还为工商管理及相关专业学生开设物流专业课程，美国西北大学、奥尔良州立大学、威斯康星州立大学等或设立独立的物流管理专业，或附属于运输、营销和生产制造等其他专业；部分高等院校设置物流方向的研究生课程和学位教育，且已形成一定规模的研究生教育系统；佐治亚技术学院广泛开展物流职业教育，培养物流管理专业的专科生。此外，美国商船学院的全球物流与运输中心

和乔治亚技术学院的物流所也开展了物流方面的科学研究。

除去正规教育外，在美国物流管理委员会（American Council of Logistics Management）的组织和倡导下，美国还建立了美国物流业职业资格认证制度，如设计仓储工程师、配送工程师等若干职位。所有物流从业人员必须接受职业教育，只有经过考试获得上述工程师资格后，才能从事有关的物流工作。

本 章 小 结

思 考 题

1. 何谓第一方物流、第二方物流和第三方物流？
2. 什么是狭义的第三方物流？
3. 第三方物流的主要特征是什么？
4. 第三方物流企业可以划分为哪些类型？
5. 第三方物流的利益来源主要有哪些？
6. 试分析美、日、欧第三方物流的发展概况并归纳它们对我国第三方物流的发展启示。

案 例 分 析

第三方物流经营人仓储下越权放货

问题讨论：

1. 请您查阅相关资料，回答什么是"越权放货"？并给出法院判定的依据。
2. 作为被委托方的物流公司如何进行风险防范？

实 训 项 目

第三方物流公司观摩实训。

1．实训目标

通过观摩一家第三方物流公司，深入了解第三方物流的实际运作流程。

2．实训内容和要求

（1）选择一家第三方物流公司，通过资料搜集、现场观摩、访问等方式了解其发展历史，分析其现状、存在的问题。

（2）通过现场观摩，了解第三方物流公司的运作流程。

（3）对于该公司所存在的问题，运用所学知识，思考解决的具体思路。

3．实训成果检查

提交一篇实训报告，内容包括：（1）所选择的第三方物流公司的背景介绍、发展历史、发展现状、存在问题、该公司具体运作流程以及提出解决问题的具体思路等；（2）实训心得。

第十二章　供应链管理

本章概要

　　本章首先介绍了供应链的产生与发展，其次介绍了供应链的概念、特征、类型及供应链管理的概念、基本思想、基本内容，并进而分析供应链管理与传统管理模式的区别以及供应链成长理论与供应链管理的运行机制，最后介绍了典型的供应链管理方法。

思政目的

　　通过学习本章内容，树立供应链管理信息共享、双赢多赢意识，培养学生养成合作、协作、敬业、诚信的职业素养。

学习目的

　　通过本章的学习，要求学生掌握供应链的概念、供应链管理的基本含义、基本内容；了解供应链管理产生的背景及发展；了解供应链管理与传统管理模式的区别；熟悉供应链的结构模型以及先进的供应链管理方法。

基本概念

　　供应链　供应链管理　供应商管理库存　ECR 方法　QR 方法

引导案例

数字化供应链应用场景

第一节　供应链管理的产生与发展

随着经济全球化和知识经济时代的到来，无国界化企业经营的趋势越来越明显，整个市场竞争呈现出明显的国际化和一体化。与此同时，用户需求愈加突出个性化，导致不确定性不断加强。此外，高新技术的迅猛发展提高了生产效率、缩短了产品更新换代周期、加剧了市场竞争的激烈程度，因此企业管理如何适应新的竞争环境已成为企业家和理论工作者关注的焦点。

一、企业面临的市场竞争环境

20世纪90年代以后，随着科学技术的进步和生产力的发展，顾客（customer）消费水平不断提高，企业之间的竞争（competition）日益加剧，加上政治、经济、社会环境的巨大变化（change），使得整个市场需求的不确定性大大增加。"3C"是用户需求多样性与市场变化不确定性的根源，同时是促进企业不断提高自身竞争能力的外在压力。这种变化必然会对传统管理所形成的思维方式发起挑战。同时，信息社会或网络社会已经开始影响人们的生活，这必然带来工作和生活方式的改变，其中最主要的就是消费者需求的变化。在短缺经济时代，量的供给不足是主要矛盾，所以企业的管理模式主要以提高效率、最大程度地从数量上满足用户的需求为主要特征。现在，随着人们经济生活水平的提高，个性化需求越来越明显，一个企业靠一种产品打天下的时代已不复存在，多样化需求对企业管理的影响越来越大，而品种的增加必然会增大管理的难度和获取资源的难度。企业快速满足用户需求的愿望往往会受到资源获取的制约。从产品开发转入批量化生产的速度，再从批量化生产转向市场销售的速度，都需要新的资源来支持。但是这些资源的获取很难，尤其是知识，获得知识需要时间、成本。最后，兼顾社会利益的压力也越来越大，如环保问题、可持续发展问题等，使企业既要考虑自己的经济利益，又要考虑社会利益，而有时候社会利益和企业经济利益是不相协调的。

二、传统管理模式的主要特征与弊端

传统管理中，企业出于管理和控制上的目的，对为其提供原材料、半成品或零部件的其他企业一直采取投资自建、投资控股或兼并的"纵向一体化"（vertical integration）管理模式，即某核心企业与其他企业是一种所有权关系。例如，美国福特汽车公司拥有一个牧羊场，出产的羊毛用于生产本公司的汽车坐垫。脱胎于计划经济体制的中国企业更是如此，"大而全""小而全"的思维方式至今仍在各级企业领导者头脑中占据主要位置，许多制造业企业拥有从毛坯铸造、零件加工到装配、包装、运输、销售等的一整套设备、设施、人员以及组织机构。

传统管理模式的组织结构特征是一种多级递阶控制的组织结构，管理的跨度小、层次多。管理层次的增加必然影响整个企业的响应速度。再从管理思想和管理制度的特征上看，主要是一种集权式管理，以追求稳定和控制为主。就是说，过去为了控制影响企业生产的这些资源，企业要么自己投资建设，要么参资控股，目的只有一个，就是控制可能影响自身生产和经营的资源，所以企业要最大程度地来控制这些资源，必然走向集权式，因为只有集权式管理才能最大程度地实现企业对资源的控制。

传统"纵向一体化"管理模式在新环境下显现的主要弊端有如下几个。

（一）加重企业投资负担

不管是投资建新的工厂，还是用于其他公司的控股，都需要企业自己筹集必要的资金，这对企业来说有许多不利之处。首先，企业必须花费人力、物力设法在金融市场上筹集所需要的资金。其次，资金到位后，随即进入项目建设周期（假设新建一个工厂）。为了尽快完成基本建设任务，企业还要花费精力从事项目实施的监管工作，这样一来又消耗了大量的企业资源。由于项目有一个建设周期，在此期间，企业不仅不能安排生产，而且要按期偿还借款利息。显而易见，用于项目基本建设的时间越长，企业背负的利息负担越重。

（二）承担丧失市场时机的风险

对于某些新建项目来说，由于有一定的建设周期，往往会出现项目建成之日就是项目下马之时的现象，即市场机会早已在项目建设过程中消失。从选择投资方向来看，决策者当时的决策可能是正确的，但由于耗费在生产系统基本建设上的时间太长，等生产系统建成投产时，市场行情可能早已发生了变化，错过了进入市场的最佳时机而使企业遭受损失。因此，项目建设周期越长，企业承担的风险越高。

（三）迫使企业从事不擅长的业务活动

"纵向一体化"管理模式的企业实际上是"大而全""小而全"的翻版，这种企业把产品设计、计划、财务、会计、生产、人事、管理信息、设备维修等工作看作本企业必不可少的业务工作，许多管理人员往往花费过多的时间、精力和资源从事辅助性管理工作。结果是，辅助性管理工作没有抓起来，关键性业务也无法发挥出核心作用，不仅使企业失去了竞争特色，而且增加了企业的产品成本。

（四）在每个业务领域都直接面临众多竞争对手

采用"纵向一体化"管理模式的另一个问题是企业必须在不同业务领域直接与不同的竞争对手竞争。例如，有的制造商不仅生产产品，还拥有自己的运输公司，这样一来，该企业不仅要与制造业的对手竞争，还要与运输业的对手竞争。在企业资源、精力、经验都十分有限的情况下，四面出击的结果是可想而知的。事实上，即使是IBM这样的大公司，也不可能拥有所有业务活动所必需的能力。因此，从20世纪80年代末起，IBM就不再进行纵向发展，而是趋向于与其他企业建立广泛的合作关系。例如，IBM与苹果公司合作开发软件，协助MCT联营公司进行计算机基本技术研究工作，与西门子公司合作设计动态随机存储器等。

（五）增大行业风险

如果整个行业不景气，采用"纵向一体化"模式的企业不仅会在最终用户市场遭受损失，而且会在各个纵向发展的市场遭受损失。举例来说，某味精厂为了保证原材料供应，自己建了一个辅料厂，但后来味精市场饱和，该厂生产的味精大部分没有销路，结果不仅味精厂遭受损失，与之配套的辅料厂也举步维艰。

三、供应链管理模式的产生

有鉴于"纵向一体化"管理模式的种种弊端，从 20 世纪 80 年代末开始，国际上越来越多的企业放弃了这种经营模式，随之而来的是"横向一体化"（horizontal integration）思想的兴起，即利用企业外部资源快速响应市场需求，本企业只抓最核心的东西：产品方向和市场。至于生产，只抓关键零部件的制造，甚至全部委托其他企业加工。例如，福特汽车公司的嘉年华（Fiesta）车就是由美国人设计，在日本的马自达生产发动机，由韩国的制造厂生产其他零件并装配，最后再在美国市场上销售。制造商把零部件生产和整车装配都放在企业外部，这样做的目的是利用其他企业的资源促使产品快速上马，避免自己投资带来的基建周期长等问题，赢得产品在低成本、高质量、早上市等诸方面的竞争优势。"横向一体化"形成了一条从供应商到制造商再到分销商的贯穿所有企业的"链"。由于相邻节点企业表现出一种需求与供应的关系，当把所有相邻企业依次连接起来时，便形成了供应链（supply chain）。这条链上的节点企业必须达到同步、协调运行，才有可能使链上的所有企业都能受益，于是便产生了供应链管理（supply chain management，SCM）这一新的经营与运作模式。

为了使加盟供应链的企业都能受益并且使每个企业都有比竞争对手更强的竞争实力，必须加强对供应链构成与运作的研究，由此形成了供应链管理这一新的经营与运作模式。供应链管理强调核心企业与世界上最杰出的企业建立战略合作关系，委托这些企业完成一部分业务工作，自己则集中精力和聚集各种资源，通过重新设计业务流程，做好能使本企业创造特殊价值、比竞争对手更擅长的关键性业务工作，这样不仅大大提高了本企业的竞争能力，而且使供应链上的其他企业都能受益。

供应链管理利用现代信息技术，通过改造和集成业务流程，与供应商以及客户建立协同的业务伙伴联盟、实施电子商务，大大提高了企业的竞争力，使企业在复杂的市场环境下立于不败之地。根据有关资料，供应链管理的实施可以使企业总成本下降 10%、供应链上的节点企业按时交货率提高 15%以上、订货—生产的周期时间缩短 25%～35%、供应链上的节点企业生产率增值提高 10%以上等。这些数据说明供应链企业在不同程度上都取得了发展，其中以"订货—生产的周期时间缩短"最为明显。能取得这样的成果，完全得益于供应链企业的相互合作、相互利用对方资源的经营策略。试想一下，如果制造商包揽产品开发、生产与销售，则不仅要背负沉重的投资负担，还要耗费相当长的时间。采用了供应链管理模式，则可以使企业在最短时间内寻找到最好的合作伙伴，用最低的成本、最快的速度、最好的质量赢得市场，受益的不只是一家企业，而是一个企业群体。因此，供应链管理模式吸引了越来越多的企业。

四、供应链管理的发展

供应链管理提出的时间虽不长，但已引起人们广泛的关注。特别是国际上一些著名的企业，如惠普公司、IBM 公司、戴尔计算机公司等在供应链实践中所取得的成就，更使人坚信供应链是进入 21 世纪后企业适应全球竞争的一个有效途径，吸引了许多学者和企业界人士对供应链管理进行研究和实践。20 世纪 80 年代中期以后，工业发达国家中有近 80%的企业放弃了"纵向一体化"模式，取而代之转向了全球制造和全球供应链管理这一新的经营模式。近年来，供应链管理的实践已扩展到了一种所有加盟企业之间的长期合作关系，超越了供应链出现初期的那种主要以短期的、基于某些业务活动的经济关系，使供应链从一种作业性管理工具上升为管理性方法体系。

供应链管理的发展主要经历了以下三个阶段。

（一）第一阶段：供应链管理的萌芽阶段（20 世纪 80 年代及之前）

美国管理学家史蒂文斯在 1989 年提出的供应链管理概念是一种集成的思想，包括企业内部集成和企业外部集成，这标志着供应链管理的萌芽阶段。在这一阶段，供应链整个链条各相关成员之间的合作非常重要。

（二）第二阶段：供应链管理的初级阶段（20 世纪 90 年代初到 20 世纪末）

这一阶段，供应链上各成员企业之间有时存在利益、有时存在利益冲突，这种利益冲突导致供应链管理的绩效不高并削弱了整个供应链的竞争力。为了克服上述缺点，必须提高整个供应链的竞争力。在上述初步形成阶段，信息流在向上传递时发生信息扭曲现象、顾客不满意现象。信息不能有效共享成为这一阶段企业提高竞争力的一个重要障碍。

（三）第三阶段：供应链管理成熟与发展阶段（2000 年以后）

进入 21 世纪，经过了几十年发展的供应链概念和思想逐步形成了一些理论、方法和相应的计算机管理软件系统，供应链管理不断深入发展。例如，复旦大学罗钢博士后在 2009 年上海市信息化与工业化融合会议上首次提出"智慧供应链"的概念。智慧供应链就是结合物联网技术和现代供应链管理的理论、方法和技术，在企业中和企业间构建的，实现供应链的智能化、网络化和自动化的技术与管理综合集成系统。随着传统供应链的发展，技术的渗透性日益增强，很多供应链已经具备了信息化、数字化、网络化、集成化、智能化、柔性化、敏捷化、可视化、自动化等先进技术特征。在此基础上，智慧供应链对技术和管理进行综合集成，系统化论述技术和管理的综合集成理论、方法和技术，从而成系统地指导现代供应链管理与运营的实践。

第二节 供 应 链

一、供应链的概念

对于供应链，许多学者从不同的角度出发给出了不同的解释。早期的观点认为，供应链是制造企业中的一个内部过程，是通过生产转换和销售等活动把从企业外部采购的原材料和零部件传递到零售商和用户的一个过程。传统的供应链概念局限于企业的内部操作层面，注重企业自身的资源利用。

有些学者把供应链的概念与采购、供应管理相关联，用来表示与供应商之间的关系，这种观点得到了研究合作关系、JIT 关系、精细化供应、供应商行为评估等问题的学者的重视。但这种关系也仅仅局限在企业与供应商之间，而且供应链中的各个企业独立运作，忽略了与外部供应链成员企业的联系，往往造成企业间的目标冲突。

后来发展起来的供应链的概念注意到了与其他企业的联系以及供应链的外部环境，认为它应是一个"通过链中不同企业的制造、组装、分销、零售等过程将原材料转换成产品，再传递到最终用户的转换过程"，是一个范围更大、更为系统的概念。供应链的概念更加注重围绕核心企业的网链关系，如核心企业与供应商、供应商的供应商乃至与一切前向的关系，核心企业与用户、用户的用户及一切后向的关系，此时对供应链的认识形成了一个网链的概念。菲利浦（Phillip）和温德尔（Wendell）认为，供应链中，战略伙伴关系是很重要的，通过建立战略伙伴关系，可以与重要的供应商和用户更有效地开展工作。

所谓供应链，是指围绕核心企业，通过对信息流、物流、资金流的控制，从采购原材料开始，制成中间产品以及最终产品，最后由销售网络把产品送到消费者手中的将供应商、制造商、分销商、零售商直到最终用户连成一个整体的功能网链结构。它是一个范围更广的企业结构模式，包含所有加盟的节点企业，从原材料的供应开始，经过链中不同企业的制造加工、组装、分销等过程直到最终用户。

我国国家标准《物流术语》（GB/T 18354—2021）将"供应链"定义为"生产与流通过程，围绕核心企业的核心产品或服务，由所涉及的原材料供应商、制造商、分销商、零售商直到最终用户等形成的网链结构"。

在 20 世纪 90 年代全球制造、全球竞争加剧的环境下，对供应链的理解不应仅仅是一条简单的从供应商到用户的链，而是一个范围更广阔的网链结构模式，包含所有加盟的节点企业；供应链不仅是一条连接供应商到用户的物料链、信息链、资金链，还是一条增值链，物料在供应链上因加工、包装、运输等过程而增加其价值，给相关企业带来收益。

二、供应链的结构模型

根据供应链的定义，其结构可以简单地归纳为如图 12-1 所示的模型。

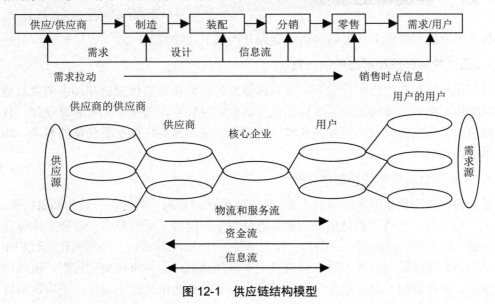

图 12-1　供应链结构模型

从图 12-1 中可以看出，供应链由所有加盟的节点企业组成，其中一般有一个核心企业（可以是产品制造企业，也可以是大型零售企业），各节点企业在需求信息的驱动下，通过供应链的职能分工与合作（生产、分销、零售等），以资金流、物流和服务流为媒介实现整个供应链的不断增值。

三、供应链的特征

从供应链的结构模型可以看出，供应链是一个网链结构，由围绕核心企业的供应商、供应商的供应商和用户、用户的用户组成。一个企业是一个节点，节点企业和节点企业之间是一种需求与供应的关系。供应链主要具有以下特征。

1. 复杂性

因为供应链节点企业组成的跨度（层次）不同，供应链往往由多个、多类型甚至多国企业构成，所以供应链结构模式比一般单个企业的结构模式更为复杂。

2. 动态性

供应链管理因企业战略和适应市场需求变化的需要，其中节点企业需要动态地更新，这就使得供应链具有明显的动态性。

3. 面向用户需求

供应链的形成、存在、重构都是基于一定的市场需求，同时在供应链的运作过程中，用户的需求拉动是供应链中信息流、产品/服务流、资金流运作的驱动源。

4. 交叉性

节点企业可以既是这个供应链的成员，又是另一个供应链的成员，众多的供应链形成交叉结构，加大了协调管理的难度。

四、供应链的类型

根据不同的划分标准，可以将供应链划分为以下几种类型。

1. 稳定的供应链和动态的供应链

根据供应链存在的稳定性划分，可以将供应链分为稳定的供应链和动态的供应链。基于相对稳定、单一的市场需求而组成的供应链稳定性较强，而基于相对频繁变化、复杂的需求而组成的供应链动态性较强。在实际管理运作中，需要根据不断变化的需求，相应地改变供应链的组成。

2. 平衡的供应链和倾斜的供应链

根据供应链容量与用户需求的关系，供应链可以划分为平衡的供应链和倾斜的供应链。一个供应链具有一定的、相对稳定的设备容量和生产能力（所有节点企业能力的综合，包括供应商、制造商、运输商、分销商、零售商等），但用户需求处于不断变化的过程中，当供应链的容量能满足用户需求时，供应链处于平衡状态，而当市场变化加剧，造成供应链成本增加、库存增加、浪费增加等现象时，企业不是在最优状态下运作，供应链则处于倾斜状态。平衡的供应链可以实现各主要职能（采购/低采购成本、生产/规模效益、分销/低运输成本、市场/产品多样化和财务/资金运转快）之间的均衡，如图 12-2 所示。

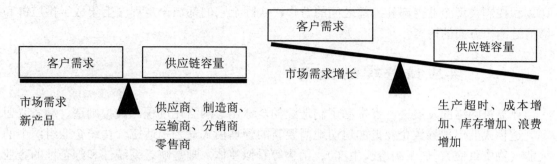

图 12-2 平衡的供应链和倾斜的供应链

3．有效性供应链和反应性供应链

根据功能模式（物理功能和市场中介功能），可以把供应链划分为两种，即有效性供应链（efficient supply chain）和反应性供应链（responsive supply chain）。

有效性供应链主要体现供应链的物理功能，即以最低的成本将原材料转化成零部件、半成品、产品以及在供应链中的运输等。此类产品需求一般是可以预测的，在整个供应链各环节中总是力争存货最小化并通过高效率物流过程形成物资、商品的高周转率，从而在不增加成本的前提下尽可能缩短导入期。选择供应商时着重考虑服务、成本、质量和时间因素。

反应性供应链主要体现供应链对市场需求的响应能力，即把产品分配到满足用户需求的市场，对未知的需求做出快速反应等。反应性供应链主要体现供应链的市场中介功能，此类产品需求一般是不可预测的，需要做到因商品脱销、降价销售和存货过时所造成的损失最小化，因而生产系统需要具备足够的缓冲生产能力，存货需准备有效的零部件和成品的缓冲存货，同时需要以多种方式投资以缩短市场导入期。在选择供应商时主要考虑速度、灵活性和质量。

有效性供应链和反应性供应链的比较如表 12-1 所示。

表 12-1 有效性供应链和反应性供应链的比较

项目	有效性供应链	反应性供应链
基本目标	以最低的成本供应可预测的需求	尽可能快地对不可预测的需求做出反应，使缺货、降价、库存最小化
制造的核心	保持高的平均利用率	配置多余的缓冲库存
库存策略	产生高收入而使整个供应链的库存最小化	部署好零部件和成品的缓冲库存

第三节 供应链管理

关于供应链管理，有许多不同的概念，如有效用户反应（efficient consumer response，

ECR）、快速反应（quick response，QR）、虚拟物流（virtual logistics，VL）或连续补充（continuous replenishment，CR）等，这些概念因考虑的层次、角度不同而不同，但都通过计划和控制实现企业内部和外部之间的合作，实际上它们都在一定程度上集成了供应链和增值链两个方面的内容。

一、供应链管理的概念

计算机网络的发展进一步推动了制造业的全球化、网络化过程。虚拟制造、动态联盟等制造模式的出现导致企业更加迫切地需要新的管理模式与之相适应。传统企业组织中的采购（物资供应）、加工制造（生产）、销售等看似整体，却是缺乏系统性和综合性的企业运作模式，已经无法适应新的制造模式发展的需要，而那种"大而全""小而全"的企业的自我封闭的管理体制更无法适应网络化竞争的社会发展需要。"供应链"的概念和传统的销售链是不同的，它已跨越了企业界限，从建立合作制造或战略伙伴关系的新思维出发，从产品生命线的"源头"开始，到产品消费市场，从全局和整体的角度考虑产品的竞争力，使供应链从一种运作性竞争工具上升为一种管理性方法体系，这就是供应链管理提出的实际背景。

供应链管理是一种集成的管理思想和方法，它执行供应链中从供应商到最终用户的物流的计划和控制等职能。开始时，人们把供应链管理的重点放在管理库存上，作为平衡有限的生产能力和适应用户需求变化的缓冲手段，它通过各种协调手段，寻求把产品迅速、可靠地送到用户手中所需要的费用与生产、库存管理费用之间的平衡点，从而确定最佳的库存投资额。因此，其主要的工作任务是管理库存和运输。现在的供应链管理则把供应链上的各个企业作为一个不可分割的整体，使供应链上各企业分担的采购、生产、分销和销售的职能成为一个协调发展的有机体。

我国国家标准《物流术语》（GB/T 18354—2021）将"供应链管理"定义为"从供应链整体目标出发，对供应链中采购、生产、销售各环节的商流、物流、信息流及资金流进行统一计划、组织、协调、控制的活动和过程"。

二、供应链管理的基本思想

供应链管理的基本思想可归纳为以下内容。

（1）"横向一体化"的管理思想：强调每个企业的核心竞争力，为此，要清楚地辨别本企业的核心业务，然后狠抓核心资源，以提高核心竞争力。

（2）采取外包的方式将非核心业务分散给业务伙伴，和业务伙伴结成战略联盟关系。

（3）供应链企业间是一种合作性竞争。合作性竞争可以从两个层面上理解：一是过去的竞争对手相互结盟，共同开发新技术，共享成果；二是将过去由本企业生产的非核心零部件外包给供应商，双方合作，共同参与竞争。这实际上也体现出核心竞争力的互补效应。

（4）以顾客满意度作为目标的服务化管理。对下游企业来说，供应链上游企业的功能不是简单的提供物料，而是要用最低的成本提供最好的服务。

（5）供应链追求物流、信息流、资金流、工作流和组织流的集成。这几个流在企业日常经营中都会发生，但过去是间歇性或者间断性的，因而影响企业间的协调，最终导致整体竞争力下降。供应链管理则强调这几个流必须集成起来,只有跨企业流程实现集成化,才能实现供应链企业协调运作的目标。

(6)借助信息技术实现目标管理。

(7)更加关注物流企业的参与。在供应链管理的环境下,物流的作用特别重要,因为缩短物流周期比缩短制造周期更为关键。

三、供应链管理的基本内容

供应链管理主要涉及四个领域,即供应(supply)、生产计划(schedule plan)、物流(logistics)、需求(demand)。供应链管理是以同步化、集成化生产计划为指导,以各种技术为支持,尤其是以互联网/内联网为依托,围绕供应、生产计划、物流(主要指制造过程)、需求实施的。供应链管理主要包括计划、合作、控制从供应商到用户的物料(零部件和成品等)和信息。供应链管理的目标在于提高客户服务水平和降低总的交易成本并寻求两个目标之间的平衡(这两个目标往往有冲突),如图12-3所示。

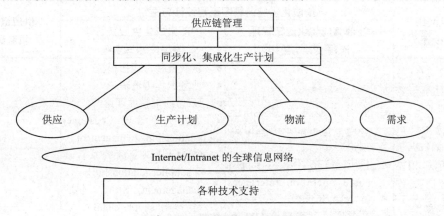

图 12-3 供应链管理涉及的领域

在以上四个领域的基础上,可以将供应链管理细分为职能领域和辅助领域。职能领域主要包括产品工程、产品技术保证、采购、生产控制、库存控制、仓储管理、分销管理;而辅助领域主要包括客户服务、制造、设计工程、会计核算、人力资源、市场营销。

由此可见,供应链管理关心的并不仅仅是物料实体在供应链中的流动,供应链管理注重总的物流成本(从原材料到最终产成品的费用)与客户服务水平之间的关系,为此要把供应链各个职能部门有机地结合在一起,从而最大程度地发挥出供应链整体的力量,达到供应链企业群体获益的目的。

供应链管理即运用供应链管理的指导思想对生产过程中的物流、管理过程中的信息流以及决策协调过程中的商流与资金流进行控制和协调。因此,供应链管理的主要内容可以归纳为以下三个方面。

第一,供应链网络结构设计(即供应链物理布局的设计),具体包括供应链伙伴选择、供应链物流系统设计。

第二,集成化供应链管理流程设计与重组,具体又分为以下几种。

(1)内部集成化供应链管理流程设计与重组,主要包括三大核心作业流程的设计与重组:① 客户需求管理流程,如市场需求预测、营销计划管理、客户关系管理。② 客户订单完成管理流程，如生产计划与生产作业管理、新品研发计划管理、物料采购计划管理、品质管理、运输与配送计划与作业管理、资金管理。③ 客户服务管理流程，如产品售前、售中、售后管理及客户退货管理。

（2）外部集成化供应链管理流程设计与重组，供应链核心主导企业的客户订单完成管理流程与其原材料供应商、产成品销售商、物流服务提供商（物流外包商）等合作伙伴管理流程之间的无缝对接。

（3）供应链交互信息管理，市场需求预测信息、库存信息、销售信息、新品研发信息、销售计划与生产计划信息等的交互共享以及供应链各节点企业间的协同预测、计划与补给的库存管理技术等。

第三，供应链管理机制建设，包括合作协商机制、信用机制、绩效评价与利益分配机制、激励与约束机制、监督预警与风险防范机制等。

表 12-2 总结了供应链管理的主要内容和实现技术。

表 12-2　供应链管理的主要内容和实现技术

供应链网络结构设计	集成化供应链管理流程设计与重组		供应链管理机制建设
	外部集成化供应链管理流程设计与重组	内部集成化供应链管理流程设计与重组	
供应链伙伴选择： ● 合作对策与委托代理理论 ● 各种决策评价方法，如数据包络分析法、模糊综合评价法、作业成本法等 供应链物流系统设计： ● 网络结构决策支持系统 ● 仿真模型与最优化技术 ● 启发式算法 供应链交互信息管理： ● 市场需求预测信息、库存信息、销售信息、新品研发信息、销售计划与生产计划信息等的交互共享	● 业务流程再造（business process re-engineering，BPR）理论 ● 供应链参考运作模型（supply-chain operation reference-model，SCOR） ● 瓶颈/约束管理理论（theory of constraints，TOC） ● 准时生产、精益制造、零库存管理理论 ● 制造资源计划（manufacturing resource planning，MRPII）、企业资源计划（enterprise resource planning，ERP）、配送需求计划（distribution requirement planning，DRP） ● 计算机辅助设计（computer aided design，CAD）、控制账目计划（control account plan，CAP）、计算机集成制造（computer-integrated manufacturing，CIM）	● 供应链参考运作模型 ● 业务流程再造理论 ● 瓶颈/约束管理理论 ● 客户关系管理（customer relationship management，CRM）、供应商关系管理（supplier relationship management，SRM）、供应链管理（supply chain management，SCM） ● 快速响应（quick response，QR）、有效客户反应（efficient consumer response，ECR） ● 电子数据交换（electronic data interchange，EDI）技术 ● 供应商管理库存（vendor managed inventory，VMI）技术 ● 联合库存管理（jointly managed inventory，JMI）技术 ● 协同规划、预测与补给（collaborative planning，forecasting and replenishment，CPFR）技术 ● 敏捷制造技术	● 合作信用机制 ● 协商机制 ● 绩效评价与利益分配机制 ● 激励与约束机制 ● 监督与预警机制 ● 风险防范机制

四、供应链管理的基本任务

（一）采购管理

（1）供应商管理，包括供应商评价、选择等工作。
（2）采购策略管理，包括采购组合、批量选择等工作。
（3）价格管理，包括询价、价格记录、折扣价等工作。
（4）质量管理，包括原材料质量、按期交货率等工作。

（二）资源配置管理

（1）设施布点管理，包括生产设施、分销网点布局，新设施起用，低效旧设施关闭选择等工作。
（2）能力扩充管理，即设施能力扩充与生产需求匹配问题，主要涉及生产资源在较大的地理空间和较长的时间范围内的优化配置问题，企业应根据市场分布的地理位置、需求大小、运输设施等条件灵活调整其生产资源的配置。

（三）生产管理

生产管理包括产品组合、加工路线、加工时间的选择等内容，是供应链管理的关键环节，企业应根据客户的需求、交货期限、现有的人员和生产设施能力科学地制订出可以使供应链各节点企业之间协调、均衡生产的最佳生产计划。科学的生产管理可提高生产的均衡性、改进产品质量、充分利用生产能力，是实现高效、低耗生产的关键。

（四）库存管理

由于生产中存在种种不确定性，企业必须利用库存调节不确定性带来的生产波动。库存管理既要搞清楚各种原材料、零部件、在制品和最终产品在各级仓库中的位置和数量，也要根据具体的需求和生产波动情况制定合理的库存水平和库存管理方法，在保证生产和销售的前提下尽可能地降低库存水平、减少库存费用。

（五）分销配送管理

分销配送包括分销网络管理，分销商、分销网点的选择（选择分销网点的地点和层次），生产与分销配送的协调方式，分销配送与运输方式的协调等内容。

（六）运输管理

运输管理主要涉及供应物资到生产厂之间的运输管理、生产厂之间的运输管理和生产厂到分销中心以及分销中心到最终客户之间的运输管理。运输管理主要包括运输方式、运输批量、运输路径的选择。

（七）客户服务管理

客户服务管理包括客户管理、维修服务管理等内容。客户服务是与最终客户建立良好关系的服务增值环节，也应该包括在完整的供应链管理之中。

五、供应链管理与传统管理模式的区别

供应链管理与传统的物料管理和控制有着明显的区别，主要体现在以下几个方面。

（1）供应链管理把供应链中所有节点企业看作一个整体，供应链管理涵盖整个物流的、从供应商到最终用户的采购、制造、分销、零售等职能领域过程，如图 12-4 所示。

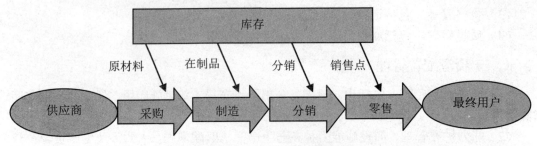

图 12-4　供应链管理的职能过程

（2）供应链管理强调和依赖战略管理。"供应"是整个供应链中节点企业之间事实上共享的一个概念（任意两节点之间都是供应与需求的关系），同时是一个有重要战略意义的概念，因为它影响或者可以认为它决定了整个供应链的成本和市场占有份额。

（3）供应链管理最关键的是需要采用集成的思想和方法，而不仅仅是节点企业、技术方法等资源的简单连接。

（4）供应链管理具有更高的目标，通过管理库存和合作关系达到高水平的服务，而不是仅仅完成一定的市场目标，如图 12-5 所示。

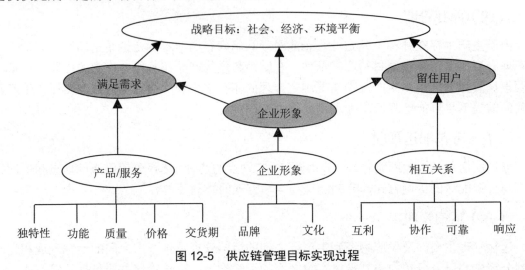

图 12-5　供应链管理目标实现过程

六、供应链成长理论与供应链管理的运营机制

社会组织和自然界的一切生命体一样，都存在一个"起源—成长—发育—成熟—衰退—解体（灭亡）"的生命周期。供应链有广义和狭义两种解释：狭义地讲，供应链是指一种企业网络；广义地讲，任何一个企业组织都是一个供应链结构体（产供销一体化）。我们应该

从集成化的角度研究供应链管理模式，即综合以上两个方面的内容，由内向外、由表及里、由企业内部的协调分工到企业间的协作与联盟，最终目的是追求更强的竞争力和更大的效益。供应链运作的表象是物流、信息流、资金流（即人们通常所说的"三流"），但是供应链的成长过程实际上包含两个方面的含义：一是通过产品（技术、服务）的扩散机制满足社会的需求，同时通过市场的竞争机制发展壮大企业的实力。因此，供应链管理实际上是一种基于"竞争—合作—协调"机制的、以分布企业集成和分布作业协调为保证的新的企业运作模式。

当考察一个供应链的成长过程时，我们不仅应该看到企业有形的力量在壮大，更应该看到企业无形的能量在升华，因此供应链的成长过程既是一种几何（组织）成长过程，也是一种能量的集聚过程和思想文化的变迁过程。

供应链成长过程体现在企业在市场竞争中的成熟与发展之中，通过供应链管理的合作机制（cooperation mechanism）、决策机制（decision mechanism）、激励机制（encourage mechanism）和自律机制（benchmarking）等实现满足顾客需求、使顾客满意以及留住顾客等功能目标，从而实现供应链管理的最终目标，即社会目标（满足社会就业需求）、经济目标（创造最佳利益）和环境目标（保持生态与环境平衡）的合而为一，这可以说是对供应链管理思想的哲学概括。

（一）合作机制

供应链合作机制体现了战略伙伴关系和企业内外资源的集成与优化利用。基于这种企业环境的产品制造过程，从产品的研究开发到投放市场，周期大大地缩短，而且顾客导向化（customization）程度更高，模块化、简单化产品和标准化组件，使企业在多变的市场中柔性和敏捷性显著增强，虚拟制造与动态联盟提高了业务外包（outsourcing）策略的利用程度。企业集成的范围扩展了，从原来的中低层次的内部业务流程重组上升到企业间的协作，这是一种更高级别的企业集成模式。在这种企业关系中，市场竞争策略最明显的变化就是基于时间的竞争（time-based）和价值链（value chain）及价值让渡系统管理或基于价值的供应链管理。

（二）决策机制

由于供应链企业决策信息的来源不再仅限于一个企业内部，而是在开放的信息网络环境下，不断进行信息交换和共享，达到供应链企业同步化、集成化计划与控制的目的，而且随着 Internet/Intranet 发展成为新的企业决策支持系统，企业的决策模式将产生很大的变化，因此处于供应链中的任何企业决策模式应该是基于 Internet/Intranet 的开放性信息环境下的群体决策模式。

（三）激励机制

归根结底，供应链管理和任何其他的管理思想一样都是要使企业在 21 世纪的竞争中在"TQCSF"上有上佳表现（T 为时间，指反应快，如提前期短，交货迅速等；Q 指质量，控制产品、工作及服务质量高；C 为成本，企业要以更少的成本获取更大的收益；S 为服务，企业要不断提高用户服务水平，提高用户满意度；F 为柔性，企业要有较好的应变能力）。缺乏均衡一致的供应链管理业绩评价指标和评价方法是目前供应链管理研究的弱点和导致供应链管理实践效率不高的一个主要问题。为了掌握供应链管理的技术，必须建立、健全业绩评价和激励机制，使人们知道供应链管理思想在哪些方面、多大程度上给予企业改进和提高，以推动企业管理工作不断完善和提高，也使得供应链管理能够沿着正确的轨道与方向发展，真正成为能为企业管理者乐于接受和实践的新的管理模式。

（四）自律机制

自律机制要求供应链企业向行业的领头企业或最具竞争力的竞争对手看齐，不断对产品、服务和供应链业绩进行评价，并不断地改进，以使企业能保持自己的竞争力和持续发展。自律机制主要包括企业内部的自律、对比竞争对手的自律、对比同行企业的自律和比较领头企业的自律。企业通过推行自律机制，可以降低成本，增加利润和销售量，更好地了解竞争对手，提高客户满意度，提升信誉，企业内部部门之间的业绩差距也可以得到缩小，整体竞争力也将获得提高。

第四节　典型的供应链管理方法

快速反应法（QR）和有效客户反应法（ECR）是供应链管理的典型方法，这两种方法和传统流通管理方法有根本上的区别。

一、快速反应法

（一）快速反应法产生的背景

快速反应法是在美国纺织与服装行业发展起来的一种供应链管理策略。20世纪六七十年代，美国的杂货行业面临着与国外进口商品的激烈竞争。20世纪80年代早期，美国国产的鞋、玩具以及家用电器的市场占有率下降到20%，而国外进口的服装也占据了美国市场的40%左右。面对与国外商品的激烈竞争，美国纺织与服装行业采取的主要对策是在寻求法律保护的同时加大对现代化设备的投资。到了20世纪80年代中期，美国的纺织与服装行业成为通过进口配额系统保护最重的行业，而纺织业成为美国制造业生产率增长得最快的行业。尽管上述措施取得了巨大的成功，但服装行业进口商品的渗透仍在继续。一些行业的先驱意识到保护主义措施无法保护美国服装制造业的领先地位，他们必须寻找别的方法。

1984年，美国服装、纺织以及化纤行业的先驱成立了一个委员会，该委员会的任务是为购买美国生产的纺织品和服装的消费者提供更大的利益。1985年，该委员会开始做广告，提高了美国消费者对本国生产的服装的信任度。该委员会也拿出一部分经费研究如何长期保持美国纺织与服装行业的竞争力。1985—1986年，Kurt Salmon协会展开了供应链分析，结果发现，尽管系统的各个部分具有高运作效率，但整个系统的效率很低。于是，纤维、纺织、服装以及零售业开始寻找那些在供应链上导致高成本的活动。结果发现，供应链的长度是影响其高效运作的主要因素。整个服装供应链系统的总损失每年可达25亿美元，其中 2/3 的损失来自于零售商或制造商对服装的降价处理以及在零售时的缺货。进一步调查发现，消费者离开商店而不购买的主要原因是找不到尺寸和颜色合适的商品。

这项研究导致了快速反应策略的应用和发展。快速反应是零售商及供应商密切合作的策略，应用这种策略，零售商和供应商能通过共享 POS 系统信息、联合预测未来需求、发现新产品营销机会等对消费者的需求做出快速的反应。从业务操作的角度来讲，贸易伙伴需要用 EDI 来加快信息的流动，并共同重组他们的业务活动从而将订货前导时间和成本极小化。在补货中应用 QR 可以将交货前导时间降低 75%。

（二）快速反应的含义

快速反应是美国零售商、服装制造商以及纺织品供应商开发的整体业务概念，目的是减少原材料到销售点的时间和整个供应链上的库存，最大程度地提高供应链的运作效率。我国国家标准《物流术语》（GB/T 18354—2021）将"快速反应"定义为"供应链成员企业之间建立战略合作伙伴关系，利用电子数据交换（EDI）等信息技术进行信息交换与信息共享，用高频率小批

ZARA 的极速
供应链

量配送方式补货，以实现缩短交货周期，减少库存，提高顾客服务水平和企业竞争力为目的的一种供应链管理策略"。在快速反应中，为了实现共同的目标，至少要在两个环节之间进行紧密合作。一般来说，共同的目标包括：① 提高客户服务水平，即在正确的时间、正确的地点用正确的商品响应消费者的需求；② 降低供应链的总成本，增加零售商和厂商的销售额，从而提高零售商和厂商的获利能力。

这种新的贸易方式意味着双方都要告别过去的敌对关系，建立起贸易伙伴关系，从而提高向最终消费者的供货能力，同时降低整个供应链的库存量和总成本。

快速反应的着重点是对消费者需求做出快速反应，具体策略有商品即时出售（floor ready merchandise）、自动物料搬运（automatic material handling）等。实施快速反应可分为以下三个阶段。

第一阶段，将所有的商品单元条码化，即用 EAN/UPC 条码标识所有商品消费单元、用 ITF/14 条码标识商品储运单元、用 UCC/EAN-128 条码标识贸易单元，利用 EDI 传输订购单报文和发票报文。

第二阶段，在第一阶段的基础上增加与内部业务处理有关的策略，如自动补库与商品即时出售等并采用 EDI 传输更多的报文，如发货通知报文、收货通知报文等。

第三阶段，与贸易伙伴密切合作，采用更高级的 QR 策略，以对客户的需求做出快速反应。一般来说，企业内部业务的优化相对来说较为容易，但在贸易伙伴间进行合作时，往往会遇到诸多障碍，在 QR 实施的第三阶段，每个企业必须把自己当成集成供应链系统的一个组成部分，以保证整个供应链的整体效益。

（三）快速反应法的成功条件

快速反应法的成功必须具备以下五个条件。

1. 改变传统的经营方式，革新企业的经营意识和组织

改变传统的经营方式，革新企业的经营意识和组织主要表现在以下五个方面。

（1）企业必须改变只依靠自身力量提高经营效率的传统经营意识，要树立通过与供应

链各方建立合作伙伴关系，努力利用各方资源提高经营效率的现代经营意识。

（2）零售商在垂直型 QR 系统中起主导作用，零售店铺是垂直型 QR 系统的起始点。

（3）通过 POS 数据等销售信息和成本信息的相互公开和交换提高各个企业的经营效率。

（4）明确垂直型 QR 系统内各个企业之间的分工协作范围和形式，消除重复作业，建立有效的分工协作框架。

（5）通过利用信息技术实现事务作业的无纸化和自动化，改变传统的事务作业的方式。

2. 开发和应用现代信息处理技术

现代信息处理技术有商品条码技术、物流条码技术、电子订货系统（electronic ordering system，EOS）、销售时点系统（point of sale，POS）、数据读取系统、电子数据交换系统、预先发货清单技术、电子支付系统、生产厂家管理的库存方式（vendor managed inventory，VMI）、连续补充库存方式（continuous replenishment program，CRP）等。

3. 必须与供应链各方建立战略伙伴关系

具体内容包括以下两个方面的内容：一是积极寻找和发现战略合作伙伴；二是在合作伙伴之间建立分工和协作关系。合作的目标是削减库存、避免缺货现象的发生、降低商品风险、避免大幅度降价现象的发生、减少作业人员和简化事务性作业等。

4. 必须改变传统的商业信息保密的做法

这是指与合作伙伴交流分享销售信息、库存信息、生产信息、成本信息等并在此基础上要求各方一起发现问题、分析问题和解决问题。

5. 供应方必须缩短生产周期、降低商品库存

具体是指缩短商品的生产周期，实施多品种、小批量生产和多频次、小批量配送，降低零售商的库存水平，提高顾客服务水平，在商品实际需要将要发生时采用 JIT 生产方式组织生产，降低供应商的库存水平。

（四）快速响应法的实施

快速响应原来是大型零售商获取市场份额并参与全球竞争的工具，现在已成为所有商品制造商和中间商的标准战略行为。

实现快速响应包括跨越行业界限重新设计补货、购销和新产品开发业务。零售商和消费品制造商对快速响应的看法不一样。零售商认为，快速响应的优势是在库存更低的情况下更好地保持有货状态，在人员工资更低的情况下保持顾客服务水平更高，在厂商数量减少的情况下获得更好的厂商支持，降低成本从而降低售价，同时增加市场份额。消费品制造商则认为，快速响应的优势是竞争减少而顾客关系更好，降低单品成本的同时增加了销售额，同消费者的关系更密切而自己又不需要变成零售商。

实施快速响应需要完成以下六个步骤，每一个步骤都需要以前一个步骤作为基础，都比前一个步骤有更高的回报，但是需要额外的投资。

1. 条形码和 EDI

零售商首先必须安装条形码（UPC 码）、POS 扫描和 EDI 等技术设备，以加快 POS

机收款速度、获得更准确的销售数据并使信息沟通更加通畅。POS 扫描用于数据输入和数据采集，即在收款检查时用光学方式阅读条形码，然后将条形码转换成相应的商品代码。

通用产品代码（UPC 码）是行业标准的 12 位条形码，用作产品识别。正确的 UPC 产品标志对 POS 端的顾客服务和有效的操作是至关重要的。扫描条形码可以快速、准确地检查价格并记录交易。

EDI 是在计算机间交换商业单证，必须遵循一定的标准，如 ANSI X12。EDI 要求公司将其业务单证转换成行业标准格式并传输到某个增值网（VAN），贸易伙伴在 VAN 上接收到这些单证，然后将其从标准格式转为自身系统可识别的格式。电子资金转账系统（EFT）可传输的单证包括订单、发票、订单确认、销售和存货数据及事先运输通知等。

2. 固定周期补货

快速响应的补货要求供应商更快、更频繁地运输重新订购的商品，以保证店铺不缺货，从而提高销售额。通过对商品实施快速响应并保证这些商品能敞开供应，零售商的商品周转速度更快，消费者可以选择更多的花色、品种。

自动补货是指基本商品销售预测的自动化。自动补货使用基于过去和目前销售数据及其可能变化的软件进行定期预测，同时考虑目前的存货情况和其他一些因素，以确定订货量。自动补货是由零售商、批发商在仓库或店内完成的。

3. 先进的补货联盟

这是为了保证补货业务的流畅。零售商和消费品制造商联合起来检查销售数据，制订关于未来需求的计划并预测，在保证有货和减少缺货的情况下降低库存水平，还可以进一步由消费品制造商管理零售商的存货和补货，以加快库存周转速度、提高投资毛利率。投资毛利率是销售商品实际实现的毛利除以零售商的库存投资额。

4. 零售空间管理

这是指根据每个店铺的需求模式规定其经营商品的花色、品种和补货业务。一般来说，对于花色、品种、数量、店内陈列及培训或激励售货员等决策，消费品制造商也可以参与制定。

5. 联合产品开发

这一步的重点不再是一般商品和季节商品，而是服装等生命周期很短的商品。厂商和零售商联合开发新产品，其关系的密切程度超过了购买与销售的业务关系、缩短了从新产品概念到新产品上市的时间，而且经常在店内对新产品进行试销。

6. QR 的集成

通过重新设计业务流程，将前五步的工作和公司的整体业务集成起来，以支持公司的整体战略。快速反应前四步的实施可以使零售商和消费品制造商重新设计产品补货、采购和销售业务流程；前五步使配送中心得以改进，可以适应大量的小运量运输，使配送业务更加流畅。

同样，由于库存量的增加，大部分消费品制造商也开始强调存货的管理、改进采购和制造业务，使他们能够做出正确的响应。

最后一步要求零售商和消费品制造商重新设计其整个组织、业绩评估系统、业务流程和信息系统，设计的中心是围绕着消费者而不是传统的公司职能，它们要求有集成的信息技术。

有时可以先完成最后一步工作，至少是先设计整体体系结构，这样补货的改进和新产品的开发就会尽可能地互相吻合。在确定公司核心业务及其发展方向时，应具有战略性眼光。

（五）快速响应的利益

应用实践表明，QR从出现到现在，给使用者带来了诸多的利益，虽然各使用企业单位商品的采购成本会增加，但通过频繁、小批量地采购商品，顾客服务水平会提高，零售商就更能适应市场的变化，同时其他成本，如库存成本和清仓削价成本等会降低，最终提高利润。我们可以从厂商和零售商两个方面来分析快速响应的利益。

1. 快速响应给厂商带来的利益

（1）更好的顾客服务。快速反应零售商可为店铺提供更好的服务，最终为顾客提供更好的店内服务。由于厂商送来的货物与承诺的货物是相符的，厂商能够很好地协调与零售商之间的关系。长期的良好顾客服务会增加市场份额。

（2）降低流通费用。由于集成了对顾客消费水平的预测和生产规划，就可以提高库存周转速度，减少需要处理和盘点的库存，从而降低流通费用。

（3）降低管理费用。因为不需要手工输入订单，所以提高了采购订单的准确率。额外发货的减少也降低了管理费用。货物发出之前，仓库对运输标签进行扫描并向零售商发出提前运输通知，这些措施都降低了管理费用。

（4）更好的生产计划。由于可以对销售进行预测并能够得到准确的销售信息，厂商可以准确地安排生产计划。

2. 快速响应给零售商带来的利益

（1）提高销售额。条形码和POS扫描使零售商能够跟踪各种商品的销售和库存情况，这样零售商就能够准确地跟踪存货情况，在库存真正降低时才订货，以降低订货周期；实施自动补货系统（也称厂商补货系统），使用库存模型来确定什么情况下需要采购，以保证在顾客需要商品时可以得到现货。

（2）减少削价的损失。由于具备了更准确的顾客需求信息，店铺可以更多地储存顾客需要的商品，减少顾客不需要的商品的存货，这样就减少了削价的损失。

（3）降低采购成本。商品采购成本是企业完成采购职能时发生的费用，这些职能包括订单准备、订单创建、订单发送及订单跟踪等。实施快速反应后，上述业务流程得到简化，由此采购成本也降低了。

（4）降低流通费用。厂商使用物流条形码标签后，零售商可以扫描这个标签，这样就减少了手工检查到货所发生的成本。物流条形码支持商品的直接出货，即配送中心收到货物后不需要检查，可立即将货物送到零售商的店铺。另外，厂商发来的预先发货清单可使配送中心在货物到达前有效地调度人员和库存空间。而且不需要处理异常情况，因为零售商准确地掌握了厂商的发货信息。

（5）加快库存周转。零售商能够根据顾客的需要频繁地小批量订货，也降低了库存投资和相应的运输成本。

（6）降低管理成本。管理成本包括接收发票、发票输入和发票例外处理时所发生的费用，由于采用了电子发票及提前发货通知（advanced shipment notice，ASN），管理费用大幅度降低了。

总之，采用快速反应方法后，虽然单位商品的采购成本会增加，但通过频繁地采用小批量采购商品，顾客服务水平会有所提高，零售商就能更快速地适应市场的变化，同时其他成本会相应地降低，如库存成本和清仓削价成本等，最终结果是零售商提高了自身的利润。

二、有效客户反应法

（一）有效客户反应系统产生的背景

有效客户反应原来被称为高效消费者反应，是 1992 年从美国食品杂货业发展起来的一种供应链管理策略。20 世纪 90 年代初，日本食品加工和日用品加工开始模仿美国服装业的"快速反应"并形成自己的体系，称为"有效客户反应"。

有效客户反应的产生可归结于 20 世纪商业竞争的加剧和信息技术的发展。20 世纪 80 年代，特别是到了 90 年代以后，美国日杂百货业零售商和生产厂家的交易关系由生产厂家占据主导地位转换为零售商占主导地位，在供应链内部，零售商和生产厂家为取得供应链主导权、为商家品牌（private brand，PB）和厂家品牌（national brand，NB）占据零售店铺货架空间的份额展开激烈的竞争，使得供应链各个环节间的成本不断转移，供应链整体成本上升。

从零售商的角度来看，新的零售业态，如仓储商店、折扣店大量涌现，日杂百货业的竞争更趋激烈，零售商开始寻找新的管理方法。从生产厂家的角度来看，为了获得销售渠道，直接或间接降价，牺牲了自身利益。生产厂家希望与零售商结成更为紧密的联盟，这样对双方都有利。

另外，从消费者的角度来看，过度竞争忽视了消费者对高质量、新鲜、服务好和合理价格的需求。许多企业通过诱导型广告和促销吸引消费者转移品牌。可见，ECR 产生的背景是要求从消费者的需求出发，提供满足消费者需求的商品和服务。

为此，美国食品市场营销协会（Food Marketing Institute）联合可口可乐、宝洁、KSA公司对供应链进行调查、总结、分析，得到改进供应链管理的详细报告，提出了 ECR 的概念体系，后被零售商和制造商采用，广泛应用于实践。

当前在我国，制造商和零售商为渠道费用而激烈争执，零售业中工商关系日趋恶化，消费者利益日趋受到损害。ECR 是真正实现以消费者为核心，转变制造商与零售商买卖对立统一的关系，实现供应与需求一整套流程转变方法的有效途径，日益被制造商和零售商所重视。

（二）有效客户反应的含义和特征

有效客户反应是一个由生产厂家、批发商和零售商等供应链成员组成，各方相互协调和合作，更好、更快并以更低的成本满足消费者需要为目的的供应链管理系统。我国国家标准《物流术语》（GB/T 18354—2021）将"有效客户反应"定义为"以满足客户要求和最大限度降低物流过程费用为原则，能及时做出准确反应，使提供的物品供应或服务流程最佳化的一种供应

中捷通信——基于数据运营的智慧供应链平台

链管理策略"。

有效客户反应的优点在于供应链各方为了提高消费者满意度这个共同的目标而合作，分享信息和诀窍。它是一种把以前处于分离状态的供应链联系在一起以满足消费者需要的工具。该概念的提出者认为，ECR活动是一个过程，这个过程主要由贯穿供应链各方的四个核心过程组成，即高效的店铺空间安排、高效的商品补充、高效的促销活动和高效的新商品开发与市场投入。

有效客户反应的特征体现在以下三个方面。

（1）管理意识的创新。传统的产销双方的交易关系是一种此消彼长的对立型关系，即交易各方以对自己有利的买卖条件进行交易。有效客户反应则要求产销双方的交易关系是一种合作伙伴关系，即交易各方通过相互协调合作，实现以较低的成本向消费者提供更高价值服务的目标，在此基础上追求双方的利益。简单地说，产销双方是一种双赢型关系。

（2）供应链整体协调。传统流通活动缺乏效率的主要原因在于厂家、批发商和零售商之间存在企业间联系的非效率性和企业内采购、生产、销售和物流等部门或职能之间联系的非效率性。传统的组织是以部门或职能为中心开展经营活动，以各个部门或职能的效益最大化为目标。这样虽然能够提高各个部门或职能的效率，但容易引起部门或职能间的摩擦。同样，传统的业务流程中，各个企业以各自的效益最大化为目标，这样虽然能够提高各个企业的经营效率，但容易引起企业间的利益摩擦。ECR要求对各部门、各职能以及各企业之间的隔阂，进行跨部门、跨职能和跨企业的管理和协调，使商品流和信息流在企业内和供应链内顺畅地流动。

（3）涉及范围广。有效客户反应所涉及的范围包括零售业、批发业和制造业等相关的多个行业。为了最大程度地发挥有效客户反应所具有的作用，必须对关联的行业进行分析研究，对组成供应链的各类企业进行管理和协调。

（三）实施有效客户反应的原则

要实施有效客户反应，首先应联合整个供应链所涉及的供应商、分销商以及零售商，改善供应链中的业务流程，使其合理有效，然后以较低的成本，使这些业务流程自动化，以进一步降低供应链的成本和时间，这样才能满足客户对产品和信息的需求，即给客户提供最优质的产品和适时、准确的信息。有效客户反应的实施原则包括如下五个。

（1）以较少的成本，不断致力于向食品杂货供应链客户提供产品性能更优、质量更好、花色品种更多、现货服务更好以及更加便利的服务。

（2）有效客户反应必须有相关的商业巨头的带动。该商业巨头决心通过互利共赢的经营联盟代替传统的输赢关系，以达到获利的目的。

（3）必须利用准确、适时的信息以支持有效的市场、生产及后勤决策，这些信息将以有效客户反应的方式在贸易伙伴间自由流动，将影响以计算机信息为基础的系统信息的有效利用。

（4）产品必须随其不断增值的过程，从生产至包装，直至流动到最终客户的购物篮中，以确保客户能随时获得所需产品。

（5）必须采用共同、一致的工作业绩考核和奖励机制，它着眼于系统整体的效益（即通过减少开支、降低库存以及更好的资产利用率来创造更高的价值），明确可能的收益（如增加收入和利润）并公平地分配这些收益。

（四）有效客户反应系统的构建

有效客户反应作为一个供应链管理系统，需要把市场营销、物流管理、信息技术和组织革新技术有机结合起来作为一个整体使用，以实现目标。构建有效客户反应系统的具体目标是实现低成本的流通、基础关联设施建设，消除组织间的隔阂、协调合作满足消费者需要，组成 ECR 系统的技术要素主要有信息技术、物流技术、营销技术和组织革新技术，如图 12-6 所示。

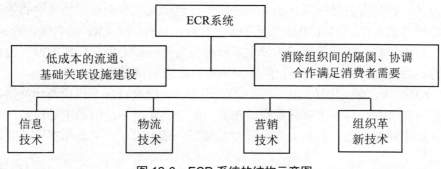

图 12-6　ECR 系统的结构示意图

1．信息技术

ECR 系统应用的信息技术主要有电子数据交换技术和销售时点信息技术。

（1）电子数据交换技术。信息技术最大的作用之一是实现事务作业的无纸化或电子化。一方面，利用电子数据交换技术可在供应链企业间传送交换订货发货清单、价格变化信息、付款通知单等文书单据，提高事务作业效率。例如，厂家在发货的同时预先把产品清单发送给零售商，这样零售商就可以在商品到货时用扫描仪自动读取商品包装上的物流条形码获得进货的实际数据并自动地与预先到达的商品清单进行比较。

另一方面，利用电子数据技术可在供应链节点企业间传送交换销售时点数据、库存信息、新产品开发信息和市场预测信息等直接与经营有关的信息，提高整个企业，乃至整个供应链的效率。例如，生产厂家可利用销售时点信息把握消费者的动向，安排好生产计划；零售商可利用新产品开发信息预先制订好销售计划。

（2）销售时点信息技术。对零售商来说，通过对在店铺收银台自动读取的 POS 数据进行整理分析，可以掌握消费者的购买动向，找出畅销商品和滞销商品，做好商品类别管理；可以通过利用 POS 数据做好库存管理、订货管理等工作。

对生产厂家来说，可以通过电子数据交换技术利用及时准确的 POS 数据，把握消费者需要、制订生产计划、开发新产品，还可以把 POS 数据和 EOS 数据结合起来分析把握零售商的库存水平，进行供应商管理用户库存的管理。

2．物流技术

有效客户反应系统要求准时配送和顺畅流动。实现这一要求的方法有连续库存补充计划、自动订货（computer assisted ordering，CAO）、预先发货通知、供应商管理库存、交叉配送、店铺直送（direct stores delivery，DSD）等。

（1）连续库存补充计划。连续库存补充计划是利用及时、准确的 POS 数据确定销售的商品数量，根据零售商或批发商的库存信息和预先规定的库存补充程序确定发货补充数量和发送时间，以小批量、高频率方式进行连续配送，补充零售店铺的库存，提高库存周转率、缩短交货周期。

（2）自动订货。自动订货是基于库存和需要信息利用计算机进行自动订货的系统。

（3）预先发货通知。预先发货通知是生产厂家或者批发商在发货时利用电子通信网络提前向零售商传送货物的明细清单。这样，零售商可以事前做好货物进货准备工作，同时可以省去货物数据的输入作业，使商品检验作业效率化。

（4）供应商管理库存（VMI）。具体地说，生产厂家基于零售商的销售、库存等信息，判断零售商的库存是否需要补充。如果需要补充，自动地向本企业的物流中心发出发货指令，补充零售商的库存。VMI 方法包括 POS、CAO、ASN 和 CRP 等技术。在采用 VMI 的情况下，虽然零售商的商品库存决策主导权由作为供应商的生产厂家把握，但是在店铺的空间安排、商品货架布置等店铺空间管理决策方面仍然由零售商主导。

（5）交叉配送。交叉配送是在零售商的流通中心，把来自各个供应商的货物按发送店铺迅速进行分拣装车，向各个店铺发货。在交叉配送的情况下，流通中心便是一个具有分拣装运功能的中转型中心，有利于交货周期的缩短、减少库存、提高库存周转率，从而节约成本。

（6）店铺直送。店铺直送是指商品不经过流通配送中心，直接由生产厂家运送到店铺的运送方式。采用店铺直送方式可以保持商品的新鲜度、减少商品运输破损、缩短交货周期。

3. 营销技术

在 ECR 系统中采用的营销技术主要是商品类别管理（category management，CM）和店铺货架空间管理（space management，SM）。

（1）商品类别管理。商品类别管理是以商品类别为管理单位，寻求整个商品类别全体收益最大化。具体来说，企业对经营的所有商品按类别分类，确定或评价每一个类别商品的功能、收益性、成长性等指标。在此基础上，结合考虑各类商品的库存水平和货架展示等因素，制订商品品种计划，对整个商品类别进行管理，以便在提高消费者服务水平的同时增加企业的销售额和收益水平。

（2）店铺货架空间管理。店铺货架空间管理是对店铺的空间安排、各类商品的展示比例、商品在货架上的布置等进行的最优化管理。在 ECR 系统中，店铺货架空间管理和商品类别管理同时进行、相互作用。在综合店铺管理中，对于该店铺中所有类别的商品进行货架展示面积的分配，对于每个类别下不同品种的商品进行货架展示面积分配和展示布置，以便提高单位营业面积的销售额和单位营业面积的收益率。

4. 组织革新技术

应用 ECR 系统不仅需要组成供应链的每一个成员紧密合作和协调，还需要每一个企业内部各个部门间紧密合作和协调，因此成功地应用 ECR 需要对企业的组织体系进行革新。

（1）组织革新。在企业内部的组织革新方面，需要把采购、生产、物流、销售等按职能划分的组织形式改变为以商品流程为基本职能的横向组织形式。也就是把企业经营的所有商品按类别划分，对应于每一个商品类别设立一个管理团队，以这些管理团队为核心构成新的组织形式。在这种组织形式中，给每一个商品类别管理设定经营目标，同时在采购、品种选择、库存补充、价格设定、促销等方面赋予相应的权限。每个管理团队由一个总负责的商品类别管理人和几名负责各个职能领域的成员组成。由于商品类别管理团队规模小，内部容易交流，各职能间易于协调。

（2）合作伙伴关系建立。在组成供应链的企业间需要建立双赢型合作伙伴关系。具体来讲，厂家和零售商都需要在各自企业内部建立以商品类别为管理单位的组织，这样双方相同商品类别的管理就可聚集在一起，讨论从材料采购、生产计划到销售状况、消费者动向的有关该商品类别的全盘管理问题。另外，需要在企业间进行信息交换和信息分享。当然，这种合作伙伴关系的建立有赖于企业最高决策层的支持。

（五）有效客户反应的相关战略

在实践当中，食品行业的厂商、批发商和零售商采用有效的店内布局、有效的补货、有效的促销、有效的新产品导入等战略实现了成本大幅度降低的目标。

1. 有效的店内布局

实施这一战略，其目的是通过有效地利用店铺的空间和店内布局最大程度地提高商品的获利能力。利用计算机化空间管理系统，零售商可以提高货架的利用率。有效的商品分类要求店铺储存消费者需要的商品，把商品范围限制在高销售率的商品上，从而提高所有商品的销售业绩。

企业应经常监测店内空间分配以确定产品的销售业绩。优秀的零售商至少每月检查一次商品的空间分配情况，甚至每周检查一次。这样能够使品种经理对新产品的导入、老产品的撤换、促销措施及季节性商品的摆放做出及时、准确的决策。同时，要分析各种商品的投资回报率，这样有助于企业了解商品的销售趋势，据此对商品的空间分配进行适当的调整，从而保证商品的销售，实现事先确定的投资收益水平。

2. 有效的补货

该战略是通过努力降低系统的成本，从而降低商品的售价。其目的是将正确的产品在正确的时间和正确的地点以正确的数量和最有效的方式提供给消费者。有效补货的构成要素主要包括 POS 机扫描、店铺商品预测、店铺的电子收货系统、商品的价格和促销数据库、动态的计算机辅助订货系统、集成的采购订单管理、厂商订单履行系统、动态的配送系统、仓库电子收货、直接出货、自动化的会计系统、议付。

3. 有效的促销

有效的促销战略的主要内容是简化贸易关系，将经营重点从采购转移到销售。快速周转消费品行业现在把更多的时间和金钱用于对促销活动的影响进行评价，消费者则可以从这些新型促销活动所带来的低成本中获利。构成食品行业的促销活动主要有两种，即贸易促销和消费者促销。

（1）贸易促销。最初的贸易促销方式是指如果供应商在指定时期内送货，可在发票金额的基础上得到一些折扣。于是，零售商意识到，在折扣期采购额外的存货，一旦价格折扣期结束，就能通过销售这些多余的存货获得额外的利润，这种做法通常叫作远期购买，可以使采用这种方式的零售商获得一些竞争优势，这种贸易促销会促使零售商跨地区进行转移购买，其结果是为专门寻找这类合同的中间商创建了二手市场。同时，厂商发现这些价格优惠并没有使消费者真正受益，只是让零售商得到了好处。为了改变这种状况，可以采取如下措施：① 厂商可以简化促销交易，如可以把多种促销方案减少到几种，这样就可以大大减轻零售商和消费者的负担。② 厂商应保证分销商的交易文件是正确的。厂商和零售商可以利用 UCS 交易系统快速交流最新的信息。

（2）消费者促销。消费者促销是一个重要的营销工具。最常用的方法是发放优惠券，但纸张成本过大。在 ECR 模式下，有以下两种更有效的消费者促销方法：① POS 机扫描兑付优惠券。厂商可直接根据 POS 数据向零售商返款，这样可大大降低兑付和验证费用。这样做预计可使零售商的成本下降一半，厂商也可以降低成本。② 在货架上直接标明促销，如"厂商打折，降价××元"，这样就可以完全不用优惠券了。POS 系统可在收据上打印出正常的价格和降价价格，厂商可以从 POS 系统中自动得到促销销售发票，这种方法免除了打印成本、分发成本及兑付成本。以上两种方法都非常有效。

4．有效的新产品导入

任何一个行业的新产品导入都是一项重要的创造价值的业务，它们能够为消费者带来新的兴趣、快乐，为企业创造新的业务机会。食品工业在这个方面表现得尤其活跃。

当然，新产品的发放成本也是较高的，很多企业在导入新产品的年份，其销售收益很少甚至是负的。因此，能够降低导入新产品的成本及提高新产品的收益的做法就是有效的新产品导入方法。

有效的新产品导入包括让消费者和零售商尽早接触到这种产品。首要的策略就是零售商和厂商要为了双方的共同利益而密切合作，包括把新产品放在一些店铺内进行试销，然后再按照消费者的类型分析试销的结果，根据结果信息决定怎样处理这种新产品，处理办法包括淘汰该产品、改进该产品、改进营销技术、采用不同的分销策略。

（六）有效客户反应系统实施过程中应注意的问题

有效客户反应系统自提出以来，在美国得到了较为广泛的采用，日本和欧洲的许多国家也纷纷引用该系统改变本国陈旧的商品供应系统并产生了许多成功事例。利用有效客户反应系统使流通过程合理化的实施过程应注意以下问题。

1．高层决策者的作用至关重要

有效客户反应系统是改善企业经营管理工作的大工程，涉及产、供、销多个企业部门，任何部门出现错误都会对整个系统的启动产生很大的影响。因此，各部门高层决策者的热情和决心对于推动这项工作来说非常重要，其积极支持和倡导有利于明确目标、提高业务改革速度、排除浪费、提高有效客户反应系统的应用质量。

2．正确把握客户的价值和需求

有效客户反应系统自始至终把增加消费者的利益和满足消费者的需求作为根本宗旨，所有的业务改善和效率提高都是围绕这一宗旨展开的。只有正确地把握消费者的价值和需求，才能制定出有效客户反应系统的工作目标，增强对客户的适应能力。正确判断消费者的利益追求、明确把消费者的利益放在何种位置是开展有效客户反应工作的第一步。当前，超市消费趋向于商品品质、鲜度、营养、包装、价格等方面，在品种结构上，客户大多带有一次购妥的愿望。掌握了这些信息，有效客户反应系统才能真正发挥自身的优越性。

3．制定明确的目标和标准

作为一项系统改善工作，有效客户反应要有明确的目标和工作标准。通过这些目标和标准，可以对照成果做出正确的评价。同时，只有有了目标和标准，员工才能明确需要完成的任务和达成的尺度。

4．积极改革组织机构

有效客户反应系统的有效开展必须获得相应的组织和机构的保障。该系统的基本思想是从流通过程和业务活动中寻求改革方案，因而传统职能划分的组织形式是不适应的，应构筑起新型组织形式。有效客户反应系统可视为一种广泛的连锁系统，因而可按照连锁的模式建立组织机构。

三、联合库存管理

供应链管理的一个重要方法就是联合库存管理（jointly managed inventory，JMI）。所谓联合库存管理，就是建立起整个以供应链核心企业为核心的库存系统。具体地说，一是要建立起一个合理分布的库存点体系；二是要建立起一个联合库存控制系统。

而联合库存分布一般是供应商企业取消自己的成品库存，而将自己的成品库存直接设置到核心企业的原材料仓库中或者直接送上核心企业的生产线，如图 12-7 所示，图中实际上给出了两种模式。

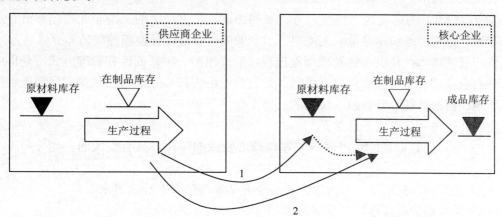

图 12-7　联合库存分布原理和物资从产出点到需求点的途径

第一种模式是集中库存模式，即变各个供应商企业的分散库存为核心企业的集中库存。各个供应商的货物都直接存入核心企业的原材料库，变各个供应商的分散库存为核心企业的集中库存（如图 12-7 中的"1"）。这种模式有以下好处。

（1）减少了库存点，省去了一些仓库的建设费用和相应的仓储作业费用，减少了物流环节，降低了系统总体的库存费用。

（2）减少了物流环节，在降低物流成本的同时提高了工作效率。

（3）供应商企业的库存直接存放在核心企业的仓库中，不但保障核心企业的物资供应、取用方便，而且使核心企业可以统一调度、统一使用管理、统一进行库存控制，为核心企业方便、高效地生产运作提供了保障。

（4）为科学的供应链管理，如供应商管理库存、连续补充货物、快速响应、配送、准时化供货等创造了条件。

第二种模式是无库存模式，核心企业不设原材料库存，实行无库存生产。这个时候供应商企业的成品库和核心企业的原材料库都取消（如图12-7中的"2"，即最下面一个虚线弧状箭头所示），则这时供应商与核心企业实行同步生产、同步供货，直接将供应商的产成品送上核心企业的生产线。这就是准时化供货模式。这种准时化供货模式由于完全取消了库存，所以效率最高、成本最低，但是对供应商和核心企业的运作标准化、配合程度、协作精神等要求越高，对操作过程的要求越严格，一般两者的距离不能太远。

这两种联合库存模式不但适用于各个供应商企业和核心企业，原理上也适用于核心企业与分销企业。在运用于核心企业与分销企业的情况下，核心企业要站在供应商企业的立场上，对各个分销企业实行分布库存，将货物直接存于各个分销仓库并且直接掌握各个分销库存，采用配送等方式实行小批量、多频次送货。

联合库存体系除了建立如上所述的联合库存分布，还要建立统一的库存控制系统。如果建立好了联合库存分布体系，则建立联合库存控制系统的问题也就迎刃而解了。

四、供应商管理库存

我国国家标准《物流术语》（GB/T 18354—2021）对"供应商管理库存"（vendor managed inventory，VMI）的定义为"按照双方达成的协议，由供应链的上游企业根据下游企业的需求计划、销售信息和库存量，主动对下游企业的库存进行管理和控制的库存管理方式"。

供应商管理库存是供应链管理理论出现以后提出的一种新的库存管理方式，是供应商掌握核心企业库存的一种库存管理模式，是对传统的由核心企业自己从供应商购进物资、自己管理、自己消耗、自负盈亏模式的一种革命性变动。

供应商管理库存有以下好处。

（1）供应商是商品的生产者，它掌握核心企业的库存，具有很大的主动性和灵活机动性。

（2）供应商掌握库存，就可以把核心企业从库存陷阱中解放出来。

（3）供应商掌握库存就是掌握市场。

可见，实施VMI，由供应商掌握库存，可以实现核心企业和供应商企业的双赢。

实施VMI管理，需要满足以下几个前提条件。

第一，供应商要详细掌握核心企业的销售信息和库存消耗信息，也就是核心企业的销售信息和库存消耗信息要对供应商透明。

第二，为了使供应商及时、详细地掌握核心企业的销售信息和库存消耗信息，就要建立通畅的信息传输网络、供应链系统的管理信息系统，实现信息的及时传输和处理。

第三，建立起供应链系统的协商机制和互惠互利机制，要加强沟通，及时协商处理出现的各种问题，要本着责任共担、利益共享的精神，建立起企业之间的友好协作关系。可以建立起某种组织的或规章制度的保证系统，订立合作框架协议。

第五节 供应链管理在我国企业的应用

研究供应链管理对我国企业实现"两个转变"、彻底打破"大而全"和"小而全"、迅速迈向国际市场、提高在国际市场上的生存和竞争能力都有着十分重要的理论与实践意义。尤其是从我国目前许多企业的运作方式来看,供应链管理的研究与实践是十分必要的。国际上对供应链管理的早期研究主要集中在供应链的组成、多级库存、供应链的财务等方面,主要解决供应链的操作效率问题。近来的研究主要把供应链管理看作一种战略性管理体系,研究扩展到了所有加盟企业的长期合作关系,特别是集中在合作制造和建立战略伙伴关系方面,而不仅仅是供应链的连接问题,其范围已经超越了供应链出现初期的那种以短期的、基于某些业务活动的经济关系,更偏重于长期计划的研究。

国内企业对供应链的关注主要集中在供应商—制造商这一层面,只是供应链上的一小段,研究的内容主要局限于供应商的选择和定位、降低成本、控制质量、保证供应链的连续性和经济性等问题,没有考虑从供应商、分销商、零售商到最终用户的完整供应链,也没有考虑供应链管理的战略性等问题。因此,供应链管理的研究与应用都是很不充足的。

为了适应供应链管理的发展,必须从与生产产品有关的第一层供应商开始,环环相扣,直到货物到达最终用户手中,真正按"链"的特性改造企业业务流程,使各个节点企业都具有处理物流和信息流的运作方式的自组织和自适应能力。因此,对我国企业传统制造模式的供应链改造应侧重于以下几个方面的内容。

一、供应链管理系统的设计

怎样将制造商、供应商和分销商有机地集成起来,使之成为相互关联的整体,是供应链管理系统设计要解决的主要问题。其中,与供应链管理联系最密切的是关于生产系统设计的实践问题。就传统而言,有关生产系统设计主要考虑的是制造企业的内部环境,侧重点在生产系统的可制造性、质量、效率、生产率、可服务性等方面,对企业外部因素研究考虑较少。在供应链管理的影响下,对产品制造过程的影响不仅要考虑企业内部因素的影响,还要考虑供应链对产品成本和服务的影响。供应链管理的出现扩大了原有的企业生产系统设计范畴,把影响生产系统运行的因素延伸到了企业外部,与供应链上所有的企业都联系起来,因而供应链管理系统设计成为构造企业系统的一个重要方面。

二、贯穿供应链的分布数据库的信息集成

对供应链的有效控制要求集中协调不同企业的关键数据。所谓关键数据,是指订货预测、库存状态、缺货情况、生产计划、运输安排、在途物资等数据。为便于管理人员迅速、准确地获得各种信息,应该充分利用电子数据交换、互联网等技术手段实现供应链的分布数据库信息集成,达到共享采购订单的电子接收与发送、多位置库存控制、批量和系列号跟踪、周期盘点等重要信息。

三、集成的生产计划与控制模式和支持系统

供应链上的各个节点企业不是孤立的，任何一个企业的生产计划与控制决策都会影响整个供应链上其他企业的决策，因此要研究出协调决策的方法和相应的支持系统，运用系统论、协同论、精细生产等理论与方法，研究适应于供应链管理的集成化生产计划与控制模式和支持系统。

四、适应供应链管理的组织系统重构

现行企业的组织基本都是基于职能部门专业化的，基本上适应可制造性、质量、生产率、可服务性等方面的要求，但不一定能适应于供应链管理，因而必须研究基于供应链管理的流程重构问题。为了使供应链上的不同企业在不同地域的多个部门协同工作以取得整个系统最优的效果，必须根据供应链的特点优化运作流程，实施企业重构，确定出相应的供应链管理组织系统的构成要素及应采取的结构形式。

五、研究适合我国企业的供应链绩效评价系统

供应链管理不同于单个企业管理，因而其绩效评价和激励系统也应有所不同。新的组织与激励系统的设计必须与新的绩效评价系统相配备。

本 章 小 结

思 考 题

1. 简述供应链管理产生的背景。
2. 供应链管理与传统管理模式的区别是什么？
3. 供应链管理的主要内容是什么？
4. 什么是联合库存管理？
5. 什么是 VMI？
6. 简述 QR 和 ECR 系统的含义和特征。
7. 简述 QR 系统的实施步骤。
8. 如何构造 ECR 系统？

案 例 分 析

AI 驱动的智慧供应链解决方案

问题讨论：

1. 案例中智慧供应链解决方案体现了什么样的管理理念？为什么？
2. 案例中基于 AI 的快消品智慧供应链是如何运作的？解决哪些问题？
3. 创新奇智开发的智慧供应链的实际应用价值体现在哪些方面？
4. 通过本案例，谈谈智慧供应链对我国现代物流管理的启示。

实 训 项 目

调研一家零售企业，试设计其 ECR 系统。

1. 实训目标

（1）培养学生初步设计零售企业 ECR 系统的能力。

（2）初步培养学生对于以零售企业为核心企业的供应链管理能力。

2. 实训内容和要求

（1）设计零售企业的 ECR 系统。运用所学知识，根据所设定的 ECR 的目标和业务需要，研究设计 ECR 系统。

（2）建立零售企业 ECR 的管理体系。

3. 实训成果检查

（1）零售企业 ECR 系统设计方案。

（2）实施 ECR 的基本策略。

（3）零售企业 ECR 的主要管理内容。

（4）班级组织一次交流。

（5）由教师和学生为各组的 ECR 系统评估打分。

第十三章　电子商务物流

本章概要

　　本章首先介绍了电子商务的内涵、特点、功能以及电子商务中物流的特点和作用，在此基础上分析了电子商务与物流的关系；其次介绍了电子商务物流管理的目标和基本内容；再次详细介绍了传统物流模式存在的问题和电子商务物流模式；最后介绍了电子商务物流的发展趋势。

思政目的

　　通过学习本章内容，使学生充分认识我国电子商务的迅猛发展，增强学生的民族自豪感和荣誉感；培养学生爱岗敬业、脚踏实地、开拓创新的职业素养。

学习目的

　　通过本章的学习，掌握电子商务物流的基础知识；正确理解电子商务与物流的关系；熟悉电子商务物流管理的目标和基本内容；了解电子商务环境下几种不同的物流模式及电子商务物流的发展趋势。

基本概念

　　电子商务　商流　电子商务物流模式　物流信息技术　电子商务物流管理

引导案例

"汗水物流"变身"智慧物流"

第一节　电子商务与现代物流概述

一、电子商务概述

随着信息产业的发展，电子商务对世界经济产生了前所未有的影响。有人甚至把电子商务与近 200 年前的工业革命相提并论，把它看成知识经济时代信息技术对传统产业变革的重要环节。为此，各发达国家都把发展电子商务作为拓展全球市场、加快本国经济发展的重要手段，积极参与全球电子商务的应用、开发与合作，大力推进电子商务的发展。

（一）电子商务的内涵

电子商务（electronic commerce，EC），简单地讲，是指基于互联网的商务活动。

世界贸易组织将"电子商务"定义为"通过计算机网络进行的生产、经营、销售和流通等活动"。它不仅仅是指基于互联网进行交易的活动，而且是指所有利用电子信息技术来解决问题、扩大宣传、降低成本、增加价值和创造商机的商务活动，其中包括通过网络实现从原材料的查询、采购到产品的生产、展示、储运以及电子支付、售后服务等一系列商贸活动。

电子商务主要涵盖了三个方面的内容：一是政府贸易管理的电子化，即工商、税务、海关等政府部门利用计算机网络技术实现对商贸活动的服务与监管；二是企业级电子商务，即企业之间利用计算机网络技术实现与供应商及客户之间的商务活动；三是电子购物，即企业或商家通过计算机网络直接为消费者提供商品与服务的行为。电子商务的内涵极为丰富，还包含以下许多层面的内容。

就范围而言，电子商务包含商务活动的所有方面，如交易的方式、手段与工具等。

就过程而言，电子商务涉及商务活动的所有阶段，如市场调研、合同签订、货物配送、售后服务等。

就参加者而言，电子商务涉及参加商务活动的所有人员，包括生产方、销售方、政府管理部门和客户等。

就营销理论而言，电子商务涉及从传统营销方式到基于互联网的现代营销方式的转变以及新的营销策略和理念。

就其涉及的信息技术而言，电子商务包括各种现代计算机技术和通信技术以及各种软硬件解决方案、信息标准和安全策略等。

总之，电子商务把买家、卖家和合作伙伴通过互联网紧密地联系在一起，是将商务活动和现代网络技术相结合的产物。电子商务所涵盖的知识几乎涉及信息技术的每个方面，同时包含企业经营管理和市场营销各个层面的问题。电子商务既是企业的行为，更是社会的行为；既涉及企业的经营，也涉及社会的法制和人的诚信度等问题。

（二）电子商务的特点

电子商务与传统的商务活动方式相比，具有以下特点。

1．交易过程电子化

电子商务中，交易双方在交易过程中，从商务洽谈、签订合同到货款的支付、交货通知等整个交易过程均是在网上以电子信息的形式进行。

2．交易市场虚拟化

电子商务交易是在虚拟市场上进行的，对于销售方来说，只是在互联网上建立一个网页，上面列出产品的名称、性能指标、价格或图像资料，供客户选择，这个市场就形成了。在这个虚拟市场里，没有房屋、柜台，没有任何设备，不摆放商品实物，没有时间限制且交易双方不直接见面。

3．成本低廉化

通过计算机网络从事商务活动具有以下优势：信息成本低；无须真实的门店，门店费用和人工费用都可大幅度降低；足不出户，可节省交通费用；方便直接与最终消费者交易，减少了中介费用，因此整个活动的成本大大降低。

4．交易高效化

电子商务将贸易中的商业报文标准化，使商业报文能在世界各地瞬间完成传送与计算机自动处理，使得原材料采购、产品生产、需求与销售、银行汇兑、保险、货物托运及申报等过程无须人员干预就能在极短的时间内完成，大大提高了整个商务活动的效率。

（三）电子商务的功能

电子商务可提供网上交易和管理等全过程的服务。因此，它具有广告宣传、咨询洽谈、网上订购、网上支付、电子账户、服务传递、意见征询、交易管理等功能。

1．广告宣传

电子商务可凭借企业的 Web 服务器和客户的浏览器，在互联网上发布各类商业信息。客户可借助网上的检索工具迅速地找到所需的商品信息，而商家可利用网页（home page）和电子邮件（E-mail）在全球范围内做广告宣传。与以往的各类广告相比，网上的广告成本最为低廉，带给客户的信息量却最为丰富。

2．咨询洽谈

电子商务可借助非实时的电子邮件（E-mail）、新闻组（news group）和实时的讨论组（chat）及各种聊天工具等了解市场和商品信息、洽谈交易事务，如有进一步的需求，还可用网上的白板会议（whiteboard conference）交流即时的图形信息。网上的咨询和洽谈能超越人们面对面洽谈的限制，提供多种方便的异地交谈形式。

3．网上订购

电子商务可借助 Web 中的邮件交互传送实现网上的订购。网上的订购通常都是在产品介绍的页面上提供十分友好的订购提示信息和订购交互格式框。当客户填完订购单后，通常系统会回复确认信息单以保证订购信息的收悉，订购信息也可采用加密的方式使客户和商家的商业信息不会泄漏。

4. 网上支付

电子商务要成为一个完整的过程，网上支付是重要的环节。客户和商家之间可采用信用卡账号进行支付。在网上直接采用电子支付手段可省略交易中很多人员的开销。当前，网上支付还存在一定的问题，需要更为可靠的信息传输安全性控制以防止欺骗、窃听、冒用等非法行为。

5. 电子账户

网上支付必须要有电子金融来支持，即银行、信用卡公司或保险公司等金融单位要为资金融通提供网上操作服务，而电子账户管理是其基本的组成部分。信用卡号或银行账号都是电子账户的一种，需配以必要的技术措施来保证其安全性，如数字凭证、数字签名、加密等手段的应用提供了电子账户操作的安全性。

6. 服务传递

对于已支付货款的客户，应将其订购的货物及时送到他们手中。对于有形的商品，可以自己组织配送或利用快递公司，从本地或异地的仓库将商品快速送达客户手中；对于无形的商品，如软件、电子读物等，则可立即从电子仓库中将商品通过网络直接传送给客户。

7. 意见征询

电子商务能十分方便地采用网页上的"选择""填空"等格式文件来收集用户对销售服务的反馈意见。这样可使企业的市场运营形成一个封闭的回路。客户的反馈意见不仅能提高售后服务水平，更使企业获得改进产品、发现市场的商业机会。

8. 交易管理

电子商务的交易管理对整个过程中所涉及的人、财、物以及企业和企业、企业和客户、企业内部等各方面进行协调和管理。

电子商务的上述功能给网上交易提供了一个良好的管理环境，保障电子商务获得更广泛的应用。

二、电子商务中物流的特点和作用

（一）电子商务中物流的特点

电子商务时代的来临给全球物流带来了新的发展，使物流具备了一系列新的特点。

1. 信息化

电子商务时代，物流信息化是电子商务的必然要求。物流信息化表现为物流信息的商品化、物流信息收集的数据库化和代码化、物流信息处理的电子化和计算机化、物流信息传递的标准化和实时化、物流信息存储的数字化等。因此，条码技术、数据库技术、电子订货系统、电子数据交换、快速反应、有效客户响应、企业资源计划等技术与观念在我国的物流中将得到普遍的应用。信息化是一切的基础，没有物流的信息化，任何先进的技术设备都不可能应用于物流领域，信息技术及计算机技术在物流中的应用将彻底改变世界物流的面貌。

2. 自动化

自动化的基础是信息化，自动化的核心是机电一体化，自动化的外在表现是无人化，自动化的效果是省力化，另外还可以扩大物流的作业能力、提高劳动生产率、减少物流作业的差错等。物流自动化的设施非常多，如条码、语音、射频自动识别系统、自动分拣系统、自动存取系统、自动导向车、货物自动跟踪系统等。

3. 网络化

物流领域网络化的基础也是信息化，这里指的网络化有两层含义：一是物流配送系统的计算机通信网络，包括物流配送中心与供应商或制造商的联系要通过计算机网络，另外与下游顾客之间的联系也要通过计算机网络。例如，物流配送中心向供应商提出订单的过程就可以使用计算机网络通信方式，借助增值网（value added network，VAN）上的电子订货系统和电子数据交换技术自动实现，物流配送中心通过计算机网络收集下游客户订货的过程也可以自动完成。二是组织的网络化，即所谓的企业内部网（Intranet）。例如，我国台湾的计算机业在 20 世纪 90 年代创造出了"全球运筹式产销模式"，这种模式的基本操作是按照客户订单组织生产，生产采取分散形式，即将全世界的计算机资源都利用起来，采取外包的形式将一台计算机的所有零部件、元器件、芯片外包给世界各地的制造商去生产，然后通过全球的物流网络将这些零部件、元器件和芯片发往同一个物流配送中心进行组装，由该物流配送中心将组装的计算机迅速发给客户。这一过程需要有高效的物流网络做支持，当然物流网络的基础是信息、计算机网络。

物流的网络化是物流信息化的必然，是电子商务下物流活动的主要特征之一。当今世界 Internet 等全球网络资源的可用性及网络技术的普及为物流的网络化提供了良好的外部环境，物流网络化不可阻挡。

4. 智能化

智能化是物流自动化、信息化的一种高层次应用，物流作业过程大量的运筹和决策，如库存水平的确定、运输（搬运）路径的选择、自动导向车的运行轨迹和作业控制、自动分拣机的运行、物流配送中心经营管理的决策支持等问题都需要借助许多先进的技术才能解决。在物流自动化的进程中，物流智能化是不可回避的技术难题。专家系统、机器人等相关技术在国际上已经有比较成熟的研究成果。为了提高物流现代化的水平，物流的智能化已成为电子商务下物流发展的必然趋势。

5. 柔性化

随着市场变化的加快，产品寿命周期正在逐步缩短，小批量、多品种的生产模式将成为适应客户多种需求的主要生产模式，该技术的发展也成了企业生存的关键。柔性化本来是为实现"以顾客为中心"理念而在生产领域提出的，但要真正做到柔性化，即真正地根据消费者需求的变化灵活调节生产工艺，没有配套的柔性化物流系统是不可能达到目的的。

6. 基于"虚拟仓储"的物流系统走向应用

基于"虚拟仓储"的物流系统是指以计算机网络技术进行物流运作与管理，实现企业间物流资源共享和优化配置的物流方式。虚拟仓储为物流系统的设计、运作带来新的发展，在物流资源的社会整合方面发挥着重要作用。随着全球定位系统的应用，社会大物流系统的动态调度、动态储存、动态运输将逐渐代替企业的静态固定仓库。由于物流系统的优化目的是减少库存直至零库存，这种动态仓储运输体系借助全球卫星定位系统，充分体现了未来宏观物流系统的发展趋势。随着虚拟企业、虚拟制造技术的不断深入，基于"虚拟仓储"的物流系统已经成为企业内部虚拟制造系统一个重要的组成部分。

　　另外，物流设施、商品包装的标准化，物流的社会化、共同化等也都是电子商务下物流模式的新特点。

（二）电子商务中物流的作用

　　任何一种模式的电子商务交易的流程都可以归纳为六个步骤，如图 13-1 所示。

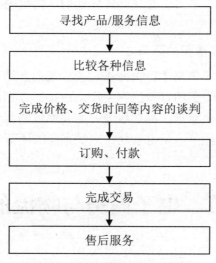

图 13-1　电子商务交易的流程

　　在图 13-1 中，完成交易是指商品的发货、仓储、运输、加工、配送、收货等活动，这些活动实际上就是电子商务中物流的过程，这一过程在整个流程中是实现电子商务的重要环节和基本保障。由此可见，物流在电子商务流程中的重要作用表现在以下几个方面。

1. 物流保障生产

　　无论是在传统的贸易环境下，还是在电子商务的环境下，生产都是商品流通的开始，而生产的顺利进行需要各类物流活动的支持，整个生产过程实际上就是一系列物流活动。从原材料的采购开始，便要求有相应的供应物流使所采购的材料到位，否则生产将难以进行；在生产过程中，生产物流保证原材料、半成品在工艺流程之间进行流动，使生产顺利进行；回收物流对生产过程中产生的部分余料、可重复利用的物资进行回收；废弃物物流完成对生产过程中产生的废弃物的处理。

　　在商品生产过程中，现代化物流活动可以降低生产成本、优化库存结构、减少资金占用、缩短生产周期，保障了生产的高效进行。

2. 物流服务于商流

　　在商流活动中，商品所有权从购销合同签订时起便由供方转移到需方，但商品实体并没有因此而移动。在传统的交易中，一般情况下，商流的结果必须由相应的物流活动来执行完成，即卖方按买方的需求将商品实体以适当的方式和途径转移。而在电子商务的环境下，消费者通过网上购物完成了商品所有权的交割过程，但必须通过物流活动将商品和服务真正转移到消费者手中，电子商务的交易过程才算完成。在电子商务的交易过程中，物流起到了后续者和服务者的作用，没有现代化物流，电子商务的商流活动将是一纸空文。

3. 现代化物流是实现"以顾客为中心"理念的根本保障

电子商务的出现在很大程度上方便了消费者，他们不必专门到商店一家又一家地挑选商品，只需在网上就可以完成购物过程。但是，当前物流覆盖率低、送货速度慢、送货错误以及网上购物的不安全性一直是网上购物难以普及的重要原因。因此，现代化物流是电子商务中实现"以顾客为中心"理念的根本保障，缺少了现代化物流技术，电子商务给消费者带来的购物便捷等于零，消费者必然会转向他们认为更安全的传统购物方式，网上购物也就失去了存在的意义。

4. 物流是电子商务中最重要的环节之一

电子商务给传统商务模式带来了巨大冲击，使传统的仓储业、批发业面临严峻挑战。生产企业可以直接按照网上收到的订单组织生产，由第三方物流企业提供运输、配送，直至送达客户的整个过程，甚至包括产品的包装，也要通过物流来实现。因此，物流作为电子商务活动的最后一个关键环节，是电子商务中最重要的环节之一。

第二节　电子商务与物流的关系

一、电子商务对物流的影响

（一）电子商务改变传统的物流观念

电子商务作为一个新兴的商务活动，为物流创造了一个虚拟性运动空间。在电子商务的状态下，人们开展物流活动时，物流的各种职能及功能可以通过虚拟化方式表现出来，在这种虚拟化过程中，人们可以通过各种组合方式寻求物流的合理化，使商品实体在实际的运动过程中达到效率最高、费用最省、距离最短、时间最少的目的。

（二）电子商务改变物流的运作方式

首先，电子商务可使物流实现网络的实时控制。在电子商务环境下，物流的运作是以信息为中心的，信息不仅决定着物流的运动方向，也决定着物流的运作方式。在实际运作过程中，通过网络上的信息传递，可以有效地实现对物流的实时控制、实现物流的合理化。

其次，网络对物流的实时控制是以整体物流来实现的。在传统的物流活动中，虽然也有依靠计算机对物流的实时控制，但这种控制都是以单个的运作方式来实现的。例如，在实施计算机管理的物流中心或仓储企业中，所实施的计算机管理信息系统大都是以企业自身为中心管理物流的。而在电子商务时代，网络全球化的特点可使物流在全球范围内实施整体的实时控制。

（三）电子商务改变物流企业的经营状态

电子商务将改变物流企业对物流的组织和管理。它要求物流从社会的角度实行系统的组织和管理，以打破传统物流分散的状态，这就要求企业在组织物流的过程中不仅要考虑本企业的物流组织和管理，更重要的是要考虑全社会的整体系统。

同时，电子商务也将改变物流企业的竞争状态。在传统经济活动中，物流企业之间存在激烈的竞争，这种竞争往往是依靠本企业提供优质服务、降低物流费用等展开的。在电子商务时代，这些竞争内容虽然还存在，但有效性大大降低了。原因在于电子商务需要一个全球性物流系统来保证商品实体的合理流动，对于一个企业来说，即使它的规模再大，也是难以达到这一要求的。这就要求物流企业相互联合起来，在竞争中形成一种协同竞争的状态，以实现物流高效化、合理化和系统化。

（四）电子商务促进物流基础设施的改善、物流技术的进步与物流管理水平的提高

首先，电子商务将促进物流基础设施的改善。电子商务高效率和全球性的特点要求物流也必须达到这一目标，而物流要达到这一目标，良好的交通运输网络、通信网络等基础设施则是最基本的保障。

其次，电子商务将促进物流技术的进步。物流技术主要包括物流硬技术和软技术。物流硬技术是指在组织物流过程中所需的各种材料、机械和设施等；物流软技术是指组织高效率的物流所需的计划、管理、评价等方面的技术和管理方法。从物流环节来考察，物流技术包括运输技术、保管技术、装卸技术、包装技术等。物流技术水平的高低是决定物流效率高低的一个重要因素，要建立一个适应电子商务运作的高效率的物流系统，加快提高物流的技术水平有着重要的作用。

最后，电子商务将促进物流管理水平的提高。物流管理水平的高低直接影响物流效率的高低，也影响着电子商务高效率优势的实现问题。只有提高物流的管理水平、建立科学合理的管理制度，将科学的管理手段和方法应用于物流管理当中，才能确保物流的畅通进行、实现物流的合理化和高效化、促进电子商务的发展。

（五）电子商务对物流人才提出了更高的要求

电子商务不仅要求物流管理人员具有较高的物流管理水平，而且要求物流管理人员具备较高的电子商务知识并在实际的运作过程中能够有效地将两者有机地结合在一起。

二、物流对电子商务的影响

（一）高效物流是电子商务发展的保障

电子商务的优势之一就是能大大简化业务流程、降低企业运作成本。电子商务中，企业成本优势的建立和保持必须以可行和高效的物流为保障。现代企业要在竞争中取胜，不仅需要生产适销对路的产品、采取正确的营销策略、取得强有力的资金支持，更需要加强

"品质经营"，强调"时效性"，其核心在于服务的及时性、产品的及时性、信息的及时性和决策反馈的及时性，这些都必须以强有力的物流能力作为保障。没有一个高效、合理、畅通的物流系统，电子商务所具有的优势就难以得到有效的发挥；没有一个与电子商务相适应的物流体系，电子商务就难以得到有效的发展。

（二）物流影响电子商务的运作质量

物流是一种服务，物流服务的质量将直接影响客户心目中企业的形象。在"以客户为中心"的时代，每一个与客户接触的环节都会影响与客户的关系和客户的忠诚度。

电子商务出现的目的在于最大程度地方便消费者或客户。如果所购的商品迟迟不能送到或者怀疑所送商品的质量有问题，消费者绝对不会再次选择网上购物。所以，电子商务"以客户为中心"的理念只有通过物流才能最终体现。缺少了现代化物流技术，电子商务给消费者带来的购物便捷可能完全消失，消费者必然转向他们认为更安全的传统购物方式。所以，加强物流配送工作是电子商务吸引客户、提高运作质量的关键环节。

（三）物流是电子商务企业实现盈利的重要环节

良好的物流管理可以大大降低企业的成本。在传统的商品成本中，物流成本可以占到商品总价值的30%～50%，而现代物流业可以大大降低这部分成本。电子商务网站的配送工作，不管采用什么形式，都必须将物流配送与电子商务网站的盈利联系起来，通过物流配送的规模化和标准化运作大幅度降低物流成本，提高电子商务网站的盈利能力。

> 国务院办公厅关于推进电子商务与快递物流协同发展的意见

第三节　电子商务物流管理的目标和基本内容

电子商务物流是由于社会需求和信息技术的发展而出现的，它是辅助电子商务实现经济价值不可或缺的组成部分。由于电子商务所独具的电子化、信息化、自动化等特点以及高速、廉价、灵活等好处，使得电子商务物流在其运作、管理等方面有别于一般物流。

电子商务物流管理包括对电子商务下的物流系统、物流过程、物流技术、物流费用的管理以及电子商务下的物流管理方法等内容。

一、电子商务物流管理的目标

概括地说，电子商务物流管理应实现以下几个目标。

（一）高水平的企业管理

电子商务物流作为一种全新的流通模式和运作结构，要求达到科学的、现代化的管理水平，只有通过合理的科学管理制度和现代化管理方法才能确保物流配送中心的高效运作，保障相关企业和用户整体效益的实现。管理科学的发展为流通管理的现代化、科学化提供了必要条件，促进了流通产业的有序发展，同时应当加强对市场的监管和调控力度，使之更加有序、规范。总之，一切以市场为导向、以管理为保障、以服务为中心，加快科技进步是电子商务物流的根本出路。

（二）高素质的人员配置

电子商务物流要充分发挥应有的功能和作用、完成应承担的任务，人员配置非常重要。电子商务物流系统必须配备数量、结构合理的决策人员、管理人员、技术人员和操作人员，以确保电子商务物流系统的高效运转。电子商务物流的发展需要多种专业人才从事经营、管理、科研、仓储、配送、流通加工、设备维护等业务，因此必须加大对人才培养的投入，培养或引进大批专业人才并给予他们施展才华的机会，同时应对现有员工进行有计划的培训。

（三）高水平的装备配置

新型物流配送中心面对成千上万的供应商和客户以及瞬息万变的市场，需要为众多客户进行商品配送并及时满足他们的不同需求，因此必须配备现代化装备和管理系统、具备必要的技术条件，尤其要重视计算机网络的运用。通过计算机网络，可以广泛收集信息、及时进行分析、迅速做出正确的决策，这是解决系统化、复杂化和紧迫性问题最有效的工具和方法。同时，采用现代化物流设施和物流网络将逐渐形成社会化大流通的格局。专业化生产和严密组织的大流通对物流的现代化提出了更高的要求，如对自动分拣输送系统、立体仓库以及自动导向系统等新型、高效、大规模的物流自动化系统有着大量而迫切的需求。自动分拣输送系统能将从不同方向、地点、渠道运来的各种物品按照类型品种、尺寸、重量等要求分拣至指定的位置，其输送速度快（最高速度达 150 米/秒）、分拣能力强（最高可达 30 000 件/小时）、规模大（机长高达几十米甚至数百米）、卸货及分拣的渠道多（最多达 200 个以上）、适用的货物范围广，可以在很大程度上提高物流效率，提供更完美的服务，尤其在提供为多用户、多品种、小批量、高频度、准确、迅速和灵活等服务方面具有独特的优势。

除了上述目标，实现对电子商务物流全过程的科学管理也是电子商务成功的关键。其主要内容如下。

1. 电子商务物流目标的管理

具体包括明确电子商务的销售目标，确定物流、配送的服务和成本目标（可以使用一些指标来衡量，如反应时间、订货满足率和配送成本等）。

2. 电子商务物流运作流程的管理

具体是指通过对可用的物流和配送资源进行正确评估与整合以及市场预测与定位，确定最佳的物流和配送运作流程并在实践中不断调整和优化。

3. 电子商务物流运作形态管理

这一方面是对物流、配送系统形态的选择，如委托第三方物流、自己承担或与其他企业合作物流；另一方面是对物流合作伙伴的评估、管理与控制。

4. 电子商务物流资源的管理

具体包括准确分析需求、合理配置物流配送资源（车辆、仓库及人力资源等）。

5. 电子商务物流客户服务的管理

具体包括对客户的需求预测、对客户信息资源的收集与分析、对物流配送系统的信息跟踪与查询以及对用户反馈信息的管理等。

6. 电子商务物流的成本管理

具体包括制定物流、配送系统的总成本控制指标以及对物流全过程的成本控制与管理等。

二、电子商务物流系统

电子商务物流系统是信息化、现代化、社会化和多层次的物流系统，主要是指针对电子商务企业的需要，采用网络化计算机技术和现代化硬件设备、软件系统及先进的管理手段，严格地、守信用地进行一系列分类、编配、整理和配货等工作，在准确的时间把正确的货物送达正确的地点，交给一定时间和空间范围内的各类用户，从而满足客户的需求。电子商务物流系统的目的是实现电子商务过程中物品的空间效用和时间效用，在保证商品能够满足供给需求的前提下，实现各物流环节的合理衔接并取得最佳的经济效益。电子商务物流系统既是电子商务系统中的一个子系统或组成部分，也是社会经济大系统中的一个子系统。

三、电子商务物流的流程

电子商务的物流同普通物流一样，目的是将用户所订货物送到用户手中，主要作业环节包括商品的包装、运输、储存、装卸和物流信息管理等。

电子商务物流的基本业务流程因电子商务企业性质的不同而有所差异。例如，制造型企业电子商务物流的主要业务流程可能起始于客户订单，中间可能包括与生产相关的物流环节，还包括从产品入库直到产品送达客户的全部物流过程；而对销售型电子商务企业（如网上销售）而言，其物流过程不包括生产物流的提供，但其供应物流和销售物流的功能则极为完善；对于单纯的物流企业而言，由于它提供第三方物流服务，它的功能和业务过程更接近传统意义上的物流或配送企业。

虽然不同类型的电子商务企业的物流组织过程有所不同，从电子商务物流的流程来看则具有许多相同之处。二者的基本业务流程一般都包括进货、检验、分拣、储存、拣选、包装、组配、装车及送达等。与传统物流模式不同的是，电子商务的每个订单都要送货上门，而有形店铺销售则不需要。因此，电子商务的物流成本更高，配送路线的规划、配送日程的调度、配送车辆的合理利用等的难度更大。与此同时，电子商务的物流过程可能会受到更多因素的制约。

四、电子商务物流技术

电子商务物流技术是指在电子商务物流活动中移送和储存商品（或物品），为社会提供无形服务的技术。它的作用是把电子商务交易方式下的各种商品（或物品）从供应方转移给消费者。物流技术水平的高低直接影响电子商务物流活动各项功能的有效实现。

电子商务物流技术包括硬技术和软技术。

（一）硬技术

1. 与电子商务物流密切相关的基础设施

具体包括仓库、道路、车站、港口以及机场等。

2. 机械技术

具体包括装卸机械、分拣机械、包装机械以及运输机械等。

3. 材料技术

具体包括集装材料和包装材料等。

4. 物流信息与通信技术

具体包括与客户和供应商联系的计算机系统与通信网络等技术。

（二）软技术

1. 规划技术

具体包括对流通形态和硬技术进行规划研究与优化改进的工作。

2. 运用技术

具体包括对运输工具的选择、装卸方法、库存管理、资源调配等。

3. 技术评价

具体包括成本控制与核算以及系统绩效评价等。

电子商务物流系统是为电子商务服务的，因此必须适应电子商务多样化、个性化、柔性化的需求，使自身具有更好的重构性能。也就是说，物流技术需要不断更新，使其具有更好的柔性，能适应电子商务系统发展变化的需要。

（三）发展迅速的典型电子商务物流技术

从目前物流技术的发展趋势看，以下几种物流技术发展得比较迅速。

1. 运输技术

运输工具的专门化、运输路线的合理规划、配载的优化以及运输全过程的跟踪控制技术等都有较快的发展。

2. 仓储技术

仓储技术的发展是现代物流的典型体现。目前，集高度自动化保管和搬运为一体的自动化仓库、自动分拣系统、自动流程式分类系统等硬技术以及以库存控制理论为典型代表的仓储软技术成为电子商务物流发展的重要研究内容。

3. 搬运技术

由于搬运作业的复杂性，搬运技术和相应的设备也呈现出多样化特点。除了传统的叉车和传送带，机械手和机器人、轨道式自走台车以及无人搬运车等高速、间歇式系统正在成为这一领域研究和应用的热点。

4．包装技术

包装技术是指包含包装材料、包装设备和包装方法在内的相关技术。包装材料常常是包装改革的新内容，新材料往往导致新的包装形式与包装方法的出现。包装设备的发展是包装技术水平提高的标志，目前出现的各种自动化包装机械和包装容器的自动生产线使包装水平有了很大的提高。此外，包装技术还涉及防震、防潮、防水、防锈、防虫和防鼠等技术。

5．集装单元化技术

集装单元化技术是一种物流硬技术（设备、器具）与软技术（方法、程序等）的有机结合，它既涉及设备、器具的机械化和自动化技术，又有合理组织这些硬件使之充分发挥作用的管理技术。集装单元化技术的推广使用使传统的包装和装卸搬运工具发生了根本变革，集装箱本身成为仓储包装物和运输工具。集装单元化技术使物资在仓储、运输和装卸搬运等环节有效地实现合理化、省力化和低成本，是一种很有发展前景的储运方式。

6．物流信息技术

物流信息技术是电子商务物流中极为重要的内容，我国国家标准《物流术语》（GB/T 18354—2021）对"物流信息技术"的定义为"以计算机和现代通信技术为主要手段实现对物流各环节中信息的获取、处理、传递和利用等功能的技术总称"。商务电子化的目的就是打破时空界限，快速、高效地完成交易过程。而作为电子商务服务系统的物流系统更需要借助信息传播的有效性和共享性实现物流全过程的有效组织与控制。物流信息技术是物流技术中发展得最快的领域，从数据采集的条码系统到定位系统，乃至货物配载和运输规划的决策支持工具以及用于客户服务、信息查询和反馈的计算机网络和通信系统硬件、软件都在快速发展。

五、电子商务物流费用

电子商务物流把物品由生产者送至消费者的过程必然产生大量的物流费用，控制和降低物流费用是电子商务物流管理中最关键的环节之一。

要加强电子商务物流费用管理，首先应该明确在电子商务活动中物流成本的特征及相关问题。目前，我国企业采用的财务会计制度中没有单独的物流项目，这样很难对发生的各项物流费用做出准确、全面的分析且有很多是物流部门无法掌握的成本，如物流服务中过量服务产生的成本。另外，有些物流成本间存在着"二律背反"效应，即某些项目成本的减少可能引起其他项目成本的增加。以上原因都加大了电子商务物流费用管理的难度。

实现电子商务物流的现代管理，就要全面、准确地把握包括电子商务系统内外发生的各项物流成本在内的整体物流成本，也就是说，要降低物流成本必须以系统整体成本为对象。

此外，在努力降低物流成本的同时，应当注意不能因为降低物流成本而影响物流服务水平。电子商务活动的特点之一是多频次、定时进货，这就要求物流企业或部门能够适应这一特点。例如，为了满足客户的需求、及时配送发货，可能需要进行物流配送中心或据点等设施的投资。显然，如果仅为消减物流成本而节省这种投资，就会影响电子商务系统对客户的物流服务质量。

实施电子商务物流费用管理，不仅要把握对外的物流费用，更要把握企业内部发生的物流费用。物流成本除了包括通常所理解的仓储、运输等传统物流费用，还应当包括流通过程中的基础设施投资、商品库存维护等费用，如配送中心的建设、EDI 等信息系统的构建、商品在库存储等相关费用。当然，投资费用还应考虑可能获得的收益率和回报率等因素。

六、电子商务下的物流管理方法

电子商务下的物流系统要达到的目标并非简单的存储和送货，还有对整个物流系统的优化设计以及对物流全过程的科学管理。例如，如何使物流配送系统使用最少的物流成本实现电子商务的销售目标，这并不是要求单一的送货或者库存费用最少，而是要使整个物流的总成本最小化，只有在现代物流理论的指导下实现对物流的科学化管理，才能实现这一目标。

另外，从消费者的角度看，电子商务物流管理中最敏感的内容就是物流服务质量的管理与控制。

第四节　电子商务物流模式

一、主要的电子商务物流模式

电子商务环境下的物流模式主要包括自营物流、第三方物流、物流联盟和第四方物流。

（一）自营物流

自营物流是指企业借助自身的物资条件，包括物流设施、设备和管理机构等，自行组织完成企业的物流活动。

自行组织物流配送有利于企业直接支配物流资产、控制物流活动，反应快速、灵活，可掌握交易的最后环节，有利于保证客户服务的质量。对于大型制造企业而言，在长期的传统商务中已经建立起初具规模的营销网络和物流配送体系，在开展电子商务时只需对其加以改进、完善，就可以满足电子商务条件下对物流系统的要求。对于电子商务企业而言，采用自营物流模式的企业往往具有雄厚的资金实力和较大的业务规模，在第三方物流不能满足其成本控制目标和客户服务要求或者为了更好地为客户服务的情况下，它们通常选择自行建立适应业务需要的畅通、高效的物流系统，从而保证电子商务交易的最后一个环节在自己的控制下保质保量地完成。对于制造企业内部的生产过程而言，其中的物流绝大部分是自营物流。

自营物流的缺点是建立物流系统的一次性投资金额巨大、运作成本较高、需要较强的物流管理能力。出于对成本的考虑，企业物流队伍必须与企业业务量相适应，对物流体系的规模、库存规模、运输及配送路线、物流工具等都需要进行严格的管理。因此，不是所有的电子商务企业都有必要、有能力自己组织商品配送，尤其对于中小型企业和业务规模量不大的电子商务企业而言，配备完善的物流设施和人员将占用企业大量的资金，导致企业没有足够的人力和财力集中于自身核心业务，影响企业的长远发展。

（二）第三方物流

在商业运行中，不同的交易方式会产生不同的物流模式，因为电子商务的跨时域性和跨区域性，使得电子商务下的物流活动也具有跨区域或国际化特征。与之相对应，第三方物流模式将成为电子商务时代的一种必然选择。

1. B2C 模式下的物流

公司对消费者的业务（business to customer，B2C）又称直接市场销售，主要包括：有形商品的电子订货和付款，这类业务需要利用传统的邮政服务或商业送货服务加以配套，所以称为间接电子商务；无形商品和服务产品的销售，如计算机软件、娱乐产品消费、订票、付款、信息服务等，供需双方可以在网上直接实现交易，又称为直接电子服务。

目前，国内做得比较好的购物网站有如下几个。

（1）天猫商城。天猫商城在 2003 年 5 月 10 日投资创立，整合数千家品牌商、生产商，为商家和消费者之间提供一站式解决方案，提供 100%品质保证的商品，7 天无理由退货的售后服务，以及购物积分返现等优质服务。

（2）京东商城。京东商城是在商务领域倍受消费者欢迎和颇有影响力的电子商务网站之一，在线销售家电、数码通信、电脑、家居百货、服装服饰等 12 大类数万个品牌百万种优质商品。

（3）当当网。当当是知名的综合性网上购物商城，从 1999 年 11 月正式开通，当当已从早期的网上卖书拓展到网上卖各品类百货，包括图书音像、美妆、家居、母婴、服装和3C 数码等几十个大类、数百万种商品。

（4）华为商城。它是华为公司旗下的自营电子商务平台，以最终用户为主要对象，提供华为手机、无线上网设备、平板电脑、配件等系列终端产品和服务，是以营造用户的移动信息生活为服务宗旨的互联网商务平台。

B2C 电子商务交易模式有一个特点，就是交易过程一般很少有商业谈判，交易双方不进行交易询盘、报盘、还盘等活动。如果这种网上交易是跨国性的，那么随之开展的国际交流活动将会遇到麻烦：假设 A 国的消费者在 B 国的网上商店用国际通用的信用卡购买了商品，若要将商品送达消费者手中，对于小件商品可以通过邮购，对于大件商品则由速递公司完成交货。目前，这些流通费用一般均由消费者承担，对于零散用户而言，流通费用显然过高，不符合国际物流的总目标——选择最佳的方式和路径，以最低的费用和最小的风险，保质、保量、适时地将货物从某国的供方运到另一国的需方。即使某网络商店的业务仅限于国内，但我国地域辽阔且电子商务对物流活动的要求很高，因此假设一位海南的顾客在北京的网上商店购买了商品，由于省去了许多中间环节，商品本身价格低廉，但把商品从北京送到该消费者手中的费用可能比商品本身的价格还高，会在很大程度上增加商品的费用。为加快网上购物的发展，国内有的电子商务公司提出自己在国内建立完整的物流和配送体系的方案，但这显然是不现实的，各个企业分别建设自己的配送体系不仅会对社会资源造成极大浪费，而且对绝大部分企业来说根本是不可能的。

为降低商品的流通费用、充分利用现有的社会资源，需要采用第三方物流帮助卖方完成商品的送货。

第三方物流就像邮政系统，当人们寄信时，只要将信投入信箱，收件人就可以收到，而不必关心信件的送达过程。采用第三方物流模式有很多优点：首先，网上商店的优势是投资少、收益高、经营灵活，一般是新建的公司，这些公司在成立初期不可能大力投资建设自己的配送网络，如果由第三方物流公司利用它们完善的网络系统为网上商店提供向顾客运货的服务，那么网上商店可以节省大量费用，第三方物流公司的专业送货也比网上商店自己送货更迅速、更有保障。其次，如果出现跨区域物流，网上商店利用处于异地的第三方物流公司送货，则跨区域送货可轻易完成。因此，只有借助第三方物流，网上购物才会得到迅速发展。

2．B2B 模式下的物流

电子商务的另一种模式是公司与公司间的网上交易（business to business，B2B），它主要是通过电子数据交换进行的，包括公司与其供应商之间采购事务的协调，物料计划人员与仓储、运输公司间的业务协调，销售机构与其产品批发商、零售商之间的协调，客户服务，公司日常运营活动，内部员工的交流等。

我国目前比较知名的 B2B 网站有如下几个。

（1）阿里巴巴。阿里巴巴是全球最大的 B2B 网站之一，也是目前全球最大的网上交易市场和商务交流社区之一。

（2）环球资源。以小礼品和电子产品为优势，是目前亚洲知名的电子商务平台之一，是一个商对商多渠道的国际贸易平台，亦是大中华区双边贸易的主要促进者。环球资源为专业买家提供采购信息并为供货商提供综合的市场推广服务。

（3）慧聪网。慧聪网是郭凡生出资创立的全行业电子商务网站，是目前国内行业资讯最全、最大的行业门户平台之一；依托其核心互联网产品买卖通以及雄厚的传统营销渠道——慧聪商情广告与中国资讯大全、研究院行业分析报告为客户提供线上、线下的全方位服务，这种优势互补、纵横立体的架构已成为中国 B2B 行业的典范，对电子商务的发展具有革命性影响。

（4）中国制造交易网。中国制造交易网 B2B 综合电子商务平台为我国企业提供商铺服务，注册免费商铺可以发布并管理企业、产品和商情信息；注册收费商铺交易通企业版商铺和个人版商铺除享有注册免费商铺的所有服务外，还可以查看求购信息、专业客服支持、在搜索结果页中享有优先排名的机会。

（5）中国制造网。中国制造网是最资深的全球采购网之一，它的信息平台和优质商业服务为我国对内对外贸易的发展提供了强有力的支持，为我国供应商和全球采购商（供求双方）提供了一个发布供求信息和寻找贸易合作伙伴的电子交易市场，为供求双方提供交易信息的发布、搜索、管理服务，提供初步沟通与磋商的手段与工具以及其他涉及供求双方业务与贸易过程的相关服务。

（6）五金商中国。五金商中国是以视频为特色，关于电气、机械、五金、泵阀等的专业性、针对性、一站式电子商务平台，是我国五金、机械行业的 B2B 视频贸易平台，其特色是把最近流行的网络视频引进来，通过视频模式更生动地展示产品和宣传企业形象。

如果公司与公司间的交易是跨国的，则双方需要通过 EDI 展开商业谈判，达成协议后，一方发货，另一方通知银行付款。在外贸谈判中，商品价格中可以包含关税价格和运输费用。跨国贸易已经有多年的历史，只不过 EDI 使贸易过程更加便捷。对于大宗商品交易，从产品出售到报送、国际运输及到达目的地的报关，直至配送，整个物流过程要经过多个环节。如果有第三方物流公司能够提供一票到底、门到门的服务，利用多种运输工具互相配合、联合运输，就可以实现物流合理化，大大减少货物周转环节、降低物流费用，交易双方也可以真正实现"一手交钱、一手交货"。在实际运作中，交易双方常常需要花费大量的人力、物力进行货物运送；出口方要寻找一家国际运输公司，负责将商品运送到对方口岸；商品到岸后，进口方又要在本国寻找一家国内物流公司或利用自有的配送中心到海关提货。也就是说，物流的整个过程会经历多个环节，而且衔接并不理想，因而物流的费用必然会大大上升，物流周期也会增长。

对于 B2B 电子商务交易模式，物流成本在商品交易成本中占很大的比重，尤其在跨国交易中，没有良好的物流系统为双方服务，这种成本增加的幅度会更大。而各自组建自己的物流系统，不仅难度很大，而且双方在出入境时仍然存在衔接不紧密的问题。跨国性第三方物流公司可以给双方提供最佳的服务，实现门到门的送货。EDI 通过信息将交易双方联系在一起，而第三方物流公司则是通过物流将双方联系在一起。

可以预见，随着电子商务日趋成熟，跨国、跨区域的物流将日益重要，没有以第三方物流为主的完善的物流系统，电子商务虽然能降低交易费用，却无法降低物流成本，电子商务所产生的效益将大打折扣。因此，第三方物流将成为电子商务中主要的物流运作方式。

在当今竞争日趋激烈和社会分工日益细化的大背景下，第三方物流具有明显的优越性：可以使企业集中资源培育自身核心能力，大力发展核心主业，把主业做大、做强、做精，走集约化道路；企业将物流外包给第三方物流公司，可减少固定资产投资、加速资本周转，还可以利用规模优势、专业化优势、信息化优势的发挥降低库存与成本，从而降低企业经营成本。专业化第三方物流企业会利用其健全的物流网络、先进的物流设施设备和专业化运作能力给客户提供灵活多样的高质量服务，创造更高的客户让渡价值。但是，利用第三方物流，企业不能直接控制物流职能，在外包的过程中有可能出现一系列问题。

（三）物流联盟

物流联盟是一种介于自营和外包之间的物流模式，可以降低前两种模式的风险。物流联盟是指生产性企业以及邮政、快递等物流企业通过正式契约或协议而形成的一种优势互补、要素双向流动、互相信任、共担风险、共享收益的物流合作伙伴关系。联盟是动态的，只要合同结束，双方又会变成追求自身利益最大化的单独个体。

物流联盟有助于提高企业竞争力和竞争效率，满足企业跨地区、全方位物流服务的要求。物流联盟的建立能减少交易的全过程、交易主体行为和交易特性等领域和环节中产生的各种交易费用，是一种节约交易费用的模式。因此，寻找合适的物流伙伴建立物流联盟也是电子商务企业在物流运作方面的较佳选择。

（四）第四方物流

首先提出"第四方物流"（the 4th party logistics，4PL）这一概念的是美国安盛咨询公司，较为贴切的定义是"4PL 是一个供应链集成商，调集和管理组织自己及具有互补性服务提供的资源、能力和技术，以提供一个综合的供应链解决方案"。从这一定义中可以看出，第四方物流的优势是提供了一个综合性供应链解决方案并能有效地适应需方多样化和复杂的需求，集中所有资源为客户完美地解决问题，其提供的服务主要包括供应链再建、业务流程再造等。

第四方物流着眼于在企业物流的基础上，整合社会资源，解决物流信息充分共享、社会物流资源充分利用问题。第四方物流公司的运作模式有协同运作模式、方案集成商模式、行业创新者模式。虽然第四方物流的前景非常诱人，但是成为第四方物流的门槛非常高。

目前，第四方物流在实际运作中尚有不少问题有待进一步解决。

二、物流模式的选择

上述各种电子商务物流模式各有优、缺点，企业做出物流决策时应立足于自己的实际需要和资源条件，以提高自身的核心能力和市场竞争力为导向，综合考虑以下主要因素，慎重地选择物流模式。

1. 物流子系统的战略地位

在物流模式决策时，首先要考虑物流子系统的战略重要性，它是电子商务企业决定其采用何种物流模式的首要影响因素。物流的地位越重要，企业自营物流的可能性就越大，反之就越小。在外购时采用第三方物流服务还是组建物流联盟，主要取决于物流子系统对企业成功的重要性。在物流子系统构成企业战略子系统的情况下，为保证物流的连续性，最好与物流公司长期合作，建立物流联盟；而在物流子系统不构成企业战略子系统的情况下，无论采用何种物流模式，都要在客户服务水平与成本之间寻找平衡点。

2. 企业对物流的管理能力

一般而言，在其他条件相同的情况下，如果企业在物流管理方面具有很强的能力，自营物流就比较可取。企业物流管理能力越强，自营物流的可能性就越大，而在企业对物流的管理能力较差的情况下，如物流子系统在战略上处于重要地位，则应该寻找合适的物流伙伴建立物流联盟，反之采用第三方物流更为合适。但应当注意的是，具备了物流的管理能力，并不意味着企业要自营物流，还要考虑成本和服务水平。

3. 对企业柔性的要求

一般情况下，处于变化发展速度较快行业中的企业，其商品种类和数量比较不稳定、非规则化，变动较多、较大，需要根据情况相对较快地调整其经营管理模式及相应的业务，为保证企业具有足够的柔性，应采用外购物流服务模式。

4. 物流系统的总成本

在选择是自营还是物流外包时，必须要弄清两种模式的物流系统总成本的情况。计算公式为

物流系统总成本=总运输成本+库存维持费用+批量成本+总固定仓储费用+
总变动仓储费用+订单处理和信息费用+顾客服务费用

这些成本之间存在着"二律背反"现象，在选择和设计物流系统时，要对物流系统的总成本加以论证，最后选择成本最少的物流系统。

5．企业产品自身的物流特点

对于大宗工业品原料的装运或鲜活产品的分销，则应利用相对固定的专业物流服务供应商和短渠道物流；对于全球市场的分销，宜采用地区性专业物流公司提供支援；对于产品线单一的或为主机厂作配套的企业，则应在龙头企业统一下自营物流；对于技术性较强的物流服务（如口岸物流服务），企业应采用委托代理的方式；对非标准设备的制造商来说，企业自营虽有利可图，但还是应该交给专业物流服务公司去做。

6．企业规模和实力

一般来说，实力较雄厚的大中型企业有能力建立自己的物流系统，制定合适的物流需求计划，保证物流服务的质量，还可以利用过剩的物流网络资源拓展外部业务，为别的企业提供物流服务。但是，如果企业为把资源用于主要的核心业务上，就适宜把物流业务外包。

7．第三方物流的客户服务能力

第三方物流在满足企业对原材料及时需求的能力和可靠性的同时，对企业的零售商和最终顾客不断变化的需求的反应能力等方面应该作为重要的因素来考虑。

第五节　电子商务物流的发展趋势

电子商务时代，由于企业销售范围的扩大，企业和商业销售方式及最终消费者购买方式的转变，送货上门等业务成为极为重要的服务业务，促使物流行业兴起。物流行业即能完整提供物流机能服务，以及运输配送、仓储保管、分装包装、流通加工等以收取报偿的行业，主要包括仓储企业、运输企业、配送企业、流通加工业等。多功能化、一流的服务、信息化和全球化，已成为电子商务下物流企业的追求目标。

一、多功能化

在电子商务时代，物流发展到集约化阶段，一体化配送中心不单单提供仓储和运输服务，还必须开展配货、配送和各种提高附加值的流通加工服务项目，也可按客户的需要提供其他服务。现代供应链管理即通过从供应者到消费者供应链的综合运作，使物流达到最优化。企业追求全面的、系统的综合效果，而不是单一的、孤立的片面观点。

作为一种战略概念，供应链也是一种产品，而且是可增值的产品，其目的不仅是降低成本，更重要的是提供用户期望以外的增值服务，以产生和保持竞争优势。从某种意义上讲，供应链是物流系统的充分延伸，是产品与信息从原料到最终消费者之间的增值服务。

在经营形式上，采取合同型物流。这种配送中心与公用配送中心不同，它是通过签订合同，为一家或数家企业（客户）提供长期服务，而不是为所有客户服务。这种配送中心有由公用配送中心来进行管理的，也有自行管理的，但主要是提供服务；也有可能所有权属于生产厂家，交专门的物流公司进行管理。

供应链系统物流完全适应了流通业经营理念的全面更新。因为，以往商品经由制造、批发、仓储、零售各环节间的多层复杂途径，最终到消费者手里。而现代流通业已简化为制造后经配送中心而直接运达各零售点。它使未来的产业分工更加精细，产销分工日趋专业化，大大提高了社会的整体生产力和经济效益，使流通业成为整个国民经济活动的中心。

另外，在这个阶段有许多新技术，如准时制工作法 JIT，又如，销售时点信息管理系统，商店将销售情况及时反馈给生产商，有利于生产商按照市场调整生产，以及同配送中心调整配送计划，使企业的经营效益跨上一个新台阶。

二、一流的服务

在电子商务下，物流企业是介于供货方和购货方之间的第三方，以服务作为第一宗旨。从当前物流的现状来看，物流企业不仅要为本地区服务，还要进行长距离服务。因为客户不但希望得到很好的服务，而且希望服务点不是一处，而是多处。因此，如何提供高质量的服务便成了物流企业管理的中心课题。配送中心离客户最近，联系最密切，商品都是通过它送到客户手中的。美国、日本等国家物流企业成功的要诀，就在于它们都十分重视客户服务的研究。

首先，在概念上变革，由"推"到"拉"。配送中心应更多地考虑"客户需要哪些服务"，从这层意义上讲，它是"拉"（pull），而不是仅仅考虑"能为客户提供哪些服务"，即"推"（push）。例如，有的配送中心起初提供的是区域性物流服务，之后发展到提供长距离服务，而且能提供越来越多的服务项目。又如，配送中心派人到生产厂家"驻点"，直接为客户发货。越来越多的生产厂家把物流工作全部委托给配货中心，从根本意义上讲，配送中心的工作已延伸到生产商工厂内部了。

如何满足客户的需要把货物送到客户手中，就要看配送中心的作业水平了。配送中心不仅与生产厂家保持紧密的伙伴关系，而且直接与客户联系，能及时了解客户的需求信息，并沟通厂商和客户双方，起着桥梁作用。物流企业不仅为货主提供优质的服务，而且要具备运输、仓储、进出口贸易等一系列技术，深入研究货主企业的生产经营发展流程设计和全方位系统服务。优质和系统的服务使物流企业与货主企业结成战略伙伴关系（或称策略联盟），一方面有助于货主企业的产品迅速进入市场，提高竞争力，另一方面则使物流企业有稳定的资源。物流企业的服务质量和服务水平正逐渐成为比价格更为重要的选择因素。

三、信息化

在电子商务时代，要提供最佳的服务，物流系统必须要有良好的信息处理和传输系统。美国洛杉矶西海报关公司与码头、机场、海关信息联网，当货物从世界各地起运时，客户便可以从该公司获得货物到达的时间、到泊（岸）的准确位置，使收货人与各仓储、运输公司等做好准备，使商品几乎不停留、快速流动、直达目的地。又如，美国干货储藏公司（D.S.C）有 200 多个客户，每天接受大量的订单，需要配备很好的信息系统，为此，该公司将许多表格编制成了计算机程序，大量的信息可迅速输入、传输，其各子公司也是如此。再如，美国橡胶公司（USCO）的物流分公司设立了信息处理中心，接收世界各地的订单；IBM 公司只需按动键盘，即可接通 USCO 公司订货，通常在几小时内便可把货物送到客户手中。良好的信息系统能提供良好的信息服务，以赢得客户的信赖。

在大型配送公司里，往往建立了 ECR 和 JIT 系统。有了 ECR，就可做到客户要什么就生产什么，而不是生产出东西等客户来买。仓库商品的周转次数每年达 20 次左右，若利用客户信息反馈这种有效手段，可增加到 24 次，使仓库的吞吐量大大增加。通过 JIT 系统，可很快地从零售商店得到销售反馈信息。配送不仅实现了内部的信息网络化，而且增加了配送货物的跟踪信息，从而大大提高了物流企业的服务水平，降低了成本，增强了竞争力。

欧洲某配送公司通过远距离的数据传输，将若干家客户的订单汇总起来，在配送中心采用计算机系统编制出最佳化"组配拣选单"。配货人员只需到仓库转一次，即可配好订单上的全部要货。

商品与生产要素在全球范围内以空前的速度自由流动。EDI 与 Internet 的应用使物流效率的提高更多地取决于信息管理技术。电子计算机的普遍应用提供了更多的需求和库存信息、提高了信息管理水平，使产品流动更加容易和迅速。物流信息化包括商品代码和数据库的建立，运输网络合理化、销售网络系统化和物流中心管理电子化建设等，目前还有很多工作有待实施。可以说，没有现代化信息管理，就没有现代化物流。

四、全球化

20 世纪 90 年代早期，由于电子商务的出现，加速了全球经济的一体化，使物流企业的发展达到了多国化。它从许多不同的国家收集所需要资源，加工后向各国出口。

全球化的物流模式使企业面临着新的问题，例如，当北美自由贸易区协议达成后，其物流配送系统已不仅仅是从东部到西部的问题，还有从北部到南部的问题。又如，从加拿大到墨西哥，如何运送货物？如何设计合适的配送中心？如何提供良好服务的问题？另外，较难找到素质较好、水平较高的管理人员，因为有大量牵涉合作伙伴的贸易问题，如日本在美国开设了很多分公司，而两国存在着不小的差异，势必会遇到如何管理的问题。

此外，还有一个信息共享问题。很多企业有不少企业内部的秘密，物流企业很难与之打交道，因此，如何建立信息处理系统，以及时获得必要的信息，对物流企业来说是个难题。同时，在将来的物流系统中，能尽快将货物送到客户手中是提供优质服务的关键之一。客户要求发出订单后，第二天就能得到货物；而不是口头上说"可能何时拿到货物"。同时，客户会考虑"所花费用与所得到的服务是否相称、是否合适"。

商务部、国家邮政局等八部门关于加快贯通县乡村电子商务体系和快递物流配送体系有关工作的通知

全球化战略的趋势使物流企业和生产企业更紧密地联系在一起，形成了社会大分工。生产厂商集中精力制造产品、降低成本、创造价值；物流企业则花费大量时间、精力从事物流服务。

本 章 小 结

思 考 题

1. 简述电子商务的功能。
2. 简述电子商务物流的特点和作用。
3. 简述电子商务与物流活动的相互影响。
4. 简述电子商务物流管理的目标。
5. 简述电子商务下的几种物流模式及其各自的特点。
6. 电子商务企业应当如何选择物流模式？
7. 讨论目前电子商务物流中存在哪些问题，应当怎样解决？

案 例 分 析

京东物流把"分钟级送达"变成新常态

问题讨论：
1. 结合案例，讨论电子商务物流与传统物流有何不同？为什么会有这些不同？
2. 京东物流为实现"分钟级送达"物流服务采取了哪些具体措施？

实 训 项 目

网上购物体验。

1. 实训目标

了解 B2C 及 C2C 网上商城的结构和特点，掌握 B2C 模式网上购物流程及企业对网上订单的处理流程，以及其物流过程。

2. 实训内容和要求

每 5~6 个同学一组，每组在当当网（www.dangdang.com）和淘宝网（www.taobao.com）分别至少购买一件物品，通过订单跟踪及与商家交流，了解商家订单处理的流程，并通过查阅相关资料，了解其物流模式、运输和配送过程，并分析该物流模式的优缺点，在此基础上，自己设计一个订单处理流程及物流方案。

3. 实训成果检查

根据实训内容画出当当网和淘宝网的订单处理流程图、物流流程图，比较其运作模式及物流模式的不同，完成实训报告。

参 考 文 献

1. 中国物品编码中心，中国标准出版社第四编辑室. 物流标准汇编：物流基础、管理与服务卷[M]. 北京：中国标准出版社，2010.

2. 包红霞，秦英. 物流管理基础[M]. 北京：北京师范大学出版社，2008.

3. 陈卯钦. 加快我国物流标准化[J]. 物流天地，2004（6）：60-62.

4. 陈素敏. 物流与电子商务[J]. 经济论坛，2004（16）：43-44.

5. 陈岩，姜波. 物流基础[M]. 北京：北京理工大学出版社，2007.

6. 陈子侠，蒋长兵，陈达强. 现代物流管理教程[M]. 北京：中国物资出版社，2007.

7. 崔介何，李义福，杨蓉. 浅议流通加工的社会化[J]. 铁道物资科学管理，1999（4）：2-3.

8. 崔介何. 物流学[M]. 北京：北京大学出版社，2003.

9. 董千里. 高级物流学[M]. 北京：人民交通出版社，1999.

10. 董维忠. 物流系统规划与设计[M]. 北京：电子工业出版社，2008.

11. 谷中华. 第三方物流教程[M]. 上海：复旦大学出版社，2007.

12. 桂海进. ERP 原理与应用[M]. 2 版. 北京：中国电力出版社，2005.

13. 国家标准化管理委员会. 中华人民共和国国家标准目录[M]. 北京：中国标准出版社，2002.

14. 海峰，胡娟. 物流管理学[M]. 武汉：武汉大学出版社，2007.

15. 胡怀邦，郝渊晓，刘全洲，等. 物流管理学[M]. 广州：中山大学出版社，2006.

16. 黄海滨. 电子商务物流管理[M]. 北京：对外经济贸易大学出版社，2007.

17. 黄浩. 仓储管理实务[M]. 北京：北京理工大学出版社，2008.

18. 黄辉，林略. 物流学导论[M]. 重庆：重庆大学出版社，2008.

19. 黄世秀. 我国第三方物流业发展策略研究[J]. 中国市场，2007（15）：44-45.

20. 黄祖庆，汤易兵. 现代物流管理[M]. 北京：科学出版社，2007（12）.

21. 江春雨. 物流设施与设备[M]. 北京：国防工业出版社，2008.

22. 姜洪. 关于物流标准化建设的几点建议[J]. 物流与信息，2005（4）：67-68.

23. 蒋长兵，王姗姗. 企业物流战略规划与运营[M]. 北京：中国物资出版社，2009.

24. 兰洪杰. 物流战略管理[M]. 北京：清华大学出版社，2006.

25. 李创，王丽萍. 物流管理[M]. 北京：清华大学出版社，2008.

26. 李春田. 标准化概论[M]. 北京：中国人民大学出版社，2005.

27. 李松庆. 物流学[M]. 北京：清华大学出版社，2008.

28. 梁军，刘长利. 运输与配送[M]. 杭州：浙江大学出版社，2006.

29．林玲玲．供应链管理[M]．北京：清华大学出版社，2008．

30．刘华．现代物流管理与实务[M]．北京：清华大学出版社，2008．

31．刘俐．现代仓储运作与管理[M]．北京：北京大学出版社，2004．

32．刘彦平，王述英．西方第三方物流理论述评[J]．中国流通经济，2003（8）：4．

33．刘寅斌，刘晓霞，熊励．物流战略规划与实施[M]．北京：电子工业出版社，2008．

34．马龙龙，祝合良．物流学[M]．北京：中国人民大学出版社，2007．

35．马士华，林勇．供应链管理[M]．北京：高等教育出版社，2008．

36．茅宁．现代物流管理概论[M]．南京：南京大学出版社，2004．

37．孟祥茹．物流管理[M]．北京：机械工业出版社，2005．

38．倪志伟．现代物流技术[M]．北京：中国物资出版社，2007．

39．祁晓霞，郭建名．现代物流管理概论[M]．北京：航空工业出版社，2008．

40．秦明森，郑朝霞．物流作业管理[M]．北京：中国物资出版社，2009．

41．秦明森．物流运输与配送管理实务[M]．北京：中国物资出版社，2006．

42．施路．电子商务中购物网站的网点式物流配送模式研究[D]．成都：西南交通大学，2008．

43．宋华．现代企业物流战略的创新与发展．经济理论与经济管理[J]．2001（1）：41-44．

44．宋杨．第三方物流模式与运作[M]．北京：中国物资出版社，2006．

45．苏丽琴，陈月华．电子商务物流管理[M]．北京：中国铁道出版社，2008．

46．孙宏岭．物流包装实务[M]．北京：中国物资出版社，2007．

47．孙明贵．库存物流管理[M]．北京：中国社会科学出版社，2005．

48．孙明贵．物流管理学[M]．北京：北京大学出版社，2002．

49．田宇．第三方物流项目管理[M]．广州：中山大学出版社，2006．

50．王斌义．现代物流实务[M]．北京：对外经济贸易大学出版社，2003．

51．王成林，李淑芬．促进流通加工发展的策略分析[J]．物流工程，2007（5）：48-49．

52．王慧，郝渊晓，马健平．物流配送管理学[M]．广州：中山大学出版社，2009．

53．王莉．物流学导论[M]．北京：中国铁道出版社，1997．

54．王敏军，黄浩．浅论电子商务中物流的作用与发展[J]．中国市场，2008（1）：112-113．

55．王之泰．现代物流管理[M]．北京：中国工人出版社，2001．

56．魏国臣．现代物流技术与实务[M]．北京：中国物资出版社，2007．

57．翁心刚．物流管理基础[M]．北京：中国物资出版社，2009．

58．邬星艮．仓储与配送管理[M]．上海：复旦大学出版社，2005．

59．吴昀，黄志建．我国企业物流战略管理问题研究[J]．科技情报开发与经济，2007（31）：173-175．

60．吴志惠．物流的整合与标准化建设[J]．现代物流，2003（6）：2．

61．夏文汇．物流战略管理[M]．成都：西南财经大学出版社，2006．

62．徐天亮．运输与配送[M]．北京：中国物资出版社，2006．

63．许晓东，张显萍．第三方物流运作[M]．北京：经济管理出版社，2006．

64．闫华．物流标准化对我国现代物流发展的影响[M]．科技进步管理，2003（12）：

42-44.

65．阎子刚，赵继新．供应链管理[M]．北京：机械工业出版社，2006．

66．杨国荣．供应链管理[M]．北京：北京理工大学出版社，2007．

67．叶怀珍．现代物流学[M]．2 版．北京：高等教育出版社，2006．

68．喻丽辉，王丽梅．现代物流基础[M]．北京：清华大学出版社，2009．

69．翟学智．现代物流管理概论[M]．北京：中国水利水电出版社，2005．

70．张理．物流包装与作业管理[M]．北京：中国水利水电出版社，2007．

71．张泽．加快物流标准化建设[J]．现代物流，2005（12）：56-57．

72．赵检．中国与发达国家第三方物流产业发展比较研究[D]．上海：上海海事大学，2003．

73．赵林度．电子商务物流管理[M]．北京：科学出版社，2006．

74．真虹，张婕姝．物流企业仓储管理与实务[M]．北京：中国物资出版社，2007．

75．郑文岭，赵阳工．仓储管理[M]．北京：机械工业出版社，2008．

76．中国物品编码中心．物流标准化[M]．北京：中国标准出版社，2007．

77．周全申．现代物流技术与装备[M]．北京：中国物资出版社，2007．

78．周讯武．电子商务物流与实务[M]．北京：化学工业出版社，2009．

79．周艳军．供应链管理[M]．上海：上海财经大学出版社，2004．

80．王之泰．现代物流学[M]．北京：中国物资出版社，1995．

81．PHILLIP W. BALSMEIER, WENDELL J. Voisin. Supply Chain Management: A Time-Based Strategy[J]. Industrial Management, 1996, 38(5): 24-27.

82．赵苏．物流管理工具箱[M]．北京：机械工业出版社，2010．

83．周兴建，黎继子．现代物流管理概论[M]．2 版．北京：中国纺织工业出版社，2022．

84．黄中鼎．现代物流管理[M]．4 版．上海：复旦大学出版社，2019．

85．中国物流与采购网站：http://www.chinawuliu.comcn．

86．国家市场监督管理总局，国家标准化管理委员会．物流术语：（GB/T 18354—2021)[S/OL]．https://openstd.samr.gov.cn/bzgk/gb/newGbInfo?hcno=91434A17CE8256349F50E069590E7070.